说瑶三十年

李筱文 著

民族宗教研究文丛

广东省民族宗教研究院 编

南方出版传媒
广东人民出版社
·广州·

图书在版编目（CIP）数据

说瑶三十年 / 李筱文著. —广州：广东人民出版社，2017.11
ISBN 978-7-218-11829-1

Ⅰ. ①说… Ⅱ. ①李… Ⅲ. ①瑶族—民族文化—中国—文集
Ⅳ. ①K285.1-53

中国版本图书馆 CIP 数据核字（2017）第 124657 号

SHUO YAO SANSHI NIAN
说瑶三十年
李筱文 著

版权所有 翻印必究

出 版 人：肖风华

责任编辑：曾白云 郑 婷
责任技编：周 杰
封面设计：林小玲

出版发行：广东人民出版社
地　　址：广州市大沙头四马路10号（邮政编码：510102）
电　　话：(020) 83798714（总编室）
传　　真：(020) 83780199
网　　址：http://www.gdpph.com
印　　刷：广州市浩诚印刷有限公司
开　　本：787 mm×1092 mm　1/16
印　　张：21　　插页：1　　字　数：374 千
版　　次：2017 年 11 月第 1 版　2017 年 11 月第 1 次印刷
定　　价：45.00 元

如发现印装质量问题，影响阅读，请与出版社（020-83795749）联系调换。
售书热线：(020) 37623271　　83790604　　邮　购：(020) 83795240

《民族宗教研究文丛》编辑委员会

主　编：马建钊

副主编：李筱文　杨坤龙　罗贻乐

编　委（按姓氏笔画为序）：

　　　　张菽晖　陈延超　陈晓毅

　　　　赵殿红　夏志前　盘小梅

总　序

在广东各族人民为建设有中国特色社会主义、构建和谐广东而努力奋斗的大好形势下，鉴于国内外形势复杂多变，民族宗教问题越来越受到社会各方的关注，在广东省民族宗教事务委员会的大力推动下，广东省委、省政府高瞻远瞩，从长远的目光，战略的高度，以敢为天下先的精神，毅然决定并经国家有关部门批准，于2008年8月在全国率先将广东省民族研究所、广东省宗教研究所升格为广东省民族宗教研究院。每一个战斗在民族宗教战线的同志无不为之欢欣鼓舞。这既是对我们过去工作的肯定，更是对我们今后工作更高的期待，是对我们的鼓励和鞭策，催人振奋。

机遇总是与挑战并存。如何应对未来工作对我们的挑战，如何才不辜负党和人民对我们的厚望，肩负起时代赋予我们的重任？古人云，千里之行，始于足下。又曰，万丈高楼凭地起。我们要做好工作，有所作为，除了组织准备、物质准备和思想准备之外，最重要的事情是继承和吸收前辈所创造的宝贵经验、优秀研究成果，做好资料的积累工作，以及为进一步开展学术研究构筑好基础。因此，我院决定出版"民族宗教研究文丛"（以下简称"文丛"）和"民族宗教研究资料丛刊"。两套丛书分工明确，但互有联系，相互促进。"文丛"有两个功能，一是资料积累，二是培育人才。首先，"文丛"作为平台和园圃，发表在职的尤其是中青年学者的新作，培植幼苗，奖掖后进。从长远来说，也是一份很好的资料积累。

其次，系统收集整理老一辈学者的研究成果，是"文丛"重要任务之一。我院老一辈学者在中华人民共和国成立以后，配合党和政府的中心工作，深入民族地区进行社会历史调查和民族识别工作，为党政部门的决策提供科学的依据，建言献策，当好参谋助手，为我国的民族工作付出辛劳；同时开展民族理论和民族历史文化等基础性的研究，为中国民族学学科建设做出了自己的贡献。

五十年来，几代学人薪火相传，逐渐形成注重现状实际、兼顾基础研究的优良学术传统，脚踏实地，默默耕耘，取得了可喜的成果。所有这些优秀的研究成果和优良的学术传统都是弥足珍贵的。但由于这些成果大都散见于各种报章杂志，加之岁月流逝，相当一部分已经不易查找。因此，有系统地将其重新出版，作为一份学术积累传诸后世，是十分必要的。

"文丛"的出版，不仅可以更好地总结民族宗教研究的经验，全面检阅我院的研究成果，而且可以为后来的研究者提供指引，给予启迪，促进广东民族宗教研究工作进一步深入开展。"文丛"是一项关系到研究院今后民族宗教研究发展繁荣和学科建设的基础性工程，犹如百花园中一株新苗，不仅要求全院上下齐心协力，浇水培土，还需仰仗社会各界人士尤其是学术界同仁的关心、爱护和支持，使学术之树花繁叶茂、长盛不衰。

是为序。

马建钊
2009 年 3 月 19 日

自 序

从1986年《浅析瑶老制》一文在《广东民族研究论丛》第一辑（1986年广东人民出版社出版）发表，我便开始了瑶学研究的生涯。

我出生在广东连南瑶族自治县一个瑶族干部家庭，父亲是20世纪50年代的县级干部，经历了革命的风风雨雨，为党的事业兢兢业业奋斗了一辈子，被瑶山人誉为"革命的老黄牛""瑶家的老公爹"。在父亲的无私奉献精神的熏陶下，我自幼勤奋读书，多次被评为"三好学生""学雷锋积极分子"，下乡后又荣获"优秀知识青年""优秀团干"等称号，进厂务工后亦获"先进工作者"荣誉称号。1977年恢复高考时，我和妹妹同时考上了大学，我被中央民族大学（当年叫中央民族学院）历史系录取，四年寒窗苦读，1982年大学毕业分配到广东省民族研究所，走上了民族研究工作的道路。

身为瑶族人，我关注最多的还是瑶族社会的发展。瑶族是个跨境民族，隋唐时期，瑶族就生息繁衍在湘、粤、桂三省交界区，广东粤北是瑶族较早的聚居地；明中叶以后，南方瑶族跨越广西、云南边境，不断向东南亚移动，走向越南、泰国、老挝等国的山地。1975年印支战争以后，美国、法国、加拿大等国大批吸收印支战争难民，不少瑶族人就此机会移居到了法、美、加等国。据有关资料反映，全世界瑶族人口达378.09万人，其中越南80万人、老挝2.5万人、泰国5万人、缅甸1000余人、美国5万人、法国1500余人、加拿大250余人。中国国内的瑶族分布地域辽阔，集中聚居在我国南方的广西、湖南、广东、云南、贵州、江西6个省（自治区）的134个县市内，人口已达285.3万人。按照全国第六次人口普查数据反映，中国瑶族人口主要分布如下：广西171万人，湖南70.5万人，广东20.3万人，云南人口19万人，贵州4.4万人，江西1198人。

瑶族长期"倚山而居""吃尽一山则他迁"，山是瑶族的生命所依、灵魂所在。山是瑶族生存的福地，文明的源泉，瑶族人依山而居，在严酷的环境中创造了丰富独特的民族文化。

由于千百年来游耕迁徙，"漂洋过海"，瑶族人历经岁月的苦难和沧桑。改革开放后，瑶族人民的生活依然不尽如人意，还须努力改善，发展致富，故此，在这三十余年的研究中，我无时无刻不在牵挂着瑶族地区的发展和变迁。我热爱自己所选择的事业，唯求平淡而又有作为的人生。少数民族地区一般比较落后，交通不便、生活艰苦，为了使研究取得良好的效果，30多年来，我经常奔走穿梭于畲乡瑶寨之间，与少数民族贴心交流。从一碗稀饭、两块地瓜、一座泥砖房中切身体会到少数民族生活的疾苦和需求，并及时写出调研报告，反映情况，向上级传递民情；为了写好瑶族服饰相关书稿，跑遍了广东瑶族山寨，走访了数十位瑶族老人和妇女；为真实反映在穗瑶族外来务工人员的思想和生活状况，我与同事调研了广州市十几家工厂企业，并协助电视台拍成专题纪录片，及时向社会介绍少数民族在城市里的生活和工作；为了帮助建成广东瑶族博物馆，积极参与博物馆的规划、设计、文物收集以及布展，在帮助搜集海外瑶族文物时，甚至冒着被他国政府国安人员跟踪暗查、文物被查封的危险。

30多年来，我撰写了80多篇论文、风情散文和调研报告，和同事合作编著书籍多部，独自立书多部，如《广东少数民族服饰文化》《舞动瑶山——盘王节与耍歌堂》《五彩斑斓——广东瑶绣》《盘王歌》《图说广东瑶族》，等等。其中多部著作获奖，如2010年《瑶山起舞——瑶族盘王节与"耍歌堂"》专著被评为"广东省第四届民间文艺著作评奖二等奖"。2014年1月《五彩斑斓——广东瑶绣》被评为"广东省第六届民间文艺著作奖"一等奖。2004年12月，我参与完成国家社会科学重大项目、艺术科学国家重点项目"十部艺术集成志书"编审工作，获"优秀编审工作奖"。2010年6月12日，获中华人民共和国文化部、中华人民共和国国家民族事务委员会、中国民间文艺家协会主办的国家社科资金资助重大项目、国家艺术科学规划重点项目"中国民间文学集成工作成绩突出贡献奖"，在全国人民大会堂接受表彰。学术成果受到瑶学研究界的认可和好评。从1989年至今，一连几届被我国瑶学会（广西）选举为副会长，著名瑶学专家张有隽教授在泰国清迈国际瑶学研究会介绍我时说："像她那样一心向学的瑶族女性真是凤毛麟角。"

由此，在党和组织的精心培养下，我收获了不少荣誉：曾任广东省民族宗教研究院副院长、党总支副书记、研究员；兼任广东省民族宗教事务委员会党委委员、工会副主席；连任中国（广西）瑶学学会第六、七、八届副会长，广东省宗教学会副会长。曾任广东省民族研究学会副会长，广东省民族研究学会瑶学分会会长，广东省民俗文化研究会副会长，中国民族学研究学会、广东省妇女学研究会常务理事等社会职务。在此真诚地感谢党组织的信任和干部群众对我的关心和爱护！

本书从自己数十年写作的论文中精选收集相关瑶族社会研究的30多篇论文，包含了瑶族源流历史、政治组织、风俗文化、宗教信仰、社会发展等多方面内容，可谓全面系统，特色鲜明。实为本人三十余年孜孜以求，千辛万苦踏遍广东瑶区各山村寨，深入田野调研，将相关研究成果凝结铸成的心血之作。以志向世人展示广东瑶族人纯朴的品质、勤劳的性格、多彩的民俗、自豪的历史、丰富的文化。望读者读后对瑶族了然，不舍离卷。谢谢！

目　录

历史篇

瑶族史研究 60 年 …………………………………… 2
元、明时期瑶族活动中心南移两广之史证 …………… 11
粤西江流域瑶族迁徙成因 …………………………… 33
浅析瑶老制 …………………………………………… 44
过山瑶与《过山榜》 ………………………………… 54
明孝穆纪太后族属寻踪 ……………………………… 63
瑶族历史进程中的亚文化 …………………………… 83
寻找乳源过山瑶早期的历史足迹 …………………… 95

文化篇

蓝田瑶多元民族文化特征的例证 …………………… 107
贺县土瑶与连南排瑶社会文化之比较 ……………… 115
儒家文化对瑶族传统社会及其文化的影响 ………… 124
瑶族传统服饰风格论 ………………………………… 133
瑶族饮食文化中的野生食物链 ……………………… 142
瑶族传统道德与精神文明建设 ……………………… 149
保护和传承瑶族非物质文化遗产的思考
　　——以广东瑶族为例 …………………………… 156

宗教篇

洪秀全在瑶山传教的传说与史实 …………………… 169
从"神灵意识"看排瑶的早期信仰 ………………… 176
排瑶"送鬼治病"的巫术行为 ……………………… 183

"耍歌堂"与祖先崇拜 …………………………………… 190

盘古、盘瓠信仰与瑶族 ………………………………… 198

交流篇

国外瑶族的分布与迁徙 ………………………………… 210

美国社会的"勉"瑶 …………………………………… 216

美、法瑶人的生存理念 ………………………………… 226

从美国瑶族的民族情结看瑶族文化在海外的复兴 …… 234

发展篇

积极开创民族经济发展的新局面

——连南瑶族自治县脱贫致富纪实 ……………… 246

发展"三高"农业是瑶族地区脱贫致富重要途径 …… 252

开发瑶山旅游　促进经济发展 ………………………… 259

文化与市场协调互动

——以广东瑶族文化产业开发为例 ……………… 267

开发瑶绣创意文化，实现社会价值和市场价值 ……… 276

瑶族地区文化旅游与博物馆建设

——以广东瑶族博物馆为例 ………………………… 284

试论瑶族与海上丝绸之路的联系 ……………………… 296

附　录

附录一：关于瑶族民俗文化的采访 …………………… 311

附录二：宝剑锋从磨砺出　梅花香自苦寒来

——访广州市民族团结进步协会会长李筱文 … 318

附录三：中国民族报社、中国民族宗教网"寻找民族团结感动人物"

候选人事迹 ………………………………………… 322

历史篇

瑶族史研究 60 年[①]

在中华人民共和国成立 60 周年到来之际，回首我们所走过的瑶族史学研究道路，无论是前辈们所走过的足迹，还是后辈们所跟上的脚步，都值得去回望，值得去深思。

一、瑶族分布基本概况

瑶族是中国南方古老的民族之一。在我国 55 个少数民族中人口位居十三，据 2000 年第五次人口普查数据公布，全国瑶族人口共有 263.74 万人；2008 年，中国瑶族人口在 280 万左右。主要分布在广西、湖南、云南、广东、贵州等省（自治区）的山岳地带。瑶族居住的地区重峦叠嶂，地形复杂，既有高山、谷地，也有盆地、河谷和平原，山地面积占总面积的 90% 以上。从东经 100°30′ 的云南景谷县到 110°20′ 的广东始兴县；从北纬 21°37′ 的广西防城县到 28° 的湖南武陵山区，分布地域十分广阔。

瑶族历史悠久，文化内涵丰富。由于长期频繁迁徙，大分散、小聚居，与其他民族交往甚多，由此导致民族内部出现一些文化差异。瑶族原来的支系很多，本身有许多自称，人们习惯按语言把瑶族各支系分成为瑶语支（也称盘瑶支系）、苗语支、侗水语支和汉语方言四大支系。而瑶语支又分成三个方言，即绵荆方言、标交方言、藻敏方言；五个土语：尤绵（优勉）土语、荆门土语、标曼土语、标敏土语和交公绵土语。其中使用尤绵（优勉）土语的瑶族人口最多，分布最广，与泰、美、法等国的瑶族语言亦能相通。瑶族原有 30 多种他称，有因崇信盘王即盘瓠而被称为"盘瑶"或"盘古瑶"；有因种蓝靛、染蓝

[①] 原载广西瑶学会编：《瑶学研究》第 7 辑，香港展望出版社，2009 年。

靛布而被称为"蓝靛瑶";有因服装特点而被称为"红瑶""花蓝瑶""白裤瑶""顶板瑶"等;有因住居特色而被称为"东山瑶""坳瑶""八排瑶""平地瑶"等,中华人民共和国成立后统一称为"瑶"。

瑶族不仅是一个跨国民族,而且是一个国际性的民族。瑶族人口主要分布在中国、越南、老挝、泰国、缅甸、美国、法国、加拿大等国。隋唐时期,瑶族就生息繁衍在湘、粤、桂三省交界区,广东粤北是瑶族较早的聚居地;明中叶以后,南方瑶族跨越广西、云南边境,不断向东南亚移动,走向越南、泰国、老挝等国的山地。1975年印支战争以后,美国、法国、加拿大等国大批吸收印支战争难民,不少瑶族人就此机会移居到了欧、美、加等地。据有关资料反映,目前全世界有瑶族人口约350万,其中280万居住在中国,约70万分布在越南,另一部分撒播泰国、老挝等东南亚地区,还有5万人口移居在美国的俄勒冈州、华盛顿州、加利福尼亚州以及法国的杜鲁兹地区和加拿大北部。虽然瑶族人口分布广阔,支系众多,但瑶族人的生活习性基本相同,历史渊源也相同。

移居东南亚和欧、美的瑶人历史源于中国,不仅他们自我认同,而且他们珍藏的《过山榜》《家先单》上的记载,都能证明他们的祖先曾生活在中国。① 在定居于美国西部海岸城市西雅图的李如府家中,笔者看到其收藏的族谱,上面记载着:"先祖先置连州庙……后因洪水,迁移到韶州乐昌县。"现我国广东省的韶关市、连州市,仍有瑶族分布。从唐朝起,瑶族人的祖先就开始了逐渐向南迁徙的历程,也因此被世人称之为"过山瑶",即"吃尽一山则他迁矣"。据唐代李吉甫著《元和郡县图志·江南道五》"潭州"条载:"(晋)怀帝分荆州湘中主诸郡置湘州,南以五岭为界,北以洞庭为界,汉、晋以来,亦为重镇。今按其俗杂,有夷人名瑶,自言先祖有功,免徭役也。"②"潭州"是唐代湖南观察使治所,其辖地包括今湖南省长沙、郴州、永州、邵阳和广东省连州等地,现在这些地方仍有瑶族住居。美国"瑶人家中珍藏的《过山榜》《家先单》《祖坟墓册》《前初古图》《歌堂书》《坐堂书》等古籍明确记载着他们祖先的故乡在中国的'南京十宝殿'……祖先盘瓠王传说的出生地……后到广东的潮州和韶州府乐昌县,然后经广西、过云南,随山耕种,再到老挝或越南,近些年,

---

① 李筱文:《美、法瑶人的生存理念》,《世界民族》,2004(1)。
② 吴永章:《瑶族历史研究中若干重要问题新说》,《民族研究》,1992(2)。

又加写了某年某月到达泰国、美国的行徙历程"。①美国西雅图瑶人珍藏的"长达十余米的《过山榜》这部用血和泪谱写的长卷详细地记述了美国瑶族祖先从洞庭湖起经两广、云南历尽磨难南迁老挝、泰国的经过"。②

瑶族的族称最早见于唐初姚思廉的《梁书·张缵传》:"零陵、衡阳等郡有莫瑶蛮者,依山险而居,历政不宾服。"南北朝以前,瑶族先民和南方的一些少数民族被统称为"蛮",瑶族先民乃古代"蛮人"的一部分;隋唐时代是"瑶"形成单一族群的重要时期,也是瑶族群体成长壮大的重要时期。"唐代中期,瑶人势力遍及今湖南全境,北至长江之滨的洞庭湖畔,南抵湘南甚至越过五岭而居于粤北之地。"③瑶族群体在成长中不断向南扩大自己的活动地域,其中心活动区从隋唐时期的两湖境地转移到了明清时期的两广以及与湖、广接壤的云、贵地区。美、法瑶人珍藏的历史文献清楚地记载着其祖先迁徙的足迹。美国加利福尼亚州塞勒姆(Sdem)邓明福家中收藏的《祖宗簿记》,反映了其先祖从广西迁往越南的历史:

邓珠一郎　　葬广西道桂林府管人义尊县
邓氏一娘　　葬广西昭平县孔家湾
邓法坛　　　葬恭城县上西乡苏体源东洞
盘氏者　　　葬桂林县天井安堂
邓法林　　　葬湖广道江华县管人皆流西中白鹤庙
邓法前　　　葬广东道连州县大龙洞
赵妹耐　　　葬云南省开化府文山县东安里
邓法灵供　　葬猛剌(勐腊)磨厂盐堂冲
邓法堂　　　葬安南(越南)掌国管下仙玉
邓法广　　　葬猛声管上冷乍冲④

而居住在法国图卢兹(Touluse)的瑶人祝通珠家中珍藏的《家先单》也记载着其祖先遗骨葬于广西、湖南等地:

---

① 赵砚球:《生活在美国的瑶人》,《瑶学研究》第3辑,广西民族出版社,1993年,第96页。
② 盘泰福:《美国瑶族地区访问纪实》,《瑶学研究》第2期,广西民族出版社,1992年,第275页。
③ 吴永章:《瑶族历史研究中若干重要问题新说》,《民族研究》,1992(2)。
④ 赵砚球:《生活在美国的瑶人》,《瑶学研究》第3辑,广西民族出版社,1993年。

祝法应　　葬于广西道管人龙胜府叭咱冲岭脚

赵妹仙　　葬于广西道龙胜府管下同罗冲领脚坪

高氏者　　葬于江华隔界地

祝法添　　葬于猛东洞管下南本冲半岭坪

……①

国外瑶人承认自己的祖先源自中国，承认自己是盘王（盘瓠）的子孙，与中国瑶族之史源相同。从美国、法国瑶人珍藏的《祖图》《家先单》所实录的迁徙历史可以看出，其先辈大约在明末清初仍生活在中国的两广地区。清朝中叶，一些瑶族人分别从中国湖南的江华和广西的贺县（今贺州市）、富川、恭城、永福、宜山（今宜州市）以及广东的连山、连州等地迁徙到云南河口、勐腊一带。到清朝同治、光绪年间有一部分瑶人移徙到缅甸、老挝和泰国。其后，又有一些瑶族人迁居美国、法国、加拿大等国家。美、法瑶人虽身在异域，却始终把中国看成是老祖宗的出生地和先人的居地，他们虽人在"番邦"，却与中国的瑶族祖根相连。

二、瑶族历史发展概况

瑶族的历史最早可追溯到蚩尤时代。② 蚩尤是中国古代传说中的部族或是部落联盟，主要活动在黄河下游和长江中下游之间的济水、淮水之间。远古时期，蚩尤部落先后与炎帝、黄帝两大部落发生战争，蚩尤战败后，其部落部分臣服于炎、黄二帝，部分南迁到江汉和江淮流域，在两江之间逐渐壮大形成三苗部落集团，活动地域也延伸至长江中下游及洞庭湖一带。尔后三苗部落集团先后多次与近邻尧、舜、禹为代表的部落集团交战，最后禹击败三苗。三苗余部再往南迁，与当地南蛮部族融合形成了荆蛮集团。

先秦时期，楚人在荆蛮地域崛起壮大，建立了楚国，并荆蛮为楚民。荆蛮余部或南迁或西迁，逐渐形成了长沙武陵蛮和桂阳蛮，成为当今学术界较为公

---

① 此族谱为作者亲眼所见。
② 奉恒高：《瑶族通史》上卷，民族出版社，2007年，第12页。

认的瑶族族源。长沙武陵蛮主要活动在今湘江、资江、沅江流域和洞庭湖畔；桂阳蛮主要活动在今湘南和桂北一带。

到了南北朝时期，文献出现专指瑶族先民的"莫瑶"名称。唐宋以后，瑶族以地域、服饰、生活习俗等特征命名的称呼也多有出现。

"瑶"字作为单一民族族称出现，最早见于唐初姚思廉的《梁书·张瓒传》："零陵、衡阳等郡，有莫徭蛮者，依山险为居，历政不宾服。"《隋书·地理志》也载："长沙郡又杂有夷蜒，名曰莫徭。自云其先祖有功，常免徭役，故以为名。"这里的"莫徭"指的就是瑶族。

瑶族先民经过长期的迁徙，到隋唐时期，已有一定数量的先民进入广东北部山区居住。唐代诗人刘禹锡被贬连州时，曾写了题为《连州腊日观莫徭猎西山》的诗篇，反映了连州地区（连南瑶族地区当时也属连州辖）瑶族人民的生产片段。阮元的《广东通志》卷二三二也有这样的记载：王睃"永徽初（650年）为连州刺史，民瑶安之"。到了宋代，在湘、桂、粤边境地区，形成了人口较为集中的瑶族聚居中心。《宋史·蛮夷列传》载："庆历三年（1043年），桂阳监蛮僚内寇，诏发兵捕击之。蛮僚者，居山谷间，其山自衡州长宁县，属桂阳、郴、连、贺、韶四州，环行千余里，蛮夷居其中，不事赋役，谓之徭人。"现在广东的连州、连南、连山，包括阳山的瑶族居住地区，都包括在当时的"连"境内；而乳源瑶山，包含原属乐昌、曲江管辖的瑶山，以及今天韶关市属各市/县的瑶族散居区，也都包含在"韶"之内。北宋庆历三年至七年（1043—1047年），连阳、韶州、英州的瑶人"依山自保"与统治者进行了多年的斗争，《阳山县志》载："庆历七年（1047年），瑶人劫掠州县，帝受畋（杨畋）东染院使荆湖南路兵马钤辖……诏往南韶、连等州招安之……贼果复出阳山，畋即领众出岭外……"宋人的《舆地纪胜》载："广东乳源西北（南）有月坪、杉木角隘，路通阳山。县境高车等14隘，俱瑶民错杂，其西山、牛婆洞与湖广宜章与阳山接壤。因皆贼巢也。"《英德县志》多处记载的杉木角瑶，是在乳源境内，与英德接壤。并载："顾孺履……宋淳祐……知英德府。五年（1245年）……峒瑶煽乱。远近骚然。"《乐昌县志》载："骆尧道……邑人。宋末（1280年）由茂才辟富川县尉升本邑尹……时山瑶为乱……瑶迁入深山……"

明代，《天下郡国利病书》云："明代广东境内有瑶山的县二十个。"表明了瑶族在广东地区分布很广，与广东西江紧相依连的广西地区，也有不少瑶族居住，明代两广是瑶族主要活动中心。

元、明、清三朝，封建统治者对两广瑶山围剿力度加大，瑶族为反抗封建压迫，不断举旗起义，终因寡不敌众，只好退避山野，"依山自保"。"入山惟恐不深，入林惟恐不密"，过着"吃尽一山过一山"的游耕生活。

明末清初，部分瑶族顺两广山脉向云、贵高原深山老林游移，继续过着刀耕火种的生活，并越过边境地区向越南、老挝、缅甸、泰国的山林地带迁徙；清代已形成今天中国南方五省瑶族分布的格局，至今依然是"大分散，小聚居"。不同的是，中华人民共和国成立后，瑶族人不再流离失所，在党和政府的关怀照顾下，过上了安稳定居的农耕生活。中华人民共和国成立60年以来，瑶族人民当家做主，实行地方民族区域自治，享受民族平等的权利，生活水平大有提高，社会历史也迈上了新的纪元。

三、瑶族历史研究概述

据瑶学专家张有隽①、胡起望②等教授的研究，认为瑶族历史研究起步较早，大致可分成三个阶段。③

第一阶段：中华人民共和国成立前，即汉秦到民国时期；从瑶族先民"长沙武陵蛮"见于史册至清末民初，关于瑶族史源的研究就已开始。瑶族民间崇拜的盘瓠龙犬图腾，早在东汉应劭的《风俗通义》和晋干宝的《搜神记》中就有记载，而南朝宋人范晔的《后汉书》对长沙蛮、武陵蛮则有着较为详细的记述，另《梁书·张瓒传》则反映"莫瑶"的生活片段，瑶族以"莫瑶"身份现世之时，便是瑶族作为单一民族历史开创之始。

在历代正史书籍中，由于作者出自官方文人，故其所写之作对瑶族先民的记述多为征剿和镇压，少有抚慰或疏导的记载。但无论是正面还是负面的记载，都是研究瑶族历史和社会发展的宝贵史料。还有不少文人学者从不同年代、不同角度记述了瑶族先民的社会历史、民族起源、政治制度、风情习俗，其中有宋人范成大的《桂海虞衡志》、周去非的《岭外代答》等，对宋代岭南瑶族历史有一个详细的交代。而瑶族民间收藏的历史文献如《评皇券牒》《过山榜》

---

① 张有隽：《瑶族研究史略说》，《瑶族传统文化变迁论》，广西民族出版社，1992年。
② 胡起望、华祖根编：《瑶族研究论文集》，中南民族学院民族研究所（内部），1985年。
③ 奉恒高：《瑶族通史》上卷，民族出版社，2007年，第12页。

《盘王大歌》，以及用画卷表达历史和盘王出世的《过山图》，都是研究瑶族历史的极好参考资料。一些地区的瑶族利用氏族族谱、家山碑文以及道公、师公所用的经书以记载本民族的历史；还用歌谣、小曲、故事等形式反映瑶族历史上的迁徙、民族来源、家庭婚姻、生活禁忌等。

　　清代初、中叶，社会出现了一些专门论述瑶族历史文化的论著，如诸匡鼎的《猺壮传》、李来章的《连阳八排风土记》、姚柬之的《连山绥瑶厅志》《评猺述略》和魏祖亭的《两粤猺俗记》，这些书籍为研究瑶族历史提供了很好的史证。进入民国时期，国民政府中央研究院院长蔡元培先生倡导用民族学方法研究中国的民族问题，组织民族学调查组，深入民族地区对少数民族历史文化和社会发展现状进行调研，1928年2—8月间，民族组的颜复礼、商承祚教授到广西凌云县调查了6个村寨，1929年出版了《广西凌云猺人调查报告》，反映了当地红头瑶、蓝淀瑶、盘古瑶、长发瑶的历史发展情况；1930年3月—1931年春，国立中山大学组织采集队分别到广东曲江、乳源、东昌和广西大瑶山古陈等地做田野调查，就两地瑶族社会历史及生产生活现状进行调研，并由庞新民写成《两广猺山调查》，1935年由中华书局出版。

　　1935年10月，燕京大学青年学者费孝通携妻王同惠进入广西大瑶山南部，对当地花蓝瑶进行人类学体质测量和调研，调研期间王同惠女士不幸殉职。尔后费孝通将此次调研整理成稿，于1936年6月以王同惠名义出版了《花篮瑶社会组织》，为研究瑶族的社会组织和政治制度积累了很好的资料。此后费孝通先生特别关注瑶学研究的发展。南京金陵大学的蓄意棠教授也把在大瑶山调研4个月的报告陆续整理出版，分别载于《金陵学报》《边政公论》《中国文化研究》和《边疆研究论丛》等刊，详细介绍了大瑶山瑶族的社会历史文化。1937年11月，国立中山大学学者和广州博物馆人员杨成志、江应梁、王兴瑞等10人组队来到广东曲江县荒洞瑶族村寨（现属乳源瑶族自治县）进行人类学田野调查，1938年编辑报告印成《广东北江瑶人调查报告》，本书较全面地反映了粤北瑶族的社会历史情况。

　　此后关于瑶族历史文化研究的书籍不断面世，有陈志良的《恭城大土瑶的礼俗与传记》（《风土杂志》2卷2期）、曾昭璇的《粤北瑶山地理考》（《边政公论》7卷2、3期）、唐昭民的《瑶山散记》（1949年桂林文化供应社）等，这一阶段的瑶族史研究，基本处于见闻记录阶段，还未进入理论研究层次。研究的观点或多或少存在着偏差。

第二阶段：中华人民共和国成立后，即1949年到20世纪70年代。

中华人民共和国成立初期，百业待兴，瑶族史学研究也受到国家和政府的高度重视。这一时期的学术研究主要与民族工作的实际相结合，弄清楚民族的特性、习俗和史源关系。为此国家有组织、有计划地开展大规模的社会历史调查，从云南到广东，从湖南到广西，近百人的队伍历时十年，撰写了大量调研报告，为后来出版的《瑶族简志》《瑶族语言简志》打下了良好的基础。

"文化大革命"期间，由于社会动乱，瑶族史研究一度处于停顿状态，大学和研究机构均不能正常进行社会科学研究。

第三阶段：改革开放至中华人民共和国成立60周年。

1978年改革开放以来，国内外瑶族历史文化研究得到了空前发展。党的十一届三中全会确立了新时期的思想路线，在国家民委的主持下，瑶族史的研究资料和成果被收入国家民委民族问题"五种丛书"公开出版。1979年以来，先后出版了《中国少数民族》包括瑶族部分（1981年）、《瑶族语言简志》（1982年）、《瑶族简史》（1983年）、《瑶族〈过山榜〉选编》（1984年）和金秀等八个瑶族自治县概况资料，以及一套九册的《广西瑶族社会历史调查》和一册《广东瑶族社会历史调查》，这些书籍和调研资料的出版，为前期瑶族史研究做了一个很好的总结。

在费孝通先生的倡导下，20世纪80—90年代，瑶族研究学者再次深入瑶山调查，并以人类学、民族学相结合的研究方法分析研究瑶族的社会历史，这一时期出版的书籍有胡起望、范宏贵的《盘村瑶族》，玉时阶的《白裤瑶社会》，马建钊、练铭志、李筱文的《排瑶历史文化》，黄钰的《评皇券牒集编》，黄钰、黄方平的《国际瑶族概述》，赵廷光的《论瑶族传统文化》，张有隽的《瑶族传统文化变迁论》，李筱文的《南粤民族搏览》《盘王歌》，吴永章的《瑶族史》，李本高的《评皇券牒研究》，等等，还有不少论文在国内外学术刊物上发表，如李筱文的《西江流域瑶族变迁成因》等。

1998年伊始，在奉恒高、张有隽等同志的主持下，不少专家学者参与了《瑶族通史》的撰写，并于2007年6月由民族出版社公开出版。《瑶族通史》是瑶族有史以来第一部记述和探索本民族历史的书籍，是瑶族社会发展的一本通书。进入21世纪以来，瑶族史研究又走上了一个台阶。在国家民委的主持下，新编民族问题"五种丛书"陆续修订再版，11个瑶族自治县概况也分批陆续出版。瑶族史研究的新作也不断问世，有玉时阶的《瑶族文化变迁》，李筱文、盘小梅的译著《移动的山岭》等。

　　在著名人类学家、民族学家费孝通先生的指导和支持下，从中华人民共和国成立起至今培养了大批瑶学研究人才，如具一定社会影响力的瑶学研究前辈黄钰、胡起望、徐仁瑶、盘承乾、刘保元、姚舜安、李默、宋恩常、吴永章、覃乃昌、张有隽、李本高、赵家旺等专家教授，还有一批已担任学科带头人的瑶学研究新一代学者，如玉时阶、李筱文、莫金山、朱雄全、彭兆荣、奉代喻，等等。他们的学术成果丰硕，其中不少均得到国内外同行们的赞誉。目前，有的瑶族史研究书籍已进入高校并列为本科生、硕士生授课或选修课程，瑶学作为一门独立的学科正得到蓬勃发展，前景喜人。

元、明时期瑶族活动中心南移两广之史证①

据《瑶族简史》载：元明时期（13—17世纪），瑶族被迫继续大量南迁，不断深入两广腹地。特别是明代，两广已成为瑶族主要分布地区，当时广西的瑶族，已占全省人口十分之三，有的地区高达十分之七。②广东十一个府的五十四个州县都有瑶族居住。③进入明末清初（17世纪），部分瑶族又由广东、广西分别迁入贵州和云南的南部山区。④致使瑶族遍布南方六省区，分布地区与今天基本相同。

何光岳据《广东通志》说："明代瑶人的分布，计有清远县有瑶山一百零六，曲江县瑶山四，英德县瑶山二，四会县瑶山五十七，阳春县瑶山九十四，新兴县瑶山五十五，恩平县瑶山四，德庆州瑶山八十四，泷水县瑶山一百一十八，开建县瑶山三十五，封川县瑶山一，电白县瑶山五，信宜县瑶山四十一，灵山县瑶村二十六，还有龙州、潮州等地都有瑶寨。到明清时，有一些瑶人又从云南、广西迁入缅甸、泰国、老挝和越南北部，仅越南就有二十多万瑶人，分布在越南北部山区的八百八十一个乡，其中以河江、安沛、宣光、高平、北太、广平、莱州等省县为最多，这些瑶族都自称来自中国，他们也有《过山榜》和十二瑶姓。"⑤

盘承和认为："秦汉时期（前3—前2世纪），瑶族先民主要居住在湖南的湘、资、沅江中游和洞庭湖地区，史称长沙黔中五溪蛮；南北朝时期（5—6世纪），部分瑶族先民又北迁至长沙、淮河之间，后因封建反动统治的压迫清剿，又被迫往南迁徙；隋唐时期（6—10世纪），瑶族先民逐渐散居在湖南的大部分

---

① 摘自胡绍华主编：《中国南方民族史研究文集》，群言出版社，2005年，第392~411页。
② 汪森：《粤西丛载》卷二十六。
③ 汪森：《粤西丛载》卷二十六。
④ 李宗渻：《黔记》卷三。
⑤ 李本高编：《湖南瑶族源流》，岳麓书社，2000年。

地区和广东西北部、广西东北部；到了宋代（10—13世纪），湘西南、湘南及两广北部的韶州、贺州已成为瑶族先民的主要居住地。元明时期（13—17世纪），瑶族先民又被迫大量南迁，不断深入两广腹地。这次大规模的迁徙，在富川境内瑶族和其他地区瑶族社会里留传下来的《千家洞流水记》中作了较为详尽的记述；经过这次大迁徙，到了明代，广东、广西已成为瑶族人民的主要分布地区。"①

综上所述，宋代是瑶族大量南迁的年代。据吴永章先生研究②：宋代瑶族在湖南活动的时期是瑶族聚居的鼎盛时期，宋代瑶族分布大概地域为，北至湖南的益阳，南及雷州半岛，东连吉州地，西达邕州境，瑶族的聚居中心偏北，以湖南为中心。至元代，瑶族的迁徙由北至南，特别是宋王朝的"开梅山"，加强经营开发和控制瑶区，迫使瑶族的人口分布重心不断向南移动。瑶族的活动地带除南移至两广腹地外，还有部分分布散落在贵州、云南两省地带。到明代，两广瑶族声势浩大，其中不乏其他民族成分，但瑶族是人口主流。

一、瑶族活动中心南移之背景

宋代初的荆湖南路是瑶族及其他少数民族共居的重要地域，此时期湖南的荆湖南路地区共分有"谭、邵、衡、郴、永、道州"和桂阳监、武冈军③以及含今广西境的全州，这就是史称的"湖南九郡"，别称为"湖南九州"。广东八排瑶族谱及口头传说他们从湖南辰、道州迁来，并在宗教仪式上"过九州"，让先人灵魂随"九州"路回到祖先故地，也许对"湖南九州"仍有记忆，或是排瑶祖先曾经逗留过的地方。

荆湖南路之瑶常被史籍称为"湖南瑶"，"湖南九郡，皆与溪洞相接。其地阔远，南接两广北连湖右"④。这里距离两广地域很近，而且瑶族居地连片。据《续资治通鉴长编》卷一三九"北宋庆历三年（1043年）正月甲午"条载："先是荆湖南溪洞蛮瑶侵扰连、贺、衡、永数州。"说明荆湖南路瑶人在战乱中

---

① 盘承和：《富川境内瑶族源流初探》，《瑶学研究》第2辑，广西人民出版社，1992年。
② 吴永章：《瑶族史》，四川民族出版社，1993年。
③ 宋制：府、州、军、监并称，即府、军、监也同属州一级地方行政单位。凡属政治经济重地者设府，军事重地者设军，工业重地（如煮盐、冶铁等）者则设监。
④ 马端临：《文献通考》卷三二八。

不断往南移动。"所依，在衡州、永州、道州、桂阳监之间。"① 当时湖南九州瑶人势力强盛，以致使当时的宋王朝"诏发兵讨湖南瑶贼"②。《宋史》卷三〇〇《杨数传》又载："庆历三年（1043年），湖南瑶人唐和等掠州县。"《宋史》卷三〇一《周沆传》载："湖南瑶盘二族寇暴。"在排瑶内部，唐、盘是大姓，以排瑶言其祖先从湖南迁来之理由，又能相约（八大排）共同抗暴之行动，排瑶先民与湖南唐/盘姓瑶族脱不了干系。从排瑶族群的性格来看：强悍、倔强（憨）、不屈不挠是其民族显明的个性，历史上屡屡与封建王朝相抗衡。同时，排瑶又是最早进入粤地的瑶民。

据练铭志、马建钊、李筱文的《排瑶历史文化》③研究："根据族谱则可从其记录世系的倍数（每代约25年）推算出迁徙的大致年代。从罗列的族谱看：排瑶最早入粤者是原火烧排的房姓。41代人，按25年一代当在千年以上。里八洞排沈姓39代定居连南，亦在千年左右，所以界定排瑶最早入粤的时间定在唐宋之间的五代似较为合理。此外有军寮排李姓，定居29代约700年，大概在宋元之交，其余姓氏一般在连地定居20代左右，亦超过了500年，约在元明之际。三排的盘姓、龙姓，定居16代约400年，相当于明代中后叶，但其居民多从油岭、南岗排迁出，其祖先在三排之前已定居连地。所以排瑶的迁徙入粤也不尽一致，从唐宋的五代至明中叶几百年间陆续进行，不过大部分已在明初抵达。"排瑶祖先从湖南的迁出，与湖南境内战乱有着密切的关系。广东其余地区的瑶族，如乳源瑶族自治县东坪、半坑的过山瑶，均言祖先从湖南迁来④，东坪乡茶坪村瑶族老人赵敬聪、赵德金，红星村赵志明，必背南坑村赵敬生等人说他们的进山祖迁徙路线如下：湖南千家洞（一说十宝山）—福建—广东连州—韶州曲江—游溪坑—分道瑶山。东坪乡乌坑村赵姓瑶民言其祖先来自湖南江华。而牛婆峒瑶言其先祖明清时从广东肇庆迁来，龙南乡海岱黄姓亦言自阳山县秤架太平洞南木村迁来（阳山秤架瑶族属排瑶支，自桂北迁入阳山，再转至乳源，也是明清年代之事）。而连山壮族瑶族自治县77岁瑶族老人赵世情收藏的《迁徙歌》⑤，记载了他们的祖先在明洪武年间，曾先后居住过广东的南海、乐昌和湖

---

① 欧阳修：《再论湖南蛮贼宜早招降扎子》。
② 《宋史》卷十一《仁宗本纪》。
③ 练铭志、马建钊、李筱文：《排瑶历史文化》，广东人民出版社，1992年。
④ 乳源瑶族自治县人民政府编：《乳源瑶族志》，广东人民出版社，2000年。
⑤ 《连山瑶族》编写组编：《连山瑶族》，天津古籍出版社，1992年。

南的桂阳（九江）、宁远、新田、兰山、江华等地，之后部分从江华县转迁到连山境内。在三水乡聚居的过山瑶以及其他乡散居的瑶族，大都是明清时从广西贺县、湖南江华、广东连南迁来。而连县瑶安、三水瑶族均较排瑶晚进入连地。除乳源瑶族自治县有部分过山瑶较早定居粤地，大部分过山瑶均在明清之际迁入广东。以此推测，排瑶是最早定居广东的瑶族分支，唐代刘禹锡的《连州腊日观莫徭猎西山》诗句，明显反映的是排瑶狩猎场面，排瑶群居的声势，曾给当地带来很大影响。

《宋史》卷四九三《蛮夷列传》载北宋庆历三年（1043年）湖南转运使曰："桂阳监蛮瑶内寇，诏发兵捕击之。蛮瑶者，居山谷间，其山自衡州常宁县，属于桂阳郴、连、贺、韶四州，环纡千余里。蛮居其中，不事赋役，谓之瑶人。"这时的连、贺、韶瑶人，主要指的是连南、连州、乳源等地的瑶族。宋代的两次大规模瑶人起义，即庆历年间的唐和领导的桂阳监瑶人起义，和嘉定年间郴州黑风峒瑶人，都发生在这一带地区。可见当时在桂阳、郴州以及连、贺、韶地的瑶人有着极其重要的地位，若没有集中的聚居地，没有强大的凝聚力量，是很难发动有影响的农民起义。历史的经验告诉我们，战乱使湖广交界的郴、连、贺、韶地区逐渐成为了瑶族的聚居地。

而在湖南资水中游的梅山，亦是瑶族另一个聚居的重要地区。宋刘挚《蔡奕墓志》云："谭邵间有上下梅山，其地千里。马氏以来，瑶人居之，号曰莫瑶。"梅山原是梅姓宗族聚居之地，后白虎夷人扶氏取代梅氏的梅山，仍称梅蛮。宋太平兴国时，扶"汉阳既灭，有苏方者居之，苏氏殆继扶氏而兴"①。苏氏取代了扶氏据有梅山，苏氏属瑶人，故广西金秀瑶族自治县有"苏姓拉珈瑶"。据《宋史》称为"梅山蛮"。《刘元瑜传》亦称梅山蛮为"徭人"，今湖南湘南一带的苏姓，尚有传系由梅山南来；随着历史的推移，其余大部分留居梅山地区的苏姓瑶人已融入汉族之中，如现新化、安化的大姓苏氏，大都是土著民族，且自认为是汉族。

从排瑶及江永瑶人甚至泰北瑶人的《瑶经》《千家洞流源记》和《游梅山书》等都提到"梅三十洞""梅山三十六洞""梅山十殿"，说明梅山在瑶人文献记载中占一定的主体地位，也曾是在瑶民心目中留下深刻烙印的地方。宋代封建王朝对梅山的征剿，致使瑶人纷纷离洞外逃。据《宋史》卷三〇〇《杨数

---

① 何光岳：《南蛮源流史》，江西教育出版社，1988年。

传》记载：早在仁宗庆历三年（1043年）就有对该地区瑶人进行疯狂围剿，瑶人"闻官兵至皆恐畏逾岭南遁"，引起荆湖南路（今湘南）境内的瑶民迁徙外逃。① 而同书卷三三一《张颉传》更谓："熙宁中，章惇取江南地建沅（今湖南芷江），懿（今芷江西南）等州，克梅山……居忧于鼎（州）……言南江（沅水）杀戮过甚，无辜者十八九。浮尸蔽江，民不食鱼者数月。"梅山之开辟与宋王朝的征剿有密切关系，也正是由于封建官兵的残暴征伐，导致梅山瑶人及其相邻地区瑶人大举逃亡，辗转南下迁移。

在宋代初期直至中期，由于宋王朝对瑶族聚居地区的控制采取了"恃文教而略武卫"政策②，对瑶族以绥抚为主，致使瑶族人民在此时有过相对休养生息的机会。庆历三年（1043年）的桂阳监瑶民起义，算是宋王朝统治三百年（961—1279年）来对瑶族人民进行的最大规模的军事征剿，在唐和率众"依山自保"坚持了五六年的反抗后，仍被招降补为峒主。瑶族人民反抗斗争意志坚决，一度迫使宋王朝做出某种让步。一方面以调整封建生产关系为主，缓和尖锐的民族矛盾和阶级矛盾。如宋绍兴十五年（1145年），宋王朝明令地方官吏："毋侵瑶人，庶使边民安业"。③ 隆兴初（1163年）又下令规定："（民）毋前买瑶人婢为别籍，毋遂夺，能还其田者，县代给钱偿之。"乾道三年（1167年）规定："平溪峒互市盐米，价听民便，毋相抑配。瑶人发输了米，务平收，毋取羡及折输钱。"④ 又发给瑶人耕种，等等。另一方面，宋王朝却"虑蛮夷变生叵测"。不断加强对瑶区的封建统治，如"绍兴年间（1131—1162年），在辰、沅、靖、澧等四州，招募弩手三千五百"，分处要害之地。与此同时，还采用"择素有知勇，为徭人所信者，立为酋长"⑤。宋王朝的招抚政策，使瑶民一时间相对"为顺"朝廷，对于瑶民社会发展史来说，也曾有过一段经济发展相对稳定的时期，生活安定，人们的反抗斗争也相对减少。

宋元两朝的交替，引发了瑶族地区的社会动荡，也促使瑶族人民离开硝烟弥漫的故地，分别向南面两广腹地迁移。以至湖南、广东、广西三省交界地带形成瑶族重要的聚居中心，也是元代瑶族人民反抗斗争的聚焦中心。

---

① 谢剑：《试论宋代梅山事件对瑶人的影响》，《瑶学研究》第3辑。
② 李默：《略论宋王朝对瑶族的政策》，《瑶族研究论文集》，广西人民出版社，1992年。
③ 李默：《略论宋王朝对瑶族的政策》，《瑶族研究论文集》，广西人民出版社，1992年。
④ 《宋史》卷四九四《蛮夷传二》。
⑤ 邓有铭、盘福东：《瑶族农民起义史》。

"笔者只能依据报刊文献和地方志书的记载，经过查阅大量元代地方史志和参考有关研究文章的基础上，认为湘、粤、桂三省交界是元代瑶民反元斗争的热点和发祥地，由此发端，然后扩展到各地。"①

二、元代之后瑶族的南迁

翻开瑶族人珍藏的《过山榜》和族谱，发现不少记载都反映元、明代瑶人陆续向广西、云南、越南等地迁徙。事实上，南迁从宋代就已开始。如富川县朝东镇塘源村瑶族唐姓族谱记载②，其始祖丹成于宋高宗建炎二年（1128年），由湖南永州府（今湖南零陵地区）避乱至广西富川，路经福溪村后迁入源村……油沐乡长塘瑶族廖姓族谱记述，其始祖廖柒五于南宋开禧丙寅年（1206年）迁移到黄沙岭居住。瑶族盘ँ宗谱载，城北乡绅源村盘姓始祖蒲增和葛坡乡上洞村盘姓始祖蒲茂分别于元大德元年（1297年），由湖南永明（今湖南江永县）源口迁入富川；新华乡榜下村盘姓始祖八六于元至正年间（1341—1368年）由广西恭城县松木寨迁至富川新华立宅。另据瑶学专家姚舜安在湖南江华县调查时，发现江华县县长赵自现家里珍藏的《邓姓始祖来历》家谱中记载："（元）大德九年（1305年）时，居住在千家洞的瑶人，因害怕'皇兵'的屠杀而漂洋过海，向他处迁徙，邓犬华迁到江永，邓公明迁到广西富川。"③又据广西田林县凡昌乡邓贵兴家的《邓代源流》家谱记载："其始祖邓腾财原住广东乐昌儿善司应两冲大村坪，从乐昌起程，路经广西平乐府贺县，桂林府荔浦，梧州府昭平，柳州府怀远（今三江），融县、罗城、天峨、泗城府凌云，而后落户广西田林县，以后一部分邓姓瑶族又迁到了云南涪陵县。"1985年11月，姚教授到富宁县参加"盘王节"，当地洞波区盘瑶邓有富说，云南富宁有邓、李、赵三姓瑶族，都是从广东乐昌迁到田林，后转到富宁的，其中邓、李两姓的一部分人已迁去云南河口，再从云南出境到越南和老挝、泰国。日本民族学家竹村卓二在其编著的《瑶族历史与文化》一书中，详细论述了他在泰国清莱府夜庄县帕莱村邓福昌家收集了一份《迁移史》，从这份迁徙路线图来看，与我们在

---

① 邓有铭、盘福东：《瑶族农民起义史》，漓江出版社，1993年。
② 广西瑶学会编：《瑶学研究》第2辑，广西人民出版社，1992年。
③ 李本高编：《湖南瑶族源流》，岳麓书社，2001年。

前面引用的《邓姓始祖来历》《邓氏源流》家谱上所记载的路线基本一致，现抄录如下：

第一代：邓全一郎、冯氏一娘，葬在中国某县。
第二代：邓前一郎、赵氏三娘，葬在中国广西壮族自治区柳州府贵县。
第三代：邓财一郎、赵氏一娘、邓氏三娘，葬在中国广西壮族自治区柳州府贵县。
第四代：邓良四郎、邓氏一娘，葬在中国广西壮族自治区泗城府。
第五代：邓承一郎、邓氏四娘，葬在中国柳州府。
第六代：邓向二郎、赵氏三娘，葬在中国广西壮族自治区泗城府。
第七代：邓明四郎、冯氏二娘，葬在中国云南省临安府。
第八代：邓全四郎、邓氏二娘、李氏二娘，葬在越南蛮·斯。
第九代：邓法林、赵氏者，葬在老挝蛮·坦。
第十代：邓法堂、黄氏者、邓氏者，葬在老挝拿来连。
第十一代：邓法进、黄氏者、邓氏者，葬在泰国清莱府夜庄县帕莱村。

从以上所引用的湖南江华的《邓姓始祖来历》家谱、广西田林县的《邓氏源流》家谱，云南河口邓氏《久前海南信》歌以及泰国清莱邓福昌家族《迁徙史》来看，它们一脉相承，互为印证。比较具体地勾画出邓姓迁徙的路线：

湖南千家洞—广东乐昌—广西壮族自治区平乐府贺县、富川—荔浦—昭平—柳州—三江和融县—罗城—天峨—凌云—田林—云南文山—河口—越南—老挝—泰国。

又有广西壮族自治区贺州市富川县柳家乡坪寨村瑶族邓姓始祖源流记述①：始祖姑孙，由灌阳"千家洞"发迹，于明洪武二年（1369年）到富川坪寨居住。同县石家乡黄竹村瑶族沈姓始祖源流记述，其始祖恩养于明洪武十二年（1379年），蒙韩总兵官（广西都指挥韩观）招抚立宅于黄竹源（今广西富川县石家乡黄竹村）。富川朝东镇高宅斑竹坪赵姓瑶族约在清乾隆年间（1736—1795

---

① 广西瑶学会编：《瑶学研究》第2辑，广西人民出版社，1992年。

年）迁入富川。以富川瑶族为例：其最早迁入富川县的是李姓瑶族，始于北宋，而其他大多姓氏于元末明初迁入，也就是瑶族社会民间流传的"千家洞"大迁徙期间，几经沧桑，陆续从湖南南部及广东北部迁入富川以及广西的其他地区。

从以上述承袭关系看：宋末元初，瑶族的分布地带由北稍往南有所移动，广东西江流域的高州、雷州、化州、德庆州已见瑶族的踪迹，但主要聚居在湘西南、湘南及两广北部的韶州、连州及贺州地区。元代后期至明代，瑶族在两广腹地成长壮大，形成了瑶族的又一个强盛期。

根据姚舜安先生的研究，瑶族向南的迁徙路分有南路和北路：北路从湖南进广西，经田林到文山入河口，然后迁往东南亚的一些国家。而南路又包括了陆路和水路。陆路是从湖南迁到广东韶州府乐昌县，经罗定山区进入十万大山，再迁往越南。而水路则是从广东向东迁移入福建，再折往广西防城，再分路迁往越南和云南。

还有一路是在湖广边境迂迴迁徙流动。今连南、连山的过山瑶，大部分是在湘、粤边界迂迴迁徙。入居连山县的过山瑶①，原有李、赵两姓，其中赵姓于元末从湖南江华迁至吉田丹竹，李姓于明初从湖南江华迁到上帅。"居元定冲"，"结茅住之"。到明代中叶，李、赵部分瑶人经广西阳翔、平乐等地，转迁到云南、越南，部分留居连山。另外小山江和三水乡茶联冯姓瑶民，明代居连山，后来回迁往广西贺县，民国时期又迁回连山。而连南的过山瑶，原本从湖南、浙江南迁两广腹地。历经元、明朝代，二百多年前又从广西迁回粤北⋯⋯现在乳源境内的瑶民，传说多是在明洪武二十七年（1394年）遭到对瑶族地区的大规模军事镇压后，从湖南、福建再度入粤。"散处在连县、曲江、始兴、英德、翁源等地的瑶族，他们的先祖，大约在宋元时期入徙岭南，一度深入到广西及广东粤中、粤东、粤西和南路各地，明清时期又避居粤北"②，形成了今湘、粤、桂瑶族的聚居中心地带。

三、瑶族南迁的原因

"为什么朝南而不往北呢？其原因有二：一是南方尚多未开垦之地，可供栖身。

---

① 王东甫、黄志辉编：《粤北少数民族发展简史》，广东高等教育出版社，1998年。
② 王东甫、黄志辉编：《粤北少数民族发展简史》，广东高等教育出版社，1998年。

显然，早已开发的北方平原沃土，当地居民是难于允许外来之人争夺其田土的。一是岭南历来为经济力量较为薄弱之地。据民国《东莞县志》卷五三宋人徐德时条下载：'时广南岭外，身教梢后于中华，湖广之瑶，溪洞之僚，实迫处此。'"①

姚舜安先生谈瑶族迁徙的原因有三②：

第一，瑶族是一个游耕民族，过着刀耕火种的游农经济生活；我国史籍早已记载瑶族是"刀耕火种，采食猎毛，食尽则他徙"的游耕民族。瑶族每迁到新的山区，砍倒树木，放火烧山，耕种土地，待种植两三年后，地力耗尽，又迁移他山。瑶族这种刀耕火种的游耕经济，需要寻找赖以为生的新土地，这就导致瑶人不断地迁徙，所以游耕经济制度乃是瑶族迁徙的最主要原因。

第二，瑶族迁徙的第二个原因是阶级和民族的压迫。历代统治阶级对瑶族人民进行镇压和驱赶，使得瑶民无藏身之地，过着逃亡流浪的生活。

"太祖原籍千家洞，瑶民无粮无税收。王兵驱压耕种地，瑶家无道走山头。黎元四公同伴走，逃过乌江无渡船。折浮桥断去离散，民泪各自上山溪。来到广东珠玑巷，王兵攒到驻扎驱。走到雷祖庙安宿，夜爱难逃避出身。"这是广西恭城三江乡盘瑶流传的一首迁徙歌，它叙述了瑶人由于官兵的驱赶，离开了"无粮无税收"的千家洞。

第三，天灾和疾病，特别是旱灾的袭击。宋人范成大描述桂北瑶民因天旱而逃亡的情景。"山谷间，稻田无几，天少雨，种不收，无所得食，则四出犯省地，求斗升以免死。"③田林县乐里区凡昌乡的一首瑶歌，生动地反映出当时瑶人因天大旱而迁徙的情景。"景定二年天大旱，深山竹木尽焦枯；到处官仓无粒米，到处学堂无堂书。到处深坑无水踏，到处深堂无细鱼。瑶人无水又无米，只得携儿把家迁。"

瑶族是一个游耕民族，这是后天形成的生活习惯，是迫不得已的一种生活。说瑶族人喜欢"吃尽一山则他迁"，寻觅新的生活境地，这不是瑶人迁徙的主要原因。

瑶族南迁的主要原因是因为历代封建王朝对"他族"的驱赶和剿杀，逼得瑶民无处安生，只好游走他乡，尽寻深山僻静之处，官兵难以进剿的大山栖息。翻开历史，一页页载满了瑶族人反抗封建官府的斗争史迹。仅据广西富川旧志

---

① 吴永章：《瑶族史》，四川民族出版社，1993年。
② 广西瑶学会编：《瑶学研究》第2辑，广西人民出版社，1992年。
③ 范成大：《桂海虞衡志》。

记载①，元、明两朝，声势浩大的瑶民起义反抗斗争事件就有数十起。如元元统二年（1334年）的唐七、唐一领导的瑶民起义；明洪武二十二年（1389年）的盘大孝起义；明景泰元年（1450年）的盘性子起义，等等。

在明代，湖广两地瑶民对抗封建统治的斗争持续不断：明正统七年（1442年）至嘉靖十八年（1539年）近一百年间，是瑶族反抗斗争最为激烈的时期。②有名的广西大藤峡瑶民起义就在此时发生，其规模和影响扩大到了湖南、广东的瑶族地区。明正统十一年（1446年），侯大、侯苟率领大藤峡的瑶民起义军，前仆后继，英勇顽强，先后攻下了广东的化州、泷水、电白、德庆、廉州、封州等州县，"坠城杀吏"，"劫库放囚"。连南人排瑶与广西大藤峡瑶民起义遥相呼应，曾一度占领连山县城，把知县孔镛赶跑。明成化元年（1465年），明王朝命都御史韩雍、都督金事颜彪率广东、广西、贵州三省十六万官兵对瑶民进行残酷的镇压。

此后，封建王朝对瑶族地区的围剿有增无减。当时连州地区的官吏报告说："各小田主倍收租刑，加派粮差，以致各瑶民不得安生。"明万历四十六年（1618年），知县孙养霖又因贪激变，军寮瑶排首先起来反抗，其余各排纷纷响应，声势浩大。至天启二年（1622年），连南八大排互相联络，积极准备，"顺攻广州"，可惜事机败露，被连山知县杨忠清镇压，由此更激起瑶民的反抗情绪。明崇祯八年（1635年）八排联合攻打连山，杀死连州官吏黄中选，广西参将刘康惧等。明崇祯十五年（1642年），八大排再度反抗起义，声东击西，沉重打击了明王朝在瑶族地区的统治，明王朝派总兵郑芝龙、施王政等调集广东、广西、贵州、福建、河南等五省官兵进行征剿，广州副总兵陈鹏等多名官将战死，最后不敢进入瑶区，只得罢兵"议抚"。

历代的剿杀给瑶山带来了腥风血雨，不羁的瑶民带着累累伤痕，拖儿带女，离乡背井，走上了流离迁徙的道路。"吃尽一山则他迁"，并不完全是瑶民喜欢的生活方式，其包括了被官府长期追杀威迫所导致的无奈的因素。瑶族之所以分布广、足迹远，大分散、小聚居，与其长期迁徙不定居关系密切，同时为了蓄积力量与封建压迫继续抗衡，迁徙避攘是绝好的选择。

从史籍记载看，元、明朝，特别是明代，遍及南岭和广东二十州县八百余

---

① 广西瑶学会编：《瑶学研究》第2辑，广西人民出版社，1992年。
② 《连南瑶族自治县概况》编写组编：《连南瑶族自治县概况》，民族出版社，1985年。

座瑶山的瑶族，到今天只余粤北连州、韶关不多的聚居地，说明大部分的瑶民已迁居他乡。清同治《梧州府志》卷八载："岑之西北曰上下七山，有平田、黎明、白板等计七巢，尔南约六十三山，有孔亮、陀田、桑田、古榄等百余巢，与粤东罗旁（山）相连……总督凌云冀发两粤劲率十余万，尽平罗旁地，且移师临六十三山，诸瑶而先以晓，譬积善惧，且喜愿旧田输赋，得以编户。"广东的西江流域，是南下瑶族的重要聚居地，特别是罗盘山区，瑶族村落聚集，其地东与新兴县接壤，南连阳春，西抵广西郁林、岑溪，北临西江，与肇庆、封州、梧州等地相连，是当时两广水路的交通要道。自元末起，罗旁山瑶民就不断起来反抗封建压迫，元至正二十二年（1362年），泷水县（今广东罗定）瑶人刘弟三率领罗旁山瑶民反抗元朝统治，揭开了罗旁山瑶民起义斗争的序幕，此后的二百余年间，西江流域瑶民与封建王朝展开了持久的浴血奋战，起义斗争一直没有间断和停息过。

罗旁山瑶民起义被镇压后，大批瑶民流入广西及邻近的岑溪、陆川、北流等县。据广西宜山和来宾地区的瑶族族谱记载：他们的祖先自元至明洪武期间，均在肇庆府"德庆州四会"，"清远大庙随山耕种"。如广西来宾县大理地区雷山村赵龙飞先生保存的《圣牒榜》手抄藏本载："（元）至元五年（1339年），李洞上祖沈十政，又庞叔父，拖带妻儿兄弟家口，前往广南路肇庆府，按得德庆州四会，青（广东清远）大朝，通入怀集，往来居住，耕作营身……洪武王（朝）分瑶民子孙下广东进南海，八万山瑶水洞八万里，随山耕种田地水塘，养活瑶民子孙性命。"明洪武年间，广东西江流域的瑶民逐渐向周边地域迁徙；据民国二十五年（1936年）版《阳朔县志》载："瑶族居深山之中，盘蓝二姓，不知是何朝代来居……若瑶人姓赵、姓李、姓邓者，询之，由明代来自湖南、广东。"翻开湖南省资兴市团结乡瑶民珍藏的《过山根图》，清楚地记载了团结乡瑶民先祖从会稽山七宝洞"飘海"后，经广东的潮州，粤西的雷州、化州、高州以及乐昌县，后来到韶州。① 清道光《他郎厅志》载："瑶人，自粤迁来，居无定处，每至深山，开垦耕种，田稍熟，又迁别所，开垦如前，不惮劳。"又有清乾隆《贵州通志》载："瑶人，黔省原无，有自雍正二年（1724年），自粤西迁至贵平之平伐，居无常处。"

明王朝对西江流域瑶山的残酷镇压，导致大量的瑶民逃离；明王朝趁此机

---

① 广西瑶学会编：《瑶族研究论文集》，广西人民出版社，1992年。

会又从内地迁移部分汉民到瑶山并屯兵留守，强占瑶民山地，逼使瑶民离开自己的家园。如明嘉靖三十年（1551年）陆舜臣的《征剿立县议》就"建议"朝廷征剿罗旁山东西瑶之后，"方撤去大兵，西山留兵五千，东山留兵三千，赭其山木，以为涸水取鱼之计……而渔人之令功可收矣。然伍设署分司，徙民充实，而各授以田……"。明王朝的征剿和"移民实边"，迫使瑶民离开自己的土地和家园，一部分游离在相邻的湖广边界及粤东地区，一部分陆续迁往较远的云南、贵州甚至越南、老挝。

封建王朝对瑶山的镇压，导致瑶民流离迁徙，而留在瑶山的部分瑶民，慑于封建王朝的武力淫威，被迫招降向化。封建王朝特别是明王朝在瑶山推行羁縻政策：对瑶族起义队伍进行分化瓦解，迫使瑶族起义军兵勇及弓弩手为官府服务，成为封建统治利用的工具。

据湖南蓝山县荆州竹瑶区赵荣义收藏的《盘古坪五圣牒》载："一十二姓瑶人祖宗，原住南京七宝大洞会稽山，后移肇庆山居住……奉批山图与瑶人万代流传，至今后分居广东省雷、化州，又至乳源县大平楠木山，乐昌县东西二山，至于洪武年，广东省年年贼乱，皇恩照雄招瑶弩手，剿灭广东贼乱，得享安宁。"于是瑶族的弓弩手被招募成兵，开往贼乱地区，协助射杀流贼，助国平安，故得皇恩奉批圣牒山图，"永远免身丁役，管山货利营生"。又清道光《肇庆府志》卷四记载："恩平堡，在阳江水东都要险地……乱乃定，今则瑶民帖顺矣，命之塞径则塞径，命之击贼则击贼；是始之兵以防瑶者，今则瑶即我兵也。"

在封建官府的抚降下，瑶族兵勇逐渐被归统列入兵防之内。如清道光《广东通志》载："（明）成化间（1465—1487年）知府孔镛立抚瑶，免差役，约束其众，咸听调遣，遂立瑶兵，每山每寨设一瑶目，以相统辖……信宜瑶兵二百七十七名。"另《通志》卷三三〇又载："茂名听招瑶共三十一山，抚瑶七名，领兵五百三十五名；背招瑶共十三山，抚瑶三名，约兵一百四十一名……电白听招摇共二十一山，抚瑶三名，领兵九百四十二名……化州听调瑶共五十一山，抚瑶三名，领兵约五百四十二名。"清顾炎武《天下郡国利病书》载："信宜流瑶共一百二十五名，听调防岭底寨，瑶总一名领之。"

封建王朝还册封瑶首为土官，招抚各山头瑶民，使瑶民逐步"归顺……向化"。各大瑶山的"瑶目率众归化"，编入户籍与"齐民"同。如明嘉靖黄佐《广东通志》卷六七载："永乐四年（1406年）高州、肇庆二府瑶首来潮，属二千五百户。"清光绪杨文骏《德庆州志》卷十五载："（明）洪武三十一年

（1398年），西山瑶乱，命指挥王浚等讨平之（《旧志》）。西山瑶盘穷肠等为暴，官兵揭其剿穴，设立瑶首，统领瑶镇，总甲，每岁来潮，赐之钞、币，自是四面向化。"

封建王朝就瑶首、瑶民的"归属"，顺势设立瑶官、瑶总，管理"向化入籍"之瑶民，"以夷别夷"，以巩固其在瑶山的统治。《中宿文献录》谨按："明代治理瑶僚者，德庆有瑶目，翁源有瑶目，潮州有畲官，恩平有瑶总，高州有抚瑶，化州有招主，琼州有土舍……"而在连南八大排瑶住地，清禧恩《剿瑶善后章程疏》提议："应令八大排内各举老成知事者立为瑶老千长。"李来章《八排风土记》的《约束》和《向化》两卷中多处提及"瑶目千长"，甚至具体说到"油岭排瑶目千长唐七姊、唐瑶章"等。① 明王朝时在八大排设立了瑶族千户长及瑶练（管兵勇之首）。

明王朝后期在瑶山推行招抚政策，授瑶首为土官，授瑶勇为兵丁，并编民入籍，起到了一定安抚民心的作用。随着瑶首的"来潮"，瑶民的"向化"，一些文官士人又提出了在瑶山立学，光社学，"以教化瑶民"。如明邱的《高州府学记》载广东按察副使阙里孔公极力推举教与学，"盖里明则人心固，人心固则士气作，士气作则彼蠢然冥顽者亦将惕然感动，幡然归顺矣"。明朝后期的种种软硬措施，加快了瑶民向化的速度。后因所设土官职位太少，内部纷争过多，官府又撤所设"土官"并入地方州府而治，不再另分出瑶山而治，瑶民随之编入地方户籍，"身份齐民，民瑶无异"。据此，明代声势浩大，遍及广东二十州县八百余座瑶山的瑶族，经过战火的洗劫，被迫离走他乡，或归顺向化，至清时，广东的瑶民声势骤落，只剩粤北不多的瑶族聚集地，瑶族人口的迁徙，继续向南往越南、老挝、泰国等地，向西南往云南、贵州迁徙。

四、元代瑶族的分布与活动地域

元代瑶族的分布格局，在宋时已基本成形。至元代继续完善这一格局并向南发展。与宋代相比，瑶族的居住重心已南移，如今湖南新化与安化一带的梅山，经宋代"开梅山"后，元代册籍则有"梅山蛮"的记载，显然原湘北的瑶

---

① 《民族问题五种丛书》广东省编辑组：《连南瑶族自治县瑶族社会调查》，广东人民出版社，1987年。

族已逐渐南移。据吴永章先生考证①：元代瑶族已分布并活动于湖南、广西、广东以及贵州、云南诸省。

1. 湖南瑶族

据《元史》卷四一《顺帝本纪四》载：至正六年（1346年）"靖州瑶贼吴天保陷黔阳"，"思、靖瑶寇狂武冈"。同书又云：至顺元年（1330年）"衡阳瑶为寇劫掠湘乡州"。据元王逢《陆县尹时俊席上赠郭府判》②载："临武（今临武县）、宜章（今湖南宜章县）二县瑶蛮作耗，官兵进讨不克。"据《元史》卷三〇《泰定帝本纪二》有泰定三年（1326年）道州路瑶为寇的记载；次年（1327年）"道州永明县瑶为寇"。据以上事实，元代瑶人分布活动于湖南沅州、靖州、武冈、邵阳、衡阳、耒阳、郴州、桂阳、道州一带，其势力所及有岳州、潭州、辰州等地。

2. 广西瑶族

据《元史》卷一〇《世祖本纪七》载，至元十五年（1278年）"全州西延溪洞瑶蛮二十所内附"。据《平遥记》载，元统二年（1334年）"瑶寇以其众起贺州富州县之境"。《元史》卷三〇《泰定帝本纪二》载，致和元年（1328年）"静江瑶寇灵州，临桂二县"。静江（今广西桂林）"从史籍不断记载瑶人在静江路及其所属灵州，临桂，古县，义宁，修仁，荔浦，阳朔诸县活动一等，可证此地已成为瑶人的集中居地③"。据吴永章先生研究，元代瑶族遍布广西东部与部分西部地区，即广西的全州、贺州、静江、融州、平乐、柳州、庆远、滕州、深州、宾州、横州、钦州、廉州、梧州、田州、全茗州、上思州及两江地区等。

3. 广东瑶族

据《元史》卷三〇《泰定帝本纪二》载，泰定四年（1327年）"高州瑶寇电白县"。据《元史》卷二六《仁宗本纪三》载，延祐六年（1319年）"广东

---

① 吴永章：《瑶族史》，四川民族出版社，1993年。
② 王逢：《梧溪集》卷五。
③ 吴永章：《瑶族史》，四川民族出版社，1993年。

南恩新州瑶贼龙郎庚等为乱"。南恩（沿今阳江），新州（沿今新兴），又据清顾祖禹《读史方舆纪要》卷一〇一载："广东新宁县，自元季以来，诸瑶煽乱。"新宁县，据《元史》卷二九《泰定帝本纪一》载："循州瑶寇长乐罢。"长乐县，据《元史》卷四一《顺帝本纪四》载，至正三年（1343年），道州、贺州瑶人"攻破连、桂二州"。总之，元代广东瑶族主要分布和活动于与广西接壤的西南部的德庆路、雷州、高州、南恩州、新州、肇庆路、广州路以及粤北的连州、粤东的循州等地。

4. 贵州瑶族

据吴永章《瑶族史》云：贵州省的瑶人，始见于元代。主要分布在八番、顺元、新添、恩州等地。

5. 云南瑶族

吴永章《瑶族史》载，云南"瑶"名，始载于元代。据《元史》卷二九《泰定帝本纪一》载，至治三年（1323年）"大理，威楚诸路瑶兵为寇"。当时驻扎云南的，似属官府的"瑶兵"，大批瑶民仍未迁到云南。这"瑶兵"当是从贵州、广西境调入。

此外，姚舜安先生谈元代瑶族的分布时说：地域比宋代要广，部分瑶人向南和西南迁徙。东到循州（今广东惠阳），西到云南的大理路（今云南大理白族自治州），北到今湖南的辰州路（今沅陵、泸溪、溆浦等县地），南到钦州（今广西钦州地区）。但元代瑶族又集中居住在四个地区：即分布在湖南的西南部，广西北部、东北部和中部，广东北部和西南肇庆府的德庆州一带。①

瑶族从湖南顺势南下，活动地带抵达广东的西南端雷州。广东西江流域（含沿岸广西地区）是元代瑶族分布的一大聚集区。元世祖至元十六年（1279年），广东德庆、泷水一带的瑶族曾参加宋朝张世杰、陆秀夫等的反元斗争。②

从广东的德庆溯西江而上至广西藤县，都有瑶族参加抗击元兵的斗争。到元仁宗延祐三年（1316年），德庆路爆发了当地的瑶民起义，元末明初又出现

---

① 李本高：《湖南瑶族源流》，岳麓书社，2000年。
② 李本高：《湖南瑶族源流》，岳麓书社，2000年。

了洸水瑶民起义。① 可见当时西江流域瑶族势力已很强盛。

元代瑶民聚居的第二个地区是以广西浔州为中心，包括平南、桂平、修仁、荔浦在内的大瑶山地区，泰定二年（1325年）元月，浔州平南县瑶民起义，声势浩大，镇压起义军的元朝将领达鲁葛齐（旧作达鲁花赤），图坚（旧作秃坚）都监姚泰亨被义军打死。② 说明这次起义参加者甚众，同时反映聚集在这一地区的瑶族势力强大。

元代瑶族聚居的第三个地区，即是湘粤桂交界的广大地区。元统元年（1333年），广西东北部瑶民起义攻陷湖南道州，千户郭震被击毙。时隔不久，元顺帝至正元年（1341年）道州蒋丙和唐大二起义，攻打江华时，两百余寨瑶民响应，后攻入全州而陷贺州，转战桂兆和湘桂粤地区，这一带的瑶民纷纷加入起义行列，此后直至元末，这一带的瑶民起义接连不断。

元代瑶族聚居的第四个地区是以湖南辰、沅、靖为中心的湘西南地区，元代靖州瑶人先后举行了四次起义：第一次是至元二十一年（1284年）③；第二次是至元二十八年（1291年）的辰州瑶民起义④。第三次是至正四年（1344年）的靖州瑶民起义⑤；第四次至正六年（1346年）十日靖州瑶民起义⑥。至正七年（1347年），靖州瑶民吴天保又一次率领瑶民举行起义，三次攻取武冈城，三次陷沅州，当时瑶族队伍发展到六万余人。此外，"至少在元中叶，云南和贵州都有瑶人居住，也就是说到了元代，瑶族已分布在广西，湖南，广东，云南，贵州五省之地"⑦。

又有广东瑶学专家李默先生认为宋元时瑶族的足迹已遍布广东全境，据史料统计，"宋元时广东瑶族分布于：广州、韶州、连州、英德、循州、肇庆、德庆、新兴、南恩、高州、化州、雷州、廉州、钦州等州府"⑧。与前面提及的两位专家所研究得出的结论基本相符合：即元代瑶族的分布与活动地带，北至湖

---

① 毕沅：《续资治通鉴》卷二〇一。元世祖至元十六年（1279年），广东德庆府洸水，广西滕州瑶民"为死"。又同书卷一九九，仁宗延祐三年（1316年），德广瑶民起义。
② 毕沅的《续资治通鉴》卷二〇二、二〇三记载：泰定四年（1327年）九月广西西江瑶民起义。
③ 《元史》卷《世祖记》。
④ 毕沅：《续资治通鉴》卷一九九。
⑤ 毕沅：《续资治通鉴》卷二〇八。
⑥ 毕沅：《续资治通鉴》卷二〇九。
⑦ 李本高：《湖南瑶族源流》，岳麓书社，2000年。
⑧ 刘耀苍、李默编：《乳源瑶族调查资料》，内部资料，1986年。

南辰州路，西达云南大理白族自治州，南到广西钦州，东抵广东循州的长乐县。

五、明代瑶族分布与活动地域

明代瑶族分布与活动地域比元代更广，但两广腹地是重要的活动区域。吴永章先生以《明实录》载，粤抚瑶人员与瑶首朝员的州县就有三州二十一县：三州即化州、德庆州、钦州；二十一县即信宜、新兴、电白、泷水、封州、高要、阳春、增城、博罗、新会、东莞、兴宁、阳江、茂名、清远、河源、海丰、归善、英德、龙川、荔源等县。

1. 广东瑶族

明代广东的西江流域不仅成为瑶族聚居的大本营，更是瑶族人民反抗官府压迫的主要战场。当时瑶族的人口，遍布西江流域的各个大小山头。明代是西江瑶族的全盛期。

据明姚虞《岭南舆图·肇庆府图经》载："肇庆府，本汉苍梧郡高要地……唐以前皆隶广西，元再更复属广东，国朝为府，临州（德庆州）县十（高要附廓、四会、新兴、阳春、阳江、高明、恩平、泷水、封川、开建）……境内瑶峒累累。"明黄佐《广东通史》卷六十七载："肇、高、雷、廉，带山险阻，以千百计，而瑶贼巢伏其中。"

据清顾炎武《天下郡国利病书》载：

> 明代瑶族分布于西江的肇、高、雷、廉四州：
> 肇庆府有：高要、高明、四会（含怀集）、新兴、阳春、阳江、恩平、广宁、德庆、开建、封川、罗定（泷水）、东安、西宁。
> 高州府有：茂名、电白、信宜、化州、石城。
> 雷州府有：海康、遂溪。
> 廉州府有：合浦、灵山、钦州。

据明万历郭斐修《广东通志》记载：

西江肇庆府（州1县10、瑶山424）

德庆州 152

高明	2	高要	8
四会	31	广宁	27
新兴	54	阳春	94
恩平	7	阳江	12
封川	2	开建	35

高州府（州1县4，瑶山201）

化州 51

| 信宜 | 85 | 电白 | 21 |
| 茂名 | 44 | 石城 | 1 |

雷州府（县1）　遂溪县

罗定州（县2，瑶山50）

| 东安 | 22 | 西宁 | 28 |

怀集县（原属广西梧州府）8

除西江外，《天下郡国利病书》还载，连山、南海、连州、从化、曲江、石康、香山、龙门、阳山等州县有瑶族活动。"自新会、香山、从化、龙门、清远迄阳山、连山皆有之。"① 吴永章先生列举史籍所载，归纳明代广东瑶人的分布是：

广州府：连州、南海、番禺、东莞、新安、增城、龙门、香山、新会、从化、清远、阳山、连山，共一州十二县。

肇庆府：德庆州、高要、高明、四会、新兴、阳春、阳江、恩平、广宁、封川、开建，共一州十县。

韶州府：曲江、乐昌、英德、乳源、翁源，共五县。

惠州府：归善、博罗、永安、海丰、龙川、长乐、兴宁、河源，共八县。

潮州府：海阳、程乡、饶平、澄海，共四县。

高州府：化州、茂名、电白、信宜、石城，共一州四县。

---

① 顾炎武：《天下郡国利病书》，引《阳山县志》。

雷州府：海康、遂溪，共二县。

廉州府：钦州、合浦、灵山、石康，共一州三县。

罗定州（直隶州）：东安、西宁，共一州二县。

综上反映：明代广东全省（除海南省外），共有十府七十二州县，可见瑶族居住地域之广，不仅空前而且绝后。值得一提的是：明代瑶族包括了今畲族之人在内。故明代瑶畲之分并不明显，史籍往往统称为"畲瑶"或"瑶"。事实上史籍所记载粤东瑶人，包含不少畲族成分。除潮州府及其所属海阳、程乡、饶平、澄海诸县的"畲瑶"，与畲族关系密切外，像惠州府所属的海丰、龙川、长乐、兴宁、河源等地的"瑶"人，也含有畲的成分。

广东省社会科学院李默研究员考究明代广东瑶族的分布，对明代广东瑶族的分布做了相当完整的统计，明代广东瑶族分布的州县为五十六州县，其中：

广州府：南海、番禺、东莞、新安、增城、龙门、香山、新会、新宁、从化、清远、连州、连山、阳山。

韶州府：曲江、乐昌、英德、乳源、翁源。

惠州府：归善、博罗、永安、海丰、龙川、长乐、兴宁、河源。

肇庆府：高要、高明、四会（怀集）、新兴、阳春、阳江、恩平、广宁、德庆、开建、封川、罗定、东安、西宁。

高州府：茂名、电白、信宜、化州、石城。

雷州府：海康、遂溪。

廉州府：合浦、灵山、钦州。

琼州府：文昌。

潮州府：（畲瑶）海阳、澄海、饶平、程乡。

吴永章先生认为以上的分布中，应把琼州府文昌县删除，因为文昌县是否真有瑶居仍未定论；同时，把怀集当成四会县的异名似不妥，其实明代怀集县当属广西梧州府。如《明史·地理志六》卷四五所记：广西梧州府"怀集，府东北，元居贺州。洪武初，居平乐府"。沿及清和民国初年，该县似属广西建置。①

2. 广西瑶族

与前期相比,明代广西瑶族的分布发生了重大的变化,宋代瑶族在广西主要分布于与湖南相邻的北部静江府和融州一带,而到了明代,广西瑶族分布的重点已南移至东部并向腹地扩散。"广西瑶、僮居多,盘万岭之中,当三江之险,六十三山倚为巢穴,三十六源踞其腹心,其数布于桂林、柳州、庆远、平乐诸都县者,所在蔓衍。而田州、泗城之属,尤称强悍。种类滋繁,莫可枚举。蛮事之众,与滇为捋。"②吴永章先生率先把明代广西瑶族的分布开列如下:

> 桂林府:全州、永宁州、灌阳、古田、灵川、兴安、临桂、阳朔,共两州六县。
>
> 柳州府:宾州、象州、柳城、洛容、上林、马平、武宣、融县、来宾、罗城、怀远,共两州九县。
>
> 庆远府:河池州、忻城、荔波、天河、思恩,永顺长官司,永定长官司,共一州四县、二长官司。
>
> 平乐府:永安州、富川、恭城、贺县、平乐、昭平、荔浦、修仁,共一州七县。
>
> 梧州府:郁林州、苍梧、藤县、岑溪、容县、博白、怀集、北流,共一州七县。
>
> 浔州府:武靖州、桂平、平南、贵县,共一州三县。
>
> 南宁府:横州、宣化,共一州一县。

以上分布共七府四十八州县(长官司)。

明代广西瑶族的分布,主要侧重于东部,其因有二:一是广西瑶族是从东北部(即相邻的湖南、粤北、粤西地区)进入,而后逐渐扩散;二是西部,特别是左右江一带,素来为俍人(壮族的一支)所占据,而且明王朝往往调遣

---

① 吴永章:《瑶族史》,四川民族出版社,1993年。
② 《明史》卷三一七"土司列传一·广西土司"条。

"广西左右两江土官衙门"征瑶，故瑶人进入该区较少①。

明代广西瑶族以大藤峡为中心（即浔州府瑶）。史籍已明确记载："广西浔州府桂平县大藤峡，地连贵县，平南，武宣及柳州、庆远。山势陡峻，江滩峻急，蛮寇据为巢穴。"② "盖广西瑶寇，处处有之，惟浔州大藤峡为大。大者既困，则小者不足平矣。峡前临河道，后抵柳、庆；左界昭、梧，右接苍、贵，中皆高山峻岭。"③ 所谓巢穴，大者，则是前面所言之"中心"，以浔州大藤峡为中心，北连柳州、庆远，东抵平乐、梧州，西及思恩、南宁，互为声援，可见大藤峡瑶的位置重要。

3. 湖南瑶族

明代湖南瑶族的分布与活动，主要以郴州、衡州府、永州府及桂阳州两府两州为最盛。如光绪《兴宁县志》卷三载，明代瑶人"在湖南者则郴州、永兴、宜章、兴宁、桂阳、桂东……县之山皆其所居"。又《明实录》卷二三"洪武二十七年（1394年）正月戌辰"条载："道州瑶蛮盘大等五百余人作乱，湖广都指挥使司遣兵讨捕，获其军周子昌等二十九人，诛之，余皆溃散。"清光绪《东安县志》卷四《建置》载："里洞溪者，距域四十五里，旧瑶洞也。明洪武初，因乱尽瑶人。"按吴永章先生研究，明代瑶族主要分布在五府二直隶州及其所属的二十七州县内：

> 郴州直隶州：永兴、宜章、兴宁、桂阳、桂东五县，衡州府、桂阳州、常宁、蓝山、临武五州县。
>
> 永州府：道州、宁远、东安、永明、江华及新田六州县。
>
> 宝庆府：武冈州、邵阳、咸步、新宁四州县。
>
> 辰州府：溆浦、黔阳、辰溪、沅陵四县。
>
> 靖州直隶州：绥宁一县。
>
> 长沙府：安化、宁乡二县。

---

① 吴永章：《瑶族史》，四川民族出版社，1993 年。
② 《明实录》卷四。
③ 《明实录》卷十三。

明代湖南瑶族活动地域大为减少，湘南成了瑶族的主要居地。

4. 其他地区瑶族

江西：明代江西吉安府（今吉安）和南安府（今大余）等赣南地区，东与湖南衡州、郴州瑶区相连，南与粤北瑶区相接，形成了大片瑶畲聚居之域。

贵州与云南：明代贵州瑶族主要分布在黔南地区，按《明史·广西土司传》记载："永乐二年，荔波县民覃真保上言：县，洪武至今，人民安乐，惟八十二峒瑶民，未录编籍。"显然明初瑶民已居荔波并形成"八十二峒"，当时荔波就有"瑶庆""瑶合"等地名。而云南瑶族则主要分布在文山壮族苗族自治州一带。

福建：史籍载福建有瑶人活动，当时畲瑶难以详细分解，福建瑶应归入以后的畲族。

以明代瑶族分布的情况看，其活动的中心地带南移湘南及两广腹地。但分布在广西的瑶族中，有不少是其他民族共处一地，如罗城县瑶、怀远县瑶等（至今以侗族为多），所以瑶族分布地区的实际人口不一定居多，而且当时"瑶威大振"，不能排除其他民族的人群归纳于"瑶族"旗下。尽管如此，明代瑶族的分布，基本奠定了清代及以后的分布格局。而明代瑶人势力最强盛者在湖南的衡、永、郴、桂诸瑶，广东泷水罗旁山瑶，广西浔州大藤峡瑶，等等。

粤西江流域瑶族迁徙成因①

据史籍及地方志记载,元、明时期,特别是明代,广东西江流域是瑶族分布最广,聚居山头最多,人口最盛,起义活动最为频繁的地区,虽然其中不排除含有其他民族的成分,但当时西江流域瑶族的声威确实远近闻名;可到了明末清初,西江流域瑶族人口逐渐减少,清中叶有的地方甚至不见瑶人踪迹。本文试从史籍记载及民间文献中探索粤西江流域瑶族流迁之因由。

一、西江流域瑶族分布全盛时

所谓西江,本文主要指广东西部原肇庆、高州、雷州、廉州四府(含今肇庆、高要、罗定等市及雷州半岛部分地区)。广东瑶族入史籍,始见于《隋书·地理志》,其记载:"长沙郡又杂有夷蜒,名曰莫徭,自云其先祖有功,常免徭役,故以为名。其男子但著白布挎衫,更无巾裤;其子女青布衫,班布裙,通无鞋屦。……武陵、巴陵、零陵、桂阳、澧阳、衡山、熙平皆同焉。"

当时熙平郡的辖地,共统九县,即"桂阳(沿今广东连县),阳山(沿今阳山),连山(沿今连山北),宣乐(沿今阳山南),游安(沿今怀集西),熙平(沿今连县西南),武化(沿今怀集西),桂岭(沿今连山西北),开建(沿今怀集西南)"。

唐宋时期,瑶族在粤北有了一定的地盘,并逐步向粤西、粤东移动。据道光《高要县志·谪官》卷十九载:魏元忠,唐武后长安三年(703年)贬为高要尉,"元忠至官,整戎旅,备峒寇。居期月,民瑶恬谧"。时高要沿今肇庆。至宋,粤西瑶人蓄积了一定的力量,据《古今图书集成·职方典》卷一三八八

---

① 原载《广西民族学院学报》,2002(6),第97~101页。

《罗定州部纪事》载："帝昺祥兴元年（1278年）冬十一月，德庆、泷水各山瑶作乱。"德庆，沿今德庆县；而泷水，沿今罗定县南。又据道光《电白县志·风俗》卷四载："唐宋以前，僮瑶杂处，语多难辩。"电白县，宋属高州辖地。据《宋史·仁宗本纪二》卷一〇载："景祐二年（1035年）五月，瑶僚寇雷、化州，沼桂、广会兵讨之。"上述史籍反映此时瑶人主要聚集在韶州、连州、英德府一带，并已向广州府、德庆府、南恩州（沿今阳江）、高州、化州、雷州等地区扩展。

元代，德庆、南恩（阳江）、新州（新兴）、肇庆和高州等州县均有瑶族频繁活动的记载：

据《元史·仁宗本纪三》卷二六载："延祐六年（1319年），广东南恩，新州瑶……龙郎庚等为乱。"《元史·泰定帝本纪一》卷二九载："海北瑶酋盘吉祥寇阳春县。"海北，指当时的钦州、廉州、雷州诸路。

《元史·泰定帝本纪二》载："泰定四年（1327年）高州瑶寇电白县。"《元史·仁宗本纪六》卷九载："德庆府泷水瑶蛮为乱。"元大德四年（1300年）《新州宣慰使阿里元帅平瑶碑》载："岭以南郡新州、刚春、泷水，居万山中，瘴益甚，倔强据其间者为瑶人，不隶版籍，平居耕食自如。"

元朝时期，粤西南恩、新州、高州、廉州、德庆、泷水等地均有瑶族分布，而且这些瑶人"不入版籍"。到了明代，广东西江流域不仅成为瑶族聚居的大本营，更是瑶族人民反抗官府压迫的主要战场。当时瑶族的人口，遍布西江流域的各个大小山头。

明代是西江瑶族全盛时期。据明姚虞《岭南舆图·肇庆府图经》载："肇庆府，本汉苍梧郡高要地……唐以前皆隶广西，元再更复属广东，国朝（明）为府，领州一（德庆州）县十（高要附廓、四会、新兴、阳春、阳江、高明、恩平、泷水、封川、开建）……境内瑶峒累累。"明黄佐《广东通志》卷六七载："肇、高、雷、廉、带山险阻，以千百计，而瑶贼巢伏其中。"

据清顾炎武《天下郡国利病书》载，明代瑶族分布于西江的肇、高、雷、廉四州：①

肇庆府有：高要、高明、四会（含怀集）、新兴、阳春、阳江、恩平、广宁、德庆、开建、封川、罗定（泷水）、东安、西宁。

---

① 广东省社会科学院编印：《乳源瑶族调查资料》。

高州府有：茂名、电白、信宜、化州、石城。
雷州府有：海康、遂溪。
廉州府有：合浦、灵山、钦州。

据明万历郭斐修《广东通志》记载：

西江肇庆府（州1县10，瑶山424）
德庆州　152
高明　2　　　　　　　高要　8
四会　31　　　　　　广宁　27
新兴　54　　　　　　阳春　94
恩平　7　　　　　　　阳江　12
封川（今封开南部）　2　　开建（今封开北部）　35

高州府（州1县4，瑶山201）
化州　51
信宜　85　　　　　　电白　21
茂名（今高州县）　44　　石城（今廉江县）

雷州府（县1）

遂溪县

罗定州（县2，瑶山50）
东安（今云浮县）　22　　西宁（今郁南县）　28

怀集县（今属广西梧州府）　8

清康熙、雍正两朝所修《广东通志》，基本照录万历时之瑶山数，实际此时西江流域瑶山已发生了巨大变化。清光绪刘德恒《四会县志》卷一《瑶蛋》载："又《府志》瑶山数目地名与《郝通志》不同，盖康熙至乾隆朝有绝逃之户；裁并之地，所以多寡不同，地名互易也。"清道光余瀚《开建县志》卷七《风俗》载："瑶，本古盘瓠之裔，其类有二：一曰板瑶；一曰民瑶。……建邑地邻粤西四都，忠说、象无以及一都，小玉等山，高峰峻岭，深菁箐，旧多瑶

壮杂处，采山伐为主……至嘉庆二十四年（1819年）绝迹不见。大抵瑶人来往无常，每以山木盛衰为去往，瑶多往小玉山，然今亦无几……"

据史籍地方志反映：自康熙时起，西江流域的瑶族不断"绝逃""绝迹"。高州、雷州等州府几乎不见瑶族踪迹，"德庆瑶"于康熙三年（1664年）六月黎国祚起义被"平定"后，不再复见；乾隆、嘉庆之后，开建、新兴及新、开、恩之间的瑶族，也逐渐少载于史籍，只余阳春部分瑶山见于史册。

二、粤西江流域瑶族迁徙之因由

清初至中叶，西江流域瑶族见于史籍、地方志书的"活动"明显减少，有些地方甚至不见踪迹。从史籍记载看：元、明，特别是明代，遍及广东二十州县八百余座瑶山的瑶族，今天只余粤北连、韶不多的聚居地，众多的瑶族特别是气势庞大的西江流域瑶族人口去向何处？究其原因：

1. 封建官府的残酷剿杀，导致瑶族人口的大量流失

明代的广东罗旁山区，是西江瑶族主要的聚居地，其地东与新兴县接壤，南连阳春，西抵广西郁林、岑溪，北临西江并与肇庆、封川、梧州等地相连，是当时两广水路的交通要道。从元末起，罗旁山瑶民就不断起来反抗封建压迫。至正二十二年（1362年），泷水县（今罗定）瑶人刘第三率领罗旁山瑶民反抗元朝统治，揭开了罗旁山瑶民起义斗争的序幕。此后的二百余年间，西江流域瑶民与封建明王朝又展开了持久的浴血奋战，起义斗争一直没有间断和停息过。

清康熙金光祖《广东通志》卷二九载："（明）洪武十二年（1379年），泷水县（今罗定县境）瑶人刘第三者，自元末为害，已非一日，是年复聚众寇掠，朝廷命指挥刘备讨平之。"刘备官兵进入泷水瑶山，"焚山捣穴"大肆摧毁瑶山瑶寨，坚持了十余年的罗旁山瑶民起义，暂时走向了低潮，但西江流域其他地区的瑶山仍坚持与明王朝封建统治继续抗衡。

同《金通志》卷二九又载："（明）洪武三十一年（1398年），西山瑶人盘穷肠为暴，官兵捣其巢穴，设立瑶首，统领抚瑶甲总，每岁来朝，赐之钞币，自是四面向化。"又《肇庆府志》卷二二载："（洪武）三十一年（1398年），德庆西山瑶盘穷肠等乱，命指挥王浚等讨平之。"经这次平定瑶民起义以后，明

王朝在瑶山推行"抚瑶"政策，首先在瑶山设立各级抚瑶官，"专抚诸瑶"；其次是起用瑶族中的头人勇士担任瑶首、瑶总、瑶甲及瑶统领，"赐之钞币"，再是减轻瑶山经济负担和劳役，对瑶民采取"免其赋役"政策，使瑶山的起义战火有所减弱。

直至明正统三年（1438年）六月起，泷水县瑶民凤广山领导的罗旁山瑶民起义再次风起云涌，攻打泷水县城，起义声势浩大，其影响范围东至肇庆，西止岑溪（广西）的广大瑶区。明天顺三年（1459年），凤广山之子凤吉弟继承父业，联络各地义军，"攻闹城邑"，烧毁衙署，吓得地方官员向朝廷紧急求援。明王朝派巡抚都御史叶盛调两广官兵包围泷水义军，对义军进行了疯狂的剿杀，凤吉弟等340余义军被杀。此次凤广山父子领导的罗旁山泷水瑶民起义坚持了14年之久。

"野火烧不尽，春风吹又生。"压迫愈深，反抗愈烈，西江流域瑶民并没有因罗旁山起义受挫而一蹶不振，斗争反而更加活跃。正德十四年（1519年），德庆都城瑶族郑公厚等聚众起义，攻取上峒等地官军营堡，官军征剿屡次不克。郑公厚等与封川石砚山瑶庞古子、盘古义以及开建、贺县等瑶民起义军，齐心协力攻下了封川城，明王朝对此十分震惊，派提督御史肖习、总镇太监王棠等万人出兵镇压。"俘斩六百一十九名颗"，手段极其残酷。

嘉靖中叶，罗旁山中心的瑶民起义如火如荼地发展起来，起义队伍相互联络，声东击西，在罗旁山区不断痛击封建官兵，使官府大伤脑筋。"嘉靖三十七年（1558年）戊午，提督都御史王钫遣官往剿德庆、高要、阳春等县贼首盘永贤等，至云浮大山平之……斩获贼首盘永贤等28名，其为伏兵所斩首或者，又四百七十名。"[①] 明嘉靖《黄通志》卷六七《瑶壮》载："嘉靖二十四年（1545年），封川瑶民乱，提督右都御史张岳，总兵平江伯陈圭讨平之……俘斩二千五百余名颗……"

明万历年间，罗旁东、西山瑶再度举行起义，引至封建官府调集两广总督凌云翼集兵20万，令两广总兵张元勋、李锡将领"破贼巢五百六十有四，擒斩贼级万六千一百有奇，渠魁尽戮，其冻馁焚死者不计，投降四百九十有三，俘男妇二万三千一百五十有一……"封建王朝以惨绝人寰的疯狂行动围剿西江流域的瑶人起义军，动辄渐俘以万计，直至"化无遗类"。使罗旁山瑶族遭受了空

---

① （清）康熙《金涌志》卷二九。

前的浩劫。

仅明正统至嘉靖的十余年间，西江流域各瑶山就遭到封建官兵的频繁洗劫，死殁者难计其数，况且明代以前还有不少的围剿，瑶族人口再多，也经不起封建官府的屡次戮杀，西江流域瑶族在历代统治者布下的战火硝烟中损失惨重，成为广东瑶族史上血痕累累的一页。

西江各瑶山曾是瑶族人民生息繁衍之地，但历代官府的剿杀给瑶山带来腥风血雨，不羁的瑶民带着累累伤痕，拖儿带女另辟安生之地，走上了流离迁徙的道路。"吃尽一山则他迁"，并不完全是瑶民所喜欢的生活方式，其包含了被官府长期追杀威迫所产生的无奈的因素。瑶族之所以分布广，足迹远，大分散、小聚居，与其长期迁徙不定居关系密切，同时为了蓄积力量与封建压迫继续抗衡，迁徙避攘是绝好的选择。

《明英宗实录》卷一六五载："（粤西江）地处广西，贼互相往来。"卷七三又载："高、廉、雷、肇四府及连州，密迩广西，流贼出没。"清同治《梧州府志》卷八载："岑之西北曰上下七山，有平田、黎峒、白板等计七巢，东南曰六十三山，有孔亮、陀田、桑园、古榄等百余巢，与粤东罗旁（山）相连，贼居峻，岑（岑溪）上下若走……粤东罗旁贼方炽，总督凌云翼发两粤劲卒十余万，尽平罗旁地，且移师临六十三。六山、七山，诸瑶而先以檄晓，譬积善惧，且喜愿旧田输赋，得以编户。"

罗旁山瑶民起义被镇压后，大批瑶民流入广西及邻近的岑溪、陆川、北流等县。据广西宜山和来宾地区的瑶族族谱记载，"他们的祖先自元—明洪武期间，均在肇庆府""德庆州四会"，"清远大庙随山耕种"。如广西来宾县大理地区雷山村赵龙飞先生保存的《圣牒榜》手抄藏本载："（元）至元五年（1339年），李洞上祖公沈十政，又庞叔父，拖带妻儿兄弟家口，前往广南东路肇庆府，接得德庆州四会，青（清远）大朝，通入怀集。往来居住，耕作营身……洪武王（朝）分瑶民子孙下广东进南海八万山瑶水洞八万里，随山耕种田地水塘，养活瑶姓子孙性命。"

明洪武年间，西江流域瑶民已向周边地区迁徙扩散。据民国二十五年（1936年）《阳朔县志》载："瑶族居深山之中，盘蓝二姓，不知是何朝代来居……若瑶人姓赵、姓李、姓邓者，询之，由明代来自湖南、广东。"

"到了明代，广东、广西已成为瑶族人民的主要分布地区；明末清初，部分瑶族人民又由东向西迁徙，清后，广西逐步成为瑶族人民的主要聚居区。"①翻开湖南省郴州资兴团结乡瑶民珍藏的《过山根图》，清楚地记载团结乡瑶民先祖从会稽山七宝洞"漂海"后，经广东的潮州，粤西的雷州、化州、高州以及乐昌县后来到郴州。②广东的西江流域，曾是他们祖先逗留过的地方。据清道光《他郎厅志》（云南墨江哈尼族自治县）载："瑶人，自粤迁来，居无定处，每至深山，开垦耕种，俟田稍熟，又迁别所，开垦如前，不惮劳瘁。"又有清乾隆《贵州通志》载："瑶人，黔省原无，有自雍正二年（1724年）自粤西迁至贵定之平伐，居无常处。"

明王朝对西江流域瑶山的残酷镇压，导致瑶民大批死伤或大量逃离。

2. 封建王朝的"移民实边"，侵占了瑶民的土地家园

粤西江流域曾是一块富饶的土地，瑶人曾在那里垦荒植地，建立了自己的家园，明王朝血腥镇压了西江流域各地瑶山后，又从内地迁移部分汉民到瑶山并屯兵留守，强占瑶民山地，逼使瑶民离开自己的家园。如明嘉靖三十年（1551年）陆舜臣的《征剿立县议》就"建议"朝廷征剿罗旁山东西瑶之后，"方撤去大兵，西山留兵五千，东山留兵三千，赭其山木，以为涸水取鱼之计，则噍类尽，而渔人之全功可收矣。然后设置分司，徙民充实，而各授以田……"

另在广东乳源瑶族自治县牛婆洞《察院甦瑶碑》上见载："瑶等祖李本琛，原籍肇庆，于弘治年间奉院易调乳源，把守连阳、英德、清远交界隘口，居住牛婆洞、连塘、茶山、大布、大木角、坪瓮、塔塘等处。"

有的外地移民前来耕种瑶地山场，还承顶了瑶户为瑶人，此事例在湖南各地亦出现，如《永安县志》卷七"列传"载："文昶，明洪武初为王府护卫指挥四户，以世族富室，为乡里推重，里溪洞瑶……明兵定东安，乘军势剿绝，瑶地四十里，皆荒山穷谷，官吏不能垦，悉归于昶。久之，有唐百六，廖成郭者，西华流民也，久游瑶洞，开垦山之利，瞰里溪无人，入居焉，土民猜防，颇相仇杀，昶谓百六等曰：板知诸君非瑶人，然入吾地，不著籍势不可久，乃奏清编唐、廖为瑶户，岁输粮一石三斗，岁时祀昶焉。"在粤北瑶山，瑶民被官

---

① 广西瑶学会：《盘承和"富川境内瑶民源流初探"》，载《瑶学研究》第2辑，广西人民出版社，1992年。

② 广西瑶学会编：《瑶族研究论文集》，广西人民出版社，1992年。

兵追剿，而山场则被流民耕占，据地方志载：明洪武二十七年（1394年），明王朝在乳源围剿了当地以邝友明为首的农民起义。"明大军剿戮，腊岭西南，凡为乱者悉平之，时杀戮者多，致荒民因二百五十三顷七十亩。"二万五千多亩地丢荒，后招民承种，从湖广、江西、汀漳迁入之民，有瑶人，亦有流人，而流入耕瑶田瑶地的山者，承顶瑶户，袭为瑶人。致使瑶人的来源呈多元的成分，也加剧了瑶族社会的动荡。

明王朝的血腥镇压和"移民实边"，迫使西江流域瑶民离开自己的土地和家园，一部分游离在相邻的湖广边界和粤北、粤东地区，一部分陆续迁往较远的云南、贵州甚至越南、老挝，形成当今瑶族人口大分散、小聚居的分布格局。

3. 封建王朝剿抚兼施，导致瑶民逐步向化

明中叶后，封建王朝多次对西江流域瑶山进行围剿，迫使瑶民逐步向外围迁徙，而留守在西江的瑶民，慑于封建王朝的武力淫威，被迫招降向化，或成为"以夷制夷"的工具，或与"齐民"同编入户籍，不再独立以"瑶"的身份出现。

明王朝除了对瑶山进行残酷的镇压，又在瑶山推行羁縻政策：首先从瑶族起义队伍中分化瓦解，迫使瑶族起义军兵勇及弓弩手为官府服务，成为封建统治使用的工具。继后又册封瑶首为土官，招抚各山头瑶民，使瑶民逐步"归顺……向化"。

据湖南蓝山县荆竹瑶区赵荣义收藏的《盘古评王圣牒》载："一十二姓瑶人祖宗，原住南京七宝大洞会稽山，后移肇庆山居住。……奉批山图与瑶人万代流传，至今后分居广东省雷、化州，又至乳源县大平楠木山，乐昌县东西二山，至于洪武年，（明代）广东省年年贼乱，皇恩照雄招瑶弩手，剿灭广东贼乱，得享安宁。"于是瑶族的弓弩手被招募成兵，开往贼乱地区，协助射杀流贼，助国平安，故得皇恩奉批圣牒山图："永远蠲免身丁伕役，管山货利营生。"又有清道光《肇庆府志》卷四《舆地》载："恩平堡，在阳江水东都要险地……乱乃定，今则瑶民帖顺矣，命之塞径则塞径，命之击贼则击贼；是始之兵以防瑶者，今则瑶即我兵也。"

在封建官府的抚降之下，瑶族兵勇逐渐被归统列入兵防之内。如清道光，阮元的《广东通志》载："（明）成化间（1465—1487年），知府孔镛立抚瑶，免差役，约束其众，咸听调遣，遂立瑶兵，每山每寨设一瑶目，以相统辖……

信宜瑶兵二百七十七名。"另《阮通志》卷三三〇又载："茂名听招瑶共三十一山，抚瑶七名，领兵五百三十五名：背招瑶共十三山，抚瑶三名，约兵一百四十一名。……电白听招瑶共二十一山，抚瑶三名，领兵九百四十二名……化州听调瑶共五十一山，抚瑶三名，领兵约五百二十四名。"清顾炎武《天下郡国利病书》载："信宜流瑶共一百二十五智，听调防岭底寨，瑶总一名领之。"

各大瑶山的"瑶目率众归化"，编入户籍与"齐民"同，是当时西江瑶族人口"绝迹"的又一重要原因。

明嘉靖黄佐《广东通志》卷六七载："永乐四年（1406年）高州、肇庆二府瑶首来潮，属二千五百户。"清光绪杨文骏《德庆州志》卷十五载："（明）洪武三十一年（1398年），西山瑶乱，命指挥王浚等讨平之。（《旧志》）西山瑶盘穷肠等为暴，官兵捣其巢穴，设立瑶首，统领瑶镇，总甲，每岁来潮，赐之钞、币，自是四面向化。"

《古今图书集成·职方典》卷一三九三载："（明）成祖永乐四年（1406年），信宜瑶人贡方物，上赦免其赋役……自后瑶首、瑶总来潮贡者，皆如之。六月，高州、肇庆二府瑶首赵弟二、盘贵来潮……至是第二等籍其属二千五百余户凡七千五百余口来潮，赐钞币袭衣，命原泰为泷水县丞，志宽为信宜主簿，专抚诸瑶。"

清康熙《金通志》卷二九载："永乐八年（1410年）二月，德庆州新落山瑶山首骆弟二来潮，初，令泷水县丞冯原泰招谕向化，计户百六十，口五百余……""（明）永乐十一年（1413年）春二月庚午，新兴县瑶首梁福寿等来潮，凡招瑶人五十余户。""（明）永乐十四年（1416年）冬十一日癸巳，高要县瑶首周四哥来潮，籍其属八十七户，男女一百二十四口，愿入版籍。"

封建王朝为了巩固其在瑶山的统治，就瑶首瑶民的"归属"而编入户籍，并设瑶官、瑶把总，"以夷制夷"，达到控制瑶山的目的。

《中宿文献录》谨按："明代治理瑶僚者，德庆有瑶目，翁源有瑶目，潮州有畲官，恩平有瑶总，高州有抚瑶，化州有招主，琼州有土舍……"

明王朝后期在瑶山推行招抚政策，授瑶首为土官，授瑶勇为兵丁，起到了一定的安抚民心的作用，加快了瑶民"向化"的速度。后因土官职位太少，内部纷争过多，封建官府又撤所设"土官"，并入地方州府而治，不再另分出瑶山而治，瑶民随之编入地方户籍，身份齐民，民瑶无异，导致"瑶"少见史籍。

清乾隆《新兴县志》卷二六载："今国家升平日久，瑶人欣欣向化，衣食动

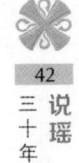

作，俱与齐民无异。"

民国余丕承《恩平县志》卷四《舆地志三·风俗》载："（清）乾隆二十一年（1756年），以瑶民向化日久，瑶目可以不设，详情裁革，编入保甲，与齐民一体稽查。"

民国张以诚《阳江县志》卷七载："江邑（阳江）自明永乐（1403—1424年）年间，瑶人黄福明率众归化，授抚瑶主簿，职衔世袭。国朝则以瑶目承袭，向载瑶山十有三处……今散布村落，与齐民一体耕输，为寨四十有六，计五百五十九户，共九百三十六丁。"

随着瑶首的"来潮"，瑶民的"向化"，一些文官儒士又提出在瑶山"立儒学，兴社学"，以教化瑶民。如明邱洛的《高州府儒学记》载，广东按察副使阙里孔公极力推举教与学，"盖理明则人心固，人心固则士气作，士气作则彼蠢然冥顽者亦将惕然感动，幡然归顺矣"。明王朝后期对瑶山施行的种种软硬措施，加快了瑶民"向化"成为齐民。

曾经名噪一时的粤西江流域瑶族，经过历代战火的洗劫，被迫他迁，归顺向化，滞留西江的瑶族所剩无几，只余阳春县几个村落不到六千人。"化为齐民"的瑶族消失在茫茫人海之中。

民国陈树勋《罗定志》载："泷水山深而险，地僻而陋……穷乡远村，瑶壮错杂……皆昔时风俗，今则瑶壮绝迹，所居悉属汉人……"虽然粤西江流域的瑶族大部分人口已悄然无迹，但在西江的大地上，仍保留着当年瑶族群体的文化遗风。俗语有称："观民风，知得失。"从当年瑶民曾经留居的地域，仍能找到以瑶族姓氏为姓氏的村民；从当地留传的民歌中，仍穿插着瑶族先民的故事，如肇庆新兴县的《天堂石羊庙歌》唱到：

……古时有帮瑶族人，
带头首领名李刚，
为寻基地谋生活，
到处游来到处闯；
恩（平）开（封开）新（兴）阳（阳春）各县境，
都有瑶民来开荒。
瑶人土人已同化，
子孙生息各一方；

当初土人不谅解，
常因争地相对抗，
瑶人多数肯忍让，
为求两餐无奢望……

我们还能从当代《肇庆岁时风情录》①一书中，找到瑶民族的文化缩影，如德庆、罗定一带"舞火龙"的扎火龙习惯，与现在龙门蓝田瑶族"舞火狗""扎火狗"习惯几乎相同。肇庆的"盘古诞庙会"，有宗教祭祀活动和歌舞及农贸集市，青年男女还可在节日庙会上牵上婚缘，这与瑶族的"盘王节"内容几乎同出一辙。

肇庆六月六"晒虫节"，与连南县排瑶的"炒虫节"内容相似。肇庆的"迎神做醮"，参加做醮的"缘首缘丁"要"挂红""上刀山，过火海"，与瑶族的"做堂""挨担堂"内容亦相似……肇庆地区的不少民风，仍能体现当时瑶壮民族的文化底蕴，说明粤西江流域曾是瑶族人民社会文化发展不可忽略的历史区域。

---

① 丘均、叶旭明：《肇庆岁时风情录》，广东人民出版社，1995年。

浅析瑶老制[①]

瑶老制是广东省连南八排瑶族社会历史上曾经存在过的一种政治制度。所谓瑶老制，就是民众民主推举若干老人作为负责排上对内对外一切事务，以及维持社会秩序的头人。从它的内容、职能、特点看，我认为，瑶老制属于原始农村公社晚期的一种政治组织形式。不妥之处，期待同仁指正。

一

据瑶族老人回忆：瑶排最早出现的社会组织是瑶老制。瑶老制究竟起源于何时？现无法确切知道，其"最早"之意，只能大致表示其历史的悠久。据现有史料称，瑶老制在清道光年以前，仍保持着纯粹的原始民主性质。

瑶排，是由若干个姓氏聚居形成的自然村落，由于瑶民的房屋建筑以排列成行为居住形式而得名。古籍称有八大排：南岗排、油岭排、横坑排、大掌排、军寮排、马箭排、火烧排、里八洞排。中华人民共和国成立前，八大排之间没有一个统一的、常设的社会机构，他们之间互不统属，既不属于官，亦不属于峒首，若遇到外侵或牵涉到各排共同利益时，才临时召集各排的最高首领"天长公"聚会议事，实行暂时的联合：有以五大排联合召开的"辛塘会议"（以地名命名，下同），有八大排联合的"白石洞"会议，两个会议显示了部落联盟的雏形。原始社会时期，部落联盟通常由几个血缘相近的，而且地域相邻的部落结合而成，最初是临时性的，后来逐渐发展成为较永久的联盟，其最重要的活动是属于军事方面的。排瑶的五排或八排的联合会议都是以自卫和防御的军事活动为目的的，它只是临时性质的联合，不能干预各排内部事务，各排内部事

[①] 原载《广东民族研究论丛》第 1 辑，广东人民出版社，1986 年。

务由各排推举的瑶老主持。排民定期推举排内有威望、有生产斗争经验的老人作为首领，负责安排寨中的生产活动，调解纠纷，处理各种民事案件和主持宗教仪式等，对外负责联系以及指挥作战、抵御外来入侵等事务。这些老人各有自己不同的职守：如"天长公"是一排之首领，是处理排内外各项事务的总头面人物。"天长公"每年从排下的"龙"里众老人中轮选出来，一年一任。即由每条"龙"中年纪最长的人担任。各排各"龙"的老人，无论其组织或办事能力如何，只要他在各"龙"众老人中年龄最大，他就有机会当上"天长公"。

"天长公"既是排上的"最高行政长官"，又是具有司法能力和决定战事的军事首领，遇到排与排之间的械斗和"搞是非"时，他要召集全排瑶老，共商军事大事。"天长公"虽为一排之"长"，但不脱离生产劳动，他的报酬只是每年各农户送其一斤大米或包谷。

"头目公"是从每条"龙"里推举出来的首领（每"龙"一个）。"龙"是"排"以下的村社单位，以房姓血缘为基础。所以"排"是由不同的姓、房血缘组织，即由不同的氏族、家族成员组成的地域性组织。而"龙"则以地缘为聚居基础，又保留着血缘的纽带。依传统习惯，"头目公"两年一任，而每年各"龙"都推选"头目公"一人，故全排的各条"龙"中都有新老"头目公"各一人。"头目公"主要管理"龙"内的事务，并协助"天长公"解决排内纠纷，辑捕盗窃人犯等。"头目公"是排上生产生活的组织者和主事者。每年的12月15日，他都要携酒至先生公（宗教主持者）处，请求择定翌年有关农事的日子。包括正月拜山，二月整田，三月开山，立夏前下谷种，等等。每逢择定的吉日，"头目公"便登高呼喊，提醒瑶民依照吉日安排好生产农事活动。到年冬腊月，风高物燥，火灾容易发生时，他也会登高呼喊，告诫大家注意防火。"头目公"的报酬是"龙"内各户每年送他一斤米。

"掌庙公"（或"烧香公"）是排内有关宗教条祀等事务的主管，平常主要管理"盘古庙"点香添油等事务，每个"盘古庙"都有一个"掌庙公"。他的任期不定，可终身任职，也可因遇年景不好，人们认为他们敬神不诚而被撤换。

"放水公"主要管理排内用水。管理农田灌溉用水的叫"放田水公"；管理民用吃水的叫"放食水公"，每排人数不等，视排内水圳、水筒（接水竹筒，简称竹筒）的多少而定。如南岗排有三条"龙"，各"龙"有两条水管，故有六条接水筒，由六人负责看管。"放水公"不用推举，谁愿意干就在"白露"那天日出之前到溪流坡头处，把长得最长的茅草打个结，先打结者，大家便公认他是"放水公"。"放水公"的报酬根据修渠所花的人工及该水渠灌溉范围内的田亩数平均出米负担。由于"放水公"是力气活,一般由青年人承担。

此外还有"管事头"一职,此职也多由青壮年担任,他们是时逢非常时期才产生的人物,其职能主要是指挥和带领族人冲锋陷阵,他们虽是临时的不属瑶老制人物,但由于排瑶社会在过去经常发生族内"搞是非"械斗,故"管事头"也很重要。

这些办事老人虽然把握着排上的行政司理权,但他们决不专横独断,处理事务及判案,不仅瑶老之间要商量,而且还要听取排民的意见,依据公认的习惯法维持社会的秩序。由于瑶老"公爹"是由民众民主推举的办事人,具有原始社会民主推举首领的性质,故称为瑶老制。

道光十二年(1832年),封建王朝在排瑶地区设立了瑶长制,使纯粹民主性质的瑶老制渗入了封建主义的因素。据清陈微言《南越游记》卷三载:"越明年(1832年)壬辰秋,贼焰尚难扑灭,阁督李鸿宾赴连督剿,久来克复,上命尚书禧恩,盛京将军瑚松额率余步云来连,协同办贼。比至,剿抚兼施,累月始平。连山厅理瑶同知郭际清与各官分赴瑶山,编历东西八大排,百三十一冲,核实丁口,填给门牌,按排设立瑶老、瑶长,其小冲则设立瑶目,皆择谨愿者为之。"旧连山县志又有记载:"道光十二年(1832年),钦差户部尚书禧恩,征服八排瑶之后,因瑶人无统属……至是禧恩乃令入排瑶人各举老成知事者,立为瑶老干长,赏给顶戴办事,瑶目为瑶练,凡瑶长十八人,瑶练六十四人,每月给饷银一两五钱,瑶长倍之,隶绥瑶把总,月朔日赴绥瑶营领钠具结状,排瑶有滋事者责之,自是瑶有评民者先达于其长,其长达于官;民有评瑶者宫下其长……"封建的瑶长瑶练制,显然影响了瑶老制由原始酋长制——村社民主制自然发展的规律,但由于瑶老制在瑶族社会中根深蒂固,故封建社会的官府不得不在瑶老中封任瑶长,利用瑶老们的威信,为他们的利益服务,如此使瑶老"一身二任"。受封的瑶老既是瑶长,就起着封建政权所起不到的作用。他领取封建的银饷,直接与官府联系,受封建统治阶级的保护并为其服务,是封建统治在瑶山的代理人,这就与纯粹的原始民主推举产生的瑶老制有着本质的区别。

综上所述,自道光以后,排瑶社会瑶老制与瑶长制同时并存。瑶老由瑶族内部民主推举产生,定期轮换;瑶长是清廷任命的,终身任职且子孙可世袭;瑶老与瑶长各有自己的职责。但据有关资料反映:在瑶山,瑶长不能掌握瑶排的行政和司法权，政府的法令、规定也很少得以在瑶山切实施行，瑶长、瑶练只是充当官府与瑶排之间的联系人，最多只是代表官府收取粮、银税。排民有事多诉诸瑶老而不是瑶长。受封的瑶老虽然执行瑶长的职务，但他们仍与其他瑶老一样，不脱离生产劳动，排内大事仍得与瑶老们共同商量决定，重大案件仍提交群众公议解决，以习惯法维持社会秩序。瑶长若办事不公和营私舞弊时，他就不可能成为众人信赖的人。瑶民对瑶长的态度，如对瑶老一般，可以惩处那些为非作歹的瑶长，亦可以推举办事公正的人为瑶长，只要叫一瑶练上报县衙门，新选的瑶长就可上任。《广东省连南瑶族自治县南岗、内田、大掌瑶族社会调查》① 载：南岗排卖尾家族自当上瑶长后，世代承袭，传到中华人民共和国成立前夕的邓卖尾八已有六代。在六代人中，第四代瑶长邓卖尾九公，因办事不公平，被群众撤换，另选邓卖尾一代之（第五代）。后瑶长邓卖尾一因犯杀人罪，被全排瑶民以习惯法"食人命"治罪。瑶长、瑶练不仅不敢强权于民众，就是官饷领回来以后，也不敢完全括入私囊，得拿出部分钱买酒菜给排民吃喝。由此看来，直到中华人民共和国成立前夕，瑶老制仍然占据着八排政治社会的主导地位，瑶长制实依附于瑶老制，瑶老制仍是维护社会的支柱。

但此时八排社会毕竟建立了瑶长制，其社会政治确实受到了封建因素的影响：存在原始民主推举村社长老制和封建上官制的双重性质，不能与纯粹民主性质的瑶老制下的社会等同。我们探讨纯粹瑶老制的特点、作用和性质，也只能从其保留瑶老制的一面着手。

二

下面试以中华人民共和国成立前南岗排保留的瑶老制为借鉴，探讨清道光以前纯粹原始民主瑶老制的特点、作用与性质。

（一）民主推举产生

南岗下排分三条"龙"，大唐（唐姓的大分支）"龙"有九房：火生、担印、管止、瑶真、亚兀、唐山、勾胡、庙大、马零；邓姓"龙"也有九房：老

---

① 《连南瑶族自治县南岗、内田、大掌瑶族社会调查》，1958年，第74~77页。

巧、三公、八公、养坑、沙十、卖尾、标准、京公、六公。这两姓"龙",是以血缘关系为纽带维系聚居的。另有杂姓一"龙",这是以地域关系为基础聚居组成的"龙":有盘、房、小唐(唐姓的小分支)三姓。瑶老中职位最高的"天长公"就是由从这三条"龙"里推举出来的人轮流担任。"头目公"即是每条"龙"的头人,三条"龙"三个"头目公"。然以亲缘关系为聚居基础的大唐,邓姓两条"龙"的"头目公",显然是同姓氏族的首领。"天长公""头目公"均由排内或"龙"内的各姓氏成年成员民主推举产生。"天长公"一年一任,"头目公"两年一任,连选却不得连任。瑶老一生只能任职一次。换言之,凡各姓、各房内年纪最长的人,不论其贫富如何,一生中总有机会被推举为瑶老。

过去,瑶族社会经常处于民族内部和民族之间的纠纷中,防御和自卫都极为重要。老人经历多,见识广,自然得到人们的信任,加之瑶族无本民族文字,生产知识全凭代代相传。因此,社会十分尊敬老人,都乐意推举生产经验丰富、有胆识的老人作为自己民族的领头人。每逢秋后的农历十月十六盘古王公逝世诞辰日,便是新旧"天长公"交替的日子。这一天,趁着全排民众都参加祭祖的机会,让全排众人集体民主选举新的"天长公"。新选"天长公"上任后,旧的"天长公"自行隐退成为普通排民。其他瑶老同样有轮流任免期。民众共同推举瑶老,充分显示了这种政治组织的民主色彩。

(二) 民主协商办事

列宁在谈到原始社会的管理时说:"曾经有过一个时期,国家并不存在,公共联系、社会本身、纪律以及劳动规则,全靠习惯和传统的力量来维持,全靠族长或妇女享有的威信或尊敬来维持……根本没有特殊的人,没有专门从事管理的人。"① 这与排瑶的瑶老制十分相像。瑶老处理事务完全凭借他们在民众中享有的威望,凭借长期形成的为排民所公认的道德规范——习惯法。八排均有自己的惩罚条例,作为维护社会秩序的措施,这些习惯法的细则各排虽有出入,但大都包含:盗窃惩罚、奸淫惩罚及杀人放火惩罚等三个方面。没有军队、没有监狱,也没有成文法,只有族规,遇上难以处理的案件或习惯,就得征求全排人的意见。民主协商是瑶老们处理排内事务的准则,个人绝不专断,也无需

---

① 中共中央马克思恩格斯列宁斯大林著作编译局编译:《论国家》,《列宁全集》第29卷,人民出版社,1985年,第432页。

专断，瑶老们若有办事不公，群众随时都可以撤换瑶老，这正如恩格斯在论述摩尔根、谈及易洛魁人的氏族社会时所指出的："氏族可以任意撤换酋长和军事首领。这乃是男女共同决定的。被撤换的人，以后便像其他人成为普通战士，成为私人。"① 大约在1908年前后，南岗排唐姓瑶长唐贺央公当瑶长三年，因懒于办事，被排民撤换，另推举唐九公为瑶长。对受命于封建官府的瑶长既如此，对民主推举产生的瑶老更不会例外，民众的意见起决定性的作用。被撤换的瑶老或离任后的瑶老，同样成为普通民众的一员。

（三）瑶老不计报酬，义务为民众办事

瑶老办事是不计报酬的，办事中即使能够得到一点点报酬，也是极为微薄的。他们的生活主要来源是靠自己劳动。至于"剥削"，那是极个别的现象。中华人民共和国成立前，南岗排"天长公"任职期间所得的报酬，也只是每户给其二斤包米，这点"报酬"跟瑶老们长期付出的劳动相比，显得微不足道，与封建官府所任命的瑶长、瑶练的月饷相比，更是不能同日而语。

恩格斯说："氏族内部的权力，是父亲般的，纯粹道德性质的。"② 瑶老们所尽的正是这样"纯粹道德性质的"义务。当时，排瑶社会没有形成国家，没有任何国库收入，无所谓俸禄，自食其力是整个社会的风气。直到今天，这个传统习惯仍保存下来。瑶族老人即便是子孙满堂，也不愿坐享其成，仍然参加生产劳动，直到丧失劳力为止。

从以上分析的南岗排瑶老制的特点，可以看到：瑶老制是维护社会秩序、组织社会生产、抗御外侮的社会政治组织；瑶老是办事公道、有丰富生产经验、德高望重的老人，他们由排内各姓氏全体成年男女民主推举产生，按习惯法办事，无高薪厚禄，是人们的公仆。所有这些，反映了瑶老制具有原始民主制的性质。当时瑶族社会没有统治与被统治、剥削与被剥削的现象，没有出现政权组织。恩格斯在谈到这种没有进入文明门槛的，以血缘关系为基础的氏族社会时说："这种十分单纯质朴的氏族制度是一种多么美妙的制度啊！没有军队、宪兵和警察；没有贵族、国王、总督、地方官和法官；没有监狱，没有诉讼，而

---

① 恩格斯：《家庭、私有制和国家的起源》，人民出版社，1972年，第82~83页。
② 同上书，第83页。

一切都是有条有理的。"① 恩格斯在这里所指的氏族制与瑶老制有着许多共同之处。中华人民共和国成立前南岗排瑶族社会已经受到封建瑶长制的影响，但其瑶老制仍保持若干氏族酋长制的民主因素。

然瑶老是从同一村寨的若干姓氏中选举出来，它已经超越了以血缘为纽带的界限，不再是血缘氏族组织，已经打破了以往"所有其他公社都是建立在自己社员的血缘亲属关系上的社会组织"②，基本形成以地缘为纽带的农村公社村社民主制的政治组织的雏形。农村公社是氏族公社向阶级社会过渡的一种社会形态，它与氏族公社的区别在于以地域关系代替了血缘关系，南岗排瑶老制既有以地域为单位推举的瑶老，也保留有以氏族血缘关系为单位推举的"头人"。充分显示了它是建立在一个具有氏族公社与农村公社二重性的社会里，这正是农村公社的初级形式。

三

上层建筑是一定经济基础的反映。农村公社的特征，一是地域性的社会组织，二是生产资料所有制的二重性。瑶老由同一区域内各姓氏民众共同推举产生，不完全是以血缘纽带为基础。所以，瑶老制应属于农村公社的政治组织形式。

中华人民共和国成立前，八排瑶社会生产资料占有制有两种形式：一是房姓的集体占有极少量的公尝山、田；二是私人占有的土地。一家一户占有的土地，是生产资料占有制的主要形式，土地可以自由买卖、典当、出租，反映了社会生产资料所有制已完全为阶级社会的生产资料私有制所代替，不再是农村公社生产资料的占有性质。

从收集到的瑶族契约中可看到：瑶族社会的土地、山林买卖，在明、清时期已经存在。据大坪瑶族收藏的一份明崇祯年间的《卖山契》记载：崇祯十六年（1643年）三月二十九日，连山县人莫一宁、莫仕章、莫仕严、莫仕瑞的山场田地卖给了里八洞六姓瑶人（唐人合、李一、沈四、唐七、房九、唐四），这是瑶汉之间的买卖；另据清乾隆甲午年间的一份《卖山契》载，卖者是里八洞

---

① 恩格斯：《家庭、私有制和国家的起源》，人民出版社，1972年，第94页。
② 中共中央编译局：《马克思恩格斯全集》第19卷，人民出版社，1963年，第449页。

的邓、沈、唐、陈、房五姓瑶老，买者是火烧排房、沈、唐三姓瑶人。这里反映的是瑶族内部之间的买卖。上述两次买卖均系以集体共买共卖的方式出现，说明在明清时期，瑶族中仍保留着土地公有制，买卖的土地为全排姓氏公共所有而不是一房一姓占有，而且瑶老在土地的买卖上起着重要作用，这与农村公社时期村社长老制的作用是一致的。顾炎武《天下郡国利病书》卷一○四中提到："莫瑶者……随溪谷群处，斫山为业，有采捕而无赋役，自为生理，不属于官，亦不属于峒首，故名莫瑶也。""瑶，介巴楚粤间，绵亘数千里，椎髻跣足，衣斑斓布葛，采林为屋，复以青茅，种粟豆山芋，杂以为粮，暇则猎山兽以为续食。"①

清李来章《连阳八排风土记》载八排瑶"居高山、刀耕斧种"。这里看出，明清之际，虽然出现了田地山林买卖的现象，但其生产方式是十分低下的，以斫山的刀耕火种农业为主，还得以采集、狩猎为辅。按照恩格斯的《家庭、私有制和国家的起源》分析：农村公社属于野蛮高级阶段，其生产力水平已经实现了两次社会大分工，农业进入锄耕阶段。八排瑶的生产力水平如此低下，如果说他们这个时候已经进入了阶级社会，是令人难以置信的，至多只处于原始公社末期的农耕阶段，即农村公社生产资料公有制和私有制的并存时期。我们是否可以设想：当时的公有土地给私人耕种，所得收获为私有，但土地所有权是公有的，只能由瑶老们商议决定土地的买卖，个人绝无买卖的自由。集体公有的土地分给社员个体经营，收获为社员所有，是农村公社经济基础的基本特征。②

据火烧排老人回忆：原来我们有很多山林田地（指公有的），后来慢慢地分完，只剩一点点公尝山田了。事实正是如此，八排瑶的生产资料占有形式直到中华人民共和国成立前仍保持两个重要的特点：一是排内荒山远岭属全排人所有，本排人可以自由开垦，谁种谁收。私人土地的占有只限于耕种期间，一旦丢荒，仍属公共所有。这样占用土地，相当于农村公社分配耕地的一种自然调整形式。二是每一个排上都有一定数量的"太公田""太公山"，分别占水田和山林的百分之十与百分之十五左右。它们由祖辈传下，属于一姓一房或几房人共同所有，房族人员轮流"标田"耕种，或留于掌庙公耕种，收获要用于祭祖

---

① 诸匡鼎：《瑶僮传》，载《中外地舆图说集成》，上海积山书局，清光绪二十年（1894年）。
② 中华民族研究会编：《民族学研究》第2辑，民族出版社，1990年，第72页。

聚餐，或房、姓的共同花费上，如"耍歌堂"，买田地扩大"太公田""太公山"面积，任何私人不得占有。中华人民共和国成立前夕，虽然这些田、山大都成为带封建色彩的租佃田，但从上述的两个特点分析，可以推想其早期是民主管理的，具有原始公社土地公有的性质。①

八排瑶与其他支系不同的地方，就是它具有相当长的定居历史。据里八洞和火烧排的族谱反映：他们的祖先从湖南迁来此地，已有38至40代，若按20年为一代，可上溯至宋代。宋周去非《岭外代答》载："瑶人耕山为主，以粟豆芋魁充粮。具稻田无几，年丰则安居巢穴、一或饥馑，则四出扰攘……"②

20世纪50年代中，中央民院调查组调查南岗排历史时，瑶老邓沙十公说：排瑶祖先到此地，无房无田地，摘野菜、打野兽，以后又开荒、种早稻。八排瑶所以能够定居而不"食尽一山过一山"，正是因为这里有着他们赖以生存的、尚未开垦的处女地。他们初到南岗，仍过着原始的采集、狩猎生活。唐代诗人刘禹锡为连州刺史时，还亲眼看到连州瑶族先民烧山猎兽的盛况。从今天瑶族猎获兽物仍有共分共享的习惯和保留放火烧荒、锄耕点播的习惯来看，可证明他们确实经历了原始的采集狩猎生活。瑶族不同姓氏支系的人们迁入粤北后，分别开垦深山峻岭的处女地，使社会出现了农耕。然在宋代，瑶族所开垦的田地寥寥无几，不足以保障人们生命的延续。同居一地的人们为了巩固和扩大经济基础，加上共同区域对外事务的日益增多，村社集体观念也日益增强，于是人们共同开垦田地，共同使用土地，逐渐适应了共同地域的生活。为了维护同一地区各姓氏族的生命财产安全和社会秩序以及对外自卫防御，人们冲破原有的氏族血缘纽带的束缚，集体选举产生共同地域、共同利益的保护人。有威望、有生产经验的老人自然成为人们推举的对象，瑶老制得以产生。

然各山头、各区域的人们划山为界，形成了各排不相统属的状况，使各排独自成为小型的农村公社。

马克思主义认为：作为上层建筑的社会组织，是由一定的社会生产方式所决定的。瑶老制之所以存在，正是因为其社会存在着农村公社生产资料二重性的因素。其农村公社的最初时期：土地归排内务房、姓族人所有，集体垦荒，集体耕种。由于生产工具的不断改进，生产力不断发展及人口的不断增加，使

---

① 《连南瑶族自治县概况》，民族出版社，1985年，第13页。
② 《岭外代答》卷三《外国门下·瑶人》。

一家一户的生产成为可能。农村公社的土地遂逐渐由集体耕种变为个体家庭经营，收获也归个人所有，随着产品和积蓄的增多，加速了私有制的发展，个人长期使用的土地也逐渐成为私有财产。到了中华人民共和国成立前夕，排瑶的土地村社公有制仅仅作为一种残余而存在，加上封建的土地租佃关系的影响，社会的生产资料变为封建的私人占有制，其社会政治制度也受到封建因素的侵蚀。而我们所说的农村公社，只能是在清道光年以前保持得比较完整。也就是在没有设立封建瑶长制以前，八排的瑶老制，保持比较纯粹的原始民主推举形成村社长老制的性质。

瑶老制在社会存在的时期，维持了社会的安定，维系了排内各姓氏的团结，保障了排内生产活动的发展和抵御外来的侵略。直到中华人民共和国成立前夕，仍保持其一定的作用。瑶老制是排瑶社会的一个重要制度。研究瑶老制对我们研究瑶族社会形态的发展以及建设精神文明，加速瑶区四化建设，有着极其深远的意义。

过山瑶与《过山榜》[①]

瑶族是中国南方古老的民族之一。在我国55个少数民族中人口位居十三,据2000年第五次人口普查数据公布,全国瑶族人口共有263.74万人,主要分布在广西、湖南、云南、广东、贵州等省(自治区)的山岳地带,从东经100°30′的云南景谷县到110°20′的广东始兴县;从北纬21°37′的广西防城县到28°的湖南武陵山区,分布地域十分广阔。

一、瑶族史源简历

隋唐时期,瑶族就生息繁衍在湘、粤、桂三省交界区,粤北韶州是瑶族较早的聚居地;明中叶以后,南方瑶族跨越广西、云南边境,不断向东南亚移动,走向越南、泰国、老挝等国的山地。1975年印支战争以后,美国、法国、加拿大等国大量吸收印支战争难民,不少瑶族人就此机会移居到了欧、美、加等地。据有关资料反映,目前全世界有瑶族人口约300万,其中260万居住在中国,约30万分布在越南,另一部分撒播泰国、老挝等东南亚地区,还有近5万人口移居在美国的俄勒冈州、华盛顿州、加利福尼亚州以及法国的杜鲁兹地区。虽然瑶族人口分布广阔,支系众多,然瑶族人的生活习性基本相同。瑶族居住的地区重峦叠嶂,地形复杂,既有高山、谷地,也有盆地、河谷和平原,山地面积占总面积的90%以上。南岭山脉的乳源、阳山与湖南省宜章市交界的石坑崆,又名猛坑石,海拔1902米,是广东境内的最高峰。

瑶族的先民,可追根溯源到秦汉时期的"长沙蛮、武陵蛮"和春秋时期的"荆蛮"。其活动范围主要在湖北、湖南的洞庭湖畔以西一带。历史上瑶族人长

[①] 李筱文、赵卫东主编:《过山瑶研究文集》,民族出版社,2008年。

期深居山区，生产力发展水平低。为了逃避战乱、民族歧视和压迫，瑶族人长期流离迁徙，为的是寻找新的生存空间，"常住青山千万山""吃尽一山过一山"。瑶族先民的迁徙，从秦汉时期就已开始。隋唐时期，瑶族由"蛮"逐渐分流形成独立的民族，据《隋书·地理志》记载："长沙郡又杂有夷蜒，名曰莫瑶，自云其先祖有功，常免徭役，故以为名。……武陵、巴陵、零陵、桂阳、澧阳、衡山、熙平皆同焉。"其中熙平郡，领今广东连阳四县邑（连南、连山、连州、阳山）及怀集、封开两县和广西贺县的部分地区。唐宋时期，广东粤北及湘、粤、桂三省交界地区是瑶族先民主要的分布地域。唐代诗人刘禹锡谪守连州时，亲眼目睹当地瑶民的生活。其诗《连州腊日观莫徭猎西山》《莫徭歌》以及《蛮子歌》，都分别从不同角度反映了当地瑶族人民的生活。"海天杀气薄，蛮军部伍嚣。""箭头涂鸩血，鞍旁见雉翘。""蛮衣斑斓布"，"火种开山脊"是当时瑶族生活方式的真实写照，刀耕火种的游耕生活是瑶族的主要经济生活。

瑶族由于长期频繁迁徙，大分散、小聚居，与其他民族交往甚多，由此导致民族内部出现一些不同的文化差异。瑶族原来的支系很多，按他称就有三十多种，有因崇信盘王（即盘瓠），则被称为"盘瑶"或"盘古瑶"；有因种蓝靛染蓝靛布而被称为"蓝靛瑶"；有因服装特点而被称为"红瑶""花蓝瑶""白裤瑶""顶板瑶"等；有因住居有特色而被称为"东山瑶""坳瑶""八排瑶""平地瑶"等，因长期游离迁徙、刀耕火种，"吃尽一山过一山"而被称为"过山瑶"。而瑶族本身也有许多自称，人们习惯按语言把瑶族各支系分成为瑶语支（也称盘瑶支系）、苗语支、侗水语支和汉语方言四大支系。在中国瑶族中，瑶族按支系和语支分成三个方言，即绵荆方言、标交方言、藻敏方言。五个土语：尤绵（优勉）土语、荆门土语、标曼土语、标敏土语和交公绵土语。其中尤绵（优勉）土语的瑶族人口最多，分布最广，与泰、美、法等国的瑶族语言亦能相通。广东省除连南瑶族自治县排瑶讲的是标敏土语外，其余各地过山瑶均讲绵荆方言尤绵土语。排瑶是他称，自称"min"（音译为"敏"，即意译为"人"），主要分布在连南瑶族自治县。过山瑶亦是他称，自称为"mien"（音译为"勉"，意译为"人"）或"yiao mien"（言译"优勉"，音译为"瑶人"）。中华人民共和国成立后统一称为"瑶"。

二、广东"过山瑶"

在广东，有瑶族人口20余万，主要分布在连南、乳源、连山三个少数民族自治县内。广东瑶族分属瑶语支和汉语方言两大只支系，其中分布在连南瑶族自治县的排瑶讲瑶语支"藻敏"方言，分布在乳源瑶族自治县和连山壮族瑶族自治县以及连南县的山联乡、怀集县的下帅壮族瑶族乡、曲江县深渡水瑶族乡、连州市瑶安瑶族乡、三水瑶族乡等地的瑶族，主要讲瑶支系"勉语"方言。

过山瑶是广东瑶族中人口最多、分布最广的一个支系。据2000年第五次人口普查统计，广东省瑶族人口近21万人，其中排瑶人口有7.5万人，其余13.5万便是过山瑶和外省进入广东的各支系瑶族人口。由于过山瑶和排瑶是广东瑶族的两大支系，且各有不同的生活方式，过山瑶迁徙，排瑶定居；不同的语言，过山瑶属于勉—金方言（绵荆）——优勉（尤绵）土语，排瑶属于藻敏方言——标敏土语；不同的图腾信仰，过山瑶信奉盘瓠祖先，排瑶除信奉盘王外，还传说盘古开天辟地；不同的服装服饰，排瑶椎髻留长发，长衣宽裤；过山瑶剪短发，长衣长裤，等等。随着岁月流逝，逐渐形成了各自的历史与文化特点，但一致认同瑶族主流文化。

过山瑶在广东的分布区域是：北至乐昌县北乡镇，西达连山壮族瑶族自治县、连南瑶族自治县、怀集下帅壮族瑶族乡、连州市三水、瑶安瑶族乡，南至阳春县永宁镇，东至龙门蓝田瑶族乡。形成以湘、粤、赣交界地为中心的聚居区。

过山瑶不是广东的土著民族，但在广东已经生息繁衍了上千年的历史。从史籍、史迹反映，过山瑶早在隋唐以前就生活在湘、粤、赣三省交界地区。据史书记载：南北朝"梁大同中（538—541年）徐度随始兴太守肖介赴郡，时诸峒瑶僚屡出剽掠，境内大扰，介令度率师讨之"。说明当时粤北已有相当数量的瑶族先民居住并蓄积了一定的反抗力量。又据《隋书·地理志》载："长沙郡又杂有夷蜒，名曰莫徭，自云先祖有功，常免徭役，故以为名……武陵、巴陵、桂阳、澧阳、衡山、熙平皆同焉。"当时，桂阳辖有今清远连山、连南、连州境地，熙平辖有今韶关境地，韶关、乳源及乐昌一带地区是瑶族先民早期的定居区域。

从过山瑶珍贵的历史文献《过山榜》，可以反映他们的祖先确实在韶关境地居住逗留。有乳源《评皇券牒》载："宋景定元年（1260年）又至曲江幽列溪山，乳源大楠水山，又至乐昌东、西山。"《过山图》记载："又到乳源梅花、太平、南木等山，乐昌东西二山。"今乳源瑶族自治县，过去分属乳源、曲江、乐昌三县，亦属熙平地，瑶人在此地域不仅长期生活而且不断迁回迁徙；"吃尽一山则他迁"，迁徙游耕是过山瑶社会的一大特色。过山瑶群体的迁徙足迹，遍布了整个东南亚地区，最近30年，还迁往了欧美各国。"寻得佳胜处，又徙宅从矣。"来来回回，迁入迁出，粤北山区的过山瑶，已不再是当时的"山冈蛮峒瑶"。而是"吃尽一山过一山"，"依山自保"，"循山流徙"，故人称之为"过山瑶"。宋朝以后，瑶族不断向南迁徙。经历各朝的不断往来迁回迁徙，在广东境内大山丛林留下了他们的足迹，并形成了他们悠久的历史和丰富多彩的民族文化。

俗有称："九村开辟在明朝，一半壮民，一半瑶。""峒居为壮""山居为瑶"，瑶所居之环境以高山为主或居半山。粤北南岭之地，史称"无山不有瑶"，顾炎武在《天下郡国利病书》载：明代广东境内有瑶族的州县共21个，瑶族人口遍布广东的大小山头，经明末清初封建王朝对瑶民的疯狂围剿，迫使瑶族向西南大迁徙，留守广东的瑶族，有的"逐步向化，与齐民同"，有的迁回了粤北故居，形成今天粤北瑶族的分布形势。

三、过山瑶与《过山榜》

瑶族是南方的山居游耕民族，"吃尽一山则他迁"是瑶族的生活属性之一，故有"过山瑶"之称。《过山榜》则是过山瑶祖先曾持执游历数代的皇榜，曾是过山瑶出行在外的"护身符"。《过山榜》与过山瑶的生存和繁衍息息相关。在全国各省、地的"勉语"瑶族支系民间都有收藏《过山榜》，甚至美国、法国、老挝、泰国、越南等国的"优勉"瑶中亦有珍藏。各地过山瑶人手执《过山榜》，流离迁徙，奔走他乡；依靠"皇榜"的庇护，漂洋过海千百年，走遍了南岭各山脉。瑶人之所以爱惜《过山榜》，珍藏《过山榜》，是因为《过山榜》曾给他们带来福音，曾给他们挡过灾难。

《过山榜》又称《评皇券牒》是瑶族民间文化瑰宝，是研究瑶族的历史文化和文学、艺术的珍贵史料，具有弘扬、保护和传承的价值。相传它是封建王朝敦赐给瑶族先民的安抚文书，主要用汉文字抄写留传。据瑶学专家黄钰先生研究：《过山榜》文献除有《评皇券牒》《盘王券牒》名称外，还有《盘古皇圣牒》《过山牒》《过山文书》《瑶人榜文》《龙凤批》《祖源来历》《十二姓瑶人过山榜文书》等20余种名称。① 由于名称不同，一般可分成四种类型：

第一种为《过山榜》《评皇券牒》《盘古圣皇牒》等，篇幅一般为五六千字，最长达一万多字，属正本型。如存广东连县瑶安新九盘石里村赵土生家的《评皇券牒》。

第二种为《瑶人榜文》《过山榜文》等，篇幅一般为四五千字，少者仅有数百字，属简本型，如存连山壮族瑶族自治县禾洞六冲尾黄法应家的《过山榜》。

第三种为《过山图》《龙凤批》等，约三四千字，属修编型，如乳源瑶族自治县候公渡乡坳头邓石养家珍藏的《龙凤批》于（宋）"景定元年（1260年）给付"，光绪三十三年（1907年）修编。

第四种为《祖源来历》《瑶人分基来路祖途》等，内容与《过山榜》有所不同，但属过山文书范畴，如乐昌县竹林坪盘法俊保存的《祖先根牒》等。

广东的《过山榜》以《评皇券牒》《过山榜》两种名称居多，大都为墨水手抄本；装潢样式普遍为书本式，卷幅和折叠式的较少，制作的券牒以布、纸为主。1983年春，笔者在连县三水左右里瑶山曾见过一幅卷幅卷牒，券末绘有盘王六男六女，乐队及日月的形象。其他券牒多以草纸书写，装订亦简朴。有的券牒盖有"盘王"印模，有方形和圆形两种。印文均为象形古篆，很难辨识。前人做过研究，也认为："皆园印篆文，其意不可解。"② 广东现存的《过山榜》，年代多标自清代初、中叶传抄，少数为民国时期的抄件。新近发现的一本《评皇券牒》，③ 是明建文元年（1399年）在乐昌县城南五里坑誊抄的古本，年代较久，内容完整，是一份价值较高的券牒。《过山榜》产生的年代，学术界众说纷纭，榜文内大都出现自（宋）"景定元年（1260年）给付"等字样，但据黄钰先生研究认为：《过山榜》产生于唐代贞观年间（627—649年），是唐王朝

---

① 乔健、胡起望编：《瑶族研究论文集》，民族出版社，1988年。
② 徐松石：《粤江流域人民史》，中华书局，1930年，第137页。
③ 乔健、胡起望编：《瑶族研究论文集》，民族出版社，1988年，第46~62页。黄钰：《瑶族〈评皇券牒〉初探》，1986年打印稿。

给予受招抚入籍的瑶族先民的券牒文照。①

瑶族的《过山榜》文献，牒本多残缺不全，在辗转誊抄反复时，增删、遗漏、错写颇多，综合各地《过山榜》内容大意，榜文反映了如下几方面：

1. 《过山榜》记载了人类的起源和盘瓠子孙十二姓的由来

连县《平王敕下盘古榜文》记载："盘王原是天上赐，先有盘古置天地，置得山源千条水，伏羲姐妹也出世，又置五谷珍珠宝，又置圣王金銮殿……"② 乐昌瑶族保存的《祖先根牒》载："暗天黑地，雨水倒流，遍地洪水，天下无人，只有伏羲姐妹两人，承（乘）一葫芦漂浮，得以生存……水平后，天无神，地无人，只有伏羲姐妹二人到处去游……在路上遇着一只乌龟，拦在路旁，乌龟说天下无人，你俩隔岸烧香、隔岸梳头，隔山镶磨，配合夫妻……兄妹二人听后，怒打乌龟……天下确无人烟，兄妹只好配为夫妻。后生育六男六女，分为十二姓。"③ 这里的记载，把史籍中盘古开天辟地传说和女娲氏兄妹在昆仑成婚的故事，与盘瓠十二姓瑶族子孙来源结合起来，说明瑶族的起源与人类的起源有着密切的关联，史源源远流长。在乳源瑶族的《龙凤批》中载有："高王犯界，圣心甚忧，合臣征伐，俱无承认，牲盘护（瓠）佐殿龙犬舞踊跃朝拜，独育报主之恩……身游大海，七日七夜，经在高王国中……咬杀高王头级，身游大梅，回归殿下……我王见盘护有此灵性，就将宫女招之为婚……后宫女美貌，身生六男六女，王龙颜大喜，当殿赐派名：盘、沈、包、黄、李、邓，转奏评王周、赵、胡、冯、雷、唐……"

"高王犯界……命臣征伐，俱无来谋承认，惟盘护佐殿龙犬踊跃朝王拜舞……独言报主之恩……惟盘护复拜舞而去。走如云飞，身游大海……径到高王国中，时高王在朝，以得盘护至此，喜动颜色，评王有此龙犬不能离之，今来投我国中，其国必定败矣。吾闻异物进，而国必盛……置酒美味待之……忽遇高王游赏百花园林……大醉不省人事。盘护深受主恩切……乃咬杀高王头级，身游大海回殿下……我王坐朝，盘护口衔高王头级，朝拜启奏陛下，先准盘护

---

① 乔健、胡起望编：《瑶族研究论文集》，民族出版社，1988年，第46~62页。黄珏：《瑶族〈评皇券牒〉初探》，1986年打印稿。

② 盘才力、房先清、李默：《乳源瑶族古籍汇编》下，广东人民出版社，1996年。

③ 广西壮族自治区编辑组："中国少数民族社会历史调查资料丛刊"《广西瑶族社会历史调查（八）》，广西民族出版社1985年，第250页。

择吉成亲……后宫女生得美貌，身生六男六女，转奏评王，龙颜大喜。敕赐各姓派名等：盘、沈、包、王、李、邓、周、赵、胡、唐、雷、冯……"①所载故事与汉史籍《搜神记》《后汉书·南蛮传》等书记述内容大相径庭，其所言"祖先我祖"为"龙犬"，从科学遗传学的角度看近乎荒诞，但从人类历史发展上溯源，瑶族社会无疑经历了图腾崇拜的原始社会发展时期。

2.《过山榜》记述了封建王朝对瑶族的册封及赋税徭役的豁免

封建官府对瑶族的册封，包括土地和官爵两项内容，而对瑶族的豁免，也包括了赋税、徭役两项内容。乳源《龙凤批》载："准令普天之下，住耕山田地岭……准盘护子孙十二姓之裔也，永远刀耕火种，一切夫役，悉行豁免，评王旨敕赐有券牒（指《过山榜》）一道，给与瑶等收执，永远为照……""一赐长男姓名盘护龙，封助国候，食邑五千户，补充藤州刺史；一赐二男姓名沈如飞，封武骑卫侯，食邑五千户，充赣州司马大将军；一赐三男姓名包名风，封野尉侯，食邑三千户，补充瑞（端）州刺史；一赐四男姓黄名虎，封光禄大夫圣富侍郎，食邑三千户，补充饶州都尉；一赐五男姓李名应瑞，封紫禄大夫，食邑一千户，补充本司仆射郎官；一赐六男姓邓名协瑞，封镇国大将军，食邑一千户，补充信州都尉；一赐七男姓周名元，封都判使，食邑一千户，补充韶州王氏夫人；一赐八男姓赵名元瑞，封都尉镇国公，食邑五千户，补充兖州杨氏夫人；一赐九男姓胡名珍，封都尉镇国将军，食邑三千户，补充处州永化夫人；一赐十男姓冯名照，封镇国侯尚书，食邑三千户，补充六司仆射杨县夫人；一赐十一男姓雷名元，封镇国侯鲁侍郎，食邑三千户，补高州水氏夫人；一赐十二男唐名瑞，封镇国公尚书，食邑三千户，补充永州梅氏夫人。"②

盘瓠十二姓子女及其后裔，不仅一一得到册封，而且"三锹以上地面，由瑶人自种，山货等项，任卖通客与贩，自管营身计；倘有豪民游棍，不许欺凌谋夺，而有谋夺，准令瑶人扭送该管有司究治。……准臣盘护子孙十二姓之苗裔也，永远刀耕火种，一切夫役悉行豁免"③。与当时唐朝推行的"安抚"政策相呼应。

---

① 盘才力、房先清、李默：《乳源瑶族古籍汇编》下，广东人民出版社，1996年，第1142~1143页。
② 盘才力、房先清、李默：《乳源瑶族古籍汇编》下，广东人民出版社，1996年，第1127~1128页。
③ 盘才力、房先清、李默：《乳源瑶族古籍汇编》下，广东人民出版社，1996年，第1126页。

3. 《过山榜》记述了瑶族婚姻、祭祀、服饰等习俗

乐昌县《祖先根牒》载："遍地洪水，天下无人……兄妹只好配为夫妻。后生育六男六女，分为十二姓。"① "盘王女不嫁国，如有嫁百姓，甘罚……" "一准令十二姓子孙，自行嫁娶，不许与族外交婚者。"② "一准十二姓内自行嫁娶，与族内交婚，若与族外人交婚，公罚定行不恕。"③ 族内婚至今仍是瑶族社会盛行的习俗。

《过山榜》还记述了瑶族的祭祀：乳源《龙凤批》载"但秋冬祭拜盘王，伊十二姓子孙摇动长鼓吹笛笙歌，引出大男小女，联手把肩，身着花衣花裙惊天动地，歌唱不绝"④。连县《评皇券牒》载："一准秋冬祭拜盘王，吹唱鼓板笙歌乐会，不许外人妄谈怪异。一准天时不雨，禾稼黄旱，仰王瑶子孙，依时各州县赈济，乡村祈求降雨泽，以振宗庙。"⑤

《过山榜》记述的瑶族服饰：连县《盘古榜文》载盘护"龙犬"得赐予宫女成婚，宫女则"花衣赤领，长衣大袖，带长腰木鼓，六笛吹笙，钢锣横箫唱讲"。⑥ 乐昌《龙凤批》载："敕伊十二子孙摇动长鼓，吹笛笙歌鼓板，引出大男小女，连手把肩，身穿花衣赤领……"⑦ 《过山榜》记载的瑶族服装，与今天瑶族群中的大部分支系的衣着基本相似。

4. 《过山榜》记述了瑶族的生产、生活和流离迁徙的历史

乳源《龙凤批》载："三锹之地，插草为标，瑶不占民地，民不占瑶地……后代以采，木朽柴滥，山土之荒，垅头垅尾，开挖田坵，栽蓝靛种姜点豆杂项，光彩尽行打落，免粮无税，客贩通行……王瑶子孙，浮游天下，逢山吃山，逢水吃水，过水按桥……刀耕火种，活命生全……"⑧

---

① 广西壮族自治区编辑组：《广西瑶族社会历史调查（八）》广西民族出版社，1985年，第250页。
② 盘才力、房先清、李默：《乳源瑶族古籍汇编》下，广东人民出版社，1996年，第1140页。
③ 盘才力、房先清、李默：《乳源瑶族古籍汇编》下，广东人民出版社，1996年，第1127页。
④ 盘才力、房先清、李默：《乳源瑶族古籍汇编》下，广东人民出版社，1996年，第1126页。
⑤ 盘才力、房先清、李默：《乳源瑶族古籍汇编》下，广东人民出版社，1996年，第1144页。
⑥ 盘才力、房先清、李默：《乳源瑶族古籍汇编》下，广东人民出版社，1996年，第1154页。
⑦ 盘才力、房先清、李默：《乳源瑶族古籍汇编》下，广东人民出版社，1996年，第1139页。
⑧ 盘才力、房先清、李默：《乳源瑶族古籍汇编》下，广东人民出版社，1996年，第1149页。

连县《盘古榜文》载:"盘古大王子孙万代平安,管山吃山,管水吃水……赶牛不上,打马不行,屙水不上三尺之处,高山瑶祖业……瑶田在山,尽力耕种,任从种植,生理养瑶,粮无差,山林打箭,瑶人田冲,不到打马之处,于免王税差被钱粮等件各物。不许强种瑶田,望青山砍伐,刀耕斧种,作除免差役。"①

5.《过山榜》反映了当时的民族矛盾

乳源《龙凤批》载:"一准令堵处山林不问远近丈尺,任便王瑶子孙等往天下青山,采斩竹木栽种等项通与客贩,不许外民作害形势,妄以各色取掠,而有违者,刺配施行。"②"国家普天之下,万顷山河,乃系朝廷山场,仍须王瑶子孙安居,刀耕火种,山田自置,山货麻豆菜麦苎藤种卖,通客兴贩,自营身计,当地之人,不许恃豪富欺凌侵夺山货谋利,如有百姓侵夺山林,瑶人无靠,当该赴官宪治。"③封建王朝在准给瑶人的《过山榜》文上制定以上"条令",说明当时就存在尖锐的民族矛盾。《过山榜》的颁发,一定程度上缓解了当时官府与瑶族之间、瑶族与其他民族之间的矛盾。

《过山榜》不仅记述了上述五个方面的内容,还有诸如习艺、参加科举、商贩等其他方面的内容,本文不再一一赘述。《过山榜》内容丰富,涵括面广,而且历史悠久,文化传承方式独特,它记录了瑶族社会的发展,记录了瑶族人民不畏强暴的斗争,更记录了瑶族人民辛酸的迁徙。《过山榜》与过山瑶的历史关系密切,是学术界研究瑶族历史必不可少的文献,也是"勉"瑶支系之过山瑶族先民留给后代的一份珍贵的文化遗产。

---

① 盘才力、房先清、李默:《乳源瑶族古籍汇编》下,广东人民出版社,1996年,第1155页。
② 盘才力、房先清、李默:《乳源瑶族古籍汇编》下,广东人民出版社,1996年,第1127页。
③ 盘才力、房先清、李默:《乳源瑶族古籍汇编》下,广东人民出版社,1996年,第1139页。

明孝穆纪太后族属寻踪

偶然一次出差连山的机会，听到这样一个传说故事，引起我极大的兴趣，经过实地考察，便有了今天的讨论。这个传说讲的是明朝时期，一个出生在李糖寨的女孩叫李唐妹，生得聪明伶俐。李唐妹十岁时得了一种怪病，引发全身皮肤溃烂，她便天天到村边山泉眼洗澡，长此以往皮肤病竟然好了，全身脱了一层皮，不但皮肤比原来更加白嫩，而且长得越发漂亮。由于双亲相继身故，李唐妹流落到广西贺县桂岭竹园寨被人收养，以养鸭度日。后来，朝廷官兵入村挑选美女，刚好碰见李唐妹手脚叉开睡在田埂上，头顶横架着一条赶鸭用的竹竿，正好像一个"天"字。一会儿，李唐妹翻了一下身，手脚又屈缩成了一个"子"字。官兵联想到这个女孩将来一定是能生"天子"的人，于是将她掳选入宫，这李唐妹便成了明孝宗皇帝的生母纪太后。也就是本文的探究起缘。

一、连山地理环境

连山壮族瑶族自治县地处五岭南麓，广东省的西北部，粤、湘、桂三省（区）交界处。地理坐标在东经111°55′15″~112°16′00″，北纬24°10′25″~24°51′15″。东接连南瑶族自治县，西面紧连广西壮族自治区贺州市，南毗怀集县，北邻湖南江华瑶族自治县。又是西江、北江、沱江三江的源头，可谓"三省界、三江源"，在连山，"能闻到湖南的辣椒味、游览桂林的山水、欣赏广东的粤韵"。

据《今县释名》：连山"县南有黄连山，峰峦连络，多草木。旧志，山产黄连"，故得名。连山历史悠久，至今已有1500多年历史。古为禹贡荆州之城，自南朝梁武帝天监五年（506年）置广德县，隋开皇十年（590年）改称广泽县，仁寿元年（601年）因避太子杨广之讳改称连山县，唐天宝元年（742年）

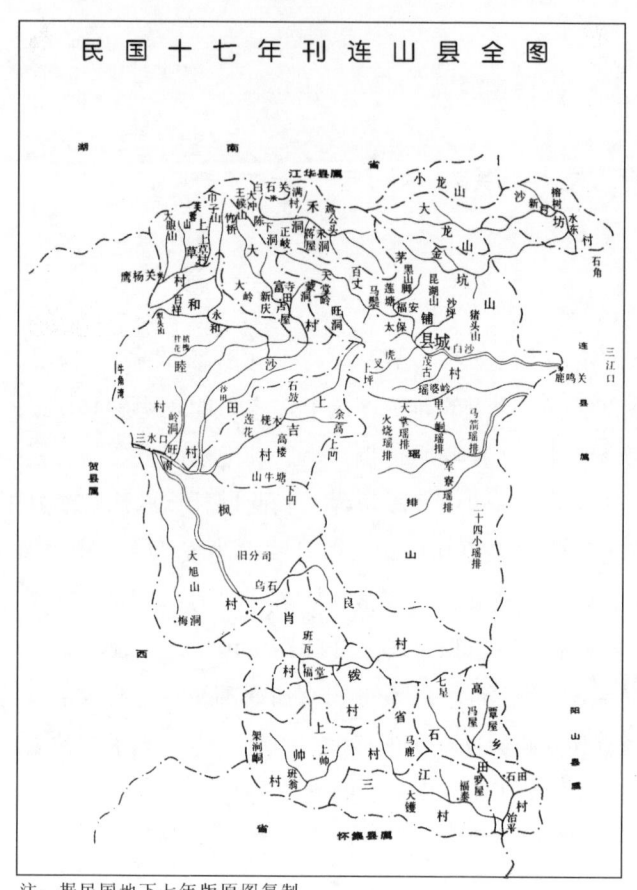

注：据民国地下七年版原图复制。

民国连山全景图

改为连山郡。绍兴十八年（1148年）改称程山县，元初复称连山县，清嘉庆二十一年（1816年）为连山绥瑶直隶厅，民国元年（1912年）复连山县。中华人民共和国成立后，1953年为粤北行署连南瑶族自治区，1954年设置粤北行署连山县，1958年为连阳各族自治县，1960年为连州各族自治县，1961年又设置连山县。1962年9月26日正式成立连山壮族瑶族自治县，现隶属清远市。连山壮族瑶族自治县总面积1264平方千米。2003年，连山县总人口11万人。截至2005年12月31日，连山壮族瑶族自治县行政区划辖7个镇（吉田、太保、福

堂、永和、禾洞、上帅、小三江)。县人民政府驻吉田镇。①

本文所论证的主人翁,传说出生在连山的永和镇。连山永和镇鹰阳关与贺县的桂岭相邻。永和镇面积65.8平方千米,人口1.3万。其行政区划辖永和圩、白羊、桂联、红阳、中阳、卢屋寨、永联、上沙、岭洞9个管理区(村委会)。永和镇现包括原永和镇辖村,以及合并大富、上草两个乡镇所辖的所有自然村。明嘉靖年间永和设永福乡,1940年称永和乡,1956年城区设镇,连山县永和镇镇郊农村改附城乡,1958年改永和公社。曾为县府驻地。1980年城区复镇,1983年设区,1986年区镇合并。连山永和镇与广西贺县、湖南江华等毗邻,是三省交界地的商品和农副产品集散地。而贺州八步镇的桂岭与连山的永和镇山水相依,现贺州地图所标明的孝墓皇太后先人墓就在桂岭/连山鹰阳关附近。

二、史籍记载

《明史》卷一一三《后妃列传》第一《孝穆纪太后传》:

> 孝穆纪太后,孝宗生母也,贺县人。本蛮土官女。成化中征蛮,俘入掖庭,授女史,警敏通文字,命守内藏。……帝偶行内藏,应对称旨,悦,幸之,遂有身。万贵妃知而恚甚,令婢钩治之。婢谬报曰病痞。乃谪居安乐堂。久之,生孝宗,使门监张敏溺焉。敏惊曰:"上未有子,奈何弃之。"稍哺粉饵饴蜜,藏之他室,贵妃日伺无所得。至五六岁,未敢剪胎发。时吴后废居西内,近安乐堂,密知其事,往来哺养,帝不知也。
>
> 帝自悼恭太子薨后,久无嗣,中外皆以为忧。成化十一年,帝召张敏栉发,照镜叹曰:"老将至而无子。"敏伏地曰:"死罪,万岁已有子也。"帝愕然,问安在。对曰:"奴言即死,万岁当为皇子主。"于是太监怀恩顿首曰:"敏言是。皇子潜养西内,今已六岁矣,匿不敢闻。"帝大喜,即日幸西内,遣使往迎皇子。使至,妃抱皇子泣曰:"儿去,吾不得生。儿见黄袍有须者,即儿父也。"衣以小绯袍,乘小舆,拥至阶下,发披地,走投帝怀。帝置之膝,抚视久之,悲喜泣下曰:"我子也,类我。"使怀恩赴内阁

---

① 《连山壮族瑶族自治县概况》编写组:《连山壮族瑶族自治县概况》,民族出版社,2007年。

具道其故。群臣皆大喜。明日，入贺，颁诏天下。移妃居永寿宫，数召见。万贵妃日夜怨泣曰："群小绐我。"其年六月，妃暴薨。或曰贵妃致之死，或曰自缢也。谥恭恪庄僖淑妃。敏惧，亦吞金死……

孝宗即位，追谥淑妃为孝穆慈慧恭恪庄僖崇天承圣纯皇后，迁葬茂陵，别祀奉慈殿。帝悲念太后，特遣太监蔡用求太后家，得纪父贵、纪祖旺兄弟以闻。帝大喜，诏改父贵为贵，授锦衣卫指挥同知；祖旺为旺，授锦衣卫指挥佥事。赐予宅第、金帛、庄田、奴婢，不可胜计。追赠太后父为中军都督府左都督，母为夫人。其曾祖、祖父亦如之。遣修太后先茔之在贺者，置守坟户，复其家。

先是，太后在宫中，尝自言家贺县，姓纪，幼不能知亲族也。……太监陆恺者，亦广西人，故姓李，蛮中纪、李同音，因妄称太后兄，令人访其族人诣京师。恺女兄夫韦父成者出冒之……贵、旺曰："韦犹冒李，况我实李氏。"因诈为宗系上有司，有司莫辨也。二人既骤，贵、父成亦诣阙争辩。帝命郭镛按之。镛逐父成，犹令驰驿归。及帝使治后先茔，蛮中李姓者数辈，皆称太后家，自言于使者。使者还，奏贵、旺不实。复遣给事中孙珪、御史滕祐间行连、贺间，微服入瑶、僮中访之，尽得其状，归奏。帝谪罚镛等有差，戍贵、旺边海。自此帝数求太后家，竟不得。

弘治三年，礼部尚书耿裕奏曰："粤西当大征之后，兵燹饥荒，人民奔窜，岁月悠远，踪迹难明。昔孝慈高皇后与高皇帝同起艰难，化家为国，徐王亲高皇后父，当后之身，寻求家族，尚不克获，然后立庙宿州，春秋祭祀。今纪太后幼离西粤，入侍先帝，连、贺非徐、宿中原之地，嫔宫无母后正位之年，陛下访寻虽切，安从得其实哉！臣愚谓可仿徐王故事，定拟太后父母封号，立祠桂林致祭。"帝曰："孝穆皇太后早弃朕躬，每一思念，恝焉如割。初谓宗亲尚可旁求，宁受百欺，冀获一是。卿等谓岁久无从物色，请加封立庙，以慰圣母之灵。皇祖既有故事，朕心虽不忍，又奚敢违。"于是封后父推诚宣力武臣特进光禄大夫柱国庆元伯，谥端僖，后母伯夫人，立庙桂林府，有司岁时祀。大学士尹直撰哀册有云："睹汉家尧母之门，增宋室仁宗之恸。"帝燕闲念诵，辄欷歔流涕也。

白话文注：孝穆纪太后，是明孝宗的生母，广西贺县人（今天的广西贺州）。原来是一个少数民族土官的女儿。成化年间，朝廷在广西用兵，征伐少数民族，因此被俘获，送入宫中，因其生性机敏而且精通文字，被安排在皇宫担任女史官的工作（即管理图书）。当时万贵妃统管后宫，容不得别的妃子接近明宪宗，凡是跟明宪宗亲热过而有身孕的宫妃，都被万贵妃派人想办法令其堕胎。柏贤妃所生的悼恭太子，就是被她所谋害。一天，明宪宗到图书馆查阅图书，明宪宗问询问题，其应答得很好，明宪宗很高兴，于是宠幸其并使其怀孕。万贵妃得知以后非常生气，派人令其打掉孩子。派去的奴婢回报万贵妃说，不是怀孕，而是病疾。于是就让其住到安乐堂。不久，淑妃（后追封）生下了明孝宗，万贵妃又让太监张敏把孩子溺死。张敏心想：皇上到现在还没有儿子，为什么要把这个孩子淹死呢？于是，张敏自做主把孩子留下来，用蜂蜜和面粉喂养，藏在宫里别的地方，万贵妃找了很久也没有找到。孩子到了五六岁，也没有剪过胎发。当时被明宪宗所废的吴后住在西内宫，离安乐堂很近，知道了这个消息，常悄悄过来帮助抚养孩子。整个事件均瞒着明宪宗。

悼恭太子夭折以后，明宪宗一直没有子嗣，朝廷上下都非常忧虑。成化十一年（1475年）的一天，明宪宗招来太监张敏为他梳理头发，明宪宗从镜子中看到自己日益衰老的面容，悲伤地说：朕都将老但仍没有儿子。这张敏觉得时机到了，也不管明宪宗头发还没有梳好，立刻跪倒在地，说：我有欺骗君主的死罪，陛下其实有孩儿啊。明宪宗很惊讶，说那孩子在哪里呢？张敏回答说：奴才死罪，万岁应该要为皇子做主啊。这时候太监怀恩也跪下向明宪宗陈奏说：张敏所言属实，皇子一直秘密地供养在西内宫，今年已经六岁了，不敢让别人知道。皇帝非常高兴，马上到西内宫，让人把皇子带来团聚。使臣到了淑妃那里，淑妃抱着皇子哭着说：儿子，你这一走，我就活不成了，你看到穿着黄袍留着胡子的人就是你的父亲。使臣给明孝宗换上新衣服，扶上皇子乘坐的小舆，来到宪宗等待的住所。由于生下来就没有剪过胎发，小孩的头发都拖到地上了。可能是父子天性的缘故，不用人指点，小孩子就跟跟跄跄地走向明宪宗，一头扎到明宪宗的怀里。明宪宗把他抱到大腿上，抚摸着看着，激动得流下了眼泪，说：是朕的儿子，跟朕很像。明宪宗让太监怀恩向朝臣公布事情的原委，群臣都很高兴，第二天纷纷向他道贺。明宪宗下令让淑妃搬到永寿宫居住，多次召见她。只有万贵妃一个人非常愤怒和悲伤，说：小人误我！成化十一年（1475年）六月，淑妃突然去世，有人说是万贵妃派人毒死，有人说是淑妃自缢，众说纷纭，莫衷一是。淑妃就此才被追谥为恭恪庄僖淑妃。张敏得知这件事情以后，非常恐惧，吞金自杀。另外说一下，张敏这个忠义的太监，是厦门同安人。

明孝宗当上皇太子以后，巩固了皇帝的权势和地位。当时孝肃周太后居住在仁寿宫，对皇帝说，把皇子交给我抚养；皇太子即搬到仁寿宫居住。一天，万贵妃让太子到她那里吃饭，孝肃周太后说，你去可以，不要吃任何东西。孝宗到了万贵妃那里，万贵妃让他吃东西，他说我已经吃饱了。让他喝汤，孝宗说：我怕有毒。万贵妃非常生气，说：这么大的孩子就敢这样怀疑我，日后长大了，还不把我当作鱼肉么。万贵妃因为生气得病，不久就去世了。万贵妃是明宪宗从小依赖的精神支柱和心灵寄托，万贵妃去世不久，明宪宗皇帝也驾鹤西游。明孝宗皇帝继承皇位，把自己的母亲追谥为孝穆慈慧恭恪庄僖崇天承圣纯皇后，迁葬茂陵，别祀奉慈殿。明孝宗常常怀念起跟母亲居住在安乐堂的岁月，于是派太监蔡用，去求访母亲的家乡和亲属。找到孝穆纪太后的兄弟纪父贵、纪祖旺俩人，皇帝很高兴，让纪父贵改名纪贵，担任锦衣卫指挥同知。让纪祖旺改名纪旺，授锦衣卫指挥佥事。并且分给住房，发予奖金、衣帛、土地、奴婢。还把孝穆纪太后的父亲追认为中军都督府左都督，曾祖父、祖父也有相应的官职追封。并修茸孝穆纪太后先祖的陵墓，派人看守祭奠。

当时孝穆纪太后在宫中的时候，说自己的家乡是贺县，姓纪，被俘获的时候因为年纪很小，不知道自己的亲族。宫中有一个太监叫陆恺，是广西人，原来姓李，他说广西地界，纪、李同音，恐怕有人冒称是孝穆纪太后的亲属。这个事情让太监郭镛知道后，告诉了明孝宗，说纪父贵、纪祖旺两人可能是冒名顶替。皇帝应该派人查询验证。于是明孝宗命令有司衙门彻查此事，派人再次访察，太监陆恺的妹妹嫁给了一户姓韦的人家，他们得知此事以后，就冒充孝穆纪太后的亲属。有司衙门审问纪贵、纪旺（当地瑶族喜用贵、旺两字称呼男儿），他们说：一个姓韦的竟敢于冒充纪姓后人，况且我们确实姓李（当地口音发音李与纪谐音）。反而转告有司衙门诬陷他们。有司衙门的官员也不知道该如何辩解。纪贵、纪旺突然富贵了，韦父成看着眼红也说自己是孝穆纪太后的亲属，皇帝就让太监郭镛去查办验证，太监郭镛到广西贺县地界，发现李姓有好多户人家都说自己是太后家的亲戚。于是使者得结论说这三个人（指纪贵、纪旺和韦姓）都是假冒，皇帝为此很恼怒，又派给事中孙珪、御史滕祐间暗地里到连山、贺州一带壮瑶民族中间继续调查。最后确定，这三个人就是假冒无疑。于是皇帝对太监陆恺进行了处罚，还把冒充的韦父成、纪贵、纪旺三人发配到边远地区去服役。皇帝之后多次寻找太后亲属，最终也没有找到。（朝廷如此不分青红皂白，惩罚如此严厉，谁还敢相认？朝廷自断访查后路。）

弘治三年（1490年），礼部尚书耿裕向皇帝奏报：成化年间朝廷在广西用兵，战火纷飞人事纷乱，百姓都四散奔逃，事过境迁，恐怕踪迹难寻。当年孝慈高皇后与太祖高皇帝一起创业，把家化作国家，高皇后的父亲徐王后人也都不能找到，于是就在高皇后的家乡宿州修建庙宇，春天和秋天都举行祭祀。孝穆纪太后自从幼年就离开广西，侍奉先帝，连山、贺州不是中原地界，寻访恐怕很困难。臣知道陛下寻访之心恳切，但是也要接受事实，我耿裕贸然建议仿照高皇后父亲徐王的例子，拟定孝穆皇后父母封号，在桂林立祠祭祀吧。皇帝说：孝穆皇太后很早就离我而去，每次想念起来，心里都非常难过，如果皇太后的宗亲还能找到，那朕一定要厚待他们。但是找了这么久也没有找到，只好修建宗庙，安慰母亲在天之灵。既然皇祖也有类似的经历，那么朕虽然不愿意放弃寻找，但是也不敢浪费国家的财力和物力。就仿照先祖先例，进行祭祀吧。于是，封孝穆纪太后父推诚宣力武臣，加进光禄大夫柱国庆元伯，谥端僖，后母伯夫人，立庙桂林府，命令有司每年祭祀。大学士尹直撰写哀册说：睹汉家尧母之门，增宋室仁宗之恸。皇帝闲暇时常常念诵，悲伤时暗自流泪。

三、实地考证

以上这一段史料，有几点交代得很清楚：一是孝穆纪太后出现在世人面前的年代即明成化年间；二是孝穆纪太后的有三个多重身份；三是其出生地为贺县或连、贺交界地；四是姓氏，纪或李（当地纪、李音似相通）；五是当时皇帝曾到连地寻找并为孝穆纪太后老家修缮坟墓，而桂林确有孝穆纪太后祀庙。本文从这五点聚焦并查找资料、史籍进行印证，并与连山当地学者深入实地考察，力求从史料交代的记忆（孝穆纪太后是蛮土官之女，即少数民族土官之女）去追寻其真正的族属。

（一）孝穆纪太后所处年代

此事发生在明朝成化年间，当时明成化宪宗朱见深在位共23年（1465—1487年），其子即纪太后之子明孝宗朱祐樘即位后改年号为弘治，在位十八年（1488—1505年）。据上述史料记载，明成化十一年（1475年），明孝宗朱祐樘已六岁，以此上溯六年即成化五年（1469年），此时李唐妹（纪太后）已被掳入宫并有了身孕，而史书却说是在"成化中征蛮"，时间不对，孝穆纪太后进宫所处年代应该是成化初,那时朝廷在两广南方大肆征剿蛮瑶,大约在天顺末年或成化元年至二年(1465—1466年)间,这时被掳入宫极有可能。而且李唐妹(纪太后)入宫后当过女史官,前后应有一两年的时间,这样算来的时间才合理。

查阅史籍,在成化年以前的天顺年间,明王朝确实对桂北连山等地进行了多次疯狂的围剿。据《明实录·英宗实录》记载,天顺二年(1458年)连山僮民谭公经起义,当地瑶族积极响应,起义军攻陷县治,当地民众揭竿而起,声势浩大;天顺三年(1459年)两广巡抚叶盛奏请会调两广、湖广官军会师"剿杀"①诏讨"连山瑶贼"②。由于进剿官兵迟迟未到,天顺五年(1461年)瑶壮义军攻陷连山县城,知县孔镛被迫迁治连州。③是年二月,命都督佥事颜彪佩征蛮将军印,充总兵官,征剿两广"瑶贼"④,天顺七年(1463年),颜彪督广东布政使张瑄平"连山瑶僮"⑤。估计就是在这几次波及两广的"征蛮""征瑶"行动不断延续期间捕掳了"蛮土官女",即后来的孝穆纪太后。

(二) 明孝穆纪太后的身份

明孝穆纪太后称号是皇帝后来追封,其除"孝穆纪太后"外的身份有三:一是明孝宗朱祐樘的生母,二是明宪宗朱见深的妃子即淑妃——孝穆慈惠恭恪庄僖崇天承圣纯皇后,三是贺县蛮土官之女。这三种身份在上述史料已交代清楚。

1. 孝穆纪太后——朱祐樘的生母

《明史》卷一一三《后妃列传》第一《孝穆纪太后传》:孝穆纪太后,孝宗生母也,贺县人。本蛮土官女。成化中征蛮,俘入掖庭,授女史,警敏通文字,命守内藏……帝偶行内藏,应对称旨,悦,幸之,遂有身……乃谪居安乐堂。久之,生孝宗,至五六岁,未敢剪胎发。移妃居永寿宫,数召见。

---

① 《明实录·英宗实录》卷三〇一"天顺三年三月己亥"条。
② 《天下郡国利病书·广东一》"兵事"条。
③ (清)李来章:《连阳八排风土记·剿抚》;(清)顾炎武:《天下郡国利病书·广东七》"峒僚"条。
④ 《明实录·英宗实录》卷三二五"天顺五年(1461年)二月丙申"条。
⑤ 《明实录·宪宗实录》卷三二五"成化元年(1465年)二月戊戌"条。

2. 恭恪庄僖淑妃——孝穆慈惠恭恪庄僖崇天承圣纯皇后

《明史》卷一一三《后妃列传》第一《孝穆纪人后传》载孝宗生母死后，皇帝明宪宗追谥其为恭恪庄僖淑妃。又《明史》卷一一三《后妃列传》第一《孝穆纪太后传》载孝宗即位后，追谥淑妃为孝穆慈惠恭恪庄僖崇天承圣纯皇后。

3. 蛮土官之女，包括儿时的称呼

（1）李唐妹。

民间传说纪太后闺名李唐妹，贺县及连山两地都有同样传说，但史书没有记载，《明史》反映其姓纪，"蛮中纪、李同音"。当地连山话以粤语主音，在读念纪（ji）、李（li）两字音容易混淆视听，不熟当地话者易听为同音，ji、li不分。且连山境地瑶族以李姓、唐姓居多，八排瑶中的里八峒、大掌排、火烧坪、军寮排、马箭排瑶族以李姓、唐姓、沈姓、房姓居多。

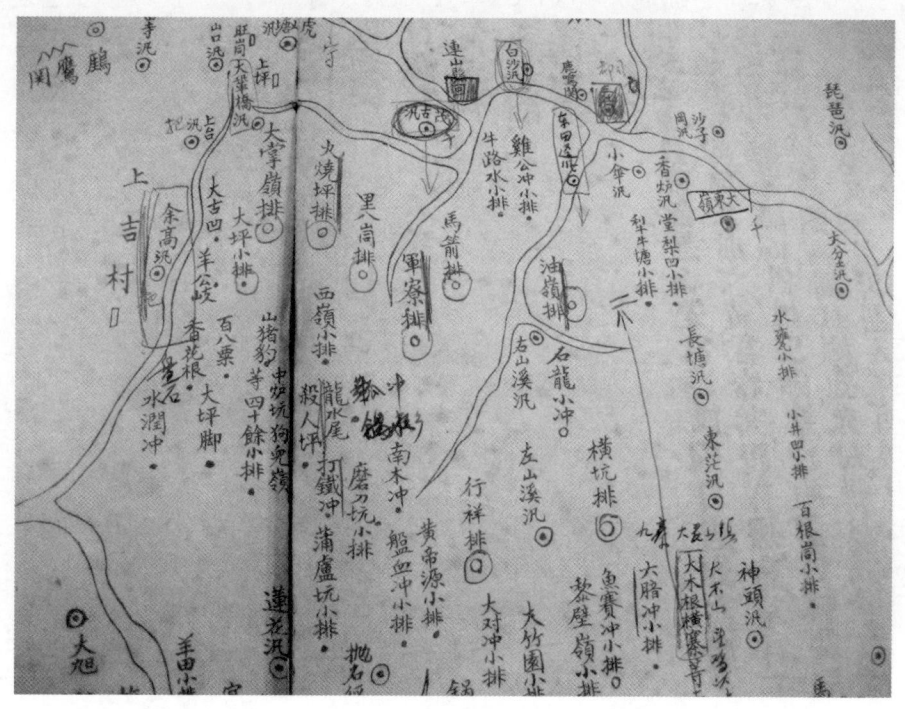

连南八排瑶特别是连山五排李姓最多，其次是房姓、唐姓、沈姓

(2) 放鸭妹。

据当地人反映：明朝时候，连山这里的山寨住着十几户李姓人家，村旁长着一棵几百年的糖梨果（一种野果）树，树高叶茂，能遮阴三四亩地，由此村庄取名为"李糖寨"。寨中有位小姑娘名叫李唐妹，生得聪明伶俐。十岁时，李唐妹不幸得了一种怪病，皮肤瘙痒溃烂，无奈之下她只好天天到那山边泉眼洗澡，也许是泉水清凉洁净，洗后多日皮肤病竟好了，全身皮肤不仅比原来更加白嫩，而且人越长越漂亮。后因父母相继亡故，不得已流落到广西贺县桂岭竹园寨（与连山地相隔几里）被人收养，李唐妹便以养鸭度日，被称为放鸭妹。后来，朝廷入连剿瑶的官兵路过竹园寨，遇见放鸭的李唐妹手脚放开仰八叉睡在田埂上，头顶上横架着一条赶鸭用的竹竿，睡姿正好像一个"天"字。忽一会儿翻个身子，手脚又屈缩成了一个"子"字。官兵联想到这个女人将来一定是能生"天子"的人，于是将她掳入宫中，即如史籍所说李唐妹便成了皇后。另一传说为天顺年间（1457—1464年），两广官吏因强征徭役、掠夺瑶山资源曾引发瑶民暴动。明成化元年（1465年），前来"剿瑶"的大将韩雍贪大喜功，将连山、连州、贺县、阳朔、荔浦等县的许多无辜百姓当作"叛贼"戮杀，14岁的李唐妹或因此被掳到京城。

(3) 蛮官之女。

据《排瑶历史文化》作者考察，明成化年间（1465—1487年），封建王朝曾经对广西、广东交界地区的瑶族进行了疯狂的围剿。正因为这一带聚集了大量反抗封建王朝的力量，这股力量的主力来自当地南蛮，即所谓"蛮瑶"，前史料已多处提及。但连地何时设置蛮官？明朝初年（1368年），开国元勋朱元璋目睹农民起义的威力，建国后即制定了一条旨在安抚民心，于民休养生息的恤民政策。他对少数民族主张"一视同仁，华夷无间"①和"天下一家"②，以安抚为主，并尊重少数民族习俗，所谓"一从本俗，尔其安之"③。这种政策从洪武初年（1368年）就体现出来，当时有排瑶庞一歌等起义，朱元璋不加兵挞伐，仅命付榜诏抚，得瑶首率众入籍。明洪武十五年（1382年）又对粤北"大木山瑶"先剿后诏，并设立瑶首，统领抚瑶总甲，首先在连山排瑶地区建立绥瑶组

---

① （明）吕毖：《明朝小史》卷一。
② 《明实录·太祖实录》卷四八"洪武三年一月壬寅"条。
③ 《明实录·太祖实录》卷一九三"洪武二十一年七月庚戌"条。

织。清代李来章《连阳八排风土记》中多处出现"瑶目""瑶目千长"称呼，如"恭装十六条圣谕，着尔各该排瑶目领回宣讲"，"予唤军寮瑶目千长"①。可见，明洪武末年（1398年）就在连山排瑶地区设立了瑶目、瑶首，即"蛮土官"，连山正是李唐妹出生地，明孝穆皇太后为"土官之女"确有可能。

据练铭志等学者的《排瑶历史文化》②一书研究，最早进入粤地的瑶族是排瑶。因聚集村寨建筑以成排成列为型被他人称为"排瑶"，又因有八个大寨子而又被称为"八排瑶"。据20世纪末调查，连南火烧排房姓来粤已41代，当有上千年历史，里八洞沈姓，来粤39代，亦近千年历史，此两姓瑶族来粤上限当在唐宋之间的五代；另军寮排李姓，来粤29代约700年，也在宋元之交入粤，此上三排当时分属连山管辖。而排瑶传称之为"父母排"的南岗人，更早于以上几姓入粤甚至入连地，因为未分八排之前连地已有排瑶居住，刘禹锡为连州刺史时就观看莫瑶猎西山，此处莫瑶的生活习性，与排瑶大相径庭。总之，连地排瑶在明初已聚集了相当的人口势力，这也是封建王朝对其忌讳的原因，所以对排瑶地区剿抚相加。并在瑶区设立瑶官，李唐妹为蛮官之女亦可成为史实。

（三）明孝穆纪太后的出生地

史料明指明孝穆纪太后出生地为贺县或连、贺交界地，贺指今天的贺州，连指今天的连山壮族瑶族自治县。但实际是两个模糊的地点。

（1）贺县：史籍载纪太后出生地在贺州桂岭镇白石寨，桂岭白石村；现在没有白石村却有白水寨，桂岭白水寨（与连山上草、永和相邻，上草、永和至今仍然有唐、李姓瑶族）。

（2）连、贺：《明史》记载御史滕祐问行连、贺间。连即连山，民间传说纪太后李唐妹出自连山永和红阳村竹园寨；贺即贺县，今贺州；连、贺间，明确指的是连山、贺县交界之间。从地理位置上看，连山的上草与贺县的桂林山岭相连，近在咫尺。唐代程山含桂岭部分地域，这里与连山隔山相望，山水相连。为探明纪太后的出生地，古今不少文人学者往来于贺县和桂林做调查，却少见到连山境内访问，贺县由此比连山名气小。

---

① （清）李来章：《连阳八排封土记》之《约束》与《向化》。
② 练铭志等：《排瑶历史文化》，广东人民出版社，1992年，第68页。

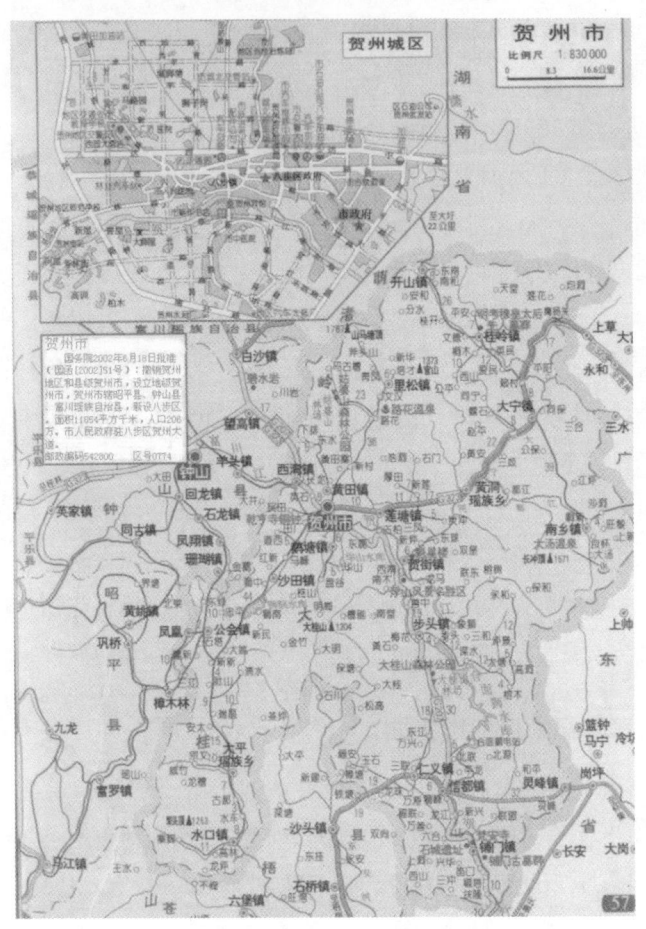

贺州桂岭镇与连山永和镇山水相连

当地40岁以上的人都知道纪淑妃原名李唐妹,根据民间传说,她出生在李糖(唐)寨,自幼丧失父母,流落到广西贺县桂岭,后来被选入宫。由于李唐妹被"俘"时才14岁,对家乡记忆不大清楚,官府派人查访她的抚养人,但那时抚养她的老人早已去世,村人只知道"李皇后"原是连山李糖寨人,名叫"李唐妹",因她被"俘"(一说被选送)的村名叫竹园寨,后来便将李糖(唐)寨改叫竹园寨,李唐妹饮用过的水井叫皇后井。据说纪太后还作了一首诗描绘家乡情形:"来龙正是幢幡岭(实指壮族居住地),右手关拦玉印箱。门前向出梳儿岭,九牛睡峒我家乡。"顺着诗意,作者查访了当地人家,当地山形地貌,与诗中所叙几相吻合。"幢幡岭"有意指僮族居住的山岭之含义;"梳子岭",实有其山。

李唐妹曾经住过的村庄

近看梳子岭

传说这就是诗中的梳子岭，李家大门对着梳子岭，其右边传说是玉印山

传说这是诗中的九牛睡垌（田垌间隔着一个个小山包，九是泛称）

民间传说的永和镇红阳村竹园寨的"皇后井"

井是村边山凹的泉眼,看得出有加工过的迹象

(四) 明孝穆纪太后的姓氏

民间传说纪太后闺名李唐妹，贺县及连山两地都有同样传说，但史书没有记载，《明史》反映其姓纪，"蛮中纪、李同音"。另《后妃列传》一段谈到帝悲念太后，特遣太监蔡用求太后家，得纪父贵、纪祖旺兄弟以闻。帝大喜，诏改父贵为贵，授锦衣卫指挥同知；祖旺为旺，授锦衣卫指挥佥事。这里的贵和旺，都是排瑶人常用以冠名的吉祥字。

纪姓：据连山、贺县当地学者反映，贺县桂岭没有纪姓人家，连山当地也没有纪姓，李姓倒不少，其实连山当地话和瑶话亦音相近（纪 gi，李 li，蛮音），易混。

李姓：李姓是连山八排瑶族的大姓，特别是在连山五峒（火烧坪、大掌岭、里八峒、军寮排、马箭排，李是大姓），给我们带路和讲解的这些乡亲都是当地李姓瑶族，他们说祖先从大掌丹竹（今依然有此地名）迁来。至今当地还有2000余李、唐姓瑶族。

连山、贺县瑶族虽有李姓者，但其居住在这两地的年代没有排瑶久远。查连山壮族主要聚居于县境中、南部。与贺县地相距较远，且只有有韦、覃、陆等壮族姓氏，他们先于明朝洪武初年（1368 年）从广西等地陆续迁徙而来，定居在永丰、福堂、小三江、上帅、加田等地。至今壮区还流传着"九村开辟自明朝，一半俍民一半瑶"的民谣，即指枫、良、肖、钹、省、江、高乡、石田、上帅九村。

连山过山瑶在连山居住相传只有 800 多年历史，主要来自湖南江华、蓝山、零陵及广西贺县、平乐等地，定居连山年代不长。族谱可查的有八至十代约 200 年，有：湖南到广西平乐、八步、罗家山等处再迁入连山的赵姓；六冲尾的过山瑶从江华等地迁来；也有原在连山居住，后迁至湖南蓝山，再由蓝山搬迁而来的。而连南排瑶李姓自唐以来就定居在连山这块土地上。据贺县刘小春馆长调查反映，贺县桂岭甚至南乡一带都有排瑶先人留下的坟墓，南乡的壮族去排瑶地区都不敢说自己是南乡人，因为留在南乡的壮族，一部分是明朝围剿瑶族留下的官兵后裔。明代对排瑶进行了数十次的围剿，导致八大排瑶人人丁失散，家破人亡，奔走他乡。阳山称架庞姓瑶族族谱明确记载他们的祖先从桂北贺县迁来，自称排瑶，至今依然保留与排瑶相通的语言。连南八排瑶之中，连山五排原军寮、大掌排等李姓最多，特别是至今分布在连山的排瑶，以李、唐姓为众，其次是房姓、唐姓、沈姓。

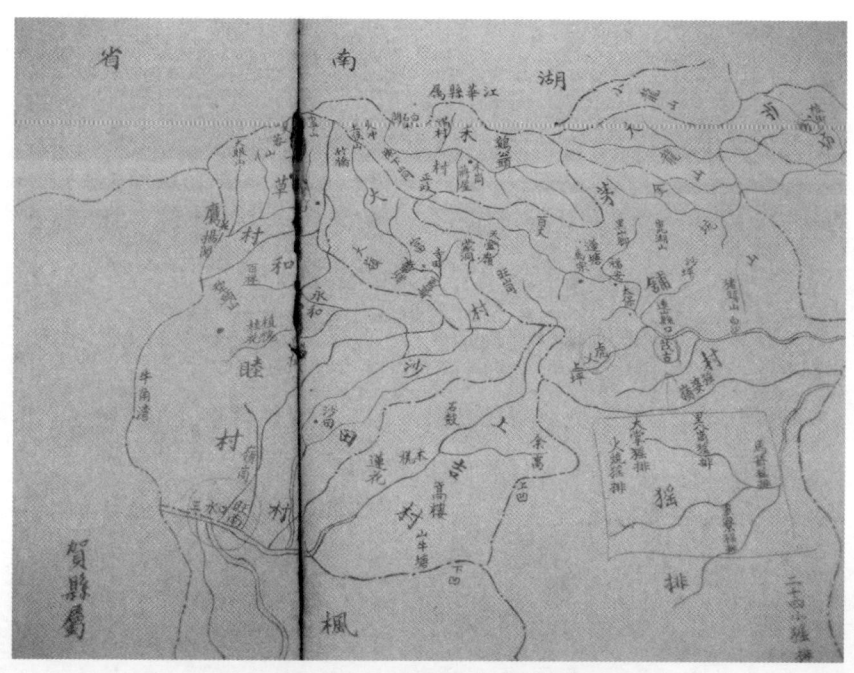

连山靠贺县桂岭一带原就是排瑶居住地

（五）当时皇帝曾到连地寻找并为孝穆太后老家修缮坟墓

《后妃列传》载：孝宗即位，追谥淑妃为孝穆慈慧恭恪庄僖崇天承圣纯皇后，迁葬茂陵，别祀奉慈殿。帝悲念太后，特遣太监蔡用求太后家，得纪父贵、纪祖旺兄弟以闻。帝大喜，诏改父贵为贵，授锦衣卫指挥同知；祖旺为旺，授锦衣卫指挥佥事。赐予宅第、金帛、庄田、奴婢，不可胜计。追赠太后父为中军都督府左都督，母为夫人。其曾祖、祖父亦如上述赐封之。遣修太后先茔之在贺者，置守坟户，复其家。

后明孝宗虽多次寻亲，终不可得。在寻亲不得情况下，明弘治三年（1490年），他只好在其母被掳掠途中曾暂住的桂林西门外东街的"圣母寺"和"圣母池"前，立下石碑。

桂林"圣母池"

四、明孝穆纪太后的族属

从史籍及传说与民间故事相互印证，加之田野实地考察，作者初步认为：当时的"蛮"与瑶的先祖有着渊源关系，而壮族则比瑶族晚居桂岭或连贺交界山；瑶族，在当时当地乃至今天依然是世居居民，并与连南八排瑶族有直接族源关系。

关于瑶族的族源，学术界有几种意见：一是认为瑶族源于"山越"，二是认为源于"长沙武陵蛮"，三是认为民族形成自"多元"。1983年公开出版的《瑶族简史》指出：关于瑶族来源问题，因其历史悠久，史料缺乏，尚难定论，但多数人认为瑶族源于"长沙、武陵蛮"或"五溪蛮"，原始居地在长沙、武陵两郡之间，即湖南的湘江、资江、沅江流域和洞庭湖沿岸广大地区。瑶族有着悠久的历史，早在先秦的文献里就记载南方"蛮"与瑶族先民有着密切的渊源关系。秦汉以后，史册累次提到"武陵蛮""长沙蛮""五溪蛮"等，虽然有泛指当时我国西南地区的少数民族之嫌，但瑶族先民确实包含在内。到了南北朝时期，文献出现专指瑶族先民的"莫瑶"名称。唐宋以后，瑶族以地域、服饰、生活习俗等特征命名的称呼多有出现。瑶字作为族称出现，最早见于《梁书·张瓒传》："零陵、衡阳等郡，有莫徭蛮者，依山险为居，历政不宾服。"《隋书·地理志》载："长沙郡又杂有夷蜒，名曰莫徭。自云其先祖有功，常免徭役，故以为名。"这里的"莫徭"指的就是瑶族。瑶族经过长期的迁徙，到隋唐时期，已有一定数量的先民进入南岭民族走廊，即粤北地区居住。唐代诗人刘禹锡被贬连州时，曾写了题为《连州腊日观莫徭猎西山》的诗篇，反映了连州地区（连南部分瑶族地区当时属连州辖）瑶族人民的生产片断。阮元的《广东通志》卷三三二也有这样的记载：王晙"永徽初（650年）为连州刺史，民瑶安之"。到了宋代，在湘、桂、粤边境地区，形成了人口较为集中的瑶族聚居中心。《宋史·蛮夷列传》载："庆历三年（1043年），桂阳监蛮僚内寇，诏发兵捕击之。蛮僚者，居山谷间，其山自衡州长宁县，属桂阳、郴、连、贺、韶四州，环行千余里，蛮夷居其中，不事赋役，谓之徭人。"这时在连、贺的蛮僚已有称为瑶人。庆历年间，宋朝统治者不断发兵攻打这个瑶族聚居中心；元代时起，大批瑶族始进入两广地区。至明代，广东瑶族人口越来越多。据顾炎武《天下郡国利病书》记载，明代广东境内有瑶族的州县凡二十一，主要分布在广东的西江流域。明代姚虞《岭海舆图·肇庆府图经》载："肇庆府，本汉苍梧郡高要地……唐以前皆隶广西，元再更寻复属广东，国朝为府，领州一（德庆州）县十（高要、四会、新兴、阳春、阳江、高明、恩平、泷水、封州、开建），控江带山，延袤千里，锯全省之上游，受湘、浔众委州邑，境内瑶峒累累。"从史籍看来，瑶是连、贺两地较早的居民。

而壮比瑶晚居桂岭。据地方志和族谱及家先单手抄本所知，较早定居连山的有韦、覃、陆等壮族姓氏，先后于明朝洪武初年（1368年）从广西等地陆续迁徙而来，定居在永丰、福堂、小三江、上帅、加田等地。至今壮区还流传着"九村开辟自明朝，一半俍民一半瑶"的民谣，即指枫、良、肖、钺、省、江、高乡、石田、上帅九村等地是壮族的主要聚居区，但未提及桂岭，也未提及有姓李的壮族居桂岭。从1988年福堂大塘（地名）出土的文物来看，壮族先民在战国时期就在连山活动了，因没有文字记载，连山置县至元末这段时期的壮族居民居住、迁徙情况未可考。旧县志有"主壮富，客壮贫"的记述，说明了原居住的壮族长期在此耕耘生息，地理环境好，所以生活得较好；而后来入迁的外地壮族成为"客壮"。但当时的居民更明确的居住活动未见文字记载，估计客壮迁徙来这里以前就有百越后裔居住。而百越与壮族有着直接渊源。客壮一部分是俍兵的后裔，一部分则是到连山定居后的居民被同化为壮族。

瑶族（当地至今依然是瑶族聚居地，并与连南八排瑶族有直接族源关系）历史悠久，文化内涵丰富。由于长期频繁迁徙，小聚居、大分散，与其他民族交往甚多，由此导致民族内部出现一些不同的差异。瑶族原来的支系很多，按他称就有30多种，有因崇信盘王，即盘瓠，则被称为"盘瑶"或盘古瑶；有因种蓝靛较多被称为蓝靛瑶；有因服装特点而被称为"红瑶"或白裤瑶、顶板瑶等；有因住居有特色而被称为东山瑶、坳瑶、八排瑶、平地瑶等，中华人民共和国成立后统一称为"瑶"。

在广东，有瑶族人口20余万，主要分布在连南、乳源、连山三个少数民族自治县内。广东瑶族分属瑶语支和汉语方言两大支系，其中分布在连南瑶族自治县的排瑶讲瑶语支"藻敏"方言；分布在乳源瑶族自治县和连山壮族瑶族自治县以及连南县的山联乡、怀集县的下帅壮族瑶族乡、曲江县深渡水瑶族乡、连州市瑶安瑶族乡、三水瑶族乡等地的瑶族，主要讲瑶支系"勉语"方言；其余如龙门县蓝田瑶族乡的瑶族讲的是汉语方言。瑶支系"勉语"方言瑶族群体因历史上长期过着流离迁徙的游农生活，故被称为"过山瑶"。连山过山瑶大都在明末清初从贺县、湖南等地迁来，且赵姓居多。

从史籍及传说与民间故事相互印证，加之田野实地考察，作者初步认为：明孝穆纪太后原是连山五大排瑶人（明朝时期连南八大排中的军寮排、火烧排、里八洞排、马箭排、大掌排五大排属连山管辖）之女，其出生地当时属连山，后流落到贺县桂岭，被当地土官收留为女，并在贺地生活长大，直至"被俘"，故说其为贺县人、连地人都没错，只是时间的先后问题。但其族属，则可属连山瑶人。

瑶族历史进程中的亚文化[①]

瑶族是我国南方一个具有悠久历史和传统文化的民族,至今已发展有260万人口。从元朝伊始,瑶族传统的主体文化逐渐产生了文化变异,瑶族内部逐渐形成盘瑶、布努瑶、平地瑶、茶山瑶四大支系。随着社会的发展,各支系瑶族在称谓、风俗习惯、经济生活等方面逐渐形成自己的支系风格与特色,由此推动了瑶族亚文化的形成。

一、瑶族支系文化

元代时起,大批瑶族始进入两广地区,而后经明、清两朝又不断向云、贵及邻国边境地区迁徙,部分瑶族转移进入老挝、越南等东南亚的山区。由于各地瑶族因迁徙时间不同,所处的生态环境不同,其经济发展不一,生活条件不一,和周边民族的交往也不尽一致。随着时间的推移,族群间逐渐失去联系或联系不密切,于是瑶族文化变迁逐渐凸现,族群内部差异开始产生,部分瑶族因社会经济发展较慢,较多地保留了原有的民族传统文化。而部分瑶族受汉族的影响较大,吸收汉文化因素较多,在民族文化的发展进程中汉化程度较大。部分汉、壮族因种种原因融入瑶族族群,但其原有的民族文化底蕴却未尽丧失,而且直接影响了瑶族的文化。因其文化差异较大,人们对其民族的支系特征认识不足,而出现了许多不同的称谓。

据瑶学专家吴永章先生统计,当时瑶族的他称主要有莫瑶、山子瑶、生瑶、熟瑶、良瑶、大良瑶、抚贼瑶、粮瑶、平地瑶、高山瑶、过山瑶、住瑶、流瑶、外瑶、蓝靛瑶、木皮瑶、剃头瑶、红头瑶、长头瑶、长发瑶、箭瑶、箭竿瑶、

[①] 原载《民族史研究》第8辑,中央民族大学出版社,2008年。

蝶板瑶、顶板瑶、板瑶、尖顶瑶、平顶瑶、尖头瑶、隘瑶、令勾瑶、背髻瑶、狗铃瑶、狗头瑶、狗瑶、梳瑶、黑瑶、花瑶、红瑶、白瑶、白裤瑶、花蓝瑶、燕尾瑶、赤膊瑶、斑衣山子、白衣山子、蓝古瑶、盘瑶、南峒瑶、古皂瑶、岭阻瑶、立龙瑶、花州瑶、东山瑶、西山瑶等。① 这些他称多与瑶族的服饰、居住地、经济生活、宗教信仰及其政治制度有关，有些称谓至今仍然延续使用。如盘瑶、过山瑶、平地瑶等。当时的人们只注意到瑶族传统文化的变化和差异，并没有从本质上说清其变化原因与实质。

从元代开始，在湖南和湘桂粤边界地区，瑶族因下山定居，耕种水田和旱地；或因被招为瑶兵，屯田戍守；或因迁徙而与汉族杂居，逐渐分化形成新的族群和不同的支系。

1. 平地瑶、民瑶支系文化的形成

宋、元时期，在湘桂粤边界已分布有不少的瑶族，他们主要是过着刀耕火种的盘瑶和过山瑶，即当时人们所称的"高山瑶""生瑶"。至明代，在湘桂粤边界地区的瑶族经过文化变革和整合，形成新的支系——平地瑶、民瑶。

明代，因封建统治阶级的镇压和招抚，部分瑶族下山到丘陵谷地定居，长期与汉壮民族杂居交往，民族文化相互交融，如史书所言其语言习俗"已与齐民同"，成为耕种水田、旱地，纳租税的平地瑶、民瑶。居住在永州（今湖南江华）上伍堡的"李东伈等十七户约三百名"平地瑶，原系明洪武初年（1368年）被"县令周于德协同百户韩恩抚瑶下山，准买大同乡民田，秋粮一百四十一石三斗零为业，编户四十有五，每宿佥点一人为千长，又立瑶老为之约束。后有征调，惟听韩恩后裔遣使"②。现存留于江华瑶族自治县的"武昌府永州江邑铜碑"记载，江华伍堡的奉、唐、李三姓平地瑶是"元末之时由千家峒逃出来，至广西平乐府富川县灵停乡七都八兽岭第七甲铜盆村居焉。闻上湖南南疆被元军耿指挥诛剿，民逃四散。南乡田地抛荒，旧地尽草木，无人耕种，国课空悬"。因此三姓瑶民移民上伍堡，并"写具奏文，上奏江华仁县"。"（明）永乐二年，归并四里，附从归化。蒙圣恩勒令奉、唐、李三头户，设立伍堡，分为三宿，丈田额粮，划分边域为三，分防镇守，把守三条九隘之夷。主景泰三年，

---

① 吴永章：《瑶族史》，四川民族出版社，1993年，第559~563页。
② （清）《永州府志》卷五下。

具领皇册，一十七户同领户籍。上判奉、唐、李永为三宿头户户长，推户纳饷征收，为三宿领袖，统辖诸务。"该碑原立于"武昌府江邑正堂之侧"，可与《永州府志》相佐证。

又广东阳山县三坑瑶族"自天顺年间下山，陆续开垦，批判住种"①。"高山之瑶，日下平地。"②明初，封建统治阶级为加强对边疆少数民族的统治，在边疆少数民族地区设置卫、所，并招部分瑶民为兵丁屯田戍守。明朝中期，卫所屯田制度渐遭破坏，部分瑶兵成为居住在平坝地区的自耕农，受平坝地区汉族文化的影响，他们逐渐演变为新的族群——"民瑶"或"良瑶""粮瑶"。据清道光《化州志》卷六载："瑶，良兵之役，始于明成化间。粤西瑶、僮作乱，侵掠州邑，后就抚，随着安插。太守孔镛以恩信结之，拨荒田以俾之耕而蠲其徭役。""在湖南城步，景泰二年（1451年），知县唐荣招抚城步县瑶人，给田世主，分为瑶八峒，把守各隘瑶路，服王化通声气，号为熟瑶。"③据广西荔浦县雷姓瑶族所保留的《雷氏朝尚公宗谱》记载：雷姓原为过山瑶，祖居千家峒，元大德年间逃到广东"大罗山"。明永乐四年（1406年），"奉调抗击安南"，事后定居广西浔州府。成化元年（1465），（雷姓）被征调为瑶兵镇守府江中游地区，男与汉族兵丁一起在今平乐、荔浦、昭平、蒙山之间的九堡十三冲屯田戍守，其后裔为今日荔浦雷姓平地瑶。④

明末清初，一些汉、壮族因不堪封建统治阶级的压迫剥削，逃入湘桂粤边界地区与瑶族杂居，或因谋生、入赘到瑶寨，受瑶族传统文化影响，自认为瑶人即平地瑶或民瑶。据有关学者调查，湖南江永松柏乡源头村任姓平地瑶，其始祖原籍山东青州府，明洪武元年（1368）迁至江永松柏居住；上江圩乡义姓平地瑶，其始祖原籍山东德州平原县，北宋开宝二年（969年）因仕宦迁居春陵（今宁远），后迁营道（今道县），天圣年间（1023—1031年）移居江永上江圩乡一带。⑤民瑶、平地瑶虽然在风俗习惯上保留的民族特色不明显，但其一直保留着与瑶族认同的心理。平地瑶和民瑶由于开始逐步定居，主要种植水稻、畲禾及薯、豆、芋等农作物。这部分瑶族大多被编户入籍，供赋税，故史籍又

---

① （清）顾炎武：《天下郡国利病书·广东下》。
② 《明孝宗实录》卷一三九。
③ 广西荔浦县雷姓瑶：《雷氏朝尚公宗谱》。
④ 雷家煊：《雷氏朝尚公宗谱》，广西民族出版社，1984年。
⑤ 李昌阳：《江华·江永县平地瑶、民瑶的人口及其分布、来源和特征》，2002年，打印稿。

称其为"熟瑶""良瑶"。因长期与汉族接触，受汉文化影响较深，其文化教育发展亦较快，瑶族地区的社学、义学也大多办在平地瑶、民瑶地区。清代郴州等地的平地瑶中还有人中过举人、进士。① 平地瑶也过"盘王节"，跳长鼓舞，但多以芦笙为伴奏，故称"芦笙长鼓舞"。

2. 布努瑶支系文化的形成

宋代，已有部分瑶族分布于广西境内的庆远府（今广西河池市一带）。明时，进入庆远府一带居住的瑶族逐渐增多。这部分瑶族在迁徙过程中不断与其他民族特别是苗族接触，传统文化发生了变异，尤其是语言发生了较大变化，史学界将其统称为"布努瑶"。中国社科院民族所蒙朝吉先生从布努瑶语言变化的文化现象，分析研究出布努瑶先民的迁徙路线大概是：依苗族迁徙路线的东南边方向，沿着湘西南的雪峰山地区向西南移动，然后经黔南的苗岭南麓到达贵州的都匀府南部一带。后来被当地土司驱赶，蒙、罗、蓝、韦、潘等姓的瑶族才又转往南迁徙到桂西北一带的山区。②

据调查，都安加文乡韦姓瑶族当时（宋代）已在平果、都安一带住了28代人，韦姓瑶族在都安住了30代人。以每代人20年计算，约为600年；如按每代人25年计算，则约为750年。加文乡蒙姓瑶族则说进入广西的时间约为1000年。③

由此看来，大部分瑶族从宋元时期进入了桂西一带。至明代，因不堪封建统治阶级的压迫、剥削，又逐渐从桂东南等地向桂西、桂西北迁徙，特别是大藤峡瑶族起义失败后，有相当部分的瑶族进入桂西向大石山区避难，使这一地区的瑶族人口不断增多。故史籍上记载说："广西庆远、郴州等府，郁林、天河、柳城、洛密、马平、宜山等县，良民数少，瑶僮数多。"④ 元明时期，布努瑶已迁徙到广西西部以及与这个地区交界的贵州、云南等省的一些县内，基本形成了今天的分布格局。

布努瑶文化最具区域民俗性质。布努瑶大多分布在桂西和桂西北的大石山

---

① 田伏隆：《湖南瑶族百年》，岳麓书社，2000年，第415页。
② 蒙朝吉：《从语言来探讨桂西瑶族的历史迁徙路线》，载韦标亮主编《布努瑶历史文化研究文集》，贵州民族出版社，2003年。
③ 《广西瑶族社会历史调查》第5册，广西民族出版社，1986年，第309~310页。
④ 《明英宗实录》卷一九四。

区，主要种植薯、芋、豆等类农作物。由于长期与壮族毗邻杂居，其语言受壮侗语族影响，较多借用壮语词汇，房屋亦多为干栏式建筑。其民间保留的铜鼓也富有支系特色。每年夏历五月二十九日的前后三日，家家户户杀羊宰鸡，祭祀始祖密洛陀，打铜鼓，跳猴舞。《嘉庆重修一统志》中记载："在思恩府居五十二峒，及仪凤、书滩，上、中、下墥之间，男子短褐青衣，妇女小裤长裙，岁首祭先祖，击铜鼓跳跃为舞。"这是当时思恩布努瑶使用铜鼓的真实写照，直至今天，铜鼓依然是布努瑶在喜庆节日中用以活跃气氛的不可缺少的乐器。

3. 茶山瑶支系文化的形成

关于茶山瑶的族源，学术界有不同看法，但大多数学者认为，茶山瑶应是百越民族的后裔，其称谓由其居住地名"茶山"而来。① 据茶山瑶民间传说、族谱和有关学者考证，茶山瑶大约在明朝初年，分别从广东和湖南进入广西大瑶山居住。从广东来的苏、莫、钟、陶、兰、龚等越人后裔进入广西后，先在梧州、藤县等地居住，后被覃千户赶入平南，再转入大瑶山，分散于古卜、六寨山、金秀、白沙、六拉、昔地、田地、平林、六竹、罗孟、岭祖、巴勒、上下卜泉等地居住。从湖南来的苏、莫、陶等姓越人后裔进入广西后，先后在南宁、百色、浔州、贵县、象州等地居住，后才进入大瑶山的六段、六定、寨保、长二、长滩、土献、长峒、滴水、花阳、道江、六拉、金田等地居住。②

茶山瑶主要集中在广西大瑶山，山内还有盘瑶、山子瑶、花蓝瑶、坳瑶等瑶族支系，这些来自不同地区的氏族、部族或族群进入大瑶山后长期共同居住在一起，有着大致相同的社会经济生活环境，经过长期的文化接触，打破了原有的族群壁垒，相互产生了民族认同感，为民族融合提供了基础。同时，由于大瑶山特殊的地理环境，山外的封建统治阶级对山内的少数民族始终抱歧视态度，由于共同面对山外相同的民族压迫和民族剥削，为了生存，他们被迫自觉或不自觉地团结一致，形成一股自卫力量，共同抵御山外的封建剥削势力。这种凝聚力使他们聚集在一起，组成一个在共同区域内生存发展的新的共同体，共同接受山外汉族给予他们的他称——瑶族，形成了以瑶族主体文化为代表的区域民俗文化。但又因他们相互间在文化上还存在差异，人们又将他们称为不

---

① 刘保元、莫义明：《茶山瑶文化》，广西人民出版社，2002 年，第 12~13 页。
② 金秀大瑶山瑶族史编纂委员会：《金秀大瑶山瑶族史》，广西民族出版社，2002 年，第 27 页。

同的族群。今天的茶山瑶就是在这种情况下，从明初进入大瑶山后逐渐从越人后裔演变为茶山瑶。

茶山瑶最具支系文化特色的就是石牌律。它是金秀茶山瑶、山子瑶、花蓝瑶、坳瑶民间特有的社会法律，是经过群众议事会商定的维护生产和社会秩序的条文，是镌刻在石板上或书写在木板上、纸上的成文习惯法。传说从明洪武八年（1375年）五屯千户所千户覃福统治起，大瑶山就开始有石牌律。1935年，费孝通与妻子在大瑶山六巷乡调查时，发现一块石牌律，是清道光十八年（1838年）所刻立的。它是研究茶山瑶支系社会发展的最好例证。茶山瑶居住在广西金秀大瑶山，主要种植水稻和旱地作物，房屋亦为干栏式建筑。其民间信仰受道教影响较深，崇拜张天师、玉帝、"三清"和"三元"。茶山瑶和大瑶山内其他瑶族支系在明清时共同形成的石牌文化对后世瑶族社会的法制观念影响极大。

4. 盘瑶支系文化的发展

盘瑶是瑶族传统文化中的主干支系，它包含了瑶族的大部分人口。主要操"勉语"或标敏方言。过山瑶、山子瑶、排瑶等都属于盘瑶系列。盘瑶，顾名思义，其支系中有较多的盘姓瑶族。元前，生活在湘、桂、粤边境及两广地区的瑶族，过着刀耕火种、采集狩猎的生活，信仰盘瓠为祖先，隔三五年逢农历十月十六日击长鼓祭祠祖先盘王，有著名的"盘王节"，因而被称为盘瑶。盘瑶与唐代的长沙蛮、武陵蛮有着直接的渊源关系。《隋书·地理志》云：长沙郡又杂有夷蜒，名曰莫瑶。当时莫瑶的活动地域涵括湘、粤、桂边界。属盘瑶支系的广东连南八排瑶族，与莫瑶有着最直接的亲缘关系。唐代诗人刘禹锡于元和十年（815年）为连州刺史时，曾写下有关连州当地瑶人的生活诗篇，如《莫徭歌》《连州腊日观莫徭猎西山》等，这个"莫徭"很明显是八排瑶族的祖先。

元以后，瑶族主体被迫南迁四散，但盘瑶支系始终保持人口众多。由于明王朝对两广境内的瑶族实行大规模的征讨，特别是对广东罗旁山和广西大藤峡瑶族的大规模屠杀，迫使大批瑶族四散逃难，其中有不少人避入广西大瑶山，这部分人即今天大瑶山内的盘瑶和山子瑶。

盘瑶习于刀耕火种，迁徙十分频繁，人口流动性大。"居无常，住无所"，不入"版籍"，是为刀耕火种的游耕支系。盘瑶支系以农业游耕为主，"吃尽一山则他迁"、"吃尽一山过一山"，所持《过山榜》（《评皇券牒》）是盘瑶最大的支系文化特征。"自云祖先有功，常免徭役，故以为名。"由此得皇帝赐文榜，持皇榜得入青山千万山，"刀耕火种，自耕自食"。由于有皇榜的庇护，盘瑶的农业经济主要是山地农业，它比其他支系较早得以发展。其居住面积大而人口分散，以一家一户的小农经济为主，耕山种林，多种山地作物，种植是盘瑶传统的农业经济。盘瑶信仰盘瓠，每年夏历十月十六日前后必祭盘王，唱"盘王大歌"，跳长鼓舞。《盘王大歌》等瑶族民间史诗也主要在这部分瑶族中流传。盘瑶另一个文化特征就是以长鼓舞为祭祀舞蹈，在祭祖仪式中不断演绎跳跃。长鼓舞是瑶族文化典型的代表作，其流传很广，在广西金秀、龙胜、富川、荔浦、贺县；广东连山、连南、乳源；湖南江华、宁远、蓝山；云南富宁；贵州榕江、从江等地相当盛行。宋朝史籍就有《长鼓舞》记载："瑶人之乐，有卢沙、统鼓、胡芦笙、竹笛……统鼓甩长，大腰鼓也。"① 瑶族为纪念祖先而制作长鼓，为祭祀祖先而跳长鼓舞，是为瑶族主体文化的一大特色。盘瑶支系文化及影响在几个支系中是最大最广也最为久远的，其支系文化特色体现了主体文化导向。随着社会的发展，盘瑶支系文化也不断得到充实和发展。

瑶族各支系都有着独特的支系文化特征，如平地瑶的芦笙、布努瑶的铜鼓、茶山瑶的石牌律、盘瑶的过山榜和长鼓舞等。形成了瑶族整体丰富的多元民族文化。但万变不离其宗，瑶族的各个支系除呈现各自的特色外，始终如一地保留着与瑶族认同的心理，始终认可瑶族的民族特性，始终是瑶族大家庭的一部分。

二、瑶族亚文化的产生

以瑶族传统的主体文化为中心，瑶族内部分化出以四大支系为特征的亚文化：各支系在长期的分离迁徙过程中形成独特的生活方式、思想观念、社会组织、道德规范、社会结构等因素，能够并且确实促进了各种亚文化的形成。

亚文化（Subculture）是指在整个社会中的某群体中所拥有的一种既包括主流文化的文化特征，也包括某些独特的文化特征的活动方式。在复杂的社会里，包含有多种亚文化。亚文化的相异性是由职业、种族、地域等多种因素造成的，亚文化的特征常可以传播到群体之外，而且也可以传播到主流文化之中。

---

① （宋）周去非：《岭外代答》。

在瑶族社会里，传统的主流文化体现为诸支系共同认定的文化，如盘瓠文化——盘瓠的故事，盘王大歌、伏羲兄妹传说；《过山榜》；长鼓的传说；以及长沙、武陵与瑶的史源关系，等等。这些文化特征已为全民族达成共识而共同认可，成为瑶族共有的文化，即主流文化。随着瑶族族群文化差异的产生，至元、明、清历朝，瑶族内部逐渐形成了盘瑶、布努瑶、平地瑶、茶山瑶四大支系，并且各支系在称谓、风俗习惯、经济生活等方面逐渐形成了自己的族群风格和地域民俗特色，从而推动了瑶族亚文化的活跃发展。

瑶族社会的主流文化在发展过程中不断分离出新的亚文化，正如细胞分离出来许多干细胞一样，亚文化也还会不断地分化形成新的亚文化，由此主流文化与亚文化的碰撞，推动了瑶族社会各种文化因素的生成和社会发展。从瑶族传统的主流文化之一的"盘瓠文化"中所剥离的盘瓠信仰或犬图腾信仰，可看到其亚文化之雏形。从《风俗通义》《玄中记》《搜神记》诸书的记载，到长沙、武陵蛮等地区的"神犬崇拜"，以及《评皇券牒》《盘王大歌》的记述流传，一路演绎形成了瑶族对"盘瓠龙犬"的图腾崇拜这种民族整体的主流文化现象。瑶族不少支系承认盘瓠是本民族的始祖，而自己是盘瓠的子孙，以盘瓠图腾崇拜为信仰基础的盘瑶支系所占的瑶族人口最多。但随着历史的发展，在瑶族内部一些支系自然接受了其他民族文化的渗透，发展演变形成不同于主体内容的"盘瓠图腾崇拜"信仰的亚文化：

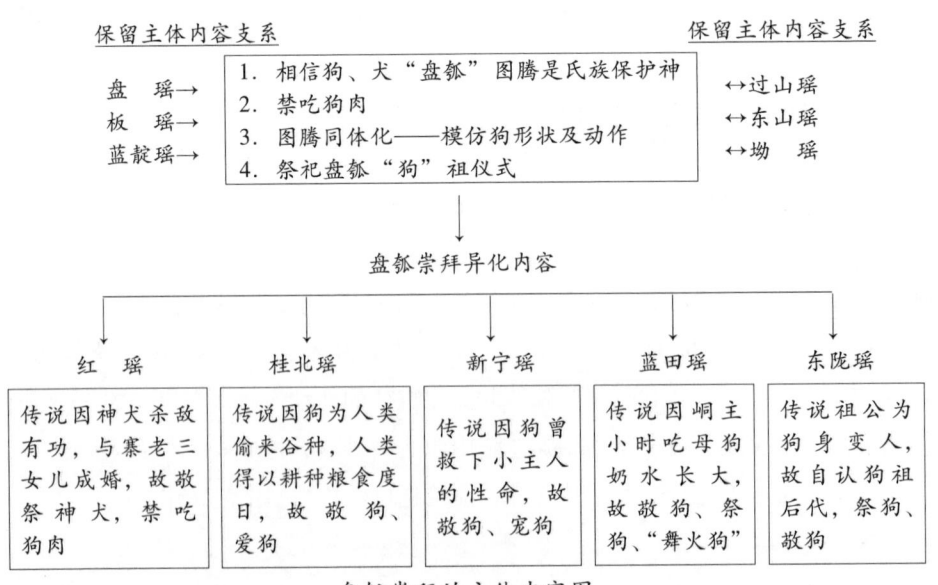

盘瓠崇拜的主体内容图

以上这些传说和习俗，虽然与盘瓠传说略有所不同，但并没有完全与主体内容脱离，只是淡化了盘瓠与"狗"的关系，但其对盘瓠（龙犬）图腾的崇拜及敬狗、祭狗的习俗依然保留，这种体现在祀典习俗文化的转型现象，正是亚文化分离异化的体现。在历史发展过程中，社会中的个人或集体常常在一个以上的亚文化中发挥作用，而且他们在一生中也会经历不同的亚文化。瑶族内部四大支系的形成，加速了瑶族主体文化的分化，形成了与主体文化依然有若干联系的亚文化。这些亚文化不仅体现在各支系的生活中，而且在整个瑶族主文化生活中影响特别持久；这些亚文化以支系为基础，但没有完全与主体文化相分离。

现在人们习惯按语言把瑶族分为瑶语支、苗语支、侗水语支和汉语方言等四大支系。而瑶语支又分为3个方言和5个土语，即锦荆方言、标交方言、藻敏方言、尤锦土语、荆门土语、标曼土语、标敏土语和交锦土语；苗语支也分有5个方言，即布瑙、巴哼、唔奈、炯奈、尤诺芽。这些方言、土语是根据其主体语而分出异化，既有共同点又有不同之处，但与主体语保持着密切的关系。从文化发展的规律探究，语言是历史发展中最难消失的文化现象。语言是随着人类社会的产生而产生的，是人类自身交往和沟通的工具，有人类的存在就有了语言的存在。随着瑶族分出多种支系，其语言也自然会出现多种变异，有布努语、拉咖语等。这也是主文化与亚文化之间的关系。又如民间传说《伏羲兄妹》的故事在瑶族四大支系中广泛流传，有的瑶族支系认为瑶人是伏羲兄妹造就的后代（据汉文献记载，伏羲有妻女娲，女娲是伏羲之妹。《伏羲女娲》的神话故事是汉族神话故事中的经典，而且与洪水神话联系在一起）。

瑶族内部流传的《伏羲兄妹》故事应与汉文献记载的《伏羲女娲》有一定的渊源关系，但与汉族的神话故事《伏羲女娲》已有所变异。在十万大山山子瑶，富川、恭城平地瑶，湖南、广东过山瑶中流传的《伏羲兄妹》神话内容与汉文献记载之内容大体略同，但人物和细节有差异，如《伏羲女娲》改成为《伏羲兄妹》。在排瑶的《水淹天》神话里，类似《伏羲兄妹》故事内容的男女主人翁已不再以伏羲兄妹（姐妹）称呼出现，改成了排瑶自己常用的名字——《沙房三与房十六》，兄妹关系也改成了"叔侄关系"。像这种在不断的流传中产生文化变异的现象，正是亚文化的体现。

瑶族的亚文化，不仅体现为主文化的异化、语言文化的异化、习俗文化的异化、信仰文化的异化，还体现为姓氏文化的异化。虽然《评皇券牒》中评皇赐瑶共十二姓，但随着时代的变迁、人类的发展，十二姓瑶人子孙已遍布南岭各大山，从婚姻血缘关系的发展角度出发，十二瑶姓已不能满足婚姻关系的需要，民族要继续生息繁衍，于是出现了亚姓，而亚姓则是瑶族典型的亚文化。

三、瑶族亚姓促进亚文化发展

据连山壮族瑶族自治县禾洞六尾冲《过山榜》载："评王见盘瓠有灵，嫁宫女为妻。后宫女生育六男六女，王闻喜之，敕赐各姓：盘、沈、包、黄、李、邓、周、赵、胡、冯、唐、雷。"① 据各地《过山榜》记载，盘瓠的子孙——瑶族，一般只有十二姓，也就是说，瑶族先民本无姓，由于瑶族始祖盘瓠为国立功，评皇赐三宫女（三公主）与之为婚，后生六男六女，评皇就赐其共十二姓，即盘、沈、包、黄、李、邓、周、赵、胡、冯、雷、唐（有些地方的十二姓略有不同）。从《过山榜》出现之时起，王瑶子孙以十二姓为主。至明清时期，瑶族十二姓依然是各地瑶族的大姓。如清代陈徽言《南越游记》卷三载："瑶在粤西者，多胡、侯、蓝、盘四姓；其在楚粤之交者，多赵、李、唐、沈诸姓。此数大姓，在诸瑶中独强悍。"② 广东北部连山连州八排瑶等："曰盘、曰房、曰唐、曰沈、曰李、曰莫、曰冯、曰黄、曰邓、曰何，大略不过此十姓。"③

据《过山榜》记载，在瑶族第一次南迁"漂洋过海"离开故国时，按十二姓，每姓分得金香炉和银香炉各一个。漂洋过海后，同姓中又以香炉为中心举众而徙，分得金香炉的一群为大姓，分得银香炉的一伙为小姓，这样同姓中就出现了大姓与小姓，如大盘、小盘、大赵、小赵等。亚文化从此由亚姓而始发展。这种以血缘为纽带的氏族关系，以同姓内分出大姓小姓而分辨血缘的亲疏，这种仅次于大姓的小姓现象，亦属亚文化现象。如元以前，称才智、名位次于所谓圣人的人为"亚圣"般，亚将、亚父的称呼也是对位次于将与父的人，这种亚文化现象也常在民间出现。

瑶族亚姓的产生是由其历史与文化所决定的。瑶族从北南迁之后，绝大部分住在交通闭塞、人迹罕至的深山老林之中，基本与世隔绝，加之只盛行族内婚，而同姓又不能婚配，这就给瑶族人的生息繁衍带来很大的障碍。为了繁衍

---

① 韦承林：《连山瑶族》，天津古籍出版社，1992年，第25页。
② （清）陈徽言：《南越游记》卷三。
③ （清）姚柬之：《连阳八排风土记》卷三。

后代，承嗣香火，人们设法使血缘宗亲之间五服内不通婚，首先想到是在同姓内分出亲疏，亚姓的出现解决了近亲的问题。所谓亚姓，就是一个姓氏分出大、小姓，以后又在大、小姓氏内分出好些房族，由亲至疏划出了婚姻的界限。《过山榜》云：赵姓过山瑶曾娶二妻，均生有子女，于是在迁徙的过程中，大、小老婆的子女分别迁徙，分别前夕，赵姓瑶人把金银香炉分别送给二妻之子，大婆之子分得金香炉，名为大赵；小婆之子分得银香炉，名为小赵；并规定大、小赵内部不能婚配，大、小赵之间也必须出五服后方可婚配。可见亚姓出现的初衷，完全是为了繁衍后代。①

随着人口的发展，大、小姓已不足于辨别血缘的亲疏，于是出现了在姓氏之前加一"名"词以示区别亚姓房支。如唐宋就已定居广东粤北的连南八排瑶，其定居南岗排已有千年历史，如今老排被称为千年古寨，并申报了文化保护遗产。其排上的社会组织、居住地域、婚姻形式、命名制都很具民族特色。各姓氏居住地域分明，亚姓特征明显。其中唐姓最初分出大唐、小唐，小唐为辨别于大唐，加一"胡"字在"唐"前，称为"胡唐"。以后在大小唐内部又分出房支，如大唐共有九房，即火生、担印、管止、瑶真、亚兀、唐山、勾胡、庙大、马零等房支。小唐共有中火、瑶山、介九、大口、流真、户唐、中公等房支。出现同姓不同房的分支后，不仅大唐姓与小唐姓房的人可以通婚，在大唐或小唐内部分出的房支中五服以外亦可以通婚。② 由此通婚的范围宽阔了许多。而排瑶人的姓氏也从简单地以单字区分血缘亲疏演化为以房支来区别，人的全名则涵括了姓氏、房名、出生序、性别、身份或存殁等内容，由此形成了排瑶独特的命名制度。在排瑶社会，人的全名一般包括5~7部分，如：

| 房 | 马士 | 大同 | 八 | 一 | 公 |
| (姓) | (房名) | (祖父名) | (父名) | (自己排序) | (辈分) |

又如：

| 邓 | 佳命 | 孟拜 | 大头 | 二 | 贵 |
| (姓) | (房名) | (父名) | (己名) | (自己排序) | (辈分) |

---

① 李本高：《湖南瑶族源流》，长沙岳麓书社，2001年，第224页。
② 《民族问题五种丛书》广东省编辑组：《连南瑶族自治县瑶族社会调查》，广东人民出版社，1987年。

排瑶平常多用简称，简称一般为姓氏＋排序＋辈分，或己名＋排序＋辈分，如上述两名分别可简称为：

房	一	公	或	房	八	一	公
(姓)	(排序)	(辈分)		(姓)	(父名)	(排序)	(辈分)
邓	二	贵	或	邓	大头	二	贵
(姓)	(排序)	(辈分)		(姓)	(己名)	(排序)	(辈分)

在简称中姓氏、排序、辈分三项必不可少，房名、父名、己名则可选择一项，但所属房支，人们是十分清楚的，同姓中哪一个房支可通婚或不能相互通婚，排瑶内部亦十分明了。在排瑶社会，亚姓文化得到了很大的发展，它涵括了姓氏、婚姻、家族等内容。而在过山瑶当中，除了端金银香炉的区别外，还有以其习俗特征为姓氏区别的标志，如：赵姓，分成木笼赵、三眼赵、两眼赵、三角赵等。所谓木笼赵，就是其在祭祀"还盘王愿"中宰牲时，先将猪赶进猪笼内，再从猪笼的另一头将猪抓出来杀之，以此做法为姓氏特征。而三眼赵、两眼赵，皆以煮饭用三眼灶（有三个烧火口）或两眼灶而得名。三角赵，是指不用砌灶，只用三脚铁灶做饭的赵姓人家。① 在盘瓠神话流传其后及相当长的历史时期，瑶族内部一直盛行族内婚、瑶女不婚汉家、同姓不婚。亚姓出现以后，同姓婚也随即出现，不过这种同姓婚多限在亚姓之间或亚姓内部五服之外的房族分支，许多大姓或小姓各自的内部还不允许通婚，或五服以内同姓房族不能通婚。

瑶族各支系文化的形成，组成了瑶族亚文化的主要内容，而瑶族的亚文化，不仅体现为主流文化的异化、信仰文化的异化、语言文化的异化、习俗文化的异化，还体现为姓氏文化的异化。亚文化的产生，主要目的是解决瑶族社会出现的实际问题，如亚姓的出现就解决了近亲结婚的问题。所谓亚姓，就是一个姓氏分出大小姓，以后又在该姓氏内分出好些个房族，由亲至疏划出了婚姻集团的界限。无论是以大、小区分，还是以动、名词加以区别，都是亚姓的一种形式，主要是限制通婚范围。瑶族亚姓的出现，是亚文化的另一体现，也瑶族社会历史发展的一大进步。

---

① 李本高：《湖南瑶族源流》，岳麓书社，2001年。

寻找乳源过山瑶早期的历史足迹

过山瑶是广东瑶族中人口最多、分布最广的一个支系。据2000年第五次人口普查统计，广东省瑶族人口近21万人，其中排瑶人口有7.5万人，其余的13.5万是过山瑶和外省进入广东的各支系瑶族人口。过山瑶在广东的分布区域是：北至乐昌县（今乐昌市）北乡镇，西达连山壮族瑶族自治县、连南瑶族自治县、怀集县下帅壮族瑶族乡、连州市三水瑶族乡、瑶安瑶族乡，南至阳春县永宁镇，东至龙门县蓝田瑶族乡。形成以湘、粤、赣交界地为中心的聚居区。瑶族居住的地区重峦叠嶂，地形复杂，既有高山、谷地，也有盆地、河谷和平原，山地面积占总面积的90%以上。南岭山脉的乳源、阳山与湖南省宜章市的交界之处——石坑崆，又名猛坑石，海拔1902米，是广东境内的最高峰。

瑶族的先民，可追根溯源到秦汉时期的"长沙蛮""武陵蛮"和春秋时期的"荆蛮"。其活动范围主要在湖北、湖南的洞庭湖畔以西一带。历史上瑶族人长期深居山区，生产力发展水平低。为了逃避战乱、民族歧视和压迫，瑶族人长期流离迁徙，为的是寻找新的生存空间，"常住青山千万山""吃尽一山过一山"。瑶族先民的迁徙，从秦汉时期就已开始。隋唐时期，瑶族由"蛮"逐渐分流形成独立的民族，广东粤北及湘、粤、桂三省交界地区是瑶族先民主要的分布地域。唐代诗人刘禹锡谪守连州时，亲眼目睹当地瑶民的生活。其诗《连州腊日观莫徭猎西山》《莫徭歌》以及《蛮子歌》，都分别从不同角度反映了当地瑶族人民的生活。隋唐时期，湘、粤、桂三省交界区的粤北韶州是瑶族较早的聚居地；明中叶以后，南方瑶族跨越广西、云南边境，不断向东南亚移动，走向越南、泰国、老挝等国的山地。1975年印支战争以后，美国、法国、加拿

---

① 原载李少梅主编：《过山瑶的乡源》，北京民族出版社，2010年。

大等国大量吸收印支战争难民，不少瑶族人就此机会移居到了法国、美国、加拿大等国。据有关资料反映，目前全世界有瑶族人口约 300 万，其中 260 万居住在中国，约 30 万分布在越南，另一部分撒播泰国、老挝等东南亚地区，还有近 5 万人口移居在美国的俄勒冈州、华盛顿州、加利福尼亚州以及法国的杜鲁兹地区。虽然瑶族人口分布广阔，支系众多，然而瑶族人的生活习性基本相同。

一、史籍文献的记载

过山瑶在广东已经生息繁衍了上千年的历史。从史籍、史迹反映，过山瑶早在隋唐以前就生活在湘、粤、赣三省交界地区。

宋明以前有关乳源瑶族的记载有，南北朝《梁书·兰钦列传》载：梁大通元年（527 年），"双假钦节，都督衡州三郡兵，讨桂阳、阳山、始兴叛蛮"。当时，乳源境地分属曲江和乐昌管辖，曲江乐昌属始兴郡管辖（郡治在曲江）。《金通志》载："梁大同中（538—541 年）徐度随始兴太守肖介赴郡，时诸峒瑶僚屡出剽掠，境内大扰，介令度率师讨之。"说明当时粤北已有相当数量的瑶族先民居住并蓄积了一定的反抗力量。据《隋书·地理志》记载："长沙郡又杂有夷蜒，名曰莫瑶，自云其先祖有功，常免徭役，故以为名……武陵、巴陵、零陵、桂阳、澧阳、衡山、熙平皆同焉。"其中桂阳郡，领今广东连阳四县邑（连南、连山、连州、阳山）及怀集、封开两县和广西贺县的部分地区。熙平辖有今韶关境地。由此看来，韶关、乳源及乐昌一带地区是瑶族先民早期的定居区域。乳源与阳山接壤。可见当时乳源境内已有瑶族居住。

唐《阮通志》载："王晙……永徽初（650 年）为连州刺史，民瑶安之。"贞元二十年（804 年），韩愈任阳山县令时有"纵横瑶俗"的诗句。元和十年（815 年），刘禹锡任连州刺史，作有《连州腊日观莫徭猎西山》一诗和《莫徭歌》。《瑶族简史》称："隋唐时瑶族主要居住在长沙，武陵……和广西北部、广东北部。"这些史料都说明连州和韶州等地都有莫徭居住。

元代马端临《文献通考》卷二四载："（宋）隆兴初（1163 年），右正言伊樯言：湖南州县地界与溪峒蛮瑶连接，以故省民与瑶人交结往来，擅易田产，其间豪爵大姓窥免税役，多以产寄瑶人名下。"又载："嘉定（1208—1224 年）初，郴州黑风洞瑶人罗世傅出掠省地，飞虎统制边宁战殁，遂为江西湖南之扰。"现在的乳源瑶山，包含原属乐昌、曲江管辖的瑶山，与湖南郴州江西山水相连，说明当时的溪峒蛮瑶，有部分乳源瑶族。

元代托克托的《宋史·蛮夷列传》载："庆历三年（1043年）桂阳监蛮瑶内寇，诏发兵捕击之。蛮瑶者，居山谷间，其山自衡州常宁县属于桂阳之郴、连、贺、韶四州，环纡千余里，蛮居其中，不事赋役，谓之瑶人。"前面已说桂阳辖有今清远连山、连南、连州境地，韶州辖有今韶关、曲江、乐昌、乳源境地，都是瑶族流离迁徙之地。

有康熙《乳源县志》卷十一载："乳源，广韶属邑也。咽喉交广，唇齿江湘。宋乾道三年（1167年），始分曲江、乐昌四都郇封之，然地多长山邃谷，伏窜蛮瑶，版图之民，仅千余户……"

宋庆历三年至七年（1043—1047年），连阳、韶州、英州（今英德）的瑶人"依山自保"，起义迭起。与当地封建统治者进行了多年的斗争；诚然，没有相当的人口实力，不可能与官府抗衡多年。《阳山县志》载："庆历七年（1047年），瑶人劫掠州县，帝受畋（杨畋）……使荆湖南路兵马铃辖……诏往南韶连等州招安之……贼果复出阳山，畋即领众出岭外……"宋人的《舆地纪胜》载："广东乳源西北（南）有月坪、杉木角隘，路通阳山。县境高车等十四隘，俱瑶民错杂，其西山、牛婆洞与湖广宜章与阳山接壤。因皆贼巢也。"《英德县志》多处记载的杉木角瑶，居乳源境内，与英德接壤。并载："顾孺履……宋淳祐……知英德府。五年（1245年）……峒瑶煽乱。远近骚然。"《乐昌县志》载："骆尧道……邑人。宋末（1279年）由茂才辟富川县尉升本邑尹……时山瑶为乱……瑶迁入深山……"据乳源干部谭佐贤考证：上述的月坪、杉木角、牛婆洞在今乳源的古母水乡和大布镇境内；而乐昌西山居住的瑶人，即居今乳源必背镇一带。再是南宋时，韶州府属的曲江、乐昌、乳源、英德县还专门设有管理瑶族的官员，也显示当时的瑶人众多。可见宋代的乳源瑶族，人口强势，居乳源生息繁衍。当时韶州及连阳等地是瑶族人民的聚居地之一，直至明末，瑶人的势力还很雄厚，反抗统治者的斗争与汉族的农民起义互相呼应。明代，牛婆洞隘口，屯驻瑶兵管辖乳源、英德、连阳、清远边境。

至明代，《天下郡国利病书》云："明代广东境内有瑶山的县二十个。"表明了瑶人在广东分布很广。又据广东省社会科学院李默研究员校核,明代实有9个府56个县,平原腹地都有瑶人,广州府、惠州府、高州、雷州、廉州、潮州府有瑶族分布。

明崇祯十四年(1641年)郎中张若麒《兵部题〈连阳排瑶〉残稿》称瑶人在明崇祯"十三年(1640年)春夏之间时时蠢动,秋冬以来,大肆狂逞,阳、乳、英之间,迄无宁宇……窃思连(连山、连南、连州)宜章、富(富川)贺(贺州)乳(乳源)间之有瑶……各峒散瑶以及土宄……约二万人……嘉靖年间(1522—1566年)剿后,又荼毒三省,天启年间(1621—1627年)剿后……残氛得志。崇祯五年(1632年)杀吏目吴中选,守备(驻守城哨的武官)刘唐衢……崇祯十三年(1640年)又劫何道光、毛乡官、黄举人……又劫英德,乳源钟乡官,杀许把哨……知县李子章(阳山)、蒋明凤(乳源)、吴家澄(英德)或鲜抚驭之能,或疏扼防之法,应各降二级……"

这个明代的"题奏",多处谈及乳源瑶人的状况,由此,可"窥一斑",足见当时的乳源瑶人已遍布县的东南西北中。

清代,史籍对乳源瑶族有了更详细的记载。清代林述训的《韶州府志》及《阮通志》都记载有:"乳源县瑶人居深山中,耕山为业,居城百五十里。有生熟二种,生瑶不与华通,熟瑶常出贸易,头缠花帕,耳戴大环……"

清康熙时裘秉钫的《乳源县志·瑶壮》载:"瑶人一种。唯盘姓八十余户为真瑶,别姓亦八十余户,今其种繁矣……总计之有黄茶山瑶、内外西山瑶、大小水瑶、大东山瑶、乌石月坪瑶、赤溪水瑶、牛婆峒瑶。其为黄茶、大东、赤溪瑶,命为'板瑶',戴板于首,以黄蜡胶发,粘于板上,月整一次,夜以高物搁其首,采山为生者也。无板命曰'民瑶',或耕山,或耕亩,耕山者花麻而不赋,耕亩者田粮户口与齐民同。女有耳环,妇则屏之,男妇或衣彩绣裙。"这里点出了当时乳源瑶族的具体分布地域。

另民国时期国立中山大学的学者曾到乳源瑶山调查,在《民俗》第三卷一、二合刊上登载了他们所调查到的乳源北山的瑶族分布与户籍:

乳源北山瑶族分布与户籍情况表

村或坑名	户数	姓氏	村或坑名	户数	姓氏
祭公田	20	赵14 盘6	乌坑	16	赵
赖大石	4	赵	黄泥坎	6	赵
樟木坑	9	赵	茶地脚	8	赵
下散坑	8	赵	上散坑	11	赵
坪坑	16	赵	蛇坑	8	赵
下老屋场	8	赵	上老屋场	7	赵
计竹园	8	赵	楠木坪	35	赵
坝尾溪、头坑	8	赵1 冯1 邓2 盘3 李1	茶坪坑	33	赵
柑子坪	4	王	溪背坑	5	赵
中心坑	24	王	上嫽坑	11	赵
上嫽坑	11	赵	茅坪坑	29	赵
新田埂	6	赵	茶地埂	4	赵
公坑、牛岭	8	赵	樟树埂	4	赵
上公坑	6	赵	大山川尾		赵
苗竹川	9	盘	李子埂	2	李
大田	10	赵	桐油坪	9	赵
鳖背坑	37	邓	立子埂	4	邓3 李1
黄茶坑	37	邓35 赵2	半坑	21	赵16 盘5
蓝坑	11	赵	青石坑	11	赵
金坑	3	赵	田邱断	3	赵
大东山	15	邝7 赵5 邵3			

以上这些地区，现在依然有瑶族居住，如茶坪坑、鳖背坑、（必背）半坑、黄茶坑、大东山等，但有些地方已无瑶族居住。据乳源人士谭佐贤考究，中华人民共和国成立前，乳源瑶族一是以杨梅浪、竹梅为中心点，连片420平方千米聚族而居；二是县西南有牛婆洞、月坪孺、杉木角瑶以及黄茶山、莲塘、塔塘、坪瓮、瓦窑岗等瑶寨，即今大布、古母水两个乡镇300多平方千米区域，加上原属乳源管辖的江湾、凤田两个乡的一部分，以及曲江的樟市、罗坑两个乡镇的山区（现在还有瑶族居住）；三是西面的洛阳近400平方千米和宜章交界

的莽山地区,也是瑶族分布区域,深洞、古洞、洁洞现在还有瑶族的后裔住居,毗邻乳源的阳山县称架太平洞瑶族现已成立阳山县,称架瑶族乡;四是乳源东部和东南大东山依然有瑶族分布。

据《黄连山分山的总部》载:"明洪武三十年(1397年)二月初,长乐棋谭人吕永通、饶得先、何万正带家人迁居黄连山,居住瑶地山场,耕瑶地山岭。"乳源县境西北与湖南交界地——莽山和乐昌的九峰等山区现在依然居住着许多瑶族。近邻湖南省汝城延寿等地有庞、谭、苞等十多姓3万人,自称他们的祖先也是瑶人,是在明代从乳源西北部山区迁去的(该县曾要求成立瑶族自治县)。史籍文献表明,自南北朝迄今,乳源地区一直是瑶族居住繁衍生息之地。

二、瑶族文书《过山榜》的记载

《过山榜》(《评皇券牒》,下同)是瑶族盘瑶支系过山瑶祖先曾持执游历数代的皇榜,曾是过山瑶出行在外的"护身符"。《过山榜》与过山瑶的生存和繁衍息息相关。在全国各省、地的"勉语"瑶族支系家族或民间都有收藏《过山榜》,甚至在美国、法国、老挝、泰国、越南等国的"优勉"瑶中亦有珍藏。各地过山瑶人手执《过山榜》,流离迁徙,奔走他乡;依靠"皇榜"的庇护,漂洋过海千百年,走遍了南岭各山脉。瑶人之所以爱惜《过山榜》,珍藏《过山榜》,是因为《过山榜》曾给他们带来福音,曾给他们挡过灾难。

从民族学观点看来,古老的传说是古老社会的产物。千百年来,瑶族民间故事《盘瓠传说》流传不衰,集中反映出信奉盘瓠的瑶族在童年时代的面貌。《过山榜》一开始就交代了龙犬盘瓠的传说,把神化了的龙犬盘瓠作为自己民族的图腾祖先,并流传后世,至少可以证明:持有《过山榜》的瑶族先世经历了原始社会"人之初"阶段。大家都知道,当传说变成了信仰之后,便会产生相应的宗教习俗。瑶族人民祭盘王、唱《盘王歌》、还盘王愿的习俗,正是这种图腾崇拜的继续。而《过山榜》则把这些习俗记录了下来,方便后人阅读并使之流芳万世。《过山榜》是反映瑶族早期社会最为珍贵的历史资料。

《过山榜》又称《评皇券牒》,是瑶族民间的文化瑰宝,是研究瑶族的历史文化和文学、艺术发展的珍贵史料,具有弘扬、保护和传承的价值。相传它是封建王朝敦赐给瑶族先民的安抚文书，主要用汉文字抄写留传。据瑶学专家黄钰先生研究，《过山榜》文献除有《评皇券牒》《盘王券牒》名称外，还有《盘古皇圣牒》《过山牒》《过山文书》《瑶人榜文》《龙凤批》《祖源来历》《十二姓瑶人过山榜文书》等20余种名称。由于名称不同，一般可分成四种类型：

第一种为《过山榜》《评皇券牒》《盘古圣皇牒》等，篇幅一般为五六千字，最长达一万多字，属正本型。如存广东连县瑶安新九盘石里村赵土生家的《评（平）皇券牒》。

第二种为《瑶人榜文》《过山榜文》等，篇幅一般为四五千字，少者仅有数百字，属简本型，如存连山壮族瑶族自治县禾洞六冲尾黄法应家的《过山榜》。

第三种为《过山图》《龙凤批》等，约三四千字，属修编型，如乳源瑶族自治县候公渡乡坳头邓石养家珍藏的《龙凤批》于（宋）"景定元年（1260年）给付"，光绪三十三年（1907年）修编。

第四种为《祖途来历》《瑶人分基来路祖途》等，内容与《过山榜》有所不同，但属过山文书范畴，如乐昌县竹林坪盘法俊保存的《祖先根牒》等。

广东的《过山榜》以《评皇券牒》《过山榜》两种名称居多，大都为墨水手抄本；装潢样式普遍为书本式，卷幅和折叠式的较少，制作的券牒以布、纸为主。1983年春，笔者在连县三水左右里瑶山曾见过一幅卷幅券牒，券末绘有盘王六男六女、乐队及日月的形象。其他券牒多以草纸书写，装订亦简朴。有的券牒盖有"盘王"印模，有方形和圆形两种。印文均为象形古篆，很难辨识。前人做过研究，也认为："皆园印篆文，其意不可解。"

广东现存的《过山榜》，年代多标自清代初、中叶传抄，少数为民国时期的抄件。新近发现的一本《评皇券牒》，是明建文元年（1399年）在乐昌县城南五里坑誊抄的古本，年代较久，内容完整，是一份价值较高的券牒。《过山榜》产生的年代，学术界众说纷纭，榜文内大都出现自（宋）"景定元年给付"等字样，但据黄钰先生研究认为：《过山榜》产生于唐代贞观年间，是唐王朝给予受招抚入籍的瑶族先民的券牒文照。

中山大学著名人类学家容观琼先生曾阅读了24份《过山榜》。给我们解析了瑶族祖先"漂洋过海"的时间和始发点不尽相同，到达彼岸的目的地也不一致。按年代，计宋景定年间（1260—1264年）的占多数（11份），明洪武年间（1368—1398年）次之（6份），元代大德年间（1297—1307年）又次之（1份），年份不详者 6 份。"船也拢岸，人也拢边"，目的地明确为经湖南洞庭湖"分散各找地方"居住的，仅有湖南蓝山县 3 例（份）；就在南海小南渡各自分写路途耕种落业的有 11 例（份）；"踏入广东道韶州府乐昌县""苦耕苦种"的有 6 份；到"广东芦笛沙坝上岸与一捻（支）下海南、一捻（支）下交趾、一捻（支）下广东道韶州府乐昌县安居"的各 1 份；不明地点者 2 份。由此可见，他们祖先所过的湖海并不止于湖南的洞庭湖，始发站和目的地也不限于湖南洞庭湖一带，到达彼岸更多的是在广东南海和乐昌县境。

又据世代传抄的《盘王歌》披露，十二姓瑶人离开"千家洞"后，就乘船"漂洋过海"，上岸由各姓还愿，"各奔东西，一路去广东乐昌县的'九鹅冲'，一路去广西，一路去贵州、云南，一路经广西来宾、田林去交趾"。如果从南宋景定元年（1260 年）算起，历经数朝代，时距数百年，迁徙情况肯定是交错复杂的。瑶族的迁徙起步，以及途径和终点，不同的支系有着不同的路线，但大多数与广东的乐昌县有关。

从过山瑶珍藏的历史文献《过山榜》可以反映他们的祖先确实在韶关境地乐昌、乳源居住逗留。有乳源《评（平）王（皇）券牒》载："宋景定元年（1260 年）又至曲江幽列溪山，乳源大楠木山，又至乐昌东、西山。"《过山图》记载："又到乳源梅花、太平、南木等山，乐昌东、西二山。"今乳源瑶族自治县，过去分属乳源、曲江、乐昌三县，亦属熙平地，瑶人在此地域不仅长期生活而且不断迁回迁徙，"吃尽一山则他迁"。不仅乳源瑶族保留的《过山榜》里记载了瑶族在乳源分布的地域，其他地区的《过山榜》同样载有乳源县境的地名。如湖南江华县竹市瑶山保存的南宋景定元年（1260 年）的《评皇券牒》称："评皇券牒防身……给付王瑶子孙，后日永远执照……分流天下……东至白坑山……又至曲江幽烈溪山，又至乳源大楠木山，又至乐昌东西二山……"幽烈山为今乳源游溪、柳坑两乡境地；大楠木山在今乳源东坪；西山为今乳源必背瑶镇。又广西临桂县宛田瑶族乡庙坪地区茅针村赵凤生家收藏的《评皇券牒》称："正（理）忠（宗）景定元年（1260 年）十二月十一日，招抚瑶人，仍照前朝榜律牒更新给十二姓王瑶。"其中一段记载了瑶人子孙分散在乳源瑶山的字眼。

评皇券牒发下天下一十三省万顷山河，地冥（名）开明（县）如后：会稽山（浙江）、终南山（陕西）、峨眉山（四川）、南岳山（湖南）、清凉山（山西）、万阳山（湖南）、幽列山（广东）、大罗山、小罗山（广东）、九嶷山（湖南）、梁山、万言山、五凤山（湖南）、天堂山（广西）、武当山（湖北）、九龙山（浙江）、大江山、中坪山（广西）、九溪十八山、三百里山、八十里南山（湘、桂边境）、东源山、西源山（湖南）、摇头狮子山（广东）、梅花山、梅岭山（赣、粤边境的乐昌）刚山、桃源山（湖南）、高凉（梁）山（广东）、五盖山（湖南）、猫儿山（广西）、凤凰山（广东）、青远山（广东），天下一切大山山场田地，付与王瑶子孙耕管为业，营生活命；豁免国税夫役，不能需索侵夺良瑶，王瑶子孙永远管山，刀耕火种为业。①

有此记载的还有广西龙胜各族自治县江底地区和资源县中峰、两水地区，湖南新宁县水庙区麻林洞雷绍良家珍藏和保留的《评皇券牒》均有记载"幽列山"和"梅花、梅岭诸山"。

综上所述，可看到瑶族持着朝廷赋予的"皇榜"，迁徙移动的足迹主要在"湘、鄂、粤、桂、赣"边境流连迁回。乳源境内的"幽列山"，乐昌境内的"梅花、梅岭山"是瑶族早期迁徙移动的重要阵地。

迁徙游耕是过山瑶社会的一大特色。过山瑶群体来来回回，迁入迁出，"吃尽一山则他迁"，"依山自保"，"循山流徙"，故人称之为"过山瑶"。宋朝以后，瑶族不断向南迁徙。经历各朝的不断往来迁回迁徙，在广东境内大山丛林留下了他们的足迹，并形成了他们悠久的历史和丰富多彩的民族文化。

俗有称，"九村开辟在明朝，一半壮民，一半瑶""峒居为壮""山居为瑶"，瑶所居之环境以高山为主或居半山。粤北南岭之地，史称"无山不有瑶"，顾炎武在《天下郡国利病书》载，明代广东境内有瑶族的州县共21个，瑶族人口遍布广东的大小山头，经明末清初封建王朝对瑶民的疯狂围剿，迫使瑶族向西南大迁徙，留守广东的瑶族，有的"逐步向化，与齐民同"，有的迁回了粤北故居，形成今天粤北瑶族的分布形势。正如《评皇券牒》所披露的，十二姓瑶人"浮游天下，东西南北"，"串州过县"，"上山落业"，长期过着游耕的生活。他们不断地用汉文记录自己的迁徙情况，这是很自然的。《评皇券牒》上的县份地名都是他们的先辈们过去聚居过或者现在仍然居住的地方。

---

① 黄钰：《评皇券牒集编》，广西人民出版社，1989年，第177页。

三、与地名相印证

历史上乳源瑶区分属乳源、曲江、乐昌3个县管辖。中华人民共和国成立前,瑶族分布在乳源县的有24坑,曲江县24坑,乐昌县28寨,坑者盖因其村寨位于山坑而得名。1963年,将上述坑、寨划归一起,成立乳源瑶族自治县。瑶族的主要聚居地分设东坪、游溪、必背3个公社,另外的瑶族人口主要散居在汉区侯公渡公社大东的坳头村,龙南公社方武的蓝厂、大坑村,龙溪的海岱一、二村。乳源瑶族的村寨分别建筑在群山中的山腰、山窝之间,高度一般都在海拔500米以上,个别村寨海拔1000多米。瑶族村寨一般是以家族为基础,以姓氏宗族聚居而组成,村落大小不一,大的村寨上百户,小的村寨只有2~3户。据《乳源瑶族自治县概况》反映:自治县成立时共有瑶族人口9019人,占全县总人口的8.43%。1982年第三次全国人口普查,全县总人口164745人,其中瑶族15416人,占9.36%。他们分布情况是:乳城镇176人、附城8人、侯公渡102人、一六17人、桂头63人、龙南293人、洛阳178人、大布1人、大桥21人、红云2人、大坪7人、东坪4712人、游溪2659人、必背4994人、柳坑2142人、乳阳林业局14人、天井山林场27人。①

2000年第五次全国人口普查,全县总人口177894人,其中瑶族19121人,占10.75%。他们分布情况是:乳城镇1227人、附城860人、侯公渡957人、一六1909人、桂头1509人、龙南349人、洛阳605人、古母水2人、大布15人、大桥83人、红云5人、东坪3991人、游溪1376人、必背3540人、柳坑1730人、杨溪26人、大坪1人、乳阳林业局23人、天井山林场84人、方洞林场829人。2008年,全县总人口21万人,其中瑶族2.4万人,占11.4%。

乳源县境内人群对瑶族的称呼,以其居住地点和服饰不同而分别称之为"东边瑶"与"西边瑶"。"东边瑶"又有"深山瑶"与"浅山瑶"之分。瑶族本身也曾以此互称。据地方史志及瑶族"漂洋过海"的传说,定居在三连地区及韶关市地区的过山瑶,大多是从外省外地迁来,只有乳源(原属乐昌)茶坪、东田村的赵姓和荒洞村的盘姓瑶民,传说会稽山十二姓瑶民漂渡来到广东,这

---

① 李筱文、赵卫东主编:《过山瑶研究文集》,民族出版社,2008年。

部分瑶族应是乳源境地最早的居民,这与《过山榜》所述分布之地相吻合。与清《曲江县志》所载:"瑶人盘姓,古盘瓠之裔,别种有赵、冯、唐、邓等姓,系以土著隶于瑶者,俱居县西北境,幽溪、列溪、西山、阜出坪、柳坑、水源宫、薯良坑、大料坑诸峒。"也相吻合。现在的游溪即是过去的幽溪、列溪,现在的必背就是过去的鳖背坑,而柳坑地名依然沿用至今,一直是瑶族的居住之地。县内其他瑶山的各姓瑶族,相传定居至今均在20代左右,以一代25年为基数,大概在500多年前,即明朝时期迁来乳源。

过去,乳源瑶族有生瑶、熟瑶之分,或说有"深山瑶"与"浅山瑶"之分,由此也可得知他们到达乳源的时间必分先后。当然,瑶族定居乳源之所以出现较大的时间差,一方面可能是因为失于记载,另一方面可能因历代战乱、天灾人祸等原因。原先在此居住的瑶族迁走他乡(如迁往广西兴安县之清水江,最后迁到了临桂县),现在境内的瑶族后来者,他们是在思念家乡的徘徊中往返于故里和他乡之间。如原住散坑的李姓瑶族因天花病流行而搬走他乡,现居散坑的赵姓瑶族则是在李姓迁走之后搬来的。所以文献虽记载很久以前该地就有瑶族居住,但现今的瑶族家谱却只有20余代。再有的原因可能是明洪武二十七年(1394年)大肆围剿杀戮之后,原居住的瑶族星散,土地大量荒芜,"后招民承种,湖广、江西、汀漳(属福建)之民皆占籍于乳"(清《乳源县志》)。现有瑶族亦于此时而来,有的来自湖广,也有的来自福建。

今乳源瑶族自治县,过去曾属始兴郡熙平地,又分属三县管辖,瑶族在此地域不仅长期生活而且不断迁回迁徙,"吃尽一山则他迁"。过山瑶群体的迁徙足迹,遍布了整个南中国甚至东南亚地区,最近30年,还迁往了欧美各国。"寻得佳胜处,又徙宅从矣","游到广东韶州府,乐昌西岭搭山寮;天神土地得耕食,儿孙莫忘进山公",这是美国瑶族民间流传的歌谣。可见瑶族人在山地间来来回回,迁入迁出,至今居住在粤北山区的过山瑶人口,已不再是当时的"山冈蛮峒瑶",而是瑶山的主人,乳源瑶族自治县的主人。

文化篇

蓝田瑶多元民族文化特征的例证[①]

蓝田瑶族，是指居住在广东省龙门县寒山脚下蓝田瑶族乡的6800多位村民。传说其祖先从粤北瑶山迁来，因先祖曾住过瑶峒而被当地人称为"山瑶仔"，至今仍留下上百个"䍰"（瑶）洞遗址。查史籍记载："山瑶穴避野外，虽有屋以庇风雨，不过剪茅叉木而已，名打寮。"[②] 又据《平乐府志》记述，广西"僮，即扬越人……性气粗悍，多佃民田，不似瑶之穴居"，故中华人民共和国成立前张其昀先生著的《中华民族志》明确指出："生瑶即山瑶，皆居于岩峒之中，不与华通。"可见瑶族的早期生活，确有过穴居的历史。蓝田族瑶保留一些文化特征外，还有与汉族不同族之心理。1986年本人随省、市民族识别调查组一同深入蓝田乡，发现这里的文化习俗确实有别于其他汉区，而且明显表现了南方壮侗语族群、苗瑶语族群的某些文化特征。广东省人民政府根据当地人民的民族心理与瑶民族认同的共同意愿，批准其与瑶族认同，并于1987年1月20日成立了龙门蓝田瑶族乡。

一

蓝田瑶族最显著的习俗是"舞火狗""对歌""不落夫家""种蓝靛染布"及梳起"龙凤髻"等，这些习俗或在苗族语族，或在壮侗语族中常见，在蓝田瑶族中得以保留，显示了其多元民族文化的特征。

（一）"舞火狗"——对狗（图腾）的崇拜

蓝田瑶族传说其民族在远古时代过的是游猎生活，狗是狩猎的得力助手，

[①] 原载《瑶学研究》第2辑，广西民族出版社，1992年。
[②] （宋）米辅：《溪蛮丛笑》。

而本族先祖——峒主，年幼丧母，是其父亲用母狗的奶水将其喂养成人的，狗对于本族的创兴有"养育之恩"。为了不忘狗的养育恩德，先祖定下了祭狗的祭祀活动。每年农历八月十五中秋月圆时，蓝田瑶族必然进行隆重的"舞火狗"活动：由未婚年轻姑娘装扮"火狗"，人们采集黄姜叶缀成衣服和裙子，用野藤绑扎于少女的胸部、腰部和两臂，上面插满点燃了的香火。活动开始，先拜祭祖公，再到晒谷场和各家各户的火塘（厨灶）及菜园地等拜舞。男青年则跟随于后，燃放鞭炮，以示助兴。"舞火狗"队来到溪河两岸，便卸下香火及树叶衣裙抛入河中，少女们下河作象征性洗浴之后，即可加入对歌的行列，通宵达旦，以歌传情，通过对歌寻找自己的意中人。据说扮演"火狗仔"的少女至少要参加三次活动才算进入成年人的行列，取得谈情说爱的权利。因此"舞火狗"的意义首先在于纪念"狗"对人的恩德，希望少女们像先辈峒主爷的"再生之母"那样慈爱后代。① 其次则成为了少女进入成年期的成年礼仪。

"舞火狗"从传说意义上保留了对"狗"的图腾崇拜，抑或是人们对"狗"图腾崇拜的变异。图腾是氏族的保护神，在我国许多民族中仍保留了对动物或对植物的图腾崇拜。对"狗"图腾的崇拜，不仅在苗瑶语族中存在，在汉族的某些地方，亦有存在，然以苗瑶语族的人们信奉甚笃。

畲族把传说中的"盘护"（龙麒、龙犬）视为本民族的共同始祖，每逢春节、端阳、中元等节日，祭祀最为隆重。家家备三牲酒肉，五色米饭，同宗老少共聚于祠堂，先向门外叩拜。请大公回来（传说"盘护"大公狩猎在外），转身再向祖公像叩拜。每次祭祀，由老者向后代讲述大公的身世，并把"盘护大公"的出世经历绘成长轴画卷，永世铭记。

苗族虽然有源于"三苗"的传说，但部分苗族同样也流传着"盘瓠"的族源传说。

而瑶族祭祀"盘瓠"（龙犬）的历史最长。晋干宝《搜神记》载："用糁杂鱼肉，叩槽而号，以祭盘瓠。"《曲江县志》曰："七月十五日祀其祖曰狗头王者，以少男少女著花衣歌舞为侑。"又有清李调元的《南越笔记》载："七月望日，祀其先祖狗头王。"瑶族认为"盘瓠"即是传下十二姓瑶人的先祖，所以至今信奉甚笃，并保留着详记盘瓠及瑶族十二姓出世来源的《过山榜》及《盘古歌》，世代相传。

---

① 李筱文：《关于舞火狗的来历》，《龙门文史》总第 2 辑，1987 年，第 17 页。

苗瑶族群的人们对"盘瓠"（狗）的图腾崇拜，以其为自己民族的先祖圣贤，表明他们的先民早在远古时期便以"盘瓠"作为自己的氏族图腾物。"无论任何图腾部族，都相信其部族与图腾动、植物有密切的血缘关系，或直接承认为部族的祖先。"① 按图腾祖先崇拜传说的两种典型来看，一是某种动植物化身为部落之祖先；二是人与某种动植物交而生其部族。瑶族对"狗"图腾的崇拜显示了第二种典型的特征。而蓝田瑶族对"狗"的崇拜虽然不源于"血缘"的关系，却亦有亲密的"姆妈"关系（吃狗奶长大），这里的人们不以信奉"狗"图腾而自卑，反而由对"狗"的崇拜演变为爱犬。他们忌食狗肉，家养狗死后，埋于菜园子内，以示敬重。蓝田瑶族对"狗"的崇祀以及"舞火狗"的活动，与苗瑶语族的图腾崇拜，显然有同源之嫌，抑或是对"狗"图腾崇拜的一种变异形态。

（二）对歌

蓝田瑶人人善歌，举凡恋爱婚嫁，节目庆典，信仰祭祀以至日常劳动，均以歌来表达自己的喜、怒、哀、乐。在形式上分有对唱、重唱、独唱、集体齐唱。歌有：农事季节歌、情歌、哭嫁歌、十五歌、猜谜歌、儿歌、担担歌等。遇上婚礼后的"打歌堂"，便通宵达旦地对歌。大型的对歌活动，是在"舞火狗"活动结束之后进行的。八月十五中秋月夜，年轻姑娘卸下"火狗仔"装，纷纷走向河边，尾随身后的男青年亦聚集在沿河两岸，男女青年各自相结为伴，三五成群，对歌不绝。通过对歌试情，各自寻找意中人，找到后双双走出人群，彼此交换信物定下婚约。这种以歌为媒的婚恋方式，在壮侗、苗瑶民族中都有，尤以壮侗民族最为盛行。

清赵翼《檐曝杂记》反映了壮族"每春月趁墟唱歌，男女各坐一边，其歌皆男女相悦之词……若两相悦，则歌毕辄携手就酒棚，并坐而饮，彼此各赠物以定情"。壮族的歌圩是典型的对歌谈爱活动。每年农闲和节日，定期在固定的地点举行一次或多次对歌活动。一般有数百至数千人参加，届时青年男女从各地汇集，进行对歌。歌词以表达爱情、庆贺丰收、祝福平安、增进友谊为主。此外侗族的"行歌坐月"，仫佬族的"走坡"亦都是以对歌为婚姻媒介的娱乐活动。

---

① 岑家梧：《图腾艺术史》，学林出版社，1986年，第18页。

瑶族的"盘王节""耍歌堂""坐歌堂"是人们欢庆丰收、开怀歌唱的日子,也是青年男女对歌谈爱的好时光。瑶族的对歌活动大都在火塘边和村边山野进行,壮族的对歌喜欢聚众或在河边溪边旁进行,而蓝田瑶人们汇聚河边的对歌与壮族的对歌共同点较多一些。

(三) 不落夫家

在蓝田瑶族乡的婚姻形式里,仍保留着"不落夫家"的婚姻遗俗。蓝田瑶的新婚夫妇举行婚礼后三天,新娘"回门"并长期留住娘家,逢年过节或农忙时,新娘才由丈夫或其母亲、姐妹迎送,在男家住上几天,帮助农活或过完节日后又返回娘家,直到怀孕,才回到夫家生儿育女。在"不落夫家"期间,男女双方仍保持着各自的社交自由。"不落夫家者,即去女子已嫁,不愿归男家也",这种习俗,是母权制家庭向父权制家庭过渡的一种婚姻形式。民国胡朴安的《中华全国风俗志》①载番禺县婚俗:"乡中女子,习染归宁不返之风。回软即返母家,及将满月,再回夫家数日,此后则元日、端午、中秋照例须回夫家过节。……女子出阁后,得留夫家数日,则回软。自是除过年过节外,以在母家之日为多,必俟有子,始肯返家;否则迟至十年八年者有之。"龙门最早属番禺管辖,"不落夫家"之俗是当地的遗风。蓝田瑶至今保留此俗,实由来已久。然据查历史记载,存在"不落夫家"习俗的民族尚以壮侗语族群为主。壮族的"不落夫家":即新娘出嫁的当天,由本族内十几个同辈姐妹陪同到新郎家,是日,新娘便回到娘家,以后适农忙或节日,才到夫家劳动几天,一般要过两三年后才长住夫家。广西隆林各族自治县的壮族,新娘不但享有参加"歌墟"活动的自由,而且享有在娘家耕种一份田地的权利,黎族青年妇女在"不落夫家"期间,可以继续同寨中没有血缘关系的男子"放寮"。布依族青年妇女则仍有参加"赶表"活动的自由。"不落夫家"风俗在壮侗语族群中盛行,而在苗瑶语族群中,较少见,蓝田瑶的"不落夫家"与壮侗族的"不落夫家"习俗有一脉相承之处,抑或承袭了百粤(越)民族的文化古风。

(四) 田种蓝靛自染布

蓝田瑶有着种蓝靛自染布的历史。蓝田妇女至今懂得染布的方法,从地里

---

① 胡朴安:《中华全国风俗志》,岳麓书社,2013年,第792页。

割回蓝靛，摊开敲裂后浸入大木桶里，经加工炮制，取汁，将点好花纹的白布投入木桶，染色后，水煮脱蜡即成花纹，洗净后成蓝底白花纹布。蓝田瑶民间歌谣仍唱着："三月三，约郎过海熬红蓝，熬得红蓝来打靛，娘了染裙郎传衫。"像蓝田瑶妇女这种用"蓝靛自染花布"的方法，在壮侗语、苗瑶语族群中，是传统的民间工艺。

瑶族是最早种植蓝靛的民族之一，瑶族的一支因此而得名为"蓝靛瑶"。早在汉代，瑶族先民就有"好五色衣裳"的记载，至宋代瑶族用蓝靛蜡染的"瑶斑布"享有盛誉。隋唐期间，贵州布依族的"点蜡幔"亦驰名全国。宋代周去非《岭外代答》载有瑶族蜡染的全过程："瑶人以蓝染布为斑，其疑纹极细。其法以木板二片，镂成细花，用以夹布，而溶罐于镂中，而后乃释板取布，投诸蓝中，布既受蓝，则煮布去蜡，故能变成极细斑花，炳然可视。"迄今，广西壮族，贵州苗族、布依族，广东排瑶，仍然流行这种蜡染工艺。所染的布料多作衣、裙、被、帕之用。"壮族妇女的服装，多着青布蜡染筒裙"，"布依族妇女身穿青色或白色短衣，下着蜡染白褶花裙"，而瑶族的服装"衣料多为自织白布，田蓝靛浸染"。① 在蓝田瑶妇女的服饰中，我们亦看到了蜡染的"斑（烂）布"。

（五）妇女的龙凤发髻

蓝田瑶妇女婚后即梳起高耸的"龙凤发髻"。把头发梳于脑后挽成发髻，髻上插满银钗及其他饰物，装扮成龙凤髻状。据说"龙凤髻"是皇帝赐给先祖母的"御物"。这种传说，与苗瑶族群的畲族"凤凰装束的来历"的故事所述非常相似。畲族妇女梳起的发髻称为"凤凰髻"。畲族对此有这样一个传说：始祖盘护王助皇帝平番乱有功，皇帝高辛氏招其为驸马，赐三公主与其成亲，婚礼上皇后娘送给女儿三公主一顶非常美丽珍贵的凤冠和一件镶满珠宝的凤装，祝福女儿像凤凰鸟一样给生活带来吉祥。以后畲族妇女便梳起了"凤凰髻"，穿起"凤凰装"，愿生活更好更兴旺。蓝田瑶虽然没有较完整的传说故事以解释"凤凰髻"的来历，但其与畲族传说相同的一点即是"凤髻"是皇帝赐给的"御物"。可能蓝田瑶亦曾有过这样的故事，只是因为生活变迁、时间的推移淡泊了传说，只留下一点朦胧的记忆而已。

---

① 郑传寅：《中国民俗词典》，湖北辞书出版社，1987年。

从上我们看到，在蓝田瑶族的民族文化特征中，不仅含有壮侗语族群人们的文化因素，也含有苗瑶语族群的文化因素，继后又受到汉族文化的影响，形成了三者皆有之的多层次民族文化特征。

二

蓝田瑶族汇聚的多元民族文化特征，是与其生活的环境、民族形成的条件分不开的。龙门，古属百越之地，秦属南海郡的番禺县管辖。《汉书·地理志》记载，当时的南海郡"百越杂处，各有种性"。先秦及秦汉时期，百越民族广泛分布在长江中下游以南及东南沿海一带。汉代以后，百越名称消失，代之而起的是"獠""俚"等名称。广东地界，南海、番禺等地亦是"獠""俚"的活动地域。"（汉）番禺为都会，商贾凑集……加以夷獠丛杂，习尚轻悍。"① "胡颖，梁世仕至武陵国侍郎东宫直前，出番禺征讨俚峒。"② 当时的龙门即属番禺县辖治。

到宋代后，杂居在番禺、龙门一带的"獠""俚"逐渐被史籍中的瑶、畲（輋）所代替。汉献帝建安三年（198年），龙门划属增城，此后史料常见载：从化、番禺、增城等地"峒瑶多从乱"，官府设瑶官以治之，"瑶官所辖诸輋：鹦𪨊、梨木坪、榕树𪨊（现畲族居地）、天王𪨊、通坑、南坑、冈塾、田尾（以上俱在增城），梅宠、霞水、上坑、西坑、桃花坪、符竹坪、白沙坑、长坑、官山、璋背（现畲族居地）、鱼梁坑、钟鼓𪨊、龙潭（以上俱在博罗），跌狗磜（在龙门）"。③ 这里引出的只是瑶与畲，而不再是俚獠，曾在这里活动过的俚獠为瑶、畲名称所代替。

据史籍记载，南朝梁时，文献中就出现了瑶族的专称"莫瑶"，此后"莫瑶"的活动地带从湖南五溪、辰州、洞庭湖一带逐渐扩展到了两广腹地。至明代，瑶族在两广的声威大振。据清邓淳《岭南丛述》载："五岭多崇山绝岩……其山瑶，种类不一，曰生瑶、曰壮人、曰疑人、曰伶人、曰獠人，皆以犷悍为名，其所聚曰寨、曰团（围）、曰巢、曰傜、曰峒、曰凹……"这一史料，便把壮

---

① 《广州人物传·董正》。
② （明）黄佐：《广东通志·列传》。
③ 黄朝中、刘耀荃：《广东瑶族历史资料》上册。

人、伶人、僚人统统归入了山瑶之中。顾炎武的《天下郡国利病书》载：明代广东境内有瑶山的州县共21个，计有瑶山891座，另瑶村26个，每县瑶山最少有一、二座，多者至150余座，可谓"南岭无山不有瑶"。瑶族队伍的壮大，不乏为写史之错觉，把其他民族归于瑶。事实上，有不少俚、僚等加入到瑶族的行列。《桂海虞衡志》指出，山僚居住在"自邕州以东，广州以西，是僚之不可羁縻者"。《峒溪纤志》谓："僚人即山子。"僚、瑶读音相谐，难免出现"僚""瑶"不分之差错。以明清不同史籍记载同一事件上看："（明）弘治元年（1488年），峒僚谭观福恃险为乱。"①"（从化）府东北三百四十里，本番禺、增城二县地。弘治元年（1488年），峒瑶谭观福恃险为乱，讨平之，县界有山瑶巢穴，凡三十五处。"② 同一个谭观福，却有"峒僚""峒瑶"两种称呼，可见当时僚、瑶是混称的。又据《古今图书集成·方舆汇编·职方典》卷一四三五说："怀集瑶严秀珠与车廷惠诸酋，雄踞十五寨，环二百余里，为州县患。"而其他文献则说他是"僮"③，如《历代武功录》卷四为严秀珠立的专传《怀集秀珠诸瑶列传》开篇就说："严秀珠，怀集僮人也。"同一书写同一人，出现两种称呼，想来过去的僮、瑶民族专称的界限并不很明显。

众所周知，僮即今天的壮族，壮族主要源于俚僚。而瑶则源于南蛮，与壮族族源及风俗习惯差异很大。但明、清时期广东的瑶、僮称谓却经常搅换混用，即使至今，壮族居住的怀集亦有用"瑶"之称呼，由此反映"瑶"曾在历史上发生较大的影响并曾作为泛称，抑或是在特定的历史阶段成为南方各民族的代称。"古代广东境内的僚人其俗亦有刀耕火种，而这些僚人除自然同化者外，其中一部分山僚，后来亦发展为瑶人。"④

由此看来，古代番禺（包括从化、增城、龙门等地）的俚、僚，与后来的瑶或山子瑶在历史上有着衔接的关系。"即是说，俚、僚中的一部分，后归入瑶族中。"⑤ 明戴璟《广东通志》卷三四载："瑶刀耕火种，自新会、香山、龙门……迄阳山、连山皆有之。"从史迹上看，秦以前，龙门一带属百越活动范围，隋唐以后称"峒僚""峒俚"，明清时期为"瑶""僮"，民国以来为"山仔

---

① 《读史方舆纪要》卷一百。
② 清光绪《广州府志》卷六九。
③ 《蛮司合志》卷一四，清同治《梧州府志》卷八。
④ 李默：《隋唐广东瑶族分布考略》，《广东社会科学》，1984年第2期。
⑤ 李默：《广东瑶族与百越族（俚僚）的关系初探》，打印稿。

瑶",他们的活动记载都有承袭关系和脉络可寻,即从百越—峒俚、峒僚—瑶僮—山仔瑶的演变[蓝田瑶族亦曾被人称为"山窑(瑶)仔"]。蓝田瑶所居住地区曾是百越、俚僚的活动点,其民族人民共同体应是由当时同地相居的俚僚、瑶、伶等自然同化组成,其保留有壮侗语族的文化特征是当然的,而后随瑶族在广东的泛称而与"瑶"认同,或是各民族在长期的历史交往中,民族文化互相影响,由此形成了蓝田瑶民族文化特征的交叉。

此外,蓝田的上建峒刘、扬、李、林、朱、黄等姓氏的人们传说他们共同祀奉的先祖为谭姓谭仙公,即是本峒区的"峒主爷"。虽说《龙门县志》载有谭仙公其人:"谭仙庙在冈厦,一在茅埔山,一在上建上峒,一在上建下峒,俱道光二十八年(1848年)建。"案据《黄通志》载:"唐有谭公道者归善人,居九龙山,修行不记岁月,每杖屦出山虎,即随之没有微,道光戊申(1848年)春,邑人闻其灵异,迎于九龙山,各建庙祀之,号为谭仙,甚显著。"① 而蓝田瑶族则说:"谭仙公与明代峒僚(峒瑶)起义首领谭观福有关。"蓝田当地传说谭公观福"身高丈二,胸围八尺,能飞善走,力量超人"。他带领起义军英勇作战,屡败官军,声势浩大。后人为了纪念他,在石马山脚下设庙祭祀,尊其为"谭仙公",以后世代供奉。

当时立庙之"后人"是否即是蓝田瑶人的先祖?抑或是谭观福起义队伍留在当地的后裔?当地人对谭观福起义的事迹记忆犹新,不能排除是因祖辈口碑传说所致。倘若蓝田瑶族的先祖与谭观福起义军真有密切关系,在他们身上出现的壮侗、苗族文化交叉似不难理解,因为当时谭观福的起义军就是由瑶、僮山民联合组成的。

由此看来,历史的发展,社会的变迁,决定了蓝田瑶族的文化特性必然体现壮侗、苗瑶两语族群的文化重叠关系,也使我们看到了民族族源多元化的因素。蓝田瑶的形成和发展,提示了广东瑶族队伍发展壮大的独特色彩,也为瑶族本身出现众多的支系及名称找到了某些解释。从蓝田瑶身上,我们看到了民族与民族之间"你中有我,我中有你"的发展规律,并为南方各民族经济的发展、交流和融合提供了一个很好的例证。

---

① (清)毓雯:《龙门县志·坛庙》。

贺县土瑶与连南排瑶社会文化之比较[①]

1990年11月,我们有幸抵达广西贺县土瑶地区——沙田乡大冷水村参观访问,发现土瑶的生活习性与连南排瑶的生活习性有许多相似之处。为此,笔者有意识地做出下列比较,借以窥觅定居瑶族所具有的共同特性,及土瑶与排瑶之间的某种关系。

一

众所周知,瑶族过去的历史,是一部迁徙动荡的历史。瑶族在多次大规模的迁徙动荡中分化形成了许多支系,而土瑶和排瑶,都是瑶族的分支之一。土瑶,主要分布在广西贺县的沙田乡和鹅塘乡内,两乡土瑶人口约2000人,而全县的土瑶人口约5000人。土瑶之所以称为"土",是因为其具有六百多年的定居历史。而排瑶,主要分布在广东连南瑶族自治县的金坑、大坪、香坪、盘石、涡水、三排、南岗、大麦山等乡镇内,人口6万余。排瑶之所以冠为"排",是由于其建筑的房屋排列整齐而得名。虽然土瑶、排瑶分属两个省区的两个县管辖,但他们所居之处,山连着山,水连着水,过着同样的定居农耕生活,由此,形成了许多共同之处。

1. 相似的来源与迁徙

学术界普遍认为:瑶族的先民,可以追溯到秦汉时期的"长沙蛮、武陵蛮"和春秋时期的"荆蛮"。其活动范围则在今洞庭湖以西一带。瑶族先民的迁徙,从秦汉时期伊始,唐代两广地区,已出现关于"莫徭"的记载,唐代诗人刘禹

[①] 原载《广西民族研究》,1991年第1、2期,第129~133页。

锡谪守连州时,亲眼目睹了当地"莫徭"的生活,唐宋时期,瑶族先民已大量聚居在湘、桂、粤三省边境地区。而土瑶、排瑶的来源,均传从湖南境内迁来,可见他们的先民都与湖南长沙的"武陵蛮"有关。贺县土瑶说其祖先从湖南千家洞迁出,历经艰辛,转辗各处,最终落根在贺县。居大冷水的土瑶,已有六百余年的定居历史,由此推算,土瑶进入贺县的时间,不会晚于南宋年间。而连南的排瑶,亦说祖先原居道州桃源洞,因九年大旱被迫南迁。据八排之一里八洞排老人沈欧当买道公珍藏的族谱反映:其先祖40代前(当时为20世纪80年代)由湖南迁来,沿途不断地停居及迁徙,最后到达了里八洞。若以20年为一代,排瑶入连地的时间亦不会晚于宋代。

土瑶、排瑶离开湖南后虽然转辗了不少山头,但始终保持了向南迁徙的方向。他们之所以能够定居而不是像过山瑶那样"吃尽一山过一山",正是因为他们找到了一块能够赖以生存的,尚未开垦的处女地。土瑶居住的大冷水村和排瑶居住的八大排,均处在山高路远,峦峰叠嶂之地。20世纪50年代,中央民院调查组到南岗排调查时访问的瑶老邓沙十公说:"传说先祖来此地时,无房无田无地,以摘野果,打野兽为生,以后又开荒种地,生活才稳定下来。"土瑶,排瑶人历尽沧桑,终于在深山荒无人烟的幽谷之处,找到了自己的栖息之地。从此结束了迁徙历史,过上长期定居的农耕生活。

2. 相似的社会结构

土瑶、排瑶定居以后,逐渐形成了自己的村落。在土瑶地区,"村寨"是居民聚居的社区单位,规模不大,一般按地理条件和耕作条件来决定村寨的建房规模。① 土瑶村寨规模最大者数十户,人口达数百人,小者几户十几人。村寨大都依山傍坡,选择较为平坦的山腰而建,邻里住房保持一定的距离,呈阶梯状和扇状散布。而排瑶所居之社区,大者曰排,小者曰冲,冲隶属于排,"排"大规模几百户、几千人,"冲"小人口几户几人或十几人。如《连山县志》载:"旧时军寮排五百五十四户,一千四百八十人。隶属小排有牛路水、大竹湾、蒲崩湾、黄泥冲、格峒、鱼浪坪、鳖坑、横寨、南榕、下西岭。小排小冲最大的寨子四十户,一百一十七人,小寨仅两户,七人。"排瑶住房亦是依山形而建,邻里间房屋紧凑,呈梯形密集排列而居。虽然土瑶的村落规模没有排瑶的"排"

---

① 龚佩华:《广西贺县土瑶的社会文化》,《广西民族研究》,1990年第3期。

"冲"大，但他们聚族而居的目的一致：即最大限度地保存民族力量，加强民族内部的联谊和互助，共同抵御外来侵略和干扰。

由此，"排""村"内自然会产生村落共同体的象征和为集体办事的社会组织或长老。在土瑶地区，几乎每个村落都供有神社，而排瑶地区各排上亦建有"盘古庙"，这些神社和庙宇，便是村社共同体的象征，人们通过共同的祭祀活动，沟通和延续相互间的感情和联络。

为了民族的生存和村社的兴旺，村民们会推举一些有威望、有经验的老人作为自己的首领。他们负责安排村寨内的生产活动，调解纠纷，处理各种民事和主持宗教祭祀仪式，等等，对外负责联系以及指挥军事作战、抵御外来入侵等事务。土瑶地区则推举自己的长老，俗称为"瑶王"，来负责调解村内的事务。而排瑶地区推举出若干各司其职的"瑶老"，形成了比较完整的"瑶老制"。

在同一区域内共同生活，土瑶、排瑶人都具有较强烈的村社区域意识。首先，凡"村""排"内的一切公益事业，如修路、建桥、建庙宇等，村社人们会齐心协力努力完成。其次凡"村""排"内共同的祭祀及节日活动，村社男女老幼必须参加。三是极力维护本区域内的婚姻、生息、繁衍程序，在土瑶内部，严格实行支系集团内通婚。严禁与外族外支系通婚，已成为土瑶婚姻的传统习俗，而在排瑶内部，各排之间虽有通婚，但排内通婚仍是主流，以此保证共同区域内男女婚配的平衡。即使在土瑶、排瑶生活区域外居住着瑶族的其他支系，如过山瑶等，亦不与他们通婚。四是区域内居民相互协助，同心同德地去克服内困和抵御外力入侵。凡村、排内的红白喜事，建房造屋等事，亲朋好友都来参加，而遇外力相胁和入侵时，村排内的首领将组织区域内力量共同对付外来干涉。从这四点，体现了土瑶、排瑶人定居以后自我封闭、排斥外族、依山自保的区域社会共同心理。

3. 相似的风情习俗

人们有了稳定的定居生活，对自身的衣、食、居住条件亦开始有较高的要求。我们看到：土瑶的住房结构主体是青砖瓦房，而附设建筑为木楼杆栏，建筑风格与排瑶地区相同。到过连南大掌、军寮、火烧排等老排调查的同志，都看到排瑶老排上的旧房子大都是青砖瓦房，中华人民共和国成立后瑶民搬迁下山，老排上虽然留下的只是一片废墟，但房屋的砖块瓦片依稀能辨。

土瑶女性上身穿长衫，下身穿短裤；男子上衣为短裳，裤脚宽大约一尺，这种装束，与连南县九寨、南岗排一带排瑶的服装极为相似。其服装的功能，仍在于山地定居出入的轻便。

土瑶、排瑶青年缔结婚姻之初均以歌为媒，借歌传情。土瑶人保留的"情人节"与排瑶过去所谓春节后三天的"玩坡节"（瑶语：咪歌堂墩浑沾，意指去对歌的地方）内容近似。土瑶的"情人节"分别在一年之中的春、夏、秋、冬中的四个社日（即祭祖、祭神的日子，随吉日而定，不专指某一天），以及春节时的三天时间。土瑶称为"要人情"，届时青年男子穿上节日盛装，过山过寨寻找自己的心上人，白天在山上对歌，晚上到"情人房"谈心，双方合意者，可发展结为夫妻。结了婚的夫妇，在"情人节"期间，亦可准备礼物，白天去与婚前的情人会面，叙旧谈心，互相勉励对方夫妻恩爱、勤俭持家，并互赠礼物，然后各自回到家中，夫妻亮出礼物对视，以取得对方的理解和信任。① 而排瑶的"玩坡节"定在春节时除夕至新年初二，一连三天时间，不论已婚或未婚的男女，都可以各寻所爱之人，在田峒间、山林间相约对歌谈心，自朝至暮。年青的姑娘、小伙子谈至情投合意，便可以成为婚配之人。② 土瑶的"情人节"和排瑶的"玩坡节"，都反映了他们对远古生活的怀旧心理，排瑶的"玩坡节"相对更具有古朴的民风。诚然，人们居住的地方越是偏僻，越是边远，保留的古风越为浓厚。

土瑶、排瑶青年有了意中人，便告知父母，由父母为他们择吉日完婚。土瑶、排瑶人的婚礼，不是像过山瑶及汉族那样行磕头拜堂礼，而是向长辈们端茶送水（洗脸洗手用）、行敬茶、敬酒礼。茶、酒是瑶山沟通情感的媒介，新婚夫妇通过对长辈的一一敬酒，不仅就此认识了亲戚，沟通了亲友间的情感联系，而且还体现了新人对长辈的尊重。土瑶和排瑶人，都十分重视父系直系子嗣制，新娘入门后，一般都住在夫家，以娶婚入门为主，亦可以招赘。土瑶人的女儿不愿出嫁，即可以招郎入舍；而在排瑶处，未婚姑娘一般不招赘，只有离婚或亡夫的寡妇才招赘。土瑶、排瑶社会禁止近亲婚配，凡堂兄妹、表兄妹均不准通婚，同姓间三至五代以内的亲族间彼此不得通婚，五服以外不在禁婚之列。

---

① 刘小春：《土瑶奇俗》，载《贺县民族之声》，1989年2月。
② 中国少数民族社会历史调查：《连南瑶族自治县瑶族社会调查》，民族出版社，2009年，第94页。

由于土瑶、排瑶的村落之间相隔不远,而且通婚范围均在本支系内的大小村寨间,由此在同一个排、村内,各个小家庭之间交叉着血亲、姻亲关系,在同一个地域范围内,血缘、地缘关系相连并重。

土瑶、排瑶普遍习惯早婚,十六七岁的青年便要挑起家庭的担子。土瑶、排瑶的家庭结构一般由夫妻及未成年子女组成,或是与子女相伴而居的一对老人,又或由年轻夫妇及未成年的子女组成。土瑶和排瑶大都以小家庭为生产经营单位,年轻人婚后与父母分居较多,家庭成员的健壮和齐心协力,对发展生产、发家致富起着很大的作用。

土瑶、排瑶的宗教信仰,亦以多神崇拜为主。他们所崇拜的神灵繁多,从祖先的神灵,到自然界万物的神灵、汉族的阴阳五行、道教神祇和佛教的菩萨,等等,都是供奉的神祇。故土瑶的道公及排瑶的先生公在做"法事"请神之时,凡盘古大王,祖先神灵及土地伯公,自然万物之神灵,佛、道教的张天师,太上老君及观音菩萨等神祇的名字都一一被念诵相请。土瑶、排瑶久居深山大岭,与大自然长期斗争,故对自然界的一些变幻莫测的现象迷惑不解,自然产生一种恐惧心理而加予对其虔诚崇拜。土瑶、排瑶人在对自然界的多神崇拜和对祖先崇拜的基础上,融入了汉族的阴阳五行和佛、道教教义,形成了自己独特的宗教信仰。

4. 相似的经济生活

土瑶、排瑶所居之处多山高林密,故其经济生产多以山林、农作物为主。土瑶、排瑶喜欢种植经济林木,如杉、松、桐、樟、毛竹、茶(仔)等,这些林木产品都是固定的经济收入,有了这些长效的收益,他们也就不会轻易地放弃这些财产而迁徙他乡。土瑶、排瑶地区向来是以家庭经济占社会主导地位,中华人民共和国成立后曾一度实行大集体生产。自农村实行承包制度以来,瑶山又回到了小农经济的家庭生产生活。农业生产从垦荒、锄耕、播种到收割、砍伐均以全家的集体劳动为主,亦有一些自行联合的互助小组以及相互帮工的习惯,但亲缘关系为主的家庭劳动代替了过去的生产队大集体劳动。土瑶、排瑶的农作物以稻谷为主,还有玉米、番薯、黄粟、花生、黄豆、生姜、芋头等,由于山高水冷,水稻的产量一般不高,所以主食里经常要加掺一些杂粮,诸如玉米、番薯、芋头等。由于土瑶、排瑶从事的是山地农业,机械化技术很难在深山展开,故边远地区的山地耕作技术至今仍保留了"砍畲烧荒""刀耕点种"

等部分生产习俗。

由于生产技术比较落后，家庭经济收入甚微，故土瑶、排瑶人的生活仍较贫困，甚至很大一部分人的温饱问题都尚未解决，家庭生产生活资料积累不多，有的人家家里连件像样的东西都没有。土瑶、排瑶人除经年劳作外，喜欢利用农闲的空余时间上山采集和打猎，以弥补菜源的不足。此外，土瑶、排瑶人在使用的农耕用具及生产习惯、生活用品等方面，基本上是相同的。

二

综上所述，土瑶、排瑶如此众多的相似之处，是因为他们有着共同聚众而居的民族心理，有着共同的迁徙历史和传统的生产生活方式，有着共同的生存环境及生产生态条件。但他们之间亦有不同之处，即语言互不相通。土瑶说的是"勉"方言，而排瑶说的是"标敏"方言。诚然，土瑶、排瑶人之所以有共同之处，正是因其同有山地定居民族所具有的共同特征。

然而，土瑶与排瑶之间，是否存在着一种民族习性相互影响，民族文化相互渗透的关系？传说贺县原来曾有排瑶居住，当时排瑶定居活动的范围是在贺县的桂岭、里松、大宁、南乡、双程一带的山区，现在在桂岭一带仍留有大量唐、李姓居民，但他们是汉族而不是瑶族。据说他们的族谱可以与连山上草的唐、李姓人族谱联系得上。现连山上草唐、李姓人要求与排瑶认同，广东省民委正在识别中。上草唐、李姓人言他们的祖先是从连南火烧排、里八洞排迁来，而唐、李姓在八排瑶中正是大姓，关于桂岭一带原有排瑶居住的问题，贺县政协及广西通志馆的同志亦做过许多调查。若据此，不能排除排瑶曾迁居桂岭的可能。

现在贺县南乡人到连南排瑶地区不能说自己是南乡人，否则会遭到排瑶人的唾骂或攻击，原因是南乡古为排瑶居地，是南乡壮族的祖先把排瑶赶出了南乡。南乡壮族的来源，主要是明代封建王朝为了防范和镇压当地少数民族人民的反抗，而调入耕守的壮族士兵——"俍兵"的后裔。从南乡壮族的族谱亦反映出他们的祖先大多是从明代始迁往贺县的，其迁徙的主要原因，是作为朝廷的兵将奉调征战，而后成为耕兵，就地屯垦。可见壮族迁入南乡，与明王朝镇压少数民族人民的起义有着密切的直接关系。① 而在壮族入南乡之前，当地的居民应该从谁为主？据贺县文史资料②反映：贺县南乡壮族最早落籍的是吴姓人，他们的祖先于明嘉靖年间才到南乡落籍，而其他散居在桂岭、大宁、双程等地的壮族，包括同化为汉族的那一部分，其定居的历史，大都晚于吴姓人。而吴姓人定居南乡、桂岭、大宁、双程之前，该地的居民应是瑶族。

据史籍记载：早在宋代，贺县就有瑶族聚居，据《宋史·蛮夷列传》卷四九三载："蛮猺者，居山谷间，其山自衡州长宁县属于桂阳郴、连、贺、韶四州。"又有贺县瑶人珍藏的《评皇券牒》载："宋正忠景定元年（1260年）……古置东南西山，置广东海连山、广西（东）怀集山，右成铜鼓山，北置通儒乡，继聚南山，广西程家八峒山，南木山（今贺县贺城乡境内），又置流眉山，又置大罗等山……桂东桂南八面山。"其中的程家八峒山，即是今贺县与南乡毗邻的步头双程八山③，说明当时贺县的东北部地区均为瑶族的聚居地，但在贺县的瑶族支系很多，到底是哪一支系在桂岭、双程一带活动呢？据贺县有关史料反映，贺县过山瑶和土瑶均晚于宋代入贺，而现在在步头双程山等地留有排瑶祖先的坟墓（当地人指说），由此联想到当时居住在桂岭、双程、南乡一带的瑶族可能是排瑶。虽然现在还不能做出确切的结论，但据今居住在广东阳山县秤架乡芦田和太平洞等地的庞、黄两姓瑶人的族谱，均反映他们的祖先从桂北贺县迁来。阳山县庞、黄两姓（学者们曾疑为盘、房两姓）瑶族至今仍保留着排瑶的语言及风俗习惯，语言是一个民族最难以消失的特征，阳山县庞、黄两姓已确认与排瑶同一支系，可他们的祖先并不是从连南八大排迁出，而是从桂北及贺县迁来。他们定居在阳山秤架的时间已有六百年的历史，由此向上推算，正是明王朝统治时期，阳山庞、黄两姓排瑶从贺县迁出。如庞姓族谱载：其开山祖"庞国辉，明朝洪武十六年（1383年）从广西贺县黄茶山来穗，住阳山卢田横水乡……"，在庞国辉以前有四代人均在贺县留居，庞国辉抵阳山后下传16代，居阳山秤架603年（1987年调查）。而土瑶传说在贺县定居有六百余年的时间，其定居时与阳山庞姓前四代的排瑶之间有着生活接触的阶段，其生活习俗相吸相融便不足为奇了。

---

① 徐杰舜、刘小春、罗树杰：《南乡春色》，广西人民出版社，1990年，第19页。
② 《贺县文史》第6辑，第28页。
③ 《贺县文史》第6辑，第28页。

假若排瑶曾定居贺县，他们离开贺县的原因，正是因为封建明王朝对少数民族残酷的征剿追杀，此时间与"俍兵"入贺的时间正好相衔接。明王朝是镇压少数民族，特别对瑶族，最为疯狂的王朝。据有史可查：从明洪武八年（1375年）到天启七年（1627年）的两百多年里，粤北少数民族及排瑶人民为反抗官兵的围剿，进行了不屈不挠的斗争。如明天顺三至五年（1459—1461年），排瑶起义军与广西大藤峡瑶民起义遥相呼应，曾一度攻占了连山县城，赶走了知县孔镛。尔后攻向江华县，明天启年间（1621—1627年）军寮、马箭、油岭等五排瑶民起义，继后"流攻广州"，被连山知县杨崇忠带清兵讨平之，"余党解散"①。明崇祯八年（1635年）起八排瑶民起义军连续几年与官兵对峙，攻下连山城并夺县印。杀连州吏目黄中选、广西参将刘唐衢、连州守备梁陈转、阳山守备陈帮对官将。直至明崇祯十五年（1642年），明王朝命总督及两广部院沈犹龙、总兵郑芝龙等，调集楚、豫、闽、粤、桂等五省兵将征讨，才平息了排瑶的暴动。明朝历经二百多年，对排瑶地区的征剿竟达十几次之多，而且动用了五省几万兵将。排瑶人民的起义斗争，前仆后继，经久不衰，与封建官府展开了持久战争，一直延续到清代。

其实，自宋代起，经明代至清，排瑶人民反抗封建王朝的斗争此起彼伏。就连远邻富川县的县志亦记载了排瑶起义队伍攻入富川之史事："清顺治十八年（1661年），八排瑶族起义队伍入富川境，攻破罗溪。"② 排瑶人民不畏强暴的勇敢顽强精神，给世人留下了深刻的印象。1988年，我们到湖南莽山地区调查排瑶情况时，当地过山瑶老人还对我们说："排瑶人很厉害，他们不怕官府，不怕汉人，有人欺负他们，他们就说到连南请排瑶来对付，那些人就怕了。"可见排瑶人民在宋、元、明、清四代，反抗封建官府压迫的几十次斗争，沉重地打击了历代王朝的统治，即使历代王朝都曾对排瑶地区大举征剿，进行惨无人道的烧杀掳掠，连续焚烧了里八明、火烧排、军寮排、马箭排、油岭排等处山寨，导致排瑶人口大量消亡和流失。排瑶人民的抗暴斗争烈火，不仅燃烧了连山县境、连县境，而且还波及阳山、乳源、江华、贺县等地，起义队伍"逢州过州，逢县过县"，一直攻向广州城。起义军被打散后，所到之处自然会留下起义兵将，这些人"藏姓埋名"，或成为当地的汉族，或融合为其他民族。排瑶人口的

---

① 引《广东瑶族历史资料》。
② （清光绪）《富川县志》。

历史分布状况，至今仍不能得出确实的答案，但贺县、宜辛、富川、江华、乳源、阳山等靠近连山、连州排瑶居地的邻近几个县，留有排瑶起义军及移民的后代是可能的，而由此导致邻里间社会文化彼此的相互影响、相互学习更是自然的事。

儒家文化对瑶族传统社会及其文化的影响[①]

儒家文化是中华民族的主流文化,是东方文化的重要组成部分。孔子集数千年中国古典文化之大成,创立了中国历史上的重要学派——儒家学派。至今,儒家学派又流传了两千五百年,成为中国历史上影响最为深远的学派,并构成了中国文化的主体。于是,世界上有了一个独特的说法:儒教中国。儒家文化在中国的历史进程中曾发挥过并还在继续发挥着不可替代的作用,同时对周边的国家和民族产生了深远的影响。作为我国南方一个历史悠久的少数民族——瑶族,曾深受儒家文化的影响,瑶族的传统社会文化与儒家文化有着千丝万缕的联系。现就所知予以展示,以就教于方家。

一、从法国瑶族的中文课本《盘古书》《破理书》[②] 说起

2002年冬,笔者接到法国瑶人协会主席的邀请,对居住在法国南部图鲁兹社区的瑶族进行了为时四天的学术访问。在那里,我们发现当地瑶族小学生使用的中文课本《盘古书》和《破理书》,竟包含了许多中国传统文化中的人生哲理和生活准则。这些人生哲理,与中国儒家文化息息相关。

在瑶族人的信仰理念里,对祖先的崇拜为第一信念。瑶族人祭拜的第一祖先神,是为"盘古、盘瓠、盘王",所以瑶族人教育子孙后代,必定会提到祖先创世的史迹,而法国瑶人的《盘古书》,正是借喻敬祭祖先之礼教,同时把中国正统的儒家文化寓教于后世。《盘古书》开头写到:

[①] 原载《齐鲁文化研究》2005年总第四辑,山东文艺出版社出版,2005年,第70~75页。
[②] 此两本书系法国瑶族小学生中文课本,收藏于法国图鲁兹瑶民李高宝家中。

自从盘古开天地，三皇五帝置人民，
多少古人敬忠孝，贤良忠孝在朝廷，
前人便说孝顺子，于后便说忤逆儿，
奉劝人家后生子，男女后生说少年，
老人听说盘古记，后生听说敬爷娘，
爷娘叫得时时应，不要高声应爷娘，
高声应爷天地黑，起眼看娘日月阴，
爷是天来娘是地，不敬父母敬何人？
父母在堂不孝顺，死去何劳哭鬼神。
……

这些教诲，与儒家经典中《孝经》所提倡的孝道竟是如此吻合。《孝经》开宗明义说："夫孝，德之本也，教之所由生也。"仁，是儒家思想核心。为仁的根本是孝悌，只有先对自己的父母孝顺，才能谈其他的礼节。在儒家文化影响下，瑶族社会倡导和教育年轻一代培养良好的品质，首先教育他们发扬中华民族孝敬父母的传统美德。"在朝尽忠，在家尽孝"，这是瑶族社会至今仍然墨守的儒家古训。

在另一本教材《破理书》中，更是体现了儒家文化的仁爱理论和道德学识。书中有云：

天下文章破理明，世间传报众详情，
人心不平问道理，人心不足问天秤，
事不到头问天子，字不到头问圣人，
好丑商量问父母，真假商量问众人，
行路不通问本地，论古不通问老人。

还有：

君子谋道，小人谋财，
闲人谋睡，懒人谋闲，
饿人谋吃，浪人谋穿。

> 有理莫骂父，有钱莫欺官，
> 有功莫赛艺，有文莫慢师，
> 骂父必定寿命短，欺官必定是非多，
> 赛艺必定劳工力，慢师必定损法门。
>
> 有钱莫使尽，有福莫享尽，
> 有事莫当尽，有话莫说尽，
> 使尽无本利不起，享尽无福多费米，
> 当尽无理事落你，说尽无真人怨你。
>
> 子能不可欺父，臣能不可欺君，
> 女巧不可欺夫，弟乖不可欺兄，
> 儿欺父母天地黑，臣欺君王反乱朝，
> 乖弟欺兄非君子，巧女欺夫野丫头。

由于儒家文化诞生于传统社会，难免含有许多专制的糟粕，那些"君为臣纲""父为子纲""夫为妻纲"以及"三从四德"的观念仍保留在书中，但儒家"仁""爱"的核心思想是书中宣传的主体内容。其他的一些生产生活知识，也一并写录在书中，如：

> 一劲二铺三打铁，四当银匠五教书，
> 六武七画八木匠，九烧砖瓦十石匠，
> 谁人学得十手艺，全不耕田也不饥。
>
> 赶早莫赶夜，赶晴莫赶雨。
>
> 耕种要工多，读书要苦磨，
> 七耕八苦得成富，九磨十练得成师。
>
> 耕种莫嫌苦，纺织莫嫌棉，
> 寒来不冷勤纺女，饥荒不饿苦耕人。

"勤劳、苦练、诚实、发家、致富"，书中所涉及的这些内容，几乎都与中国传统的文化有关。笔者曾访问法国瑶人协会主席李高宝先生，谈及"为何已加入法国籍的瑶人，还那么热衷推崇中国的传统文化"时，李高宝先生答曰："我们离开中国太久了，现在在这里（法国）出生的孩子都不听老人的话（指传授中国儒家文化）。但我们是瑶人，我们热爱自己的民族、自己的文化、自己的宗教信仰，特别是希望儿女们长大后能认识中国传统的文化，能与自己民族的人或黄种人结婚，举行一定的宗教仪式，逢年过节双方父母可以走亲戚，交流交流……"

　　法国瑶人置身于西方文化圈中，必须接受西方文化和西方的经济政治管理模式，因为他们需要在当地社会生存下去。但是作为一个外来族裔，生存在西方的文化氛围里，总有一种寄人篱下的感觉。他们渴望与中国瑶族文化认同，与中国传统文化认同。在他们的生存理念中，民族传统文化是永恒的，是民族凝聚的旗帜，只有坚持民族传统的文化，才能保证民族内部的认同和凝聚力。为此，旅居法国的瑶族上层人士——瑶族协会的领袖们千方百计挽救民族文化，推崇民族文化。他们把中国传统的儒家文化当成民族文化的主体，不仅用汉文编辑书籍，还把儒家核心思想融入书本内容，传教于子孙后代；又开办中文学校，请来中国教师解释儒家思想内容。

　　笔者询问那些书本是否自编，李高宝先生说：这些书在东南亚时期就已在学堂上使用，迁移时从东南亚带来。是请懂中文的云南籍老师编写的，并在东南亚老挝、泰国瑶民小学中教授，也在法国瑶族小学生中教授。书本内容源自中国，从中国云南—老挝—泰国，一路流传，最后传到了法国瑶族社区。

二、瑶汉历史的交往成就儒家文化传入

　　瑶族是个跨国境民族，全世界瑶族有300多万，其中中国264万，约占世界瑶族人口的88%；国外瑶族人口主要分布在越南（52万）、老挝（3万）、泰国（3.5万）、缅甸（千余人）。20世纪70年代中期，越南战争迫使东南亚瑶族流离迁徙。在联合国难民署的安置日程上，瑶族人被划进了移民的时间表，一批批瑶人离开久居的东南亚，漂洋过海迁徙到了欧美各国，笔者曾访问过美国、法国瑶族社区，了解到美国瑶族约3万人口，法国瑶族约0.1万人口，加

拿大、瑞士也有瑶族移民，但人口不多，数目不详。

世界各国的瑶人虽已侨居他国，但他们的祖先根源中国。其祖图或族谱明确记载先祖曾居中国的广东、广西、湖南、云南，而后南迁越南、老挝、泰国，再从东南亚各国转迁欧美。美国俄勒冈州波特兰市瑶人李进清收存的美国瑶人编写的《迁徙史》载："大隋年间，瑶人建国有功，帝赐十二姓为盘、李、冯、黄、包、邓、周、赵、罗、唐、沈、陈，封盘瓠为盘大护，赐刀耕火种，蠲免赋税。多代人居住在广东、广西、湖南、贵州。至清皇乾隆四十八年癸卯（1783年），由于动乱、灾荒发生，有些人迁到云南开化府（今文山州）和林（临）安府（治今云南建水），还有到越南便面（奠边）府猛斜、猛天、十八天平等地，不计其数；十年间又有少数人迁至老挝，进入桑怒、猛塞、南地、猛信等地。1860年，邓进坤带领多户瑶民进入泰国，散居在泰国北部山区，如俄山、巴山乱、清堪、清迈等地。1973年老挝战乱，居住在泰国、老挝边境的瑶民陆续逃向泰国，但大部分人未能过境。因为泰国不容难民定居，所有难民均进入难民营暂住，等待第三国接受。"①

国外瑶人与中国瑶族有着共同的血缘关系，有着共同的历史传说，有着同为"南蛮"的民族渊源，也有着与中国传统儒家文化难以割舍的联系。瑶族与儒家文化的接触，源自于与汉族兄弟的交往。追根溯源，"瑶"作为一个民族部族的称呼出现在梁朝，名曰"莫徭"，而在"莫徭"时期，就开始了与汉族及其他民族的交往。唐代诗人刘禹锡在连州任刺史期间[唐元和十年（815年）]，就目睹瑶人与他族交往的生活情景，有《莫徭歌》诗写到："莫徭自生长，名字无符籍。市易杂鲛人，婚姻通木客。星君钻泉眼，火种开山脊。夜渡千仞溪，含沙不能射。"刘禹锡在莫徭地区生活了相当长的一段时期，他在《桃源行》诗中描写瑶族先民"筵羞石髓劝客餐，灯燕松脂留客宿"，透露了瑶族与人交往的态度和礼节。明人徐宏祖曾到瑶区，身受瑶人盛情款待，他把自己的经历写进《徐霞客游记·楚游记》，在九嶷山瑶区，"有茅一二重，呼之，一人轧秉炬出，迎归托宿焉。问其姓为邓，其人年及二十，谈山中事甚熟。余感其深夜迎宿，始知瑶人犹存古人之厚也"。这个"古"，当指儒家之礼也，而热情好客则是瑶族至今仍然保留的传统习俗。

唐宋时期，是瑶族社会发展时期，也是与汉族兄弟开始交往密切的时期。

---

① 黄钰、黄方平：《国际瑶族概述》，广西人民出版社，1993年，第346页。

汉族的铁皿、耕作技术、文字以及道教的传入，使瑶族社会发生了文化嬗变，传统的民族文化融合了汉文化的优质因素，促进了瑶族社会的经济发展。宋苏辙在《栾城集》卷四四中载，渠阳寨"兵民屯聚，商贾出入，金钱盐币，贸易不绝，夷人由此致富"。宋欧阳修《欧阳文忠公集》卷一○五载："潭、郴、全、邵诸寨向化之蛮。"说明瑶族在汉文化的影响下，接受教化，改变了自己的习俗。又《宋史·蛮夷列传二》卷四九四载："省民往往交通瑶人。"由此说明汉、瑶族民间交往密切。

特别是道教传入瑶山以后，中国传统的文化进一步影响着瑶族社会。宋代瑶区建有不少道寺（观），道士们一是以寺观为营地，开展传教活动；二是帮助瑶人培训宗教人士——"色翁""师公"。如清《九嶷山志》载：宋太平兴国（976—984 年）前，九嶷山玉琯岩侧建有无为寺（后改为永福寺），集寺从教人员 1000 多人，其中大部分是瑶族子弟。这些道教人士从诵经布道中学习中文，参透儒、道思想，并学以致用，把儒、道思想溶入瑶族原始宗教的祭祀仪式中，致使"瑶、道合为教"。又以同样的方式、同样的渠道，培养、传带新一代的道士。由此，瑶汉民族民间的交往以及道教的传播，是儒家文化影响瑶族社会的一种途径。

三、历代王朝的兴学扩大了儒家文化对瑶族社会的影响

隋唐时期，作为独立民族的"莫徭"，还没有确立自己民族安身立命的地方，依然"刀耕火种"，"吃尽一山过一山"，"民不符籍"。统治者也不可能在瑶山兴学。至宋代，封建王朝一方面防备瑶族的反抗斗争，采取了一些退让政策，对聚居的瑶山"计口给田"，并采取"以瑶治瑶"的羁縻政策，即"择授土官"；另一方面则意识到笼络人心的重要，对瑶民施行了"开化教育"，开始在瑶山建立学校，"以化服其心"。

宋代王朝在瑶山建立的学校主要有州学、县学、儒学、学宫和私塾等，而"私塾"是最多最为常见的办学形式。民国《罗定县志》卷五载：南宋嘉定二年己巳（1209 年）进士翟卷石任泷水判簿时，遇泷水瑶作乱，"卷石不畏险阻，躬任安抚，单骑旨瑶营，宣朝廷德意，抚降之"。此后，"泷俗初不知书，石尽捐俸延师立塾，教以孝悌文章，督课殆无虚日，俗为之丕变焉"。除此外，宋王

朝还在郴、桂诸峒瑶山兴办私塾。宋真德秀《真文忠公文集》卷四三载：郴、桂（郴州、桂阳）诸峒瑶人"贼性悍虣，在位者无以化服其心，故易为乱。奏请命郡教授选士之有学者二人，以《孝经》《论》《孟》授峒子弟"。

然而宋王朝在瑶族社区的办学，是为巩固其统治政权所采取的一项措施，正如《续资治通鉴长编》卷二六一所载："乞赐国子监书，庶一变旧俗，皆为礼仪之民"，"以儒为教"，"以柔其心"。尽管如此，官方在瑶山对孔孟之道、儒家文化的宣传授教，对瑶族子弟的"教化"培养以及改变瑶族社会的一些陋习，起到了一定的积极作用。自此以后，历经各朝，都有在瑶山进行"儒学教化"。如清道光《肇庆府志》卷六载，元郑时中的《重修封川县儒学记》谈到："先贤无孔子无以明，后圣无孔子无以法。"然"岭南封川广东之西陲也，西有峒寇之扰，东有山瑶之虞……既谓夫子庙庭迫隘，殿堂、斋舍、门庑悉愤弗修，慨然以兴学为务。"又有清雍正《郝通志》卷六十《艺文》载，明邱睿的《高州府儒学记》谈到："高凉郡学，兴于公私力屈之时，可书也……《诗》曰：'既作泮宫，淮彝攸服。'盖理明则人心固，人心固则士气作，士气作则彼蠢然冥顽者亦将惕然感动，幡然归顺矣……"

元明时期，广东西江流域是瑶族聚居地大本营，封建王朝在瑶族重镇兴学，其目的显然是为了巩固自己的统治。然而瑶族人对儒家的"仁爱、忠恕、孝悌"等人伦道德学说却深表欢迎，致使瑶族首领意识到儒学的重要，自宋时起就有自己办学的例子。《宋史·蛮夷列传》卷四九三载，唐代溪峒蛮瑶起义领袖杨昌衔率众归降后，于宋熙宁八年（1075年）"乃以其子曰俨，请于某侧建学舍，求名士教子孙"。由于瑶族首领倡导儒学，以致儒家文化在瑶族民间广泛地传播开来。加之儒家宣扬的人性、仁爱、至诚、民本、仁政、中庸、和为贵等道理，与瑶族传统文化中的平等、互助、尊老爱幼、热情好客等习俗相和谐，深得瑶众民心。自宋至元、明、清、民国以至今天，儒家文化作为中国两千多年来一脉相承的正统文化，对瑶族社会的传统文化产生了巨大的影响，儒家思想在潜移默化中逐渐融入了瑶族的世俗观念，即使迁徙流离、漂洋过海，瑶族人也执著地以之为民族文化中的重要部分。所以在远离中国的欧洲法国瑶人社区，依然保留了充满儒家文化内容的私塾教材《盘古书》《破理书》。

由于儒家文化的深刻影响，瑶族不仅以儒家礼仪为己仪，以儒家道理为己道，还用通俗易懂的方式，把儒家思想贯通于民歌中，传教于下一代。瑶族民歌《二十四孝歌》就唱到：

> 第四行孝是王祥，继母久病思鱼汤，
> 将身卧在冰冻上，天赐金丝鲤一双。
> 十四行孝董秀才，董永卖身买棺材，
> 卖身买棺葬父母，后有七姐送子来。
> 十八行孝窦燕山，燕山为人有义方，
> 五子仪严礼敬信，兄弟五人登科榜。
> 廿四孝子作明镜，教育后人积德行，
> 我劝世人都行孝，千秋万代把名扬。

瑶族《盘王大歌》是其民族的创世史诗、百科大典，其不少内容都与儒家文化有关，如兴学、读书、作诗等。有《盘州歌》唱到：

> 州府里头立书院，
> 贵州两路相公多，
> 相公攻读馆中坐，
> 书卷不离伏台前。
>
> 州府里头立书院，
> 贵州两路立学宫，
> 立起学宫相公坐，
> 相公腰扎丝绢巾。
> ……

还有《闾山学堂》唱到：

> 闾山学堂鲁班造，初建学堂送纸来，
> 带来州上长连纸，留给学生写诗文。
>
> 昨夜五更得个梦，天光醒来见行人，
> 聪明后生聪明女，送上学堂读诗文。

间山学堂鲁班造，还有匠人精巧心，
三百学生同窗读，教得个个都聪明。
……

  这些充满儒家文化的瑶族民歌，在瑶族各支系，特别是盘王瑶支系中广泛流传。据说《盘王大歌》产生于唐、宋时期，这与前述宋代封建王朝在瑶山兴学时期相接近，说明自宋以来，儒家文化就与瑶族结下了不解之缘，儒家文化深深地融入到瑶族民间传统的主流文化中，而又通过传统的瑶族文化继续发扬光大。儒家文化以民族生命作为其滋养的根基，对中华民族文化的发展产生了深远的影响，使之"我中有你，你中有我"。由于儒家文化安立中华民族的民族生命，表达中华民族的民族精神，维护中国社会的安定和谐，养成中国人民爱好和平和礼让的美德，至今仍受到社会政治的推崇，继续为实现社会的民主和谐发挥积极作用。

瑶族传统服饰风格论

一、瑶族服饰的分类

瑶族是我国南方古老的民族之一，如今已发展为国际性的民族，在中国、越南、老挝、泰国、缅甸、法国、美国、加拿大等地都有瑶族的足迹。世界瑶族人口将近300万，而居住在中国的瑶族最多，人口已达213万。瑶族人口多，支系多，服饰花样也繁多，据不完全统计，瑶族服装有近百种款式。① 有短装、裙式、长衫、宽裤，还有褂袍，可谓风采各异。

在广义的服饰概念里，一套着装应包括头饰、首饰、服装和佩饰；而瑶族的服饰还包括了绑腿脚饰，如下列简单展示。

头饰：瑶族各支系的头饰样式繁多，有男头饰、女头饰之分。瑶族不论男女，均喜欢蓄发椎髻，髻式有朝天髻、后枕髻等。现在的男性发式虽有所改革，特别是年青的一代已剪发理发，但仍习惯用绣花尚青布巾、秀花白头巾或红头巾包扎头部，头饰上还插着几支雉鸡羽翎或白鸡羽毛以示美观。妇女的头饰更是五彩缤纷，分有三角架式、塔式、平顶式、钢盔式、飞檐式、银簪式、絮帽式、圆盘式等。② 如广西融水、临川，湖南宁远，广东乳源必背县的瑶族妇女用木架制成的三角帽架头饰；又如贺县土瑶族妇女和广东连南排瑶妇女用油桐、竹壳、树皮制成的彩条筒帽和髻筒头饰。从妇女的头饰更能显示支系特征和地域特征。

传说顶板高架（三角架帽）是瑶族最古老的头饰，也是瑶族最有传统特色的头饰。"顶板高架"源于先人祖妣，为公主得皇帝赏赐的凤冠。因瑶族常年迁

---

① 黄珏、黄方平：《国际瑶族概述》，广西人民出版，1993年。
② 《瑶族服饰》，民族出版社，1955年。

徙频繁和生产劳动,架起发髻高帽极不方便,促使瑶族妇女自己把高耸的头饰换成方便的一笼发髻、披巾头饰等简便的"夫头"和"平头"。故"夫头""平头"头饰由顶板高架头饰衍变而来。① 而白棉纱、红绒(毛)线、红布花巾以及妇女自绣的头巾是她们常用以包扎发髻的饰物。

首饰:在瑶族男女的各种头饰中,总少不了配上几件首饰。除采集山野美丽的花朵、家禽的羽毛、雉羽(野鸡的尾支)以及白木通、树皮、竹壳以外,五色红绒织成的丝带、彩带以及银质的簪子、耳环、银针、银鼓、银牌、银梳、银板,等等,是瑶族头饰,特别是妇女、儿童头式发髻上常见的首饰。一些支系还拥有特制的首饰,如十万大山红瑶的银质梅花发罩,云南瑶族妇女的银排发饰,百色瑶族妇女的银链首饰以及都安瑶族妇女的银珠头饰,等等。

佩饰:瑶族人除注重发髻的装饰外,还特别注重服装上的佩饰。瑶族各支系服装佩饰挂件的款式比较接近,除织绣的荷包、烟袋、挂袋、围裙、坎心儿、腰带、织带及各种剪绒、刺绣挂件外,还有各式各样的银质佩饰,如衣领上的银花,胸襟上的银牌,背部披风上的银鼓,腿脚部上的银坠、银铃、银珠以及各种项圈、项链、项珠、耳环、耳坠、手镯、戒指,等等。银质首饰是瑶族人最喜爱的饰物。

服装:瑶族服装制作,多采用尚青色或蓝、黑色的布料。男子一般穿对襟或右衽、铜排扣上衣,亦有穿无领无扣短衫,下身常穿宽长裤,扎腰带及绑腿。妇女一般穿圆领花边对襟,无领无扣对襟或右衽长衫,下着挑花宽裤或百褶裙,扎红、白、黑等色的绣花腰带,围绣花围裙,亦绑腿。腿饰是瑶族服装中较古老的特色之一,人们最初打绑腿之意,完全是为了抵御大自然的侵害,打上绑腿,可以防备毒蛇、害虫、山蚂蟥的侵袭和滚石、荆棘的挫伤,冬天亦可弥补裤短御寒之不足。现在打上绑腿,已含有完善瑶族服装艺术美感之陪衬作用。

瑶族服装除了男女装,还有童装,普通一套童装里有帽、衣裤、裙、褛、披风等用品。

服装除常服外,还有婚服、丧服、节日盛装以及特殊服装,即宗教主事者先生公、师公之红裓、道袍。

---

① 姚舜安:《瑶族民俗》,吉林教育出版社,1991年。

二、瑶族服装的特色

纵观瑶族丰富多彩的服装园地,古朴和大方、简单和明快、富丽和华贵……各种装饰风格交织在一起。

瑶族是一个历史悠久,族源文化多元的民族。大约在两千年前的春秋战国时期,活动在现江汉流域一带的"荆蛮",被认为是瑶族早期的主要先民,随着历史的发展,部族的迁徙,荆蛮南走长沙、武陵,与当地蛮族融合为长沙武陵蛮。"瑶本盘瓠之种,产于湖南溪洞间,即古长沙黔中五溪蛮也,其后生息蕃衍,南接两广,右引巴蜀,绵亘数千里。"① 宋时,五溪一带保留盘瓠图腾崇拜的蛮族成为瑶族主体渊源;隋唐时期,瑶族的最早称呼"莫徭"出现,其分布达湘、粤、赣、桂、黔接壤地区。《隋书·地理志》载:"长沙郡又杂有夷蜒,名曰'莫徭'。自云先祖有功,常免徭役,故以为名。……武陵、巴陵、零陵、桂阳、澧阳、衡山、熙平皆同焉。"② 这时的莫徭已杂有"夷蜒"成分。而以后更多的史籍记载反映出瑶民族族源的多元。清人陆次云的《峒溪纤志》上卷描述:"瑶,一名畲客,其种有八,曰:天竺、咳首、焦侥、跋踵、穿胸、儋耳、狗织、旁脊,是谓'八蛮'。又有飞头、凿齿、鼻饮、花面、白衫……之类,岭表海外有之。"顾炎武的《天下郡国利病书》卷一〇四亦载:"莫瑶者,自荆南五溪而来居岭海间,号曰:山民。盖盘瓠遗种,本瑶僮之类,而无酋长,随溪谷群处,斫山为业,有采捕而无赋役,自以生理,不属于官,亦不属于峒首,故名'莫瑶'也。岭南海北人呼'白衣山子'。"这种穿"白衣"的莫徭直到明清时还在广东潮州等地可以见到。如"潮州有山畲……皆瑶类,号白衣山子,依山而居,采猎而食"③,可见"畲"中有瑶。《罗定县志》云:"瑶罗属者有三种,曰高山,曰花肚,曰平地,三种语言不相通。"④ 同一个县,有三种语言不相通的瑶人存在,亦可反映他们的来源不一。

按瑶学专家胡起望教授研究所言:"当日以功免其徭曰莫徭,后化为瑶。"

---

① (清)郝玉麟:《广东通志》卷五七。
② (唐)魏征:《隋书》卷三一。
③ (清)《海阳县志》卷四六。
④ (民国)《罗定县志》卷一。

当是讲"勉语"的盘瑶集团,从盘瓠蛮经莫徭到瑶族的主体的大致发展过程。至于其他不同民族的人,在不同时间融合为瑶族的途径,大约有七个原因:①

(1) 瑶山外各民族贫苦人民因生活困难,没有出路,进山觅地垦种,以求得生存。

(2) 为躲避沉重的赋役而入瑶山,与历史不负徭役赋税的瑶族同处。

(3) 为躲避官家抓壮丁而进入瑶山地区。

(4) 因犯罪被追捕、遭血族复仇而逃亡到瑶山。

(5) 瑶族地区流行男到女家上门入赘的婚俗,允许招徕其他民族的男子入赘。

(6) 瑶族家庭喜欢收养外族人家的子女。

(7) 因经商及从事手工业生产而进入瑶山。

因上述原因迁入瑶山的汉、壮、侗、苗等民族成员,在漫长的历史岁月,共同的经历和命运,互相影响和交流,使他们逐渐接受了瑶族的名称而融合为瑶族人。尽管在语言、习俗及服饰上仍保留本民族的一些特征,但从总体民族意识上,他们已把自己当成瑶族集团中的一分子。由此可见,瑶族多元历史的形成,是其民族发展的必然结果。

瑶民族历史多元一体的格局,致使其民族服饰风格呈两大特点,即支系特点和地域特点。

1. 支系特点

瑶族支系繁多,名称亦不统一,但按语言分类的支系总为四:一是属汉藏语系苗瑶语族瑶语支的"勉语"盘瑶支系;二是属汉藏语系苗瑶语族苗语支的"布努语"支系;三是属汉藏语系壮侗语族侗水语支的"拉珈语"支系;四是属汉语方言当地汉族土语的瑶族各支系。除受汉族影响改穿汉装的支系外,其余三大支系服装仍保留着传统的共性:即服装色泽式样的基本一致和刺绣花纹图案的基本一致。

瑶民族主体在它形成之时,已具备了本民族自己的共同地域、共同语言、共同的民族心理和共同的文化特征,而作为日常生活最重要的一项——服装穿着式样亦形成独特的支系风格。这种民族着装标志,随着民族的迁徙、聚离得以传承继袭,传承的方式通过母传女、婆传媳,如此循环不息代代相沿得以保

---

① 费孝通主编:《中华民族研究新探索》,中国社会科学出版社,1991年,217页。

留，无论时代如何变迁，无论人们走到哪里，都不会遗却民族传统的东西。如十万大山山子瑶的先人被明朝当"俍兵"派往海南驻岛，几百年后的今天，落户海岛的"俍兵"子孙所穿的服装（今海南苗族），仍与今天十万大山山子瑶的服装相似。又如广西田林盘瑶、云南勐腊盘瑶的服装与今天居住在美国、法国瑶族的服装相似，也正是这种支系内部传承的作用。在现代社会，瑶族人平常可以穿着汉装和时髦的衣裳，但在结婚时，参加民族宗教祭祀、节日活动甚至死亡，都必须穿着民族的服装，服装作为区别于支系和外族的标志及民族自我认同的旗帜，永远保留在民间。

2. 地域特点

瑶族分布的最大特点就是"大分散、小聚居"。"南岭无山不有瑶"，湘、赣、云、贵、粤、桂相邻的地区，瑶族村寨繁星点点，同一民族却不完全聚居在一地，同一支系也不完全聚居在一地，"十里不同天，一山不同俗"，由此导致瑶族的服装呈现明显的地域特点。

不同地域的不同支系，服装风格明显有异，如盘瑶、蓝靛瑶着装的区别。然而不同地域的同一支系，服装亦有特色，如同属"勉语"盘瑶支系的广东过山瑶和八排瑶，它们的服饰就有较大的差别。其中最大的区别就在于头饰，特别是妇女的头饰最能体现地域的特点，即使是同居在一个大的区域内，也仍能分辨小区域与小区域之间的差异，如同为连南瑶族自治县的排瑶，由于所居的村落不同，亦能分出村落之间特有的服饰标志。又如连南军寮、大坪排瑶已婚妇女的头饰为"三角布壳发髻"，而同居一县的白芒、九寨排瑶已婚妇女的头饰为"圆形竹筒发髻"。从妇女头饰中稍有区别的差异就能分辨其所居不同的地域，正是这些服饰特征，能使人对他们的居地一目了然。服饰特征成为展示地域的标志，起到一定的"向导"作用。

三、瑶族服饰的风格

尽管各地瑶族服饰都具备自己的一定特点，作为瑶族传统文化中重要内容的服饰文化总体风格，却鲜明地反映了民族服饰的自然、古老和传统美。

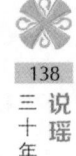

1. 自然写实的风格

古代原始的服装，是用大自然的树皮、草茸、兽毛皮为原料制作的，其目的在于御寒和保暖，而并不在乎美观。服装的功能是以谋取生产生活资料的需要为前提，作为适应自然、战胜自然的工具武器而产生的。瑶族最初的服装，也是"采食猎毛""织绩木皮、染以草实"。经过千百年风风雨雨的熏陶，瑶族服装有了"好五色衣""斑衣花裙"的进步，但对于大自然给予人类的各种风韵，仍情有独钟。在瑶族各款服装中，仍依恋大自然赋予的美。"瑶……衣斑斓布褐。""瑶族男妇服装一般用青（尚青）布制作。"这"青（尚青）色"实际是瑶族采集山间蓼蓝制作"蓝靛"染印而成的蓝靛布。

瑶族服饰自然写实的风格，主要集中反映在服饰的花纹图案上，这些装饰图案大都取材于日常生活中所接触的大自然物景，如竹、梅、菊、荷、水仙、芙蓉、牡丹、杜鹃等草木花卉和龙、凤、狮、鹿、猴、鱼、鸟、鸳鸯等飞禽走兽以及生产生活用具、日月星辰天象等自然物景。这些图案色彩鲜明，线条古朴简练，庄重大方，不仅显示了瑶族妇女的艺术才华，也反映了瑶族人民耿直的思想感情和强悍的民族性格，以及对未来生活的向往。

笔者在广东连南排瑶地区看到当地瑶族妇女在百褶裙上用简单抽象的"树木纹""花草纹""原野纹""河流纹"等构成一幅幅美丽的图画。像"原野纹、大花纹、姑娘纹"的组合，即构成一幅"美丽的姑娘站在鲜花盛开的山野"的图景，而"原野纹、大花纹、树木纹、桥梁纹、河流纹"等的组合，则构成一幅依山傍水、小桥溪流的秀丽风景图，其构图想象力丰富，充满了诗情画意。

瑶族人民生活在大自然之中，思维想象和艺术构思源于自然，并依托于大自然的物景，看到兴旺的六畜、盛开的鲜花、歌唱的百鸟和美满的婚姻、幸福的家庭。瑶族人民还善于采集山野自然之物，如山花、香草、翠藤、草珠、木通、雉鸡羽等，装饰自己以为美观，这种对自然欣赏的艺术观念正反映了瑶族人民自然淳朴的审美心理；反之，我们从他们对大自然抽象的构思中，看到他们的艺术思维充满着大自然写实的风格。

2. 古老载史的风格

在瑶族大部分支系，人们都保留着头饰和脚饰，据此流传着一个古老的故事。古时候，瑶族的祖先盘瓠龙犬帮助平王消灭高王，平王为奖赏盘瓠，将三公主许配给龙犬为妻，成婚后，三公主悄悄告诉母亲，说龙犬白天是犬，晚上是一个美男子。母亲说，既然晚上能变成人，能不能白天也变成人？三公主把母亲的话转告了龙犬，龙犬对二公主说，只要把他放在蒸笼里蒸上七天七夜，就可以脱去身上的斑毛变成人。三公主遵嘱将龙犬放入蒸笼里蒸了六天六夜，担心丈夫被蒸死，于是揭开蒸笼一看龙犬已变成了人，但由于时间不足七天，头部和腿脚上的毛发仍未蒸掉，只好白天把有毛发的头和脚包扎起来，以后盘瓠的子孙——瑶族则将此举沿袭为民族必不可少的认同标志。这个故事，是瑶族祖先史源传说中的一段插曲，也是瑶族把图腾崇拜转化为人格祖先崇拜的佐证。人们把这段历史刻绘在服饰上，旨在铭记先人崇敬"龙犬"（图腾）。像这样以服饰反映历史传说的写史风格还有许多例证。

广西南丹白裤瑶的服装，绣着两个传统的民族历史标志，一是男子白裤上绣着五条鲜红垂直的长短不一的红线，据说是白裤瑶祖先与封建土司作战时受伤所留下的"十指血痕"，为了纪念祖先的英雄事迹，白裤瑶男子的裤膝上都绣着"历史的见证"。此外，在女性所穿的无袖上衣背部，亦绣着一个方形图案，据说是当年被封建土司抢走的"盘王印"，把它绣在衣背上，再也不必担心被抢走。其实把"盘王印"绣在上衣里不仅在白裤瑶有，在广西金秀"花蓝瑶"的上衣以及广东乳源过山瑶男妇的上衣，贵州荔波青裤瑶妇女的披肩等，都绣有这样一个方形图案，或许因为口碑流传失真，他们已不能说明这就是"盘王印"，只作为一种装饰而已。

瑶族服饰这种载史的风格，历史文献早已有记载，如《后汉书》言："盘瓠诸子织绩木皮，染以草实，好五色衣裳，制裁背有尾形。"《广东新语》说："盘瓠毛五彩，故今瑶……衣服斑斓。"当世人明白瑶族崇拜盘瓠"龙犬"图腾后，从一个人的衣着的某一部分就可一望而知其是否是瑶人。瑶族人刻意地把人世间即将遗忘或失传的历史故事，加以形象化构思，通过服装媒介以及运用某种艺术手段再现于人们面前，使之铭记那段历史。这种体现在服装设计上、利用服饰的刺绣反映民族历史的一则并使之流芳万代的艺术手法，不仅是保存民族传统文化的一种好方法，也为民族间、支系间的区分设制了独特的标志。

3. 传统的审美风格

在我国装饰史上，挑花、刺绣、蜡染是较早出现的装饰工艺，直到今天，这三种工艺，尤其是刺绣工艺，仍被人们认为是美丽的标志而植置于日常生活

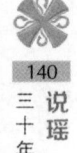

的许多方面。使用挑花、刺绣、蜡染作为服装艺术美的传统审美风格，在瑶族服饰中体现得尤为突出。早在两千多年前，瑶族先民就喜穿有五彩"斑"的衣服，这种"斑"，并不同于现代社会的多彩印花和织锦，而是人们用传统的挑花、刺绣、蜡染工艺在素色土布上加以点缀取得的艺术效果。瑶族传统的服装一般用黑色（尚青色）布制作，这种布料多是由瑶族妇女自己纺织，有的亦从市集上买来白布染印而成。瑶族妇女凭自己的一对慧眼，一双巧手和丰富的想象力，在黑色（尚青色）及白色布料上，依据衣裙、头巾以及襟裤所需点缀装饰面积的大小，使用挑花、刺绣、蜡染工艺，使之成为秀美的衣饰用品。

　　在瑶族各种挑花、刺绣的用品中，无论是大件的被面、披风，还是小件的香包、绣球，都喜欢用黄、红、（青）绿、白、黑五色作为配色的基本色调。瑶族挑花刺绣的底布主要有黑、白色两种，一般白色的布底用红、（青）绿、黄、黑四色配色；黑色布底用红、（青）绿、黄、白等四色配色。巧用色线，让黑、白布底分别显出黑白线条，这就是一种美的构思，一种配色的艺术，瑶族的挑花刺绣品，即是瑶族妇女智慧的结晶。

　　挑花与刺绣，是两种不同的工艺技术。挑花区别于刺绣的特点在于它不用描草图，不必用模具，只按布料的纱路经纬，运用红、黄、绿、白（黑）色丝线红绒线，一针针、一线线挑刺出各种十分对称、色彩和谐、形象逼真的花纹图案。挑花的纹样，多刺在胸襟、护肩、袖口、腰带、围裙、裤脚的边缘上，既起到加固边角的作用，又美观大方，达到实用与装饰的统一。刺绣的手法与挑花不同的是，在刺绣之前，所绣的花纹图案已基本定型，即先用黑线或白线（视布色而定），依布纹绣出一行行大小相同的方格，然后在方格内再配饰各种图案，若布的面积容不下一个图案，也一定绣上半个。其图案的花纹配色及格式都有严格的规定，如人形纹、兽形纹，只限于用白色或黑色，不能使用其他的颜色。图案的排列定位亦有规定，不能上下颠倒，左右混淆，如绣马头纹则一定要绣在花草纹、山野纹的面上。瑶族刺绣纹形状，虽只有三角形、四方形、菱形、齿形、人形、兽形、草木形等几种基本形式，但经由瑶族妇女构思、配线和调色，各种纹样的线条清晰、刚柔相宜，形成栩栩如生的人物和动植物形象。刺绣的纹样比挑花更完美地表达了创作者的构思，更广泛地大面积运用在饰品中。刺绣的作品有头巾、胸锦、挂锦、挂袋、被面、腰带、帽子、衣裙、围裙、披肩、披风等。

　　蜡染，则是人们用以装饰的另一种传统工艺。印染技术是瑶族较早期的手工艺技术，汉代瑶族先民已懂得"织绩木皮，染以草实"，宋代人周去非游览广西瑶山时，在《岭外代答》中记载了瑶人染布的全过程，滇桂山区的蓝靛瑶，以种植蓼蓝和印染蓝靛布而著于世，被人称为"蓝靛瑶"，因而瑶族的蜡染技术，主要保留在云、贵、桂蓝靛瑶支系中。瑶族的印染技术分有蜡印和针线折印两种。

一种是蜡染，即将蜂蜡溶化，在布料上点出所需要的花纹图案，再投入蓝靛缸内多次浸染，然后用热水脱蜡，花纹便明显可见。二是针线折印法，先用针线按花纹图案线条针刺，然后将布折缀拿去浸染，折去线条以后即呈现美丽的花纹图案。瑶族妇女所浸染的布料被史籍称为"瑶斑布"，有的还作为贡品献给封建王朝，如道州、郴州的"白纻布、纻练布"，连州的"綀布"，靖州的"绢"，零陵、全州的"葛"等。[①]"衣斑斓布""斑衣花裙"是当时文人对瑶族服饰艺术风格的概括。明清之际，瑶族民间刺绣技艺已达到了精湛的水平，出现了"用五色绒杂绣花卉"之工艺。在民间，挑花、刺绣、蜡染工艺已作为普遍的装饰艺术广为流传。也正因为瑶族人民拥有娴熟的挑花、刺绣、蜡染工艺，才会有瑶族那上百种缤纷多彩的民族服饰。

此外，瑶族服饰还具有多元化、革新化的特征，这是服装发展的必然趋势。但目前瑶族服饰中固有的文化特征，应以上述所言的三种风格为主。由于瑶族服饰中自然、古老、传统的风格较为统一，故在多种服饰款式及装饰风格的差异中，并不影响民族自身内部支系的认同。反而因服饰审美观的一致（以五色为主），花纹图案构思的一致（源于自然），以及绣绘装饰的手法一致（挑花、刺绣、蜡染），使瑶族妇女在设计制作服装的过程中，不断地吸收兄弟支系、兄弟民族服饰的优点，以充实、改进自己的服装。瑶族妇女的聪颖、敏捷、好学，促使瑶族服装的发展不断介入多元、新颖、美观的风格，使服装不再只有单一色泽，不再只限"五彩"的点缀，而是向着吸收汉装优势和多样化、时装化的方向发展。

[①] 姚舜安：《瑶族民俗》，吉林教育出版社，1991年。

瑶族饮食文化中的野生食物链[①]

瑶族是中国南方古老的民族之一。在我国55个少数民族中人口位居十三,据不完全统计,2000年第五次人口普查数据公布,全国瑶族人口共有263.74万人,主要分布在广西、湖南、云南、广东、贵州等省(自治区)的山岳地带,从东经100°30′的云南景谷县到110°20′的广东始兴县;从北纬21°37′的广西防城县到28°的湖南武陵山区,分布地域十分广阔。明中叶以后,南方瑶族跨越广西、云南边境,不断向东南亚移动,走向越南、泰国、老挝等国的山地。20世纪70年代的印支战争,把瑶族人卷入了战火硝烟。1975年以后,美国、法国、加拿大等国大量吸收印支战争难民,不少瑶族人就此机会移居到了欧、美、加等地。据有关资料反映,目前全世界有瑶族人口约300万,其中大部分居住在中国,一部分撒播在越南、泰国、老挝等东南亚地区,零星的三五万人口分布在美国的俄勒冈州、华盛顿州、加利福尼亚州以及法国的图卢兹地区。虽然瑶族人口分布广阔,支系众多,然瑶族人的生活习性基本相同。但本文仅着重介绍中国瑶族的饮食文化及其野生食物链。

一、瑶族的饮食生活习俗

瑶族的先民,可追根溯源到秦汉时期的"长沙蛮、武陵蛮"和春秋时期的"荆蛮"。其活动范围主要在湖北、湖南的洞庭湖畔以西一带。历史上瑶族人长期深居山区,生产力发展水平低。为了逃避战乱、民族歧视和压迫,瑶族人长期流离迁徙,为的是寻找新的生存空间,"常住青山千万山""吃尽一山过一山"。瑶族先民的迁徙,从秦汉时期就已开始,隋唐时期,瑶族由"蛮"逐渐

[①] 原载《广东民族研究论丛》第12辑,广东人民出版社,2004年。

分流形成独立的民族，据《隋书·地理志》记载："长沙郡又杂有夷蜒，名曰莫瑶，自云其先祖有功，常免徭役，故以为名。……武陵、巴陵、零陵、桂阳、澧阳、衡山、熙平皆同焉。"其中熙平郡，领今广东连阳四县邑（连南、连山、连州、阳山）及怀集、封开两县和广西贺县的部分地区。唐宋时期，广东粤北及湘粤赣三省交界地区是瑶族主要的分布地域。唐代诗人刘禹锡谪守连州时，亲眼目睹当地瑶民的生活。其诗《连州腊日观莫徭猎西山》《莫徭歌》以及《蛮子歌》，都分别从不同角度反映了当地瑶族人民的生活。"海天杀气薄，蛮军部伍嚣。""箭头涂鸩血，鞍旁见雉翘。""蛮衣斑斓布""火种开山脊"。这便是当时瑶族生活方式的真实写照，刀耕火种的游耕生活是瑶族的主要经济生活。当时瑶族"深居溪洞，刀耕火褥，腰刀弩，搏虎狼以为业"①，由于生活迁徙不定，瑶族人的生产生活资料积累不多，日常生活习俗都是建立在游移耕作的基础上，如建筑房屋就地取材，或住茅草棚或建竹木板房。室内的炉灶或用石头垒筑，或用三角铁支架锅煮食，没有床铺，只在火塘边上铺些茅草、稻草就地而卧。瑶族人的饮食习俗，更是与其刀耕火种的山地生活紧密相连。经常地迁徙游动，影响了瑶族社会经济的发展，人们长期在山野里生活，森林里的野生动植物是瑶族人赖以生存的食物。除刀耕火褥种植一些山禾、薯豆以及养殖鸡、猪、狗外，瑶族人很大部分的生活补给来自狩猎和采集。瑶族人的日常主食以山粳米、黄黍、玉米、地瓜等杂粮为主，特别是高山瑶寨以种林木为生的支系，粮食多不能自给，连杂粮都是在林中间种。瑶山有一种稻谷被称为"山禾黑米"，瑶族称为香粳米，营养丰富可治胃病与脚气，但产量很低，好的年景1亩也不过40~50斤。所以过去瑶家人的米粮是不足以供养一家人一年食用的，多半以玉米、高粱、红薯、木薯等杂粮拌米做饭得以充饥。当然中华人民共和国成立后瑶族人不仅大面积种植水稻，而且大量种植山地农作物，粮食不仅可以自给，还可以完成公粮任务，生活有了很大的改善。

瑶族人吃肉的时候不多，平时多以素食为主，自种有南瓜、白瓜、葫芦瓜、萝卜、白菜、芥菜、辣椒、茄子、豆角等蔬菜，但产量、质量都不高，数量也不多，大部分蔬菜的补给源于采集山上的野菜、野蕨、苦斋菜、大笕（石韭）、野荞以及深林里的蘑菇、木耳、香信菇等菌类和各种竹笋。

过去，瑶族人的饮食菜色简单，缺粮少肉，而且常在山地间游耕劳动，山

---

① 王东莆、黄志辉编：《粤北少数民族发展简史》，广东高等教育出版社，1996年，第130页。

林田地离家甚远，经常早出晚归，故一年365天常有1/3的午饭要在野外解决，这种午餐瑶族称为"冷餐"和"烧餐"。① 所谓"冷餐"，就是早上煮好中午的饭菜，用葫芦瓢盛上带着出工劳动，午餐时泡上山泉水冷吃冷喝；而"烧餐"则是在出门劳动时带上番薯、芋头、玉米等杂粮，中午时分就近找来柴草煨熟热吃，谓之"烧餐"。

瑶族人不太懂得烧饭做菜的烹调技术，每逢过年过节，总喜欢做"大锅菜"，即把鸡、鸭、猪肉以及豆腐、青菜、瓜类等一锅全煮在一起，除了放点盐或加点香茜、草果，基本没什么佐料、调料。原汁原味，倒是口感清爽。肉食菜色以自然原味为主。

瑶族最有特色的菜肴就是烤火肉。"烤火肉"是瑶山特有的"熏肉"。过去，瑶族人在山上打猎，所猎的黄猄、山羊、野猪、山鸡等野兽，一时半日吃不完，便把肉切成条块，洗净后用些许盐腌制一两天，再用竹篾把肉条穿好挂在火炉塘上方（梁下吊挂的铁钩），任由烟火熏烤，让烟尘封密肉的表层。经十天半月风干后取下用芭蕉叶或香粳稻草包裹起来，束上烟楼。吃时将烟尘刮洗干净，切片，伴以大笕、辣椒等热炒，现在的烤火肉多以猪肉腌制。有了烤火肉，就有了瑶家的特色饭：香粳烤肉饭和烤肉竹筒饭，它们是瑶族常见的待客饭。

香粳烤肉饭：香粳米是瑶山的特产，一般种植在山腰、山坡上，俗称"山禾"。产量不高但米圆滑软。用以做饭，饭柔软香醇。用料：香粳米、大蒜苗、盐、酱油等。制作方法：先将烤火肉切成肉丁，加些蒜苗、盐等配料，炒至半熟，铲起待用。待香粳饭煮至水干、蒸气上升时，将配料倒在饭面上，焗10分钟后拌匀即可吃，饭香四溢。

烤肉竹筒饭：竹筒饭是瑶家人到野外作业或伐木时制作的午饭，一般不放肉。而在佳节喜庆的日子，则放上烤肉。制作和用料：所用竹筒是刚砍下来的新竹，截成一节节可封口的竹筒，洗净备用。用料有粳米、糯米、花生、豆类以及酸菜、烤火肉等。先把大米浸泡一会，再把米和配料洗净盛入竹筒内，以竹叶或树叶相隔，湿泥封口，放入明火堆煨熟，约过半小时，从火堆取出竹筒，劈开取饭，饭软清香，还略带新竹的芬芳。

瑶族人嗜好饮酒，逢红白喜事，商议调解，都以酒先行。酒为自家酿制，

---

① 王东莆、黄志辉编：《粤北少数民族发展简史》，广东高等教育出版社，1996年，第132页。

用自种的山禾香糯为原料，从汉区买来酒曲子，自煮自蒸，酿出来的米酒度数不高，一般为10～20度，清淡醇香，多饮而不醉，以解困解乏为主。喝酒时，瑶族人会端起酒碗，先弹三次酒，以敬天、敬地、敬祖先，谓"阿公饮酒"，才大碗深瓢开怀畅饮。到瑶山做客不讲究送礼，拎上两瓶米酒，主人则皆大欢喜，如遇瑶家喜庆节日，必会被盛情邀请入席，陪饮一盅一碗，如故人相见般，新朋即是老友。

瑶族人常以酒会友外，还盛行以油茶会客。各地油茶名称不一，有称"打油茶"，有称"炒茶"。各地油茶的制作方法却大同小异。以铁锅将油熬热，放进姜片、茶叶、盐粒；用锅铲来回炒炒，再撒一把爆米花、油炸玉米、炒花生米以及熬烂的豆类，加些葱花、嫩蒜，搅拌入味趁热端来待客，油香茶浓，清新入肺。瑶家人的饮食习惯依然保持自然的乡土风味。

二、瑶族的野生食物链及其食用和制作

"身在瑶山尝百草"，这是瑶医嘴里的一句口头禅，也是对野生食物的品尝经验。经年不断的迁徙游历，让瑶族人"吃尽一山过一山"，吃出了味道，吃出了经验，也吃出了野生食物链。从简单的采摘野生蕨菜，到挖蕨根制作蕨粉和蕨糍；从春天的雨季采摘春笋，冬天的寒日锄挖冬笋联想到各种各样食用笋的菜式制作，如炒苦笋、泡酸笋、酿冬笋、焖甜笋；从摘吃新鲜野生冬菇、木耳，联想到储存干货以备饥荒，等等。从简单的吃法和制作带出了一连串食物链。瑶族人"靠山吃山"，山地里的野生动植物曾是他们族人赖以生存的生命源泉。瑶族人所居之处山高林密，野菜丛生，菌类丰富，竹林笋立，植物的根茎营养价值高，给瑶族人民储备了丰富的天然食物；人们采集山野之食物，猎狩深林之兽类，以果腹之饥，以解身之寒。春夏秋冬，年复一年，山野里的植物殁了又长，林子里的野兽代代相生，也给瑶族人带来不息的野生食物链，虽然现在已强调要保护森林自然生态环境，已禁猎各种兽类，但人们依然习惯于上山采集野菜和拾捡菌类，以弥补饮食生活中菜色的不足。

瑶族饮食文化中常常出现的野生食物类有：

菜类：大笕（石韭）、蕨菜、苦斋婆、苦麦菜等。

菌类：松蘑、香菇菌、白木耳、黑木耳、猴头菇、灵芝等。

笋类：春笋、金竹笋、苦笋、甜笋、冬笋等。

根类：山薯（山药）、野百合、蕨菜头、土茯苓、葛根等。

瑶族人利用这些菜、菌、笋、根等野生食物原料，制作出各种富有民族特色和地方特色的鲜美菜色，如野蕨炒肉片、野蕨粉蒸糍等。

蕨是野生草本植物，蕨芽如大蒜芯般大小，人们食用时只采摘蕨心。采集下来后，撕去毛皮，切成寸长，沸水飞过后，加肉片调料煎炒，菜色鲜美，清甜嫩滑。野蕨含丰富的淀粉，挖根捶烂，经过滤水沉淀，去清水留淀粉，晒干成粉以备食用。制作时，以水渗粉开浆搓面并调入白糖，制成圆扁状蕨糍粑，放锅中隔水蒸熟，即成入口滑韧的蕨糍，其味甜软可口，别具风味。

另有"大笕炆豆腐""大笕炒烤火肉"亦是瑶家人常吃的菜色。大笕别称为"石韭"或"大韭菜"，形及味都似韭菜，但枝叶比韭菜阔大。常野生在山溪、水坑边，瑶族人发现其能食用时，便移植到山冲湿润地连根植种，只需略撒些草木灰，便很快生长茂盛。易栽易种，割之再长，一茬又一茬，是瑶山上最常见的一种蔬菜。

"大笕炆豆腐"的制作用料不多，有大笕、水豆腐、酱油及盐油即可。先将洗好的大笕下锅油炒片刻起锅待用，然后油煎水豆腐，待豆腐两面成焦黄状，即将大笕散铺在豆腐面上，加水煮10~20分钟，便可食。大笕收入了豆腐的清鲜，豆腐浸入了大笕的香味，清爽芳香。"大笕炒烤火肉"也是瑶家年节中常有的盘菜。制作也简单，用温水洗干净肉的烟尘，切片与大笕清炒。大笕青绿，辣椒红色，烤火肉黄色呈半透明状，起菜后烤火肉皮脆肉爽，不肥不腻，盘菜色香味全，是下酒的好菜，瑶家常以此菜招待宾客。大笕还可与螺肉、鱼片、肉片清炒，成为当今宴席上一道瑶家特色菜。

苦斋菜，是瑶山满山遍野生长的野菜。春天苦斋菜生长嫩绿，人们常在此季节采摘，趁新鲜食用，或洗净晒干制成干货，以备菜荒，干货也常用来做汤料。"苦斋菜炒肉"一般用新鲜苦斋菜。洗净的菜先用沸水煮软，过水浸泡一两天，目的是浸淡苦斋菜的苦涩味。一两天后，苦涩味渐去便捞起备用，菜色仍保持青绿。加入肉片与之伴炒，味道虽有甘苦但很特别。"苦斋鸡汤"，健脾去湿，瑶人常喝此汤。制作亦简单：先将苦斋菜用水沸煮，再用清水浸泡，捞起晾干水。做汤时，先把苦斋菜放入水中，煮沸，再放入鸡肉、姜、盐、油，片刻即成鸡汤，其味鲜苦甘津清香。

瑶山野生菌类很多，能食用的亦不少，木耳、香信菇、冬菇、灵芝是瑶人常吃的野生食用菌。而菌类做汤更是回味无穷。瑶山的"天鹅菇鲜汤"最令人难忘。"天鹅菇"又名"松树菇"，在松树林中生长，盛产期为农历三月及十月，刚长出地面的小菇茸做汤最好，其肉厚鲜嫩。汤料不多，仅鲜肉加松树菇。制作时，先将菇子洗净后放油锅温火略炒，加盐后再炒出汁味，即可放水，煮沸后再加肉丝生滚10多分钟即可上席，汤味清甜芳香。瑶族人家很少煲"老火靓汤"，多是即煮即吃的鲜汤，保持新鲜原味。而摘下的灵芝，多是用以煮水当茶喝，很少像今天那样用来熬汤。现在的人们不仅用灵芝做汤，而且用来制作各种保健食品和药品，连南的灵芝孢子粉就很有名，因其用野生灵芝制作，防癌治癌的药力和功效都很好。

瑶山野生竹子成林，竹笋是瑶族人常吃的菜色。竹笋制作的菜色很多。炒苦笋是乳源瑶族最传统的家常菜。苦笋虽苦但经焯水后只留下淡淡的苦味，不影响口感反而觉得味道特别。苦笋焯水后再用清水养一天半天，为的是去掉苦涩味。然后捞起趁新鲜清炒，放些许辣椒，或和新鲜肉片清炒，味道甘苦清甜。瑶族的"酿竹笋"，也是一道很特别的菜肴。用料以嫩笋芽为主，有肉粒、冬菇、葱或蒜等。制作方法：先将成条的笋芽剥净过水，切成两半，然后把肉粒、冬菇、葱花和成肉泥酿进笋身，放置蒸笼蒸熟或用油锅煎成，鲜甜脆嫩，口感甚佳。竹笋还可制成酸笋和干货，可制作的菜色也就更多。

瑶山上可食用的根类挺多，有山薯（淮山）、野百合、蕨菜头、土茯苓、葛根、野荞等。最常吃的是山薯，它有别于民间家种的地瓜（当地人称为番薯），形状长条，皮色泥黄。山野里雨水充裕，日照丰富，故野生的山薯特别的粉香。瑶族人常用山薯作菜肴或做汤，山薯大骨汤很是浓香。现代人常用山薯打火锅。土茯苓、葛根也多用以熬汤，蕨菜头晒干后磨成粉做蕨糍，只有野百合和野荞的根、头用以炒菜。此外，瑶族人还利用山野树叶、草根制作各种祛湿茶、保健茶等，如唐梨叶、苦丁、溪黄草等。

瑶家的野生食物菜色虽不能与"满汉全席"媲美，但很有其民族独特的吃法和创意，而且保持较完整的山珍自然原味，无空气、环境污染，这是现今都市人所追求的饮食概念和饮食文化。瑶族的野生食物菜色还有不少，在此不一一列举。

三、瑶山野生食物的再生

　　瑶族人"吃尽一山过一山","吃尽一山则他迁",其实这里就有一种让"大山休养轮耕"的思想观念。因为山野的动植物都有自己的生长期,不可能取之不尽,食之不竭。瑶人之所以他迁,就是让野生食物有一个再生的机会。此外,为了让山野林木茂盛,人民政府对山林施行区域性"封山育林",让大山有一个休整的时机,让野生食物再生。为了丰富饮食生活,瑶族人还不断将野生植物植种、植养,以备饥荒。现在瑶山上已出现不少家种野菜或集体种植的品种,如大笕、苦麦、山药（淮山）等。在连南、连山、乳源三个民族自治县内,开展大面积种植竹笋、淮山,培植香菇、灵芝等绿色食品和菌类。以连南为例,2000年在制订农业发展的规划时,把发展竹子和农产品加工纳入了重点项目。仅连南一地就计划发展10万亩竹子基地。还计划培植食用菌（猴头菇、香菇、灵芝等）400万袋（干货100斤/袋）,为瑶山的野生食物保护和再生,创造了有利的条件。瑶族同胞也从农产品的种植和加工中获得经济效益,如种植竹子,一可培养成建筑材料,二可使竹笋经年不断,为瑶族提供了源源不断的菜食,并可将富余部分拿到市集出售,以换取生活用品和日用消费。人们对大山的封山育林和种植野生植物技术的开发,是野生食物再生的最好途径。

瑶族传统道德与精神文明建设[①]

道德，是人们共同生活及其行为的准则和规范，通过人们的道德意识和道德规范来调整人们的行为和关系，使之适应自己的经济基础，为自己的经济基础的形成和巩固服务。一个社会，不仅要拥有强大的经济力量作后盾，还必须有良好的政治道德风气来把握社会，以保证社会的正确发展方向。在阶级社会里，道德具有鲜明的阶级性。不同阶段，不同的民族，有着不同的道德观念，不同的行为表现。瑶族社会，也形成了一些具有民族观念的社会道德。瑶族人民依赖这些长期社会实践和传统教育形成并留传的习惯、社会舆论及道德观念，来衡量自己的言行，调整民族内部和民族之间的人际关系，维持了社会秩序并促进了社会生产的发展。在漫长的历史长河中，逐渐形成瑶族人民传统的美德。对今天的社会主义精神文明建设，无疑是一份值得继承和发扬的历史遗产。

一、瑶族传统的道德

党的十三大报告指出：社会主义初级阶段是很长的历史发展过程，这个过程，决定了社会主义道德结构是一个多层次的动态性的主体结构；共产主义道德是高层次的道德要求，社会主义道德是较低层次的道德要求。

社会主义时期的道德标准，仍以善和恶、公正和偏私、诚实和虚伪、高尚和卑劣、正义和非正义、光荣和耻辱等道德观念来约束自己和评价人们的行为，所以，公共的生活道德、职业道德、婚姻家庭道德等，是社会主义初级阶段全体公民所要达到的起码的道德标准。我们所说的瑶族传统道德主要表现在社会公共道德和婚姻家庭道德两个方面。

---

① 原载广西民族研究所编：《瑶族研究论文集》，广西人民出版社，1992年。

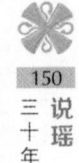

（一）社会公共道德

瑶族人民诚实善良，热情好客，重仁义守信诺。互相帮助，非己物不取等社会传统道德，早为世人所传颂。《乐昌县志》载："村中夜不闭户，路不拾遗，偷盗欺凌杀无赦……通力合作，故稻粱菽粟足以自给……惟其人尚有诚信，常以药材茶木运入市肆，交易无欺……或与人约，虽风雨不爽期。"把瑶族的社会风气，一一道白出来。

1."道不拾遗，非己物不取"

在瑶族人民眼里，偷盗行窃是污辱门风的事情，在村寨乡规民约、公众习惯以及石牌①条例上，对偷盗者的处罚是十分严厉的。久而成习，人们自然以"偷盗"为耻辱，思想意识逐渐形成了"道不拾遗、非己物不取"的道德观念并见诸行动。每到一处瑶山，若见路上或山间插上活结的茅标所示物，谁也不会去动。主人外出，只需用小木棍插上门扣，即可放心出门。进山劳动或赶集，人们习惯把带的衣物、饭包等放在路边或挂在树桠上，附一草结，等回来再取，不会有人取走。即使在山上偶尔发现一窝野蜜蜂，以"结草为记"，日后来看仍然存在。瑶族的谷仓、柴棚大都建在村头或边远山沿，存放一两年或更长的时间，也不会被人偷走。在各处的瑶山，凡有"草结"的东西，别人是不会染指的，倘若有人乱取乱拿，他们的行为将受到众人的谴责或惩罚。因此瑶族的社会秩序一直比较安定。

2.热情好客，以诚相待

在瑶人心目中，有个做人的准则，即是：与人真诚相待，必有真诚的回报。所以他们待人接物，总是以礼先行。《曲江县志》卷三载有瑶人"平时多出桂头市贸易，与土人相呼，男曰同年哥，女曰同年嫂"。他们喜欢与兄弟民族"打同年""挨伙计"（结拜兄弟或交识朋友）。双方便以至亲好友相待，频繁来往，贫苦则相帮，甚至传袭下一代。瑶人对进山做买卖或工作的客人特别尊重，过去刻在石碑条文上规定，加以保护，并且常以美酒香饭热情招待，从不主动索取银两。一些常年久居瑶山的汉族工匠及商贩，深感瑶民的诚挚，自动提出改

---

① 石牌制是广西瑶山瑶族地区的一种带有原始民主、维护社会秩序的政治组织。通常以村为单位，分别或联合组成小石牌、大石牌、总石牌。将有关维护生产、社会秩序的习惯法，制成若干条规，以民众集会通过，刻在石牌或写在木牌上，供大家共同遵守。

为瑶族,以尽族员的一份义务。据调查,广东连南瑶族自治县南岗排、大掌排均有汉人入族的情况。排瑶有一半以上的人家同汉族兄弟建立了"打同年、挨伙计"、通婚、收养子女等交往关系,故此瑶族素以好客著称,只要你上山做客,也会感到瑶族的热情、瑶山的温馨。

3. 讲信用、重承诺

"瑶人讲信用、重承诺",史籍对瑶族人民这种诚实、仁义的美德常常赞之。如《阳山县志》载有"其人精药弩,惯捕猎,重承诺"。宋代《岭外代答》载:"瑶人无文字,其要约,以木契合二板而刻之,人执其一,守之甚信。"决定重大事宜,饮鸡血酒是聚义结盟的规例。中华人民共和国成立前夕,在连南瑶山解放军北江支队飞虎队队长就是与瑶老饮血聚义结拜,才得到广大瑶族人民的帮助,躲避了官兵的追杀。瑶族人凡作承诺,必坚守信约,从不欺瞒敲诈。瑶人若是远途跋涉不能回家就餐,只要附近有村庄,均可入内搭伙做饭,食者设法来日奉还,从不食言。"瑶人不会说假话",这点大可相信。在瑶人看来,男女之间,老少之间,主客之间,都应彼此尊重,彼此信任,才会是"世上的好人"。

4. 互相协作的精神

人们在共同的生活中,懂得了人与人之间相互帮助的重要性。在瑶山,只要是集体的事业,大家都会通力合作,修路开渠、建庙宇,全村寨的劳动力都会来参加。这种互相协作精神,不仅表现在公益事业上,而且在农活、狩猎、建屋、婚姻、丧葬等大小事情上,人们会相互尽自己的人力、物力、财力去帮助别人。他们认为:一个人由生至死,需要别人许多的帮助和照顾,个人永远是负债的,所以,接受别人的帮助是合情合理的,帮助别人是应尽的义务。在广西金秀瑶山,若同村寨的亲戚朋友中一家有难,四邻必来相帮。只要寄语好友,将一传五,五传十,闻者无论相识与否,亦不管隆冬或炎夏,来者自备膳食,主人不必备酒饭,亦不用支付工钱,帮助者有时竟达百余人。在集体狩猎的活动中,所有猎物,不论大小,凡参加者都得一份,有时路人巧遇,也能得到一份猎物。这种朴素的集体观念和原始平均思想,至今仍沿袭下来。

(二)婚姻家庭的道德观

婚姻与家庭生活,是人类生活的一部分,也是社会活动的重要部分,对婚姻、家庭问题的道德认识,直接影响着社会的精神状态。从瑶族的婚姻家庭道德观中，我们可以看到其社会精神生活的一个良好侧面。

1. 婚姻恋爱自由

在封建枷锁的禁锢之下，中国几千年来男女青年缔结婚姻，都是由"媒妁之言、父母之命"包办完成，这种婚姻方式虽然也不同程度地影响了瑶族社会，但在瑶族内部，始终保持了民族特有的婚姻恋爱观，即通过"对歌"自由选择自己的心上人。在连南排瑶中，未订婚的青年男女，可以通过"讴莎腰"的对歌方式自由寻找对象，父母不加干涉。男女双方有意，互送定情信物即可告知父母择日成亲，倘若姑娘不为"讴歌"所动，便会应歌劝慰男方"另采鲜花"，并拿出竹柴松明点燃给来者照亮回去，有时会有几个甚至十几个男青年同时到女方窗前唱歌求婚，但不管谁获得姑娘的爱情，其他男青年都不会妒忌，不会打架，而是给予衷心的祝愿，这虽然含有原始男女社交自由的残余因素，但宽容与大量，正是文明社会所必需的精神修养。瑶人的宽厚，不仅保持了朋友伙伴之间的友谊。而且保证了自由恋爱的婚姻得到皆大欢喜的结局。

2. 社会、家庭尊老爱幼

"深山看人树，瑶家敬老人"，在瑶山，尊老爱幼是社会的好风气。人们凡遇事，多与老人商量，逢节日喜庆宴会，必请老人坐上座，路遇老人，必让出正道，并替负重老人背上一程。因此瑶山老少关系十分融洽。瑶家父母疼爱子女但不会一味溺爱，待儿子长大成人后，便分出家产，让孩子们自立门户，自食其力。瑶族老人也不愿意坐享其成，即使有子女赡养、照料，他们也要参加劳动，直到完全丧失劳动力为止。老有爱心，少有孝心，瑶族儿女对年迈的父母主动承担赡养义务，社会不会出现抛弃老人、不赡养父母的事例。

3. 家庭夫妻地位平等

在瑶族社会里，男女之间有着比较平等的地位。家务和农活，男女共同分担，不分彼此。婚姻上，男子可以迎亲讨娶，女子亦可招郎入舍，入赘者与儿子同等待遇，不会受人歧视。倘若夫妻感情不和，男女双方都有提出离婚的自由。妇女再婚，一般不受约束。瑶族人过去人丁稀少，婴儿成活率不高，因此，对能生育、繁衍后代的妇女极为尊重和爱护，如有房族械斗，可由妇女出面制止，老人调停。若一方伤害了另一方的妇女，则会被兴师问罪，甚至联动十二代外家"食人命"。追其因源，存在某些母系氏族社会对女性崇拜的痕迹，但重要的是瑶人在思想意识上，首先树立了对祖先盘古王母至尊的崇敬，女性生育的辛劳启迪了女性亦可传宗接代、男女该平等相待的思想观念。

综观瑶族社会，虽然其生产、经济发展缓慢，但其社会治安是比较安定的，瑶族人民依据上述这些道德观念，维护社会秩序以及人与人之间的相互关系，直到今天，人们仍保留并遵循这些行为准则。这对于建立社会主义的精神文明，在行为道德上仍有一定的价值和现实意义。

二、瑶族传统道德的特点

社会存在决定社会意识，而社会意识的进步，是在社会的实践中实现的。观念，则是人们在认识世界的实践中思想活动的结果。瑶族人民传统的道德观念，正是其民族在长期的斗争中形成并不断验证和完善的，由此突出地体现了三个特性，即道德的原始性、纯朴性和永恒性。

传统道德的原始性在于其社会不同程度地保留了原始社会的某些残余。道德由一定的经济基础所决定。由于瑶族历史上长期不断地迁徙游耕，人们没有固定的再生产资金，社会与家庭小农经济的再生产基础不牢固。所以生产力发展迟缓，经济文化较之汉区落后。也正因为其社会发展不同程度地保留了原始社会的残余因素，反映在其社会意识形态的道德观念上，也或多或少地保留了某些原始共产主义道德色彩。狩猎中的原始平均主义，劳动中的原始平等互助，男女之间的原始社交自由等，都是原始社会早期的道德观念。当然不是所有的传统道德观念都是进步的、正确的、符合发展规律的，但迄今能够保留下来，说明其中部分是符合当时社会经济发展要求的。我们知道，先进的观念对于人类的社会发展有着巨大的促进作用，陈腐的观念对社会发展存在消极和阻碍作用，而正确的观念能够指导实践达到预期的目的。瑶族原始共产主义道德观，仍然对社会起到团结、安定的作用，这是人们所希望和保留的，自然对本民族社会经济发展有可取之处。

瑶族传统道德的淳朴性反映了瑶族对人对事都是发自内心的真实情感。瑶族人民在与自然长期的艰苦搏斗中，领略到了人与人之间感情交融的真谛，他们遵循"行好德必有好报"的古训，以真实的情感去维护和善、尊老爱幼、互助协作、重承诺和守信义等观念，待人接物，热情好客，都不曾怀有半点私心杂念。山里人的爽直、山里人的纯朴，从他们的一言一行中透露出来。瑶山绝少欺骗，绝少敲诈，绝少抛弃老人、虐待妇女，这些道德行为，反映了瑶族的为人及对社会影响的积极方面。在某些"现代人"眼里，瑶族的"路不拾遗""非己物不取"的观念"傻气"得不可思议，其实这正是瑶族传统道德的朴实可贵之处。

　　瑶族传统道德的永恒性对社会发展的过去、今天及将来都具有一定的意义。先进的思想意识总是要出现在社会发展的前面，人们在历史发展的长河中，不断地总结经验，不断地发现新观念，不断地赋予"原始共产主义道德"和传统的社会道德以新的思想、新的内容，让优良的传统道德能永恒地为社会服务，并随着社会发展的需要，经常反复地提炼，把传统道德培养成为优良的传统美德，瑶族的"婚姻恋爱自由""尊老爱幼""家庭夫妻地位平等"等道德观，仍在现今社会中保持旺盛的影响力，这不仅丰富了社会主义精神文明的内容，而且也为将来实现共产主义高层次道德结构奠定了基础。所以我们要珍惜传统道德、美德对社会的作用，运用其积极的一面，广泛地为社会发展服务。

三、发扬优良传统道德

　　道德的作用比较广泛，比起法律要广泛得多，所以，继承和发扬优良的传统道德，对促进社会主义精神文明建设有着深远的意义。

　　社会主义的精神文明，要求社会的教育、科学、文化知识水平和人民思想、政治、道德达到较高水平。社会主义精神文明建设的内容主要包括文化建设和思想建设两个方面。而思想建设内容包括马克思主义的世界观和科学理论，共产主义的理想、信念和道德，同社会主义公有制相适应的主人翁思想和集体思想；同社会主义政治制度相适应的权利义务观念和组织纪律观念，为人民服务的献身精神和共产主义的劳动态度；社会主义的爱国主义和国际主义等。而理想、纪律、道德的建设是其中尤为重要的环节。所以瑶族地区的社会主义精神文明建设，很有必要继续发扬民族传统的优良道德，倘若社会经济发展了，社会道德风气却变坏了，经济建设又有多大的意义呢？社会主义建设就是要求物质文明建设和精神文明建设齐头并进。

　　目前，在改革开放的形势中，存在着社会的经济行为与道德行为不尽一致现象：在经济生活中承认、照顾、体现个人利益，而在思想道德方面则提倡大公无私的牺牲精神；在经济生活中实行按劳分配，多劳多得，在思想道德方面则提倡不要斤斤计较报酬，要多贡献、少索取；在经济生活中鼓励个人冒尖，允许竞争，允许一些人先富起来，而思想道德方面则提倡先人后己，助人为乐；在经济领域里提倡改善生活，提高人民物质文化生活水平，在思想道德方面提倡勤俭节约，艰苦奋斗。一些传统道德观念与现代社会发生的矛盾一时难以调和。

在瑶族内部，同样存在着新旧观念的矛盾：传统的观念认为，树林是瑶族生长繁衍的庇护区，树木是不属于任何人的荒山野岭的自然生长物，自古以来任意游猎，任意砍伐树木并不受任何法规的约束；而今新的观念、新的法规规定森林的树木及珍贵野兽都是国家的财产，任何个人不得随意触动，即使在自己承包的树林里猎兽或砍伐盖房子的木头，都有违反政府有关条文的可能。在一些瑶族支系里，每年春节前后的一段时间，男女不论婚否，或白天或晚上，都可以到户外去寻找情人唱歌、约会。瑶族人看来，这不过是先人留下的一种习俗，搞学术的人也能理解这是原始社会的群婚残余。但以现代的观点来衡量，几乎属于不正常的男女关系或婚外恋，是社会主义道德所不允许的。这些民族传统观念以及在这种观念下支配的行为与现代社会道德规范相碰撞的现象，应该看成是社会的进步。社会经济的不断发展，也要求人们逐渐革除思想意识上陈腐和僵化的传统观念，培养适应新形势的新观念。

我国社会主义建设虽然处于初级阶段，但要求这个历史时期的思想道德水平适应社会主义建设的要求。在瑶族社会里，虽然存在一些腐蚀人们思想的旧观念，但也保留了不少对社会仍有一定促进作用的传统道德思想。为此，我们应该摒弃一切不符合现代社会需要的旧观念，而正视传统道德观念对现代社会的行为价值。根据本民族的实际情况，强调思想道德教育与经济建设相结合，实事求是地考虑多数人的觉悟水平、承受能力和当前的现实情况，对不同对象的不同要求可以并存，以便把不同层次、不同文化程度的人们都团结凝聚在一起，为共同的理想和目标而奋斗。

精神文明建设不是一个预先设计的千篇一律的单调格局，而是生动、活泼，繁花似锦的百花园，我们可以充分发挥民族传统道德的生命力，继承和发扬优良的民族道德品质，吸收先进民族的优秀道德品质，建设一个具有民族特色的精神文明新天地。

保护和传承瑶族非物质文化遗产的思考[①]
——以广东瑶族为例

一个民族生存的根本，除物质的保证之外，文化遗产也是安身立命的根本。瑶族文化遗产十分丰富，特别是非物质文化遗产，有着特别的优势。虽然称为"非物质"，但与"物"又密不可分。口头和非物质文化遗产的本质不在于"物"与"非物"，而在于文化的"保护传承"，其核心是传承文化的人。瑶族非物质文化遗产是少数民族文化宝库中的一部分，而它面临失传的危机尤为严重。本文主要思考的问题是如何对瑶族非物质文化遗产进行保护与传承。

一、社会对保护与传承少数民族非物质文化遗产的共识

我国有260万瑶族人口，分布于我国的广西、湖南、广东、云南、贵州、江西等省（自治区）。瑶族历史悠久，文化内涵丰富。由于长期频繁迁徙，大分散小聚居，与其他民族交往甚多，由此导致民族内部出现了一些不同的差异。瑶族原来的支系很多，按他称分就有30多种，有因崇信盘王（盘瓠）则被称为"盘瑶"或"盘古瑶"；有因种蓝靛、染蓝靛布而被称为"蓝靛瑶"；有因服装特点而被称为"红瑶""花蓝瑶""白裤瑶""顶板瑶"等；有因住居有特色而被称为"东山瑶""坳瑶""八排瑶""平地瑶"等，中华人民共和国成立后统一称为"瑶"。而瑶族本身也有许多自称，人们习惯按语言把瑶族各支系分成为瑶语支（也称盘瑶支系）、苗语支、侗水语支和汉语方言四大支系。瑶族的地域性和支系多造就了其文化的多样性。瑶族社会发展不尽一致，其自身的民族传统文化风采各异，繁花似锦；而民族非物质文化遗产更是特色浓郁，丰富多彩。

[①] 原载广西瑶学会编：《瑶学研究》第6辑，香港展望出版社，2008年。

这些口头和非物质文化遗产是指各种类型的民族传统和民间知识，各种方言、口头文学、风俗习惯和民族民间的音乐、舞蹈、礼仪、手工艺、游戏、建筑艺术及其他艺术，这些民族民间文化艺术组成为社会各层次文化，并成为瑶族主体文化的基础，也成为少数民族非物质文化遗产的一部分。

长期以来，中国少数民族口头和非物质文化存在于社会强势主流文化的边缘，但在中国各民族发展历史中植根最深、影响最广，是民族思想的张扬、民族情感的寄托；更是民族精神、民族性格的体现。它们通过神话、传说、故事和史诗等形式记录一个民族的喜怒哀乐和爱憎好恶，并成为中华民族的文化精华。各民族的传统文化包含了两种表现形式：即有形的物质文化和无形的精神文化，但更多体现在无形的精神文化方面。① 在价值观、生活方式、风俗习惯、心理特征、审美情趣等方面表现尤为鲜明。进入现代社会后，传统文化作为历史的积淀仍在各民族中不同程度地保留和传承着。传统文化承载着一个民族的价值取向，影响着一个民族的生活方式，拢聚着一个民族自我认同的凝聚力。传统文化是一个民族历史上创造的文化总和，是一个民族社会精神生活的表象。而文化遗产则是传统文化中传承下来的最精华部分，是各民族历史上遗留下来的值得保护的物质财富和精神财富。传统文化又是一个民族的历史生命在现实社会中的延续。它既具有历史性，又具有现实性。所谓历史性是指这部分文化是经过长时间形成并传承下来的；所谓现实性，是指这部分文化在现实生活中被继承，仍具有生命力，是一种"活"文化。传统文化可以变异、创新、重构，但文化遗产却只能保护其原形而不能重新创造。在继承传统文化的基础上，可以重构新文化；但文化遗产消失后，不可再生。有一种误解，认为只要是"传统的"就是好的，就要保护。其实"传统文化"是一个民族历史上形成并传承下来的"全盘文化"，在社会文化变迁的转型和发展期，这种传统文化不应当也不可能"全盘"保留和受到保护。我们保护的是"传统"中有价值的那部分。

关于非物质文化遗产的界定，这两年学术界基本达成共识。根据乌丙安、陶立璠等专家学者的研究，非物质文化遗产就是指我们以往熟悉和研究的民间文化、民俗文化。"非物质文化遗产"和"民俗""民间文化"的概念是可以互相置换的。陶立璠教授认为：一个简单的道理是，民俗学研究的不止是非物质

---

① 祁庆富：《少数民族非物质文化遗产的抢救与保护》，《光明日报》，http://edu.QQ.com，2006年08月26日，14:03。

文化遗产，它还包括了物质文化遗产；物质民俗、社会民俗、精神民俗都是民俗学研究的对象。[①] 这样的看法和联合国教科文组织的《非物质文化遗产公约》《文化多样性宣言》的精神并不矛盾。1989年联合国教科文组织在巴黎召开了第25届总会，会上通过的《关于保护传统文化与民间创作的建议》所指的是"传统文化与民间创作"。在《人类口头及非物质遗产代表作宣言》中采用了"口头及非物质文化遗产"（Oral and Intangible Heritage）这一表述方式，和"民间创作""传统的民间文化"本质上没什么区别，可以说内容是完全一致的。"民间创作"这个词语，本来就可以翻译为"民间文化"，我们为了把这个概念扩展成为"全民族"的广义的概念，把它叫作"民族民间文化遗产"，这就使我国遍及56个民族的全民的文化遗产（当然不包括文物类遗产）都得到概括。与此同时，在我国早已通行的"民俗文化遗产"一词，其概念和"民间文化遗产"几乎是同义语。"传统文化遗产"一词也是泛指自古流传下来的精神文化事象，也包括文化传承的遗产在内。这些概念都可以在很大程度上作为"非物质文化遗产"概念可参照的有价值的常用词语。[②] 熟知非物质文化遗产的范围包括：在民间长期口耳相传以及通过行为表现的诗歌、神话、史诗、故事、传说、谣谚；传统的音乐、舞蹈、戏剧、曲艺、杂技、木偶、皮影等民间表演艺术；广大民众世代传承的人生礼仪、岁时活动、节日庆典、民间体育和竞技，以及有关民俗活动和礼仪与节庆、生产、生活的其他习俗；有关自然界和宇宙的民间传统知识和实践、传统的手工艺技能以及与上述文化表现形式相关的文化空间等。

目前，全世界都在关注文化遗产的抢救与保护，在中国，民间文化抢救工程和中国民族民间文化保护工程启动两年之后，国务院决定，从今年（2007）起每年6月的第二个星期六为我国的文化遗产日。尔后公布了第一批国家级非物质文化遗产名录，518个项目榜上有名。在这批公布的国家级非物质文化遗产名录中，少数民族项目占了三分之一，瑶族非物质文化遗产项目也榜上有名。名录的公布，大大激发了全国各族人民对保护非物质文化遗产的热情。对其进行保护的经费预算已报国家财政部，同时公布了我国"非物质文化遗产"的标

[①] 陶立璠：《非物质文化遗产的定义、评价与保护》，中国国学网，http://www.China.com.cn/，2007年05月24日，09:17:37。

[②] 乌丙安：《中国文化语境中的非物质文化遗产界定》，《光明日报》，2005年7月5日。

识；全国非物质文化遗产普查和培训工作也正在进行。2005年3月，国务院办公厅发出《关于加强我国非物质文化遗产保护工作的意见》（国办发〔2005〕18号），《国家级非物质文化遗产代表作申报评定暂行办法》也已出台，这对于少数民族非物质文化遗产的抢救与保护，必将起到重要的推动作用。少数民族文化作为非物质文化遗产的基本成分，成为我国近年来文化保护和发展的重点与亮点。党和政府重视少数民族文化发展的措施赫然在目。据国家民委文宣司负责人介绍：截至目前，全国出版了5000余种少数民族古籍；国家编辑出版了包括《少数民族简志》等5种丛书400多本，全面介绍了我国少数民族的各方面情况；国家研究、整理、翻译、出版了藏族的《格萨尔》、蒙古族的《江格尔》、克尔克孜族的《玛纳斯》等少数民族三大英雄史诗；拨巨资出版了传统藏学百科全书《中华大藏经》等；编纂出版了包括文学、音乐、舞蹈诸门类的10部《民族民间文艺集成志书》；抢救了大量的戏剧、音乐、舞蹈等文化遗产，如蒙古族的长调、维吾尔族的十二木卡姆已被联合国列为世界非物质文化遗产保护名录……在我国，少数民族非物质文化遗产不仅具有特别重要的价值性，也具有特殊的"濒危性"，随着传人的离世，因无人记录而难以再听其"环佩之声"。纳西古乐、内蒙古长调以及各民族民间的织锦、服饰、印染工艺、风筝、彩灯、皮影戏、年画、谚语、歌谣、故事等都在逐渐衰退或消失，不少民间文化典型器物也流失海外。因此，采取有效措施，加大对少数民族非物质文化的抢救与保护的力度，是各民族自身的责任，也是全社会的共同责任。今天，"文化遗产保护"已成为社会时尚话语，自觉保护民族的文化遗产已成为社会共识。而瑶族传统文化遗产是少数民族文化遗产的一部分，其保护形式也已提上瑶族人民的议事日程。

二、亟待拯救的非物质文化遗产项目

在漫长的历史长河里，中华民族创造了光辉、灿烂的华夏文明，为连绵不绝的千秋后代，留下了誉满寰中的口头与非物质遗产。其中，少数民族瑰丽多姿的传统文化遗产，占有重要的不可替代的历史位置。现在大家都明白少数民族非物质文化遗产保护和传承的重要性。瑶族非物质文化遗产项目中除了人们所熟知的"盘王歌""密洛陀"等英雄诗歌外，还有长鼓舞、铜鼓舞、娱神舞等诸多文化精品,还有一类渗透着傩文化内涵的民俗祭礼仪式形态的传承遗产,如对梅山汉"十八神像"的膜拜。它们一般是容纳了原始自然宗教遗俗、节日信仰民俗、原始神灵崇拜,并以吟唱、舞蹈、面具、装扮、技艺等为行为表现手法,以祭祀仪式贯穿始终而组成的多元复合文化形态。这些原生活态的"文化空间",是古人质朴、稚拙的原始思维的形象产物和人类独特的生命文化体现。它们反映了人类共通的、可贵的生命意识和生存空间意识。为我们研究文化人类学、民族学、宗教学、民俗学、民间文艺学和原始仪式戏剧等,提供了多学科学术研究的珍贵资料。

瑶族260万人口分布于中国南方五大省区。瑶族分布广、支系多,民族文化丰富多彩。就广东而言,有瑶族人口20余万,主要分布在连南、乳源、连山三个少数民族自治县内。广东瑶族分属瑶语支和汉语方言两大语支。其中分布在连南瑶族自治县的排瑶讲瑶语支"藻敏"方言,分布在乳源瑶族自治县和连山壮族瑶族自治县以及连南县的山联乡、怀集县的下帅壮族瑶族乡、曲江县深渡水瑶族乡、连州市瑶安瑶族乡、三水瑶族乡等地的瑶族,主要讲瑶支系"勉语"方言。其余瑶区如龙门县蓝田瑶族乡的瑶族讲的是汉语方言。讲瑶支系"勉语"方言的瑶族群体历史上长期过着流离迁徙的游农生活,故被称为"过山瑶"。自古以来瑶族移居广东岭南之地,与百越民族、汉族共同创造了丰富的岭南文化。但目前由于年代的久远,不少具有民族特色的非物质文化遗产在消失,面临濒危灭绝的境地。如瑶族传统的扎染、蜡染、木刻等工艺,民间"舞布袋木狮""舞火狗"及传统的瑶族"八音",民间保留的《过山榜》和瑶族经书等,其中最具特色的有如下几个方面:

(一)瑶族织染、刺绣工艺

瑶族种植苎麻、棉花以纺纱织布的历史相当久远。早在汉代,瑶族就有"织绩木皮,染以草实"的记载。在瑶族民间就有"造得高机织细布,子孙世代绣罗衣"的记载。乳源瑶族的歌谣《造天地歌》中唱到:"起计盘王先起计,盘王起计种苎麻,种得苎麻儿孙绩,儿孙代代绣莲花;起计盘王先起计,盘王起计斗(制)高机,斗得高机织细布,布面又雕李柳花。"宋代,瑶族的印染也负有盛名。"瑶斑布"享有极高的盛誉。宋代周去非的《岭外代答》对瑶族的蜡染工艺做了详细的描述。瑶族使用的染料主要是天然植物,有大蓝、缪蓝即年生草本植物。叶中含有的蓝碱主要色素为靛蓝素,靛蓝的色泽鲜艳,光泽度好，很受瑶族人的欢迎。瑶族用蓝靛印染主要使用两种方法：一是蜡印，即蜡染；一是针线折印。这两种印染方法如今几近失传。瑶族的刺绣是女性从小习作的女红，是瑶族民间至今依然保存的传统手工艺。从汉代起，历史文献就有记载瑶族先民"好五色衣""衣斑斓"，反映当时的瑶族已懂得用五色线绣衣饰。瑶族的少女从五六岁起就随母亲和奶奶们学习刺绣，及长成人，不仅刺绣手艺娴熟，而且已绣就自己出嫁用的陪嫁用品，如送给父君的烟袋、挂袋，背孩子用的背带、披风，以及自己做新娘所穿的红嫁衣、红裙子、红头帕等。由于刺绣工艺不受时间、场地、天气的限制，妇女们随时随地可携手而绣，因此刺绣工艺能在瑶族民间广泛流传而经久不衰。目前需要的是将其发扬光大，成为为瑶族人民带来经济效益的文化产业商品。

（二）瑶族绚丽多彩的服饰

瑶族的服饰多姿多彩，一套完整的瑶族服饰，不仅有衣裤裙带，还有头饰、脚饰、佩饰，衬托了服装的完美。制作衣服的布料，曾经是种苎麻织绩而成。经过采集原材料、纺纱、织布、印染工艺，再制作成衣裤，绣上各种富有民族特色的花纹图案，形成民族特有的服装。瑶族支系多，服装也不尽一致，同一支系不同居住地区的服饰也不尽相同。可谓"十里不同服"，在广西金秀就有五个支系的瑶族服饰。在广东，瑶族有"过山瑶"与"排瑶"之分，而同为过山瑶支系的服饰因所居地域不同而出现差异，如连南过山瑶与乳源过山瑶的服饰区别就很大；即使同一支系同一地域居住的排瑶，其服饰也有一些区别。除服饰外，瑶族还有头饰、脚饰以及各种佩饰——银制首饰的打制工艺，这一切都属非物质文化遗产的范畴，需要认真收集、整理、保护和传承。

（三）瑶族的长鼓舞（大、小长鼓）

长鼓舞是瑶族古老的传统舞蹈。长鼓舞流传年代久远，唐代瑶族就有歌舞长鼓的习俗。长鼓舞的由来有一个悲壮的故事：那是牵涉到瑶族祖先的创世经历，关乎于瑶族的来源与迁徙，关乎于瑶族人的祭祀文化。宋范成大的《桂海虞衡志》记载："铳鼓，瑶人乐，状如腰鼓，腔长倍之，上锐下多，亦以皮冒植于地，坐拊之。"宋、明、清古籍文献沿称铳鼓，中华人民共和国成立后称长鼓。过山瑶习惯打小长鼓，称为"掴东掴"（瑶语），排瑶喜欢打大长鼓，称"挨汪都"。长鼓通常用沙桐木掏空心再蒙上黄京皮或牛皮制作而成。约1米至

1.2米长,呈腰鼓形但鼓腰身长,中间小,两头大。排瑶的长鼓较大,其中一头又略大三分之一,呈喇叭形,木心掏空为的是蒙上牛皮以后可敲打得更响。排瑶长鼓两头蒙上精心泡制过的黄猄皮,活打上树胶,或用6~8根染色麻绳拉紧两头黄猄皮(皮上穿洞好系绳)。舞者用彩带绑紧两头"鼓颈",挂在肩上,横于腰间,右手使掌,左手持竹片分别击鼓,随着自定节拍,敲打着鼓皮,"嘭啪、嘭梆"作响。这是排瑶的长鼓舞。其分有"单人舞""双人舞""群舞"等类型。有36套72演式。而每一套又分有"起堂""移堂"等若干动作,配以芒笛、铜锣、唢呐伴奏,舞姿刚健,风格独特,具有浓厚的生活气息。舞中的跳、跃、蹲、挫或旋转、翻扑、仰腾等动作,再现了开荒、耕种、伐木、拉锯、盖屋等生产生活情形,折射出瑶族历史上所经历的一幕幕。过山瑶的小长鼓一般左手横握鼓腰间,上下翻转舞动,右手随即拍击鼓面,动作柔和协调,节奏铿锵有力。长鼓舞是瑶族民间艺术瑰宝,应予以保护与传承。

(四)瑶族传统的节日("盘王节""耍歌堂")

瑶族传统的节日——"盘王节",已被国家认定为广东省"国家级非物质文化遗产"。在社会上确定了它的地位和意义,但其文化内涵及民族特性仍然鲜为人知。瑶族"盘王节"活动历史悠久,早在1600多年前的晋朝就有记载:"用揉杂鱼肉,叩槽而号,以祭盘瓠,其俗至今。""盘王节"是瑶族祭祀祖先的传统节日,过山瑶称为"盘王节",排瑶称为"耍歌堂"。过去这节日以祭祀祖先为主要内容,现发展为纪念祖先、庆贺丰收相结合的民间节日。每隔三五年便举行一次"盘王节"。节日一般选择在秋收后的农历十月十六日前后,历时三五天不等。据《广东新语》载:"岁仲冬十六日,盖田野功毕也,诸瑶至庙为会,名曰耍歌堂。"节日期间,瑶族人身穿节日盛装,相聚一堂,或唱"盘王歌",历数祖典,追念先人的恩德;或杀牲设宴,热情接待亲朋好友。或击长鼓,摆歌堂,歌舞通宵达旦。由于瑶支系较多,各地举行"盘王节"的时间不尽一致,或农历七月初七、七月十五、或十月十五、十月十六;1984年中旬,全国瑶族干部聚集广西壮族自治区南宁市参加广西瑶族"盘王节"时,大家经讨论协商,一致赞成把全国瑶族的"盘王节"统一为每年的农历十月十六日,可每年举行也可多年才举行一次。这决定得到广大瑶族人民的拥护和赞同。连国外的瑶族也随中国的瑶族同一天过"盘王节"。由此大大丰富了瑶族节日的民族意义和内涵。瑶族的这些传统节日应不断发扬光大。

（五）瑶族的民歌（历史歌、祭祀歌、婚恋歌、劳动歌、风俗歌等）

瑶族民歌丰富多彩，虽然没有本民族的文字，但在瑶族民间广泛流传着丰富的、有民族特色的、古朴而具有历史价值的口头文学，这些宝贵的文化遗产，大都以民歌演唱的形式传承下来，成为传播瑶族文化的主要媒介。瑶族民歌分有历史歌、祭祀歌、情歌（婚恋歌）、劳动歌、风俗歌等。其中《盘王歌》是瑶族最有代表性的历史歌兼祭祀歌。盘王是瑶族百万子孙的共同祖先，为了祭祀祖先，缅怀先人的创业功绩，瑶族人每逢秋收季节，便在盘古庙，或在旷野里摆开拜王歌堂，盘王歌就起源于"还盘王愿"祭拜祖先的祭祀歌，起源于对盘王祖先的崇拜。

盘王歌主要以缅怀先人、记载历史、传授知识、传承文化为主要内容。据瑶族学者黄钰先生的研究，盘王歌的主歌就有七千五百多行，副歌有一千多行，杂歌杂词有一千多行，累计上万行。而且各地区流行的歌词及内容差异并不很大。其中保存完整的《盘王歌》，分别为十二段、十八段、二十四段、三十二段、三十六段等不同的版本，其中三十六段的盘王歌内容最为丰富。虽然有的地方所用名称略有不同，但内容大同小异。《盘王歌》是瑶族民间著名的歌谣，是瑶族古典歌谣的集成，它是伴随着远古瑶族先民祭祀盘王而产生的一部民族历史长歌，是瑶族人民缅怀祖先，铭记历史的口头文学。盘王歌再现了瑶族人民祖先的创业史和艰辛的迁徙历程，是一部保留完整的口述历史脚本。是对瑶民族社会发展的释解，对民族历史的再叙，对现实生活的启迪。也是研究瑶族的历史文化和文学、艺术的珍贵史料，具有弘扬、保护和传承的价值。

这些民族民间的非物质文化遗产需要我们民族部门及文化部门共同协作整理和保护。

但最具有原始历史文化意蕴和学术研究价值，并且亟待抢救的，还是那些"活"在祭师（巫觋）、民间艺人身上以原始崇拜为主要内容的活态文化（口头与表演）。以《盘王节》为例：虽然其已列入国家非物质文化遗产行列，但只是在字面上以节日的概念上画上保护的符号，具体如何保护并没有可操作性方案。《盘王节》的内容丰富，包含"还盘王愿"仪式和还愿时所演唱的《盘王大歌》等行为和口头多种活态文化。特别是《盘王歌》，它是瑶族民间著名的歌谣，是瑶族古典歌谣的集成，它是伴随着远古瑶族先民祭祀盘王而产生的一部民族历史长歌。是瑶族人民缅怀祖先、铭记历史的口头文学，是瑶族文化遗产中的灿烂瑰宝。传说盘王是瑶族带有图腾色彩的创世英雄、民族祖先。在瑶族民间，流传着一个久远的故事，那就是盘瓠龙犬创世的故事——《盘王（盘瓠）的传说》。这是一个悲壮、深沉而具有历史重要意义的民间故事，这是一个具有传奇色彩的民族起源传说，是在瑶族民间流传时代最长，流传地域最广的始祖神话。它不仅通过口头传诵，而且通过诸种书面形式来保存这一故事传说。他们把盘瓠（护）写上族谱、《过山榜》(《评皇券牒》)和《开山公据》，并画有《祖图》挂画，将《盘瓠传说》编成《盘王歌》或《盘王大歌》，流芳万代以示铭记。

瑶族不仅保留盘王的传说，而且保留了祭祀盘王的习俗。除每年正月、年中节庆祭祀祖先外，逢"挂灯""度戒"或遇灾、病，也要举行瑶语称为"奏嘟"即"跳盘王""还盘王愿"的祭祖祈福仪式。祭祀盘王的最初形式是以最原始的祭祖的形式出现，即"跳盘王"。以跳为主题，并带有萨满的色彩，有跳神、跳铜铃舞、跳长鼓舞、跳双刀舞、跳灶王舞等。在演绎"跳盘王"时，有的支系还模仿图腾龙犬漂洋过海杀敌的动作，有的动作表现开荒、造林、伐木、播种、中耕、收割等情节，有的动作还形象逼真地表现盘瓠拜堂结婚、生儿育女的经过。其中"跳长鼓舞"再现了盘王出世、盘王创世、刀耕火种、砍山狩猎以及盘王谢世的全过程情景。表达了瑶族人对祖先盘瓠的崇敬心情。当道教传入瑶族地区以后，"跳盘王"仪式又加入了道教还愿酬神仪式的内容。这种以民族原始崇拜为内容的"还盘王愿"或"祖宗愿"，至今依然保留在瑶族民间。然而当今在瑶族"还盘王愿"，会全曲唱完《盘王歌》的歌姆、歌娘及会随歌起舞的师公、色翁已不多，这种古老地演绎一个民族发展历史的歌舞形式已近濒危消失，亟急待援手拯救。

作为古代社会发展的一个历史阶段，世界上每个古老民族都会产生这样那样的原始活态文化，这些原始活态文化经历千百年的传承与积淀，约定俗成，成为节日文化的重要组成部分，在村落族群的心目中，视之为一年里最乐于参与和观赏的项目。这些节日有着深厚的历史文化内涵，它是本族先祖艰苦创业、拓展生存空间的历史记忆，是本族社会历史文化理念的回放，是族群凝聚力、向心力的定期演练，也是对族群及其子弟讲授本族迁徙史、生产发展史和生殖知识的生动课本。这些丰富的文化资源，是民族地区的优势资源。只有通过保护且合理地利用资源，收获文化的自信，才能守住民族的精神和品格。

三、对文化遗产保护需官、民的精诚合作

目前中国对非物质文化遗产的保护主要有两股力量,即官方和民间的保护。而官方即政府的保护主要靠文化运动。早在1989年,正是十套中国民间文艺集成编纂的时候,这时三套民间文学集成的普查已接近尾声。当时由中国民间文艺家协会等单位发起,曾经在人民大会堂召开过民间文化保护座谈会。这次会议是响应联合国教科文组织1989年在巴黎召开的第25届总会上通过的"关于保护传统文化与民间创作的建议"(Recommendation on the Safeguarding of Traditional Culture and Folklore)精神,呼吁政府通过立法的形式保护民间文化,这种"民间文化"就是今天所说的"非物质文化遗产"。因为非物质文化遗产的保护如果不成为政府的行为,不通过立法的形式保证,是很难进行保护的。时间过去了整整20年,今天政府终于介入了非物质文化遗产的保护,并且着手进行立法工作,这是值得我们欣慰的。

官方即政府对非物质文化遗产的保护还表现在文化馆堂的建筑和开放。各省市地方剧种剧团、文化馆、博物馆、图书馆、文化广场等用以保护和展示非物质文化遗产的场馆和配套设施正在恢复和兴建。不仅国家级省(区)级、市、县级有文博馆场,还有区乡级、街道社区级文博馆场。

而且这些文化馆、博物馆、艺术团体分类明细,职责明确。如文化馆类有生活文化馆、民族文化馆、民俗文化馆等;博物馆有民族博物馆、民俗博物馆、生态博物馆、农家博物馆、艺术博物馆等;艺术团体、文化广场更为展示民间非物质文化遗产提供了服务和培训场所。

国家省市地文博馆场为保护和传承非物质文化遗产起到了很好的作用,也是官方保护和展示非物质文化遗产的重要措施和场所。

而民间对文化遗产的保护主要集中在民间艺人、民间宗族祠堂活动以及民族节日期间的祭祖和歌舞表演的展示。民间的保护多是自发性的,无组织、无保障的,只限于个人或家族或单一民族的力量,而且容易造成误传和遗失。

中国是一个统一的多民族国家,非物质文化遗产不仅异常丰富而且历史悠久。无论哪个地区、哪个民族或个人所创造的非物质文化遗产,作为文化资源都是国家的财富,政府有责任去保护它,这是一个国家的责任和义务。许多的

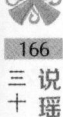

非物质文化遗产传承到今天,靠的是民间的智慧和力量。国家非物质文化遗产名录中的518项,基本都是民间创造的。广大民众创造了如此众多的国家级的非物质文化遗产,国家则更应该投入大量的资金和服务加以保护,因为这是国家的文化瑰宝。在非物质文化遗产的保护中,应该官民联手合作,携手共建保护网络。首先国家有责任做好服务工作。在文化遗产传承人不明白和没有认识到他所创造的文化价值和保护的必要性时,即使这种文化遗产进入名录,也无法期望得到长期的延续和保护。政府有责任在制定政策、组织资金投入等方面做好服务工作;而专家的责任在于对项目的调查以及经过田野作业,悉心考察和研究,告诉传承人他所创造的文化的价值意义在哪里,同时提出保护的建议。民间艺人、民间组织在政府和专家的指导服务下,对自己民族的文化遗产会加以精心保护和传承。只有调动了传承人的积极性,创造良好的保护环境,非物质文化遗产的保护才能持久,才能取得良好的效果。

文化是一种创造,也是一种选择。留住传承,就是留住了历史,保存了文化的命脉。在当今社会急剧变革的时代,西方的强势文化大举进入民众的生活,引起生产方式、生活方式的急剧变化。保护本民族的非物质文化遗产,建立世界文化多样性体系,不只是一种口号,而且是一种行动。这体现着人们对文化多样性的向往。抢救和保护民族民间口头和非物质文化遗产应改变传统文化自生自灭的做法,形成政府主导、社会重视、专家和各界联合积极参与的保护机制,并本着剔除糟粕、古为今用的原则"保护为主,抢救第一"。①

一如瑶族《盘王歌》,目前,广西、湖南、广东等省(自治区)虽然已把流传的《盘王歌》收集整理出版成书,但在"还盘王愿"中演唱《盘王歌》时所演示的各种活态动态的文化并没有得到很好的保护和研究。需要政府和专家的政策引导、服务和积极参与,使《盘王歌》及其文化表现形式在瑶族民间发扬光大,为瑶族人民的文化生活增添光彩。"解铃还须系铃人",非物质文化遗产保护的问题不仅与文化有关,而且与整个社会环境、政府职能、社会文化有关。中国非物质文化遗产的保护目前尚处于混乱无序的状态,其保护方式也在不断地摸索中。对于非物质文化遗产的保护来说,除部分由政府重点保护外,最简单的办法是把保护的责任和权利交给传承者,交给传承的群体或个人,但决不能交给开发商一类的经济人物。非物质文化遗产的保护肯定会产生经济效

---

① 田青:《保护文化遗产,保持民族文化的传承》,《中国文化报》,2009年10月16日。

益,包括政府的投入。但这种效益应该先让传承者获得。非物质文化遗产的传承是有规律的,保护应该尊重这种规律。确定保护的非物质文化遗产都具有历史价值、文化史价值和美学价值,在不破坏这些价值的同时,开发商、旅游部门可以利用非物质文化遗产进行开发和利用。另外保护不是僵化非物质文化遗产,而是在保护的同时,可以随着时代的发展,有所创新,使文化遗产适应变化了的物质生活和文化生活。没有发展就没有保护。发展是对非物质文化遗产最好的保护,但要首先掌握它的真谛,然后才能谈发展。非物质文化遗产只有在社会中应用,才会受到人们的关注,才能得到继承和发展。非物质文化遗产的保护不只是外在的形式,而是要保护它们赖以生存的自然和人文环境。要做到"万变不离其宗"才是真正意义上的保护。

总之,非物质文化遗产的保护既有理论问题也有实践问题,加强理论研究是保护工作的一个重要的环节。非物质文化遗产保护不能仅仅停留在保护层面,应当与利用、开发有机地结合起来,实现文化遗产的"可持续性"保护。一方面,必须坚决果断制止过度或破坏性开发;另一方面,也不能由于出现某些问题就"因噎废食",应该理顺利用与开发的关系。我们必须清醒定位:改变贫穷、落后面貌,大力发展生产力,实现社会主义现代化,是少数民族不可动摇的目标。在少数民族文化遗产保护工作中,"发展是硬道理",坚持科学发展观更有特别重要的意义。大力抢救与保护好少数民族非物质文化遗产,使少数民族传统文化传承成为现代化进程中有机组成部分,应是正确的出发点。由文化部、江苏省人民政府联合举办的"中国非物质文化遗产保护·苏州论坛"上有学者认为:"文化遗产需要保护,不仅仅是因为人类社会对遗产文明的保护负有责任,同时更是创造了这些遗产的社会群体维系社会稳定、社会和谐发展、可持续生计发展的基础。这对互为表里的需求在文化遗产保护和开发的问题上得不到和谐的回应,文化遗产保护的实效将大打折扣。"①

文化是一个民族的标识,非物质文化是文明传承中不可剥离的载体。各地申报非物质文化遗产的活动如火如荼,却也暗含隐忧:当这股"申遗"之风过去,我们又该如何?遗产属于大家。政策上的倾斜、少数人的研究之外,更为重要的,是你我的关注和参与。保护非物质文化遗产,不仅仅是一时的热情,更需要社会和人们的投入和长远地实行。

---

① 云南省生物多样性和传统知识研究会项目官员李波的论文。《瞭望新闻周刊》登载,文章来自 2012 年 7 月文化部、江苏省人民政府联合举办的"中国非物质文化遗产保护·苏州论坛"。

宗教篇

洪秀全在瑶山传教的传说与史实[①]

1840年的鸦片战争，揭开了中国近代史的序幕，改变了中国长时期封建专制统治的社会性质，它不再是完整的封建社会，而是在帝国主义不断入侵的淫威下逐渐沦为半殖民地半封建的社会。鸦片战争以后的封建主义依附于帝国主义，社会政治腐败、懦弱，使中国各族人民深受双重压迫，置身于水深火热之中。

1851年洪秀全领导的规模空前的"反对帝国主义走狗清朝的太平天国战争"，是中国近代史上一次伟大的农民运动，亦是各族人民联合起来共同反抗帝国主义、封建主义压迫的斗争壮举。而这场斗争最早的布道宣传活动场所之一，却选在了广东粤北的八排瑶山。

我们走访连南八排瑶山，采集太平天国斗争事迹和民间传说时，当地的瑶族老人亦反映"洪秀全曾经到过连南八排瑶山"，"洪秀全到过南岗排讲书"，但详细问起洪秀全什么时候到南岗排、讲什么书时，没有几个人能说得上来。查阅《太平天国起义记》及《太平天国文选》，都明确记载金田起义前，洪秀全、冯云山确实到过粤北排瑶地区传教，瑶山曾是洪秀全心目中理想的传教之地。本文就民间传说的点滴及史籍的记载，去寻找洪秀全在瑶山传教的足迹。

（一）洪秀全传教前粤北瑶山的形势

从史籍记载看：早在隋唐时期，粤北地区就有一定数量的瑶族居住，唐代诗人刘禹锡被贬官驻连州时，曾写下题为《连州腊日观莫徭猎西山》的诗篇，纪实地反映了当地瑶族的生活状况。宋代的粤北更是瑶民族聚集的中心，据

[①] 原载中国民间文艺家协会广东分会编：《广东民间文学论丛》第9辑（内刊）。

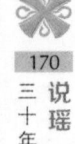

《宋史·蛮夷列传》载："庆历三年，桂阳监蛮僚内寇，诏发兵捕之。蛮僚者，居山谷间，环行千余里，蛮夷居其中，不事赋役，谓之徭人。"当时的连州、韶州，指的是粤北。至明代，广东瑶族人口不仅遍布粤山区，而且扩伸到了西江流域的广大地区。清代文人顾炎武的《天下郡国利病书》记载：明代广东境内有瑶族的州县共二十一个，计有瑶山八百九十一座。至清代，虽然各地的瑶族陆续向西迁徙或就地与汉族自然同化，但粤北仍不失为瑶族的栖息居地。

粤北山区不仅仅是少数民族聚居的地区，还是反抗历代封建王朝统治最为激烈的地区。唐、宋、元时的起义斗争，远的略而不谈，从明洪武初（1368年）到崇祯末（1643年）的两百多年中，地处三省交界的连阳八排瑶，反抗封建官府的斗争就连年不断。如洪武二十六年（1393年），瑶首唐宗祥率众起义，攻陷了连山县城；天顺五年（1461年），连南排瑶与大藤峡瑶民起义遥相呼应；天启元年（1621年），连南军寮排瑶起义，其他各排热烈响应；崇祯八年（1635年），八排瑶人民攻打连山，杀连州吏目黄中选，广西参将刘唐衢等；崇祯十三年（1640）年，以苏凤宇、王斗明为首的瑶民攻打乳源、英德，杀把总林肇芬，哨官莫延辉等多人……到清代康熙四十年（1701年）八排瑶李贵、邓仁率众起义，袭击连阳州县，擒杀前来招抚的副将林芳等人。道光十一年（1831年）辛卯十一月，湖南永州锦田瑶族赵金龙起义，攻陷新田县城，势及连州、乐昌、乳源等地。时连南油岭、南岗、军寮等地瑶族人民响应参战，号称数万人，由赵天青、房大第六等人率领起义军攻打湖南江华、蓝山等县，乳源西山瑶邓添一等亦率众起义，粤北各地瑶山相互支援，声势浩大……粤北瑶族人民顽强不息的反抗精神，为南方各省民众所传颂，连封建统治者也不得不"施以抚慰……以为长安久治之策"。洪秀全正是看中了粤北瑶族人民那种与封建王朝进行不懈斗争的坚韧不拔精神，而萌发了去瑶山传教的念头。

洪秀全是个文人，他七岁入村塾读书，十八岁当村塾教师，并几次到广州应考秀才。"金榜无名"使他对腐败的清政府深恶痛绝，他创立"拜上帝会"的目的，就是要聚集自己的力量"铲除清妖"。洪秀全不仅通晓历史，而且还懂得用"新教"思想去感化人、吸引人。当他把基督教的一部分教义和形式加以改造利用，创立了"拜上帝会"时，就已经想到以宗教为旗帜，聚集反清力量，因为"对世世代代沉溺于愚昧之中的千百小农来说，宗教语言是最容易理解的语言，神秘的力量是最可信赖的力量，他们天然地同情正义，又天然地相信天命，当正义与神助合二为一的时候，造反就成了天意选定的事业"。① 而且多少次农民起义斗争的经验证明：要取得重大胜利，首先要有民众的支持，要有群众的基础，这就需要发动和组织群众。洪秀全很明白这些道理，于是出游天下，四处寻找发展"拜上帝会"会员的基地，他知道粤北是少数民族聚居区，被历代统治者说成为："未向化之地。"洪秀全的传教"救世"愿望，正促使他去寻找一个不受专制统治干扰的地方，他"立意赴瑶人区域"② 是想用"在上帝面前人人平等。凡天下男子，皆为兄弟；凡天下女子，皆为姐妹"的宗教思想去感化瑶民，唤醒瑶族人民那颗尚未湮灭希望的反抗之心，重新燃起斗争的烈火。

（二）洪秀全入瑶山传教

据《太平天国文选》载："（洪秀全）年三十二，岁在甲辰［即清道光二十四年（1844年）］二月十五日，主（指洪秀全）同南王冯云山，冯瑞嵩、冯瑞珍出游天下，将此情（拜上帝会教义）教导世人，始由广东省城，继由顺德复旋回，转游南海、番禺、增城、从化、清远、英德、函江（浛洸），阳珊（阳山）、连珊［连山，自嘉庆二十二年（1817年）至宣统三年（1911年）的近百年间，连山为省的绥瑶直隶厅，当时所辖有连南、连山及连州、阳山的部分瑶族地区］等处。三月十八日到白虎圩（即现阳山县黎埠）。主此时意欲自己往游八排（瑶族聚居区），分发冯云山、冯瑞嵩、冯瑞珍三人回家。冯瑞嵩、冯瑞珍二人则愿回，南王冯云山则愿与主遍游天下，艰苦甘心。主乃与南王云山别冯瑞嵩、冯瑞珍往游八排，到南江（南岗）排：降此情此道劝化猺（瑶）人。数日仍出珊（山）到蔡江（寨岗），主曰：现今不若到广西也。由蔡江至珊迳（今连南寨南区石径），由珊迳到石田，到荔枝铺……"③ 从二月十五日至三月十八，短短的一个多月时间，洪秀全、冯云山等人便出游了省城、顺德、南海、番禺、增城、从化、清远、英德、函江、阳山、连山、白虎圩等十几个县地，沿途还要爬荒山，越高岭，过野道，钻老林，能在南岗排将"此情此道劝化瑶人数日"，说明洪秀全对在瑶山开展传教活动抱很大的希望。

---

① 陈旭麓：《太平天国的悲喜剧》，《新华文摘》，1991年第5期。
② 中国史学会主编：《太平天国》第六册，上海人民出版社，1957年，第851页。
③ 《连南文史》，《太平天国文选》第3辑，第144~145页。

为什么不能在瑶山继续传教?《太平天国起义记》是这样描述洪秀全的瑶山之行的:"只余秀全、云山两人继续在瑶山之荒山野岭路上跋涉。过了四天,幸得到一江姓塾师馆中,彼乃在瑶区内授徒者。江老师慷慨接待,而且畅谈文下,即所信其新教。但因与瑶人言语不通,二人只留下几本手写的小册子与江老师使分散于人,即行离去。"《太平天国起义记》是根据洪仁玕所述而作的,是目前为止有关"太平天国"早期革命活动最为详实、最有权威的著作。其说洪秀全是因为"言语不通"无法开展活动而离开瑶山,确有一定的道理。了解瑶族历史语言、文化的学者都清楚:连南八排瑶的语言及风俗习惯,在全国瑶族众分支中是较为特殊的一支,它较早定居在粤北连南山区崇山峻岭之中,方圆1200多平方千米均为其族聚居地,长期的与外界隔绝和自我封闭,使排瑶形成了自己独特的瑶语方言及一整套自我管理的方法。操"勉语"的过山瑶民虽近住咫尺,却不能与之通话,彼此间要借助客家话才能交谈。而洪秀全、冯云山进山传教势必使用广州白话或客家话,对于拥有自己民族语言的排瑶,这两种话在瑶山并不普及,至今瑶山上仍有许多青壮年不能使用广州话和客家话。反之,中华人民共和国成立后进山工作的汉族工人和干部,一定要学会瑶话,才能顺利地在瑶山开展工作。语言是沟通思想、交流感情的先决条件,洪秀全正是缺乏了畅谈、沟通的条件。他们虽然留给江老师一些小册子转撒于瑶民,但瑶山上识字的人并不多。千百年来,瑶族人民除了极少数先生公认识一些宗教经书里的汉字外,其他瑶民几乎全是文盲。瑶族民间用以计数记事的方法,仍然停留在数豆子、计石子、结麻绳或用香火钻纸洞的原始状态,借贷、买卖山林土地要立契约之事,往往要请人代笔,这样的文化水准,对于洪秀全等所讲叙的深奥道理及小册子之内容,即使是识字的先生公,恐怕亦一时难以理解。加上瑶山的一切政治、经济、军事及对外事务活动,均由排上民众推举的瑶老们统一主持,各排均有自己的瑶老主持日常社会宗教事务。凡外人入山入排,需与所辖排的瑶老打交道,否则不经瑶老允许,不能在瑶山进行活动。1921年美国传教士盂保罗先生要在瑶山开办学校,事先没有与当地瑶老商量,致使瑶老们误解,联合召集八大排瑶老举行"白石洞大会"(联盟议事会性质),一致反对美国传教士在瑶山办学。与其相反,1948年中国人民解放军连江支队"飞虎队"进山围剿国民党残匪前,先与当地瑶老取得联系,飞虎队队长还与当地瑶老"饮(鸡)血结盟",此后连江支队在瑶山的活动,得到瑶老及瑶民们大力支持,当地瑶民帮助放哨、送信、带路、解救伤员,使剿匪战斗得以顺利进行,一举活捉了国民党新编第9军军长李楚瀛。

瑶族人民历来重义气,凡入瑶山,只要尊重瑶族人民的风俗习惯,不伤害瑶民的利益,彼此以诚相见,会得到瑶民的欢迎和支持。倘若当初洪秀全找到八排瑶老,并通过瑶老们用民族语言将"此情此道"传播于广大瑶民之中,也许不会是"离去"的结局。

其次,瑶族人民非常崇拜自己民族的始祖神"盘古(盘瓠)王",认为只有盘古王的神灵才能保佑族人,给瑶人带来幸福和安宁。而洪秀全的"拜上帝会"要求他们信奉与自己民族毫无关系的"上帝神",用"上帝神"取代民族祖先神的位置,这一点瑶民是难以接受的,其心理自然产生一种本能的抵触。清末伊始,美国传教士在连南三江设立教堂,并先后在瑶山设立免费的学校、医疗院、麻疯院等,以此招徕教徒,花了不少心思欲使基督教深入瑶山,历经数年,却没能发展几个教徒;何况洪秀全他们只在瑶山逗留数日,自然不能使瑶民对其教义有所了解了。

再则,连南地区的排瑶刚刚经历了道光年间封建统治者调集的两广、云、贵四省官兵残酷的洗劫,排民伤亡损失惨重,人民的反抗意志受到了前所未有的摧残,封建王朝在瑶山施行"重官守""肃营伍""善抚驭""严禁令""惩汉奸""并汛卡""编寨户"的政策,加强了对瑶山的兵防,并招抚各排瑶老,封以千户长,领取官禄,瑶长、瑶练成为封建王朝在瑶山的代言人,以此瓦解了排瑶内部的凝聚力,使瑶山完全置于清政府的控制之下。洪秀全等入八排山之际,正是排瑶人民的起义斗争受到重创,人民流离失所,奔走他乡,反抗情绪处于低潮阶段。

洪秀全等满怀希望入瑶山,却不能顺利地在瑶山传教,主要由诸多不便的客观原因所阻隔。

(三)太平天国对瑶山的影响

洪秀全、冯云山等虽然未能顺利地在连南排瑶山开辟传教阵地,但其后往广西的行程,仍在继续寻找能够发展"拜上帝会"组织的民族地区。他们进入的桂平县紫荆山地区,便是壮、瑶、汉族的杂居区,这里的各族人民长期相互往来,民族文化相互渗透,汉语、汉文接受能力较强,而且洪秀全提出的"天父为王事事公、客家本地总相同"的平等团结口号，反映了各族人民的共同利益和要求，故"新教"得以顺利传播。当地壮、瑶、汉民族的农民及烧炭工人都积极参加"拜上帝会"。在花洲瑶族地区，洪秀全多次入山传教，周围数十里的瑶族人民都参加了"拜上帝会"。广西金秀瑶族自治县的龙坪乡，当年就是"拜上帝会"的一个点，至今仍保留"拜上帝会"的名称——"上帝坪"。① 洪秀全的传教活动以紫荆山为中心，东到平南、藤县，西到贵县，北到武宣、象州，南到陆川、博白以及广东的信宜、高州、清远等地，始终没有放弃在民族地区发展"拜上帝会"的念头，并为此积极行动而获得瑶、壮各民族的拥护和支持，其所组成的"拜上帝会"会员基本上是汉、瑶、壮民族的人民，共同的阶级仇、民族恨把他们联结在"反清"的战线上，为支持金田起义，不少壮、瑶民族人家变卖家产，毁弃庐舍，全家全村入伍，表示了与封建统治者决一死战的决心，广西金秀大瑶山横冲、良段两村的瑶民，参加拜上帝会后，纷纷携带猎枪，赶到金田村集中，编入"团营"组织，成为太平军的一部分。在金田起义的两万名太平军中，壮、瑶战士约占五分之二，洪秀全游巡各地，终于在少数民族聚居的地方——广西桂平壮、瑶、汉族杂居的金田村点燃了斗争的烈火，并迅速将火种传播于湘、粤、桂边境的民族地区。而太平军军纪严明，对百姓爱护备至，"所过之处，以攫得衣物，散给贫者……谓将来概免租赋三年"，深得人民的欢迎和支持。② 太平天国进入湖南江华、道州、永明、郴州等地区时，当地瑶族青壮年，纷纷踊跃参加太平军。太平军分兵攻打各州县的那种"势如破竹"的声势，直接影响了广东粤北的民族地区，在瑶山壮乡掀起了很大的波浪。咸丰三年（1853年）即太平天国三年，连州民众一千多人举行起义，进驻源谭洞，引起了附近各地农民起义连锁反应。据《清史稿》本纪二十"文宗本纪"载："（1851年）是广东花县人洪秀全在广西桂平金田起事……八月甲申洪秀全陷永安州，踞之僭号太平天国……戊子，阳山贼匪窜扑宜章，乳源……"咸丰四年（1854年）年粤北山区的农民起义队伍配合自清远北上的太平军一万多人，进驻连州，攻陷三江城，清政府护理副将博尔泰阿夫妇自焚，署都司光裕巷战死，其他兵将亦死伤多人。起义军改连州为熙平郡并奉行太平

---

① "中国少数民族简史丛书"《瑶族简史》，广西民族出版社，1983年，第80~81页。
② 《中国近代史》，中华书局，1977年，第73页。

天国年号达半年有余①，清政府再度派兵镇压，"连复连州三山、连山"②，起义暂受到挫折。至咸丰十年（1860年）、太平军余部黄孝诚率领的二万余人，途经连山的禾洞，过境经连南到连县、东坡、星子，配合当地瑶、壮人民，持续不断地打击当地的清政府统治。太平天国革命运动在粤北连阳地区持续了9年之久。至今在连山、连州等地，仍保留不少反映太平天国起义军及其旁系在粤北活动的民间故事，如《壮族木匠参军》《振泰圩扎营》《马头山扎营》《省洞过兵》等。③

太平天国运动轰轰烈烈，唤醒了少数民族人民受压迫、受歧视的那颗麻木了的心。特别是有众多瑶族、壮族参加太平军，说明洪秀全最初试图在瑶山传教的宗旨是对的。实践证明，声势浩大的太平天国革命，正是汉、壮、瑶民族人民共同发动的。这场革命，汉族人民是主体，而壮、瑶民族在斗争中亦起到极其重要的作用，为历史留下了不可磨灭的功绩。

---

① 许文清主编：《连南瑶族自治县概况》，民族出版社，1985年，第23页。
② 《清史稿·本纪二十》"文宗本纪"。
③ 广东省民族研究所：《广东少数民族》，广东人民出版社，1982年，第73页。

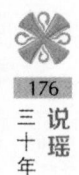

从"神灵意识"看排瑶的早期信仰[①]

排瑶，是我国瑶族盘瑶支系的一支，主要聚居在广东粤北山区的连南瑶族自治县境内，人口7万多，占全县总人口14万的半数以上。1990年，自治县辖三江、寨岗、大麦山等3个镇和寨南、山联、三排、金坑、涡水、南岗、大坪乡、香坪、盘石等9个乡，除2镇1乡外，其他大麦山镇和8个乡都是瑶族的聚居区。中华人民共和国成立前，排瑶的社会形态处于原始农村公社后期向阶级社会过渡阶段，其政治制度保留了古老的"瑶老制"。其物质生活和文化生活中亦保留着浓厚的"神灵意识"。这种在长期历史发展过程中形成和承传下来的"神灵意识"，成为排瑶社会意识的重要组成部分，对瑶民的生产、生活和思想文化，有着深刻的影响。

一、大自然"万物有灵"

在排瑶人的意识里，虚构了一个看不见、摸不着，但又能对人间施加影响和威力无穷的神灵世界。他们认为，日、月、星、辰、风、雷、雨、电、四季寒暑的变化、各种灾害病痛、猪牛鸡鸭的病疫等都是神灵鬼魂在作祟。神灵无时不在约束着、监视着人们的生产和生活。因此，人们在从事各种生产活动和日常生活中，总是小心翼翼地注意不去冒犯神灵。

排瑶相信世界"万物有灵"，从祖先神灵到自然万物，甚至一些石头、树木也被视为存在某种灵气而成为崇拜物，对其毕恭毕敬。进山狩猎之前，他们必在山脚路口设下供品，众猎手齐齐祭拜山神，默默祈求山神保佑能猎取更多的猎物。而捕杀到野兽时，则拔一小撮兽毛沾上兽血涂贴在枪托上，以祭枪神；

[①] 原载《广东民族学院学报》（社会科学版），1991年第1期。

但狩猎禁杀乌鸦,他们视乌鸦为神鸟,捕杀必遭惩罚;初春开耕时节,必先祭山神、土地神,祈求其神灵保佑年丰物盛;每年的收获季节,必祭谷神,以谢谷神的"恩赐";火是神圣的,任何人都不能随意践踏,不许跨越烧火做饭的"三脚锚(灶)";水是神灵赐给人们日常生活不可缺少的物质,人们在常去挑水的山泉和小溪旁,设有祭水神的神社,老人过世,到溪边挑水为死者淋浴,必须先烧香上供,并取铜钱或纸钱投入水中,以示向水神买水;遇日食、月食、闪电、雷鸣等现象,喂孩子吃奶的妇女要把乳房遮盖严实,不然乳汁会被神灵吸去;遇大旱之年,认为旱灾是由于雨神发怒而不降雨于人间,必须举行盛大的祭神求雨仪式;凡遇各种灾难,都要请"先生公"到大庙念经烧香上供,以祈祷神灵的保佑。排瑶"万物有灵"的观念,还表现在他们世代相承的种种禁忌,如正月初四禁风,正月十三禁鼠,正月十五禁虫,正月二十禁鸟,正月二十九日禁雷公,二月初一日是雷神、太阳神日,不能外出生产,白露日忌入菜园、田园等。若是在禁忌日进行了生产,就会冒犯神灵,招致风灾、鼠灾、虫灾、旱灾、涝灾等灾害。人们对大自然这种诚惶诚恐的心理,是早期信仰的一种宗教意识体现。

马克思、恩格斯在《德意志意识形态》中指出:"自然界起初是作为一种完成异己的、有无限威力的和不可制服的力量与人们对立的,人们同它的关系完全像动物同它的关系一样,人们就像牲畜一样服从它的权力,因而,这是对自然界的一种纯粹动物式的意识。"① 排瑶用"缅"来统称各种神灵,"缅"既包括含有自然威力的"神灵",亦包括神话传说中人类祖先的神灵和本宗族家庭逝去先人的灵魂"儸力"。人类学家江应樑先生认为:"在任何多神教或一神教的民族中,神与鬼的分别都是很严格的,普遍认为神是有权威的应受人敬祀的,而鬼则是漂泊的,活人只应避而远之的,且神皆为统治者而鬼则为被统治者,两者中不容混杂,但瑶人对于神与鬼的观念,却似乎很不清楚。"② 确实如此,在瑶人的观念中,"神""仙""鬼"之间没有严格的界限区分,以排瑶瑶经《医生救人》的一段为例:"紧紧排兵紧紧去,火急排兵退万良,打病圣主何前去,减瘟圣主后头来,还出高山大庙鬼,还出低山小庙神,罗出宅前宅后鬼,罗出床前床后神,罗出千年冤家鬼,罗出万年咒诅神,还出谋财负命鬼,还出

---

① 中央编译局:《马克思恩格斯全集》第3卷,人民出版社版,1972年版,第35页。
② 江应樑:《广东瑶人之宗教信仰及经咒》,国立中山大学研究院编《民俗》第1卷第3期。

谋财负命神,还出今年行病鬼,还出今年行病神,磨刀利如剑,磨剑利于霜,一刀勒下鬼扬州,从今不得损阳人,邪鬼分分出外乡……"① 经文中所"驱"有鬼亦有神,排瑶对鬼神通用"缅",所指之"鬼",则多以作恶面目出现的"缅"。

茫茫自然界,"神"与"鬼"自由交往,人们对它们至敬至惧。因为原始社会时期,人类的活动依赖于自然,由此虚拟的自然精灵亦具有鲜明的大自然属性,人们常常把自己的智慧、力量和热情全部倾注于大自然,相信大自然的神灵亦会把自己的力量付诸于人类。这种把自然与人做简单的类比,将自然人格化,相信灵魂和人格化的自然力可以主宰人间之祸福的观念,正是人类最早的宗教观念。正如英国人类学家弗雷泽所言:"人们对自然有所戒惧,却又有所期待;既作祈祷,又欲反抗。人们为此乞灵于超自然力量,崇拜魔鬼和祖先的灵魂。"② 排瑶先民长期生活在崇山峻岭之中,生产力水平十分低下,生活条件十分艰苦,人们无力与大自然抗争,企望于超自然"神灵"的庇护,这种观念的产生及其残留至今,是可以理解的。

二、人逝去而"灵魂不灭"

由于文化层次的差距,落后民族对于死亡的态度,比现代先进民族复杂。"在瑶人的神灵观里,对于人及一切动物,都有肉体与灵魂的双重关系。"③ 不能解释物之所由生或死,而只以最粗浅的感觉,幻想其为神秘力量所致,他们把梦中所遇到的故人,说成为死后托梦还魂,由此形成"灵魂不灭"的观念。

排瑶认为,死亡是肉体与灵魂的永久分离,躯体涸毁而灵魂不灭。"人死黄泉不转生,人生死去难扶起。"在排瑶的观念里,没有生死轮回之说,但有鬼魂附身之言。如新嫁娘或孕妇出门,不是担心她们遇鬼投胎转世,而是担心未来胎儿的本体灵魂被"鬼"掠去,念经送"鬼"只是为了"招魂"。

人死后为"鬼神",排瑶认为能否都变为具有灵魂的鬼,则有一定的认识区别。因为"缅"是集人生前的精气、灵气所成,是有巨大神力的精神主宰。而

---

① 李默、房先清:《连南八排瑶族研究资料》,广东省社会科学院编。
② 梁钊韬:《中国古代巫术——宗教的起源和发展》,中山大学出版社,1989年。
③ 江应樑:《广东瑶人之宗教信仰及经咒》,国立中山大学研究院编《民俗》第1卷第3期。

如出生未满月的婴儿死亡，还没有完全形成人样，不具有灵魂，只会变人，不会变成"缅"，所以婴儿死后埋葬在产妇的睡床底下，以便保住胎气，招引、扶持下一胎婴儿成长。一岁左右的儿童死亡，虽已成人形，但无成人的灵魂，也不会变"鬼"作祟人间。在排瑶人眼里，男孩9岁以前，女孩12岁以前都没有形成大人的灵魂，在这之前死去，是不会变成"鬼"的，所以死后不举行葬礼，不用棺材，只给死者沐浴梳洗头发，换上干净衣服，用白布包裹，草草埋葬在山冈上。

尚未结婚的人死后，虽有灵魂存在，但不能入阴府，灵魂留在世间游荡，可有三个去处：一个在墓地里，一个在家中，另一个去扬州十八洞。此外，凡被人杀死、上山跌死、下水淹死、被毒蛇猛兽咬死等死于非命的成年男女，也不能入阴府，其灵魂无处着落，也只好到处游荡做野鬼，作祟人间。只有经过在世的亲属请"先生公"替其念经超度，把灵魂送回故地扬州十八洞，灵魂才有个归宿得以安宁，不再徘徊于世间做"野鬼"。

排瑶认为，正常死亡的人进入阴府有三条"阴司路"：第一为"上桥路"，入阴府的"上桥殿"可以直通天堂；第二为"中桥路"，入阴府的"中桥殿"；第三条为"下桥路"，入阴府的"下桥殿"。能走哪一条路，由其生前的善、恶行径所决定。世间的不平使人们联想到阴间的"鬼魂"亦不会平等相处，故把阴府分成三个等界。但他们相信，生前行好事的人到阴府可在"上桥殿"生活，而专门做坏事的人死后灵魂只能在"下桥殿"或下地狱。

在排瑶的"鬼神"观念中，"鬼"有善、恶之分和大、小之分。"鬼"的善和恶与他们生前所为有关，生前有功于村民，经常做好事的人死后变为"善鬼"；生前无恶不作，为非作歹的坏人，死后肯定变成"恶鬼"害人。有些"鬼"，生前虽然是好人，但不是正常死亡而是遭横祸而死，死得有冤，其冤魂不服气，做"鬼"亦会作祟，亦属"恶鬼"一类。而"大鬼"多指自然神祇或生前干大事的人、受众人祀奉的人，个中亦有"善鬼"。"小鬼"则指各姓氏祖公"鬼魂"和一般危害性较小的"灵魂"。排瑶相信"鬼魂"经常附于活人身上，附在它所喜爱的任何事物上。"善鬼"附身，可给人们带来吉祥、福气，保佑平安；"恶鬼"附身则会招灾惹祸，所以他们惧怕"恶鬼"，但不论"善鬼""恶鬼"，都一样要祭奉，只是所念的经咒不一样。

"善鬼""大鬼""小鬼"均摆入大庙供奉，"恶鬼"一般在野外摆供。过去，各大排甚至一些小排都设有盘古大庙。如大掌排有"庙东庙"；火烧排、里八洞有两排供奉的"料险东庙"和"引岭庙";军寮排、马箭排有两排供奉的"横强庙",九寨小排有"下坪大庙"。每个大庙供有大大小小的木刻偶像,象征各种神与鬼,盘古王公、盘古王母是各庙必供的神像。排瑶传说盘古王开天辟地,造出人间万物,也造就了排瑶,盘古王是排瑶民族的始祖,人们相信始祖的神灵庇护人间安危、幸福最为灵验,故信奉甚虔。盘古王夫妇的木刻神像位于庙堂中央主神位,左右排列各排、各姓氏先后逝世的先人神像牌位,供众人供奉。《连山绥瑶厅志》载:"庙立于野,凡隶排者,皆祭之,如群姓之大社也,无太主,刻木为像,不必肖其人,亦不能辨为谁氏之祖妣,统呼之曰阿公……祭之日,男妇诸君集于庙,俱香烛、纸钱、猪、牛、鸡、酒而焉。"排瑶认为,灵魂离开躯干后是永恒存在的,从开天辟地的盘古王、历代先祖的神灵到逝世入土七天的亲人(七天前的灵魂尚留在世间未入阴府),其灵魂都是有神力的。同时随着父系权力的确立,逐渐萌生了以父系家长为主的神灵崇拜,故每个大排都立有自己排内各姓氏先祖的牌位,称"大庙公""小庙公"。如火烧排、里八洞的"料险东庙"有8个"大庙公"神像,其中有盘古王公、盘古王婆、本方土主唐十二公、李十八公、唐皇白公、房君法富王公、唐君法朝七公。另外还有"小庙公"60多个,均为排内各姓氏的先祖。又如大掌排的"庙东庙"有"大庙公"7个,其中有盘古王公、盘古王婆、本方土主皇十五公、李十八公、唐皇白公、邓十五公、龙十九公,同样也有60多个"小庙公"。凡进大庙者,均不分姓氏,一一共同祀奉。

而属于"恶鬼"者,虽然不能摆入大庙供奉,但在祭祀时一样敬祀。人们相信通过虔诚的祈祷,一些恶鬼还会转变为善鬼,不再作恶于世人。凡遇灾难,都归罪于恶鬼;人有伤痛病疾,认为是恶鬼缠住了灵魂,必须为之请神超度,查鬼赶鬼,以避鬼缠之灾。"赶鬼"有"初病赶鬼、病未愈再赶鬼和赶大鬼"等三种方式。"赶鬼"先"查鬼",查明鬼的大小。专门"查鬼""驱鬼"的"厚缅公"(瑶语,汉意为"问鬼公"),是人神交往的使者。"厚缅公"被人请到家中之后,供上米一筒、香三枝和一些纸钱,便捧着经书喃喃念咒,并用一块牙板打着手臂,全身战战栗栗地颤抖,几乎进入昏迷状态,这就算与阴府灵界打上了交道,口中说病人冲撞了什么鬼,要用什么类的祭品,在什么地方祭告,就算查到了"鬼"。如是"小鬼",用小公鸡作为祭品;如是"大鬼",便要杀猪杀牛来祭祀。

三、排瑶"神灵意识"的原始信仰因素

原始社会时期,由于社会生产力极为低下,人们无法抵御大自然的威胁,只用一种简单的心智,猜测自然界各种事物之间是相互影响的,故而产生一种潜在的认识,认为有一种超自然的力量在作用于一切事物,支配着世界上的一切东西,人们的种种希望和祈求,均从这种认识出发。这种认识,便是把大自然千变万化的现象归结为"万物有灵"和"灵魂不灭"(西方人称为"马那观"Mana 或"有灵观"Animijm)。这种对大自然的崇拜与多神信仰,是原始人类的宗教雏形。每一个民族、部族几乎都经历了原始社会自然崇拜的最初信仰时期。据历史资料与调查报告反映,明清以来至中华人民共和国成立前夕,排瑶社会虽然出现了田地、山林的买卖和典押,生产资料占有制出现了房姓集体占有的"太公山""太公田"形式和私人占有形式,但其生产水平仍是十分低下的。"居高山,刀耕火种。"以砍山烧輋的刀耕火种农业、林业为主,以采集、狩猎为辅,从今天排瑶猎获兽物仍有共享共分的习惯和保留放火烧荒、刀耕火耨生产方式看,他们确实经历过一段较长的生产力十分低下的历史时期。这样的经济基础,自然影响着其社会上层建筑的发展。所以我们看到排瑶的"神灵意识"反映了社会意识领域的宗教信仰处于较早期的阶段,既有自然崇拜的因素,又有祖先崇拜、鬼魂崇拜的因素,保持了原始多神崇拜的特征。这种情形,与其当时民族内部的物质生活条件及自然生存环境基本相对应,并且随着其条件的变化而发生变化。恩格斯在揭示原始宗教的产生根源时说:"宗教是在最原始的时代从人们关于自己本身的自然和周围的外部自然的错误的最原始的观念中产生的。"[①] 排瑶的"神灵意识",亦是人们从不断与大自然的接触中产生,他们首先相信大自然世界存在一种"神力",直至先人成"缅",亦具备这种"神力"。排瑶的"神灵观念"有以下几个特点:

其一,"神"与"鬼"的概念分辨不清,"缅"既是亡人的鬼魂,亦是自然精灵之所在。

其二,各种灾难、病疾都是由"缅"控制的,"缅"既可降祸,又可赐福。

---

① 中央编译局:《马克思恩格斯全集》第 21 卷,人民出版社版,1972 年,第 348 页。

其三，普通人不能与"缅"相通交往，只有"厚缅公"通过念经祭诵，才能知晓"缅"的所为和所求。"厚缅公"通过一整套的"请神、问仙、送鬼"仪式"问鬼，查鬼，驱鬼"，相当于汉族的巫师的"神职"。

据我国著名人类学家梁钊韬先生研究，中国的宗教起源，是从巫术发展的，"巫术观念是属于普遍神秘力量而非个人的力量，大多数初民都信仰这种力量"①。排瑶保留的"神灵意识"，应属于早期宗教（巫教）信仰的范畴，其"厚缅公"（巫师）的存在，亦可证明其宗教信仰的发展，仍处于初级阶段。

随着历史的发展，到了近现代，排瑶的信仰受到了道教的冲击，促使排瑶的早期宗教意识融入了道教的内容，在"祭天、祭雨、祭神鬼"等宗教仪式中，增添了对道教神祇"太上老君""张天师""梅氏七娘""梅氏八娘"等神主的膜拜，使之"瑶道合为教"。至于排瑶如何融道教为己用，如何充实自己的宗教仪式内容，这些问题值得深入研究。

---

① 梁钊韬：《中国古代巫术——宗教的起源和发展》，中山大学出版社，1989年。

排瑶"送鬼治病"的巫术行为[①]

在粤北山区的一方土地上，排瑶人民在这里生活了数百年，经历了岁月的风风雨雨，总结了丰富的生活经验，特别是用中草药治病，是瑶族人民与大自然抗争的最有效办法。瑶族民间草药在社会上享有很好的声誉，"瑶医"在民间医学上占有一席之地。人们利用山间草药治疗各种无名肿毒、蛇咬虫伤、风寒刮痧、跌打刀伤，使一些小病小灾得到及时的治疗和控制。然而，由于草药的药力有限，人们对于一些疑难杂症及大病仍束手无策，把希望寄托于神灵的伴佑，通过"请神送鬼"，求助于神灵的庇护，以达到病患消失痊愈的目的，然这种情形在医改发展的今天已不多见。本文仅分析排瑶"送鬼治病"的宗教仪式，探其宗教信仰意识中的巫术因素。

一、"送鬼治病"的宗教仪式

在排瑶的思想意识里，"神"与"鬼"之间没有严格的界限，通用"缅"来称呼，即统称为"鬼"。"缅"既包括大自然的各种神灵，亦包括神话传说中人类祖先的神灵和本宗族家庭逝去的先人的灵魂。且其中又有善、恶之区分。排瑶意识中所反映之"神"，多为自然界及传说中以庇护人类面目出现的"缅"，如盘古大王、盘古王公、王婆等；而所指之"鬼"，则多以作恶面目出现的"缅"。

排瑶通常认为：人之所以得病，是因或冒犯神灵，或鬼魂作祟人间。人们相信使人致病的鬼有三种[②]：

（1）祖先鬼（亦称大鬼）。如南岗排列出祖公鬼有房成海公、房成摇公、

---

① 原载《广东民族研究论丛》第7辑，广东人民出版社，1995年。
② 李默、房先清：《连南八排瑶族研究资料》，广东省社会科学院编印。

房成门下白公三兄弟。据说此三人是最早入排的祖先，其灵魂最"恶"（凶之意）。

（2）八排二十四冲的大庙鬼。指八大排大庙共同供奉的鬼神和盘古王公、王婆及各姓氏始祖公等。人们认为大庙主神既可降灾于世，也可拯救于民，取决于敬奉是否虔诚，是否有冒犯。

（3）杂鬼（称小鬼）。如饿死鬼、跌死鬼等。

凡得大病后要请先生公举行"送鬼赶鬼"仪式。念经作法的先生公很多，中华人民共和国成立前南岗排就有100个左右。但不是每一个先生公都可治病，只有那些被人们认为师道高深，曾经治过病而且很有见效的先生公，才会被人请去"送鬼治病"。需要"赶鬼"的病人病态多为：小孩惊风、妇女无子或生育不顺、老人生病、精神失魂、突发瘟病如天花或霍乱等。

赶鬼要先查鬼，而查鬼则要由"厚缅公"（瑶语，即问鬼公）主持。问鬼公虽属先生公一类，但他不是给人们送鬼治病的，而是专门负责问鬼、查鬼的，所以人员不多，一般每排只有一两个人。当有人得大病重病时，一般先生公摸不清属于哪一类鬼作祟时，便请教于问鬼公。

问鬼公被人们请到病人家中，按病人染病的日子、时辰，查看"老皇历"，看冒犯了何方鬼神。如初八得病，冒犯的是"太岁鬼"，丙、申、丁、酉日得病，则冒犯了"车公鬼"和"四山鬼"等。查明鬼神后，即备上米一筒、香三枝和一些纸钱。问鬼公所用的道具很简单，即一副筊杯、一只"牙板"，筊杯用一块竹或木根劈开两边制成，用于占卜。问鬼公作法时不穿道袍，认为穿道袍不合身份（只有在"耍歌堂"和"担堂一度戒"时穿道袍），"送鬼治病"所请的神祇主要是祖公鬼而不是太上老君。

占卜时将出现三种情况：筊杯两切面向上，称为"阳筊"；切面向下称为"阴筊"；一上一下称为"胜筊"。"胜筊"表示好，"阳筊"次之，最差为"阴筊"。"牙板"用一条约一尺长的木片，削成一端尖、一端平呈剑形，中间刻龙形花纹，据说查鬼时用于阴阳间架桥用。问鬼公在病者家作法时，用牙板敲击自己的手臂，随即全身颤动，不一会便进入半昏迷状态，以示进入阴间鬼界与鬼打上了交道，而口中喃喃自语（问鬼公不用经书，只念一些专请祖先鬼及入阴间的咒语），然后自称某某祖先鬼，并指出病人冒犯了什么鬼，要什么祭品，在什么地方告祭等。当旁人把他所说的话记清以后，问鬼公便从背后着手掷出筊杯，旁人捡起筊杯，告诉他属何种卜象，如此重复几次后，问鬼公又用牙板再次敲打自己的手臂（意为架桥从阴间返回阳间），然后全身颤抖，口吐涎沫，突然倒下，待旁人将他扶起，才慢慢清醒，恢复神志，"查鬼"仪式便告结束。①

根据问鬼公所查出的鬼以及用什么祭品，在什么地方祭拜，病者家属再请"赶鬼"的先生公为病人驱鬼、赶鬼。"送鬼赶鬼治病"的仪式有：初病赶鬼，病未愈再赶鬼，赶大鬼（赶二次鬼）。最后一次赶鬼和普通赶鬼已有不同意义：一方面希望借赶鬼来除掉病痛，促使病人早日恢复健康；另一方面含祈祷之意，即若病人已无法"医治"，"赶鬼"则企望病人顺利离开人世，免受疾病折磨的痛苦。

若查出病人为"大鬼"所惑时，便要作法3天。第一次送鬼治病以宰鸡为祭；若病不愈，宰猪为祭；再不愈，便杀牛，过去瑶族耕牛很少，杀牛已属最重的祭礼。先生公经一次杀牛赶鬼后，往往会把病人带回自己家中辅以中草药治疗。若病情仍不见起色，便不再理会病人，任其听天由命，谓之"神弃"（神灵不再庇护之意）。

先生公凡进行一种赶鬼治病仪式，都要借助一定的经书。这些经书由汉字抄写而成，念诵时多以瑶语瑶意为主，故一般人甚至汉人巫师亦看不懂经文，只在排瑶先生公内部使用。用于治病的经书有小孩生产赶鬼招魂用的《收花经》《花间甲坛经》等，妇女生育求子用的《架桥接花经》，老人生病用的《解大岁》《古关疏》经，重病人用的《道魂》经，大小病通用的《医病救人经》等。② 各类经书，除了在各种"治病"仪式上分别用单行本外，有时也将几种单行本合用。如小孩生病时，可将《收花》《花间甲坛》合用；老人生病时，《解大岁》《医病救人》《古关疏》等合用。先生公多用经书，目的在于"增强"医治疾病、驱赶邪魔的神力。仪式通常在问鬼公所指定的地点进行。如当妇女久不生育或生育的子女不能成活时，家人便请来先生公为她"架桥接花"。一般都请子女较多的先生公主持。另请2位（或4、6位，取偶数）儿女多的亲戚陪同，备一具用五色彩纸贴在一弓形竹片扎成的纸桥，剪纸做成红花6朵（或12朵），白花6朵（或12朵），带鸡1只、酒1斤、猪肉若干、油纸伞1

---

① 《民族问题五种丛书》广东省编辑组：《连南瑶族自治县瑶族社会调查》，广东人民出版社，1987年，第112页。

② 李默、房先清：《连南八排瑶族研究资料》，广东省社会科学院编印。

把,及油豆腐若干,来到十字路口或大树下,放下彩桥,摆上祭品,先生公念诵《架桥接花》经,如词曰"造得仙桥齐了当,引上信士花男花女桥上行……",然后焚桥纸钱,燃放鞭炮,并将6朵红花交予事主。"接花"的妇女在数位亲人的陪同下走回家,把"红花"放在自家的神龛上,意为接上了"送花老人"的"花",日后生儿育女顺顺利利,人丁兴旺。

当孩童夜啼不眠或体弱多病时,则认为是被"六甲神"掳去灵魂,要请先生公到家里进行"破六甲"。先生公预先扎好一个稻草人,拟为"六甲娘娘"的化身,稻草人腹腔中藏一只鸡蛋,象征着孩子的灵魂被困在"六甲神"肚里。先生公边烧纸钱边念《花间甲坛》经,如"……奉请祖师收一魂,本师收二魂,二郎三郎收三魂,尽皆如我收来三魂七魄,押上弟子手掌,桥头真花回来……",念完经咒,先生公从稻草人身上取出鸡蛋击破,意为从"六甲娘娘"身上收回孩子的灵魂,打破的鸡蛋要放进孩子的睡房,以示"还魂"。稻草人则由先生公带走。从此"六甲娘娘"不再来骚扰孩子,他的病症亦会逐渐见好。

虽然说,从医学角度来衡量,"送鬼赶鬼"是不能治好病的,但从心理学的角度分析,在无能为力的情况下,通过这种仪式,病人、健康人都得到了一种心灵上的安慰,对危重病人也尽到最后一份责任。因此从冥冥中寄托了心中的愿望,这便是人们请神送鬼治病的最终目的。

中华人民共和国成立以后,人民政府在瑶山建立了医院并完善了医疗设备,使瑶民的疾病得到及时的治疗,人们亦不再举行送鬼治病仪式。

二、"送鬼治病"的巫术行为

"送鬼治病"仪式有两个阶段:一是查鬼,二是赶鬼,均为巫术行为。"查鬼"的问鬼公不穿道袍、不念经书,只念符咒,那颤颤悠悠,昏昏欲睡的"问鬼"状态,与汉族占卦巫术中的"问仙"状态是相似的,学术界称之为"萨满"活动。"萨满"虽然是东北一些民族所进行的宗教仪式,但被认为是中国少数民族较早期的最典型的巫术活动。

巫术是人类直接感受自然现象的启发而产生的,人们企图以之抵御或控制自然力,克服或避开凶险,达到生产的丰收或个人与群体的其他目的。通常一个巫者在施术为人治病时,总认为鬼神精灵是致病的原因,而在施术时则利用符咒使所请的鬼神去伤害致病的精灵。而排瑶先生公在进行"送鬼"治病时，不穿道袍，不执道鞭，只是运用符咒，画符烧纸。请来祖先神及各种神祇，借助神和自己的力量，压服对方，达到驱邪治病的目的，这种举动，当是纯粹的巫术行为。

英国学者弗雷泽在研究巫术时认为巫术可分为三大类：感致巫术——同能致同的原理，染触巫术——保持交感关系，反抗巫术——禳凶化吉。在一般的巫术行为上，常交叉混杂，而且以感致巫术为中心。感致巫术——"同能致同"的原理相信形象（所崇拜的偶像等）怎样受苦，人也怎样受苦；形象毁灭了，人亦感应而死。反之，形象繁荣兴旺，人也会感应生机。正如排瑶"架桥接花"仪式那样，首先要求作法的先生公及陪同人都要子女多多，以求如意，同时"接花"的妇女感应了"花"的灵气，日后将多子多福。又如"破六甲"，稻草人腹中的鸡蛋象征孩子被掳的灵魂，把打破的鸡蛋放到孩子睡房，使灵魂返回孩子的身上。像这样的例子很多，排瑶在请先生公给新生儿命名时，先生公是以开门见物命名的，则见山命山名，如"大山""山贵"；见树命与树有关之名，如"树生""木贵"；见到猪、狗、牛、羊也一样命之于名。人们相信天地万物皆有神灵，只要诚心相奉，就会得到天地各神的庇护。这种感致巫术的作用，大致体现在求子嗣、占卜、助产、治病、保障食物的供给和渔猎、农业、战争、报仇、祭拜天地星辰雷雨、祭祀、禁忌等方面。

中华人民共和国成立前的排瑶社会，人们的信仰虽然受到汉族道教的一定影响，但人们对自然万物、天地鬼神、祖先神灵的崇拜仍占重要位置。先生公在"送鬼治病"仪式中，虽然会请道教神，但首先请出的是祖先神。《医病救人》经书中的就列出了许多祖先神："……天府地曹、地府功曹、打病师主、退病师主、医病师兄、求病功曹……前传后教祖师、唐君法户四十郎、唐君法真三十三郎、沈君法旺五郎、房法保十郎、进教祖师沈君授仙公三郎、法传五郎、黄君法富五郎、法贵三郎、黄君法宝三十三郎、法传十七郎……"人们对祖先鬼的敬忌，久而久之便走向对鬼神的信仰和依赖，形成祖先崇拜意识。而人们认为世人之所以染病，正是鬼魔神灵作祟，需要"作法"驱邪，这"作法"便是巫术活动。

我们都知道，中国道教也承袭了中国古代社会的巫术和求仙方术，提倡用咒符可以"召鬼请神""禳灾求福"。但它尊奉老子为主神，对瑶族社会影响较大的道教梅山派，也有自己信奉的神祇：三元天地、水三官及唐、葛、周三将六大神。但他们仍不能左右瑶族对神祇崇拜的选择。排瑶先生公转抄道经，也只当作符咒使用。如《医病救人》经的一段："起造不禁，地不忌，太上老君百所见无忌，大符并耗三百六十日，小符并耗一百二十日，弟子并，祖师并，弟子收，祖师收，并得无穷无尽，大吉大利。""一心奉请上元将军身姓唐，身带琉璃七宝光，中元将门身姓葛，奉敕奉为葛姓身，下元将军身姓周，领兵天下去行游，当父母，因冤死，如今共鬼打冤仇，今日阳人多疾病，放火烧除永不留。"① 在治病时使用的各种经文都常常请太上老君、三元将军等道教神，但先生公们对他们在道教中所处的地位和作用不甚了解。他们"说明医药的是太上老君，并以上元、中元、下元这三元来分别天气元气"②。引文中反映排瑶先生公对太上老君和三元将军的认识，即把太上老君当成了医药，故用来治病，而把三元将军视为天气三元，仍用自然的眼光看待道教文化。笔者亦曾在油岭排向先生公们问及对太上老君和三元三清的解释，当地先生公都说不出个所以然。排瑶敬奉道教神，在于借助已被人们特别是汉区人们普遍认可接受的神的威力，来加强祖先鬼的神力。

三、余论

许多学者在研究瑶族宗教后认为：瑶族的宗教已受到道教的深层影响。的确，在勉语支瑶族（特别是广西地区）中，瑶族的宗教意识受道教梅山教正一派的影响甚深，而且已成为普遍的现象。但排瑶则不然，排瑶社会的长期自我封闭，阻隔了外界对其的影响，不仅在社会组织方面保持独特完善的"瑶老制"，而且经济发展很缓慢，其意识形态的信仰仍处于原始的自然崇拜、鬼神崇拜和祖先崇拜的多神崇拜阶段。道教对排瑶社会的影响只是表面的现象，仅限于经书（先生公们专用）的传入以及神祇、法器、符咒等的借用和模仿，没有从根本上改变排瑶原有的宗教信仰意识。排瑶先生公的"送鬼治病"仪式以及其他诸如"驱虫""求雨""建造""安龙"等对大自然的禳灾祈福活动，基本上是一种巫术技巧和感致巫术的行为。

虽然巫术与原始宗教已有较长时间的混合，但仍可以找到两者之间的界限：

---

① 李默、房先清：《连南八排瑶族研究资料》，广东省社会科学院编印。
② 李默、房先清：《连南八排瑶族研究资料》，广东省社会科学院编印。

巫术是动作、是技艺，宗教是意念。譬如：一种巫术的符咒，被认为可以治病，当是巫术行为，但亦含有另一种意义，因为人们对神崇敬才相信它的神力，这里便明了宗教信仰的因素。"简言之，在质的方面，巫术是动作、是技艺；宗教则是信仰、是崇拜。就起源的年代而言，巫术比宗教为先；就演变系统而言，巫术统属宗教之内；就发展而言，宗教当然高于巫术，是属于人类文化较高一级的表现。"①

我国人类学家梁钊韬先生认为：宗教是由巫术发展而成的，在宗教形成之前先有一个巫术的时代，即无宗教的时代，巫术是宗教的雏形，从巫术进化到宗教，期间存在着两者互相混合的时期。我们从排瑶问鬼公的"查鬼"及先生公的"送鬼治病"保留较多的巫术行为，朦胧感觉到排瑶社会曾有过巫术的时代。在巫术向宗教自然发展的过程中，受到了汉族道教的影响。先生公在"查鬼""赶鬼"的宗教仪式中，体现了巫术的技巧，如"掷筊杯""架桥"等，而自然神、祖先神、道教神的神力穿插运用在宗教仪式的巫术活动中，表明巫术与宗教相混合。也就是说，中华人民共和国成立前，排瑶社会的宗教信仰正处在巫术与宗教意识（原始宗教和道教）掺和合用的阶段。

---

① 梁钊韬：《中国古代巫术——宗教的起源和发展》，中山大学出版社，1989年。

"耍歌堂"与祖先崇拜①

位于粤北山区连南瑶族自治县的排瑶人民，逢三五年的金秋丰收时节，便举寨举排相约组织隆重的民族民间传统节日活动，这个节日包含了祭祖、游神、过九州、对歌、舞长鼓等内容，故简称为"Ai Go Dong"或"Dan Go Dong"（瑶语，汉意为"耍歌堂"），排瑶的"耍歌堂"集宗教祭祀、文学、音乐、舞蹈等多种文化特质于一身，相互依附而成为复合的文化形态，在排瑶文化中占一定的特殊地位，亦是排瑶人民弘扬民族传统文化的重要场所，很值得研究。本文仅对"耍歌堂"活动中所体现的对先祖神灵的敬畏意识，试探排瑶信仰中对祖先崇拜的深度。

一、"耍歌堂"的由来

据民间歌谣《八排来源传说》②反映：排瑶先人从道州迁来连南，最早定居在黄埂。见邻近汉人在庙里"打道箓"的场面非常热闹，便商定在黄埂建立自己的"盘古庙"，不仅可以祭祀供奉先祖盘古，还可让众多的兄弟姊妹团圆相聚，所以传说排瑶最早的"盘古庙"建在黄埂（今涡水）。不久，黄埂发生了天灾人祸，只剩下住在寨边的八户人家，他们重新寻找新的住地后，便把盘古庙堂的大梁砍成八段，把盖庙宇的茅草斩成八份，八户人分别到了南岗、油岭、横坑、大掌、军寮、马箭、里八洞、火烧坪八个山头（亦说八兄弟分八排）。年复一年，八大排各自人丁兴旺，住地又不断向小排、小冲扩散，由于山高路远，各排冲的人们难以相见，便在各大排上建立大庙，好让分散的子孙回来祭祀先祖和与宗族同胞聚会，并定下三五年耍一次歌堂，而这规矩来源于一个古老的

---

① 原载香港中文大学新亚书院编：《新亚学术集刊》，1994年第12期。
② 连南县文化局：《瑶族民间故事》，连南瑶族自治县内部印刷，第8~9页。

传说：

据老人传说：很久以前，一位仙人向排瑶的一位老祖宗法宝公传授法术，其中一项法术是杀一只鸡祭祖，先人要分吃，不分的话三年才能吃完。于是人们在祭祀之前先杀一雄鸡敬供在神案上，三年以后再宰杀一只，如此循环形成了三年一次的祭祖活动。另一些老人又说，"耍歌堂"是为了祭祖敬神送鬼，若三年不做一次敬送，鬼神就会作祟人间，世上人丁六畜将不得安宁，故"耍歌堂"通常三年举办一次，每次的时间选择在农历十月十六日及以后的几天日子，因为农历十月十六是盘古大王逝世的日子，盘古是排瑶的"最高统治神"，"耍歌堂"的目的亦是为了祭祀祖先盘古王。

按过去的调查材料反映：排瑶的"耍歌堂"有以排为单位举行的"大歌堂"和以房族为单位举行的"小歌堂"之分；事实上，以排为单位举行的"大歌堂"是真正的"耍歌堂"，是一种以祭祀先祖为主的祭祀歌堂活动。而以房族为单位举行的所谓"小歌堂"——排瑶称为"dan dong"或"dan zang"（"担堂"和"担转"），实际上是一种宗族内部举行的成丁礼仪式（检法名的活动），它与大型的"耍歌堂"活动，在规模上、内容上和形式上都有一定的区别。

二、"耍歌堂"活动

"耍歌堂"举办的具体年限，首先在前一次"耍歌堂"活动结束时，由先生公们商量定出下一届的"耍歌堂"年期；而"耍歌堂"的具体日期，则在选好"耍歌堂"年限当年的"六月初六"（盘古王母忌日祭祀之时），由负责宗教事务的掌庙公及先生公到盘古庙占卜选定。一般定于农历十月十六日或以后几天的某一个日子，然后择吉日向排内民众公布，以便大家做好准备（凑齐祭祖所需的供品、钱银及招待亲戚客人所用的酒肉，并及时通知外排亲戚前来聚会），"歌堂"的规模取决于参加活动的人数，故歌堂的时间长短不一。大排内姓氏多需要的时间亦多，歌堂期间每个姓氏房族均安排一天时间到大庙祭祖，所以歌堂有的长至五天、七天、九天，一般不少于三天。"耍歌堂"活动的基本程序有以下几个部分：

（一）祭祖

"耍歌堂"的头项内容，由排内或宗族房内、家庭户内各自派人到大庙集中，参加由先生公、掌庙公主持的祭祀活动。主要仪式有杀鸡奉神（神案上立着盘古王公、王母及各姓氏先祖公的木制神像），跳长鼓（四先生公在神台前绕圈主跳，以告慰先人，"耍歌堂"开始），诵经，祭幡（幡上挂五谷，以示五谷丰登坐歌堂）。告慰先祖时由先生公领两小童（俗称"歌士仔"）吟经诵词（有歌堂专用的《歌堂书》，又称《十二本书》）。

（二）游神

"耍歌堂"的第二项程序是"游神"，人们在先生公的带领下，从以盘古大庙中请出盘古王公王婆（母）以及其他重要祖公的木制神像，由若干人抬着，走在游神队伍的最前面，后面是浩浩荡荡的长鼓队、牛角队、铜锣队、先生公队、妇女队。游神队伍一路载歌载舞，巡游排内石街土巷和田峒。

（三）过九州

"过九州"是"耍歌堂"的一项重要内容。"九州"以九面小旗杆插在歌堂坪上，分别表示：豫州、雍（幽）州、青州、宜州、寅州、良（梁）州、润州、徐州、扬州九个州，传说是瑶族古代先人曾流离迁徙的地名，以后到达的道州、连州未列入九州之内。游神的队伍抵达"歌堂坪"后，凡已经在宗教仪式"担堂"上取了法名的人及将要取法名的人都要环绕这九面小旗来回巡游两番。"过九州"主要缅怀祖先，再现流离迁徙、漂洋过海所经历的历史情形，经此仪式后，人们生前死后都将得到九州十府"神灵"的庇护。

（四）对歌跳舞

"对歌跳舞"意味着"耍歌堂"节日接近了尾声。对歌的开始是由先生公领唱《盘古歌》引子，其他先生公合着唱"优嗨歌"，先生公们边唱边跳边弹手指，俗称"弹指歌"。"弹指歌"是老人向后辈们讲述先人历史、民族来源的叙事歌系列，有《盘古皇歌》《水淹天门歌》《八排瑶人靴理书》《分八排》《歌堂书》《十二月歌》等。随后是在先生公的带动下，青壮年男子们跳起了欢快的《长鼓舞》。《长鼓舞》分36套72节，"上高山，过小溪""烧山、砍木、狩猎"，动作主要表现排瑶先民迁徙不定的刀耕火种生活。待老人"讲古"完毕，青年们才开始自由对歌。

在油岭、三排，"耍歌堂"最后的一天，仍抬上祖公的偶像巡游一次并伴随着追赶"Heu Meng Gong"的"驱鬼"活动。Heu Meng 指"黑鬼",代表邪恶势力,追赶黑面公,鞭打黑面公,意味着驱赶邪恶。此后,人们把各位祖公神像抬回大庙,冉做一道"退公还愿"仪式,"耍歌堂"活动完全结束。

三、"耍歌堂"集中表现了祖先崇拜

我们看到:整个"耍歌堂"的活动,自始至终都体现了排瑶对先祖缅怀、敬颂和祭奉的心理。祖先崇拜源于对图腾祖先、传说祖先和逝世先人灵魂的崇拜。排瑶人认为:死亡不过是肉体与灵魂的分离,躯体干涸但灵魂仍然存在,只是与世人不是活在一个世界,在"那个世界里",先人一样要吃穿用度,所以"耍歌堂"一开始,便根据"一只鸡能吃三年"的"仙训",规定了三年一次的祭祖活动:首先在祭坛上供上鸡、猪、牛、果、酒等供品,念在有好日子时不要忘记逝世的祖先,要请他们回来"一起共度"节日——这便是"请公""游神"的旨意。同时不仅要请自己的祖公,还要请那些曾经在迁徙途中帮助援救过瑶人的神灵"一起"参加歌堂盛会,这便是"过九州"。在欢乐的时刻要时时铭记先祖创业的艰辛——这便是"弹指歌""跳长鼓舞"的重要内容。由于人们相信"灵魂不灭",所以在"耍歌堂"中将对先祖的崇敬心理表现得尽善尽美,人们并不完全相信逝去先人的灵魂个个都是"好鬼",所以不论善鬼恶鬼都一样敬奉,故先生公"请神请公"时,分别念诵不同的经咒,大意是:请善鬼神灵保佑人间平安,给人们带来吉祥和福气;祈求恶鬼不要作恶,不要降灾于人间等。在人们庆祝丰收,享受人间欢乐之时,不要忘记"邪恶"在窥视着人间,故在"耍歌堂"结束之前,又有追赶黑面人的"驱鬼"活动,"耍歌堂"的全场都贯穿了对祖先崇拜的信仰意识。

祖先崇拜是盛行于农耕阶段和父权制确立后的原始宗教形式之一。排瑶人至今仍保持如此浓厚的集体祭祀先祖的原始宗教色彩,与其社会长期保持村社长老政治是分不开的。

众所周知,中华人民共和国成立前的排瑶社会依然保留着由瑶老们掌管社会的行政、司法、生产生活、军事、宗教等事务的组织,俗称为"瑶老制"。在瑶排,各大排便是一个自然的村落和行政区域单位,排以上没有统一的政治总裁机构,各排各自为政,主持社会政治的人物是排内各姓氏房族民主推举出来

的有威信、有能力的瑶老，排内各项活动均以照顾全排利益为宗旨，以排为主的地域关系代替了房族的血缘关系。同一区域内的人们在各个方面都有一定的密切联系，如有共同的办事长老——"天长公"等；共同的宗教祭祀地点——盘古大庙；共同的生产经济生活规律——由"头目公""放水公"掌管，负责安排各项农事，如下种、插秧、修水利等。村社地域的共同活动代替了原有的氏族活动，村社的共同祖先代替了氏族祖先的地位。故"庙立于野，凡隶排者，皆祭之，如群姓之大社也，无太主，刻木为像，不必肖其人，亦不能辨其为谁氏之祖妣，统呼之曰阿公……祭之日，男妇诸君服集于庙，俱香烛，纸钱，猪、牛、鸡、酒与焉"①。过去八大排的大庙里，确实立有不少的木制神像，均不分某某姓氏某某祖先，而是按历史出现的先后，传说中的威望而分出大、小"庙公"。如大掌排的"庙东庙"，立有"大庙公"神像7个，每个约有5市尺（1.67米）高，排放在庙堂中央，公名分别为："盘古王公、盘古王婆、本方土主皇十五公、李十八公、唐皇白公、邓十五公、龙十九公"②。其余有各姓氏的先祖为"小庙公"共60多个，每个约一米左右高。另火烧排、里八洞排共用两个庙——"料险东庙"和"引岭庙"；其中"引岭庙"有大庙公11个，每个亦高约5市尺（1.67米），公名分别为：盘古王公、盘古王婆、本方土主唐十二公、李十八公、房十五公、邓君十郎、房法灵一公、房十二公、房十九公、房一姑仙娘、邓弟九郎。其余有"小庙公"70多个，均刻成每个约2~3市尺（0.67~1米）高的木制神像，均为各姓氏祖公先人。

随着父系权力的确立，社会上奠定了男子的主导地位，社会的生产、军事、祭祀、社交等活动均以男性为主，人们的意识上便逐渐萌发以父系家长为主的祖先崇拜，认为民族的始祖人以及氏族首领的神灵最能庇护人间祸福，所以排瑶人对盘古王公、盘古王婆以及有威望的老人诸如先生公逝后的神灵祭奉甚虔。故有的两排共用一庙"耍歌堂"时出现"抢公"的现象：谁排哪姓氏最先抢到"盘古王公、盘古王婆"的神像，今后在排上则被认为最有威信，最易得盘古王的宠护。

除盘古王公、王婆外，其他各姓氏的先人均以"小庙公"的身份进入大庙神案（有的姓氏最老最有威望者也进入大庙公行列），人们认为：生前替排内干

---

① （清光绪）《连山绥瑶厅志》。
② 连南县志办：《排瑶庙宇和菩萨供奉情况》，打印稿。

大事，行善事，有威望老人及先生公死后可以摆入大庙供奉；另对作恶多端的"恶鬼"亦摆入大庙：如黑面公、黄面公、白面公三人；传说此三公好游山玩水，一次山洪暴发，被水淹死，冤魂不散，常在南岗排附近的黑面冲（地名）"戏弄"人们，故南岗排人立三人之神像于庙中以祭之。祭"好鬼"是为了得祖先神灵的保佑，祭"恶鬼"是为了提防他们作祟人间。

进入大庙神位的"先祖"，已不用生前的名字，而是用生前参加了"担堂""担转"宗教仪式所"换"的法名，法名是人间与阴间沟通的"桥"，有法名的人便有了与祖公神灵相聚的资格，日后到阴间，会得到祖公们的认可和帮助。所以在世的男男女女，总要参加"担堂"请先生公给自己起法名，没有法名的人是不能进入大庙排位的；凡能进入大庙的祖公，均视为全排人的共同祖先，受全排民众集体供奉。排民均有责任保护这些偶像，不能随意亵渎神灵。

各排各姓氏人们在同一地域内，同一时期内举行，同一活动形式的"耍歌堂"的活动，正是村社人们崇拜共同祖先的集中表现。

人们除了在大庙里供奉排上共同的祖先外，在每家每户的住宅中厅的神台上，还立有自家的祖先神位。神龛上的红纸写着本姓氏房族历代去世祖公的法名，每月的初一和十五日，都给神位上供上香油及供品，以祈求祖先神灵保佑家人岁岁平安、日日康宁，这种家庭式的祖先崇拜是以血缘为基础的，小范围进行的祭祀。

四、"耍歌堂"的发展

"耍歌堂"最早出现的形式应是祭祀歌堂，因为人们最初对祖先的崇拜，是以对血缘氏族中有血缘亲族关系的祖先亡灵的祭祀为主的，排瑶的"耍歌堂"虽然冲破了以血缘为主的关系，发展为以地缘关系为主的共同祖先崇拜，但在"耍歌堂"过程中，仍保留了对血缘亲族祖先崇拜的仪式（每姓氏安排一天时间轮流祭祀本族祖公），说明排瑶的祭祀歌堂从血缘祭祀歌堂向地缘祭祀歌堂转化并向娱乐（世俗）歌堂的方向发展。由于"排瑶"的称呼载入史籍的时间较晚，史书中记载排瑶"耍歌堂"史迹亦更晚，直至明末清初，有关的笔记和地方文献对"耍歌堂"活动才有较多的记载。明末清初人屈大均的《广东新语》所记载的"至庙为会"是最早的"耍歌堂"记录，其书中云："连山有八排瑶……岁仲冬十六日，诸瑶至庙为会阗，悉悬所有金帛衣饰相夸耀。瑶自视其男女可婚娶者，悉遣入庙。男女分曹地坐，唱歌达旦。"① 康熙四十三年（1704年）连山知县李来章亲历八排各处，记述了当地排瑶"耍歌堂"的盛况："十月，谓之'高堂会'，每排三年或五年一次行之，先择吉日，通知各排届期到庙，宰猪奉神，列长案于神前。延道士（先生公）坐其上，每人饭一碗，肉一碟，口诵道经。瑶人拜其下，以筊卜吉凶。……系金银褚纸于竹篙上，手执之。击锣挝鼓，赛宝唱歌。各排男女来会，以歌答之。"从上述记载我们可得知，明代以前的"耍歌堂"活动都是在大庙里进行，祭祀先祖为第一内容，亦有了对歌赛歌。据连南大坪排瑶老人唐丁当公收藏的一份明天启年间（1621—1627年）转抄的《歌堂书》记载，明代的"耍歌堂"已有了请神、造桥、香花、迎兵、开光、发牒等12本专用的歌堂唱本，民间文献《歌堂断卷书》亦反映明崇祯时"耍歌堂"用专有唱本，说明至晚在明代，"耍歌堂"的活动已从单纯的祭祖形式发展为对歌娱乐的歌堂，而且对歌和歌的内容极为丰富，有《盘古歌》《祝酒歌》《十二月歌》《祝愿歌》《生产歌》《爱情歌》等，"耍歌堂"已具相当的规模。到了近现代，"耍歌堂"虽然保留了祭祖的内容，然而增加了更多的新内容，如表演吹牛角、吹竹箫、芒笛、武术等，增添了许多热烈的气氛，使歌堂一脱祭祀活动的神秘面纱，成为瑶族民间喜闻乐见的群众文化娱乐活动。

　　按惯例，每个大排隔三五年便主持一次"耍歌堂"活动，八大排反复轮流，连续不断，由此排瑶地区几乎每年都有"耍歌堂"活动，"耍歌堂"不再只是祭祀先祖的场所，更是人们传授民族历史、歌颂祖先业绩、交流生产生活经验、弘扬传统歌舞、展示民族传统工艺美术的重要文化传承场所。歌堂会上，人们祭祀共同的先祖，强化了排域内的团结和民族自尊自强的信念，减少了宗族之间的矛盾。通过"耍歌堂"这个窗口，向外界传播了民族传统的文化，亦沟通了与其他地域同胞及其他兄弟民族在文化上、情感上的交流，亦为年青一代提供了交际的机会，对本民族生命的延续、文化的传承有着不可低估的重要意义。

---

① （清）屈大钧：《广东新语》，卷七《人语·瑶人》，中华书局，1985年，第237页。

"过九洲"——油岭歌堂

盘古、盘瓠信仰与瑶族[①]

在瑶学研究界,都知道瑶族既信仰盘古又崇拜盘瓠,盘古与盘瓠之间关系的论证,已经争辩了几十年。2007年民族出版社出版的《瑶族通史》,作者综合了各家论言,认为"盘古神话产生于中国南方,即任昉所说的吴楚间,目前也主要在江南、华南地区民间流传。瑶族崇祀盘古,是把他当作开天辟地神和人类始祖神颂扬,与盘瓠同样被当作民族始祖神崇祀,在神性上是有区别的,而且盘古见于载籍比盘瓠要早……瑶族尊盘古为人类远祖是事实。盘古作为一个开天辟地的神话人物在瑶族等民族中传颂,反映的是人们对远古洪荒时代的朦胧回忆"[②]。而"盘瓠是瑶族中三十多个支系的共同'根骨'"[③],民族的始祖。两者在概念上、形体上甚至祭祀唱本上都有所不同,但祭祀时都一起祭拜,本文就此现象加以分析阐述。

一、盘古在瑶族历史的印记

瑶族,是中国南方古老的民族之一。在我国55个少数民族中人口位居13,据2000年第五次人口普查数据公布,全国瑶族人口共有263.74万人,2010年,按照第六次人口普查数据,全国瑶族人口已达285.3万人。瑶族分布地域辽阔,集中聚居在南方的广西、湖南、广东、云南、贵州、江西6个省(自治区)的134个县市内。主要居住在广西171万人、湖南70.5万人、广东20.3万人、云南19万人、贵州4.4万人、江西1198人。瑶族居住的地区重峦叠嶂,地形复杂,既有高山、谷地,也有盆地、河谷和平原,山地面积占总面积的90%以上。

---

① 原载《清远职业技术学院学报》,2014年第2期,第20~25页。
② 奉恒高主编:《瑶族通史》上卷,民族出版社,2007年,第65~66页。
③ 赵廷光:《瑶族祖先崇拜与瑶族文化》,中央民族大学出版社,2002年,第65页。

从东经 100°30′的云南景谷县到 110°20′的广东始兴县；从北纬 21°37′的广西防城县到 28°的湖南武陵山区。

瑶族是一个跨境民族，而且是一个国际性的民族。瑶族人口主要分布在中国、越南、老挝、泰国、缅甸、美国、法国、加拿大。隋唐时期，瑶族就生息繁衍在湘、粤、桂三省交界区，广东粤北是瑶族较早的聚居地；明中叶以后，南方瑶族跨越广西、云南边境，不断向东南亚移动，走向越南、泰国、老挝等国的山地。1975 年印支战争以后，美国、法国、加拿大等国大量吸收印支战争难民，不少瑶族人就此机会移居到欧、美、加等地。① 据有关资料反映，目前全世界有瑶族人口约 350 万，其中 285 万居住在中国，70 万余分布在越南，另一部分撒播在泰国等东南亚地区，还有 4 万多人口移居在美国的俄勒冈州、加利福尼亚州以及法国的杜鲁兹地区和加拿大北部。

瑶族是一个由多个不同支系的族群构成的民族共同体。由于历史长期频繁迁徙，大分散小聚居，与其他民族交往甚多，由此导致民族内部出现一些不同的文化差异。瑶族支系按他称就有 30 多种，有因崇信盘古、盘瓠则被称为"盘瑶"或"盘古瑶"；有因种蓝靛染蓝靛布而被称为"蓝靛瑶"；有因服装特点而被称为"红瑶""花蓝瑶""白裤瑶""顶板瑶"等；有因住居有特色而被称为"东山瑶""坳瑶""八排瑶""平地瑶"等，统一称为"瑶"。而瑶族本身也有许多自称，学术界习惯按语言把瑶族各支系分成为瑶语支（也称盘瑶支系）、苗语支、侗水语支和汉语方言四大支系。而瑶语支又分成 3 个方言，即绵荆方言、标交方言、藻敏方言；五个土语：尤绵（优勉）土语、荆门土语、标曼土语、标敏土语和交公绵土语。其中讲尤绵（优勉）土语的瑶族人口最多，分布最广，与泰、美、法等国的瑶族语言亦能相通。在广东，有瑶族人口 20 余万，主要分布在连南、乳源、连山 3 个少数民族自治县内。广东瑶族分属瑶语支和汉语方言两大支系，其中分布在连南瑶族自治县的排瑶讲瑶语支"藻敏"方言标敏土语，其余各地过山瑶均讲瑶语支绵荆方言尤绵土语。瑶族的地域性和支系多造就了其文化的多样性。瑶族文化包括各种类型的民族传统、民间信仰和民间知识，各种方言、口头文学、风俗习惯和民族民间的音乐、舞蹈、礼仪、节日、手工艺、游戏、建筑艺术及其他艺术，这些民族民间文化艺术组成了瑶族社会各层次文化，并成为瑶族主体文化的基础。

---

① 奉恒高主编：《瑶族通史》上卷，民族出版社，2007 年，第 1 页。

瑶族支系众多，但并不是全部瑶族支系都有盘古传说流传和崇信，瑶族盘瑶支系中的盘瑶、八排瑶；布努瑶支系中的山子瑶、白裤瑶；平地瑶支系中的部分瑶族有盘古神话流传。盘古，在瑶族中有多种称呼：盘古大帝、盘古皇、盘古郎、盘古王公、盘古王婆，并尊为开天辟地神，人类的始祖神。广西宜山县瑶区的《盘古王圣牒榜文书》载："当初原有盘古王，置天地置人民，先有瑶人后有朝廷。"① 盘瑶支系的部分瑶族把盘古视为民族始祖神，将盘古开天辟地的传说看成是本民族源起传说。湖南零陵地区（今永州市）瑶族流传的一首歌谣唱到："盘古开天又辟地，又制青山又造田，先赐瑶人十二姓，后赐百姓造朝堂。"广西全州瑶族歌谣也有唱到："上古年间黑茫茫，乾坤合闭暗无光；先有无极生太极，后有社王生四象；虚空眨眼生东斗，三台生在气中央；佛祖显灵生华盖，母婆降世出人王；后来母婆生盘古，落地会跑会喊娘；昼夜不明难分解，母婆见了好心伤；制出银锤金凿子，交给盘王战洪荒；盘王领了婆母令，开天辟地尽承当……"②

　　歌谣不仅把盘古看成是开天辟地的英雄，还是瑶族十二姓的始祖，亦称其为"盘王"。显然这与瑶族自身流传的"盘瓠（盘王）传说"合二为一，并融入盘古传说之中。而在广东连南排瑶地区，盘古传说则与民间流传的"伏羲兄妹"传说相结合，形成了自己的"盘古开天地"的故事，如《水淹天》，说的是古代洪水滔天，人类灭种，仅剩下房十六和莎方三一男一女（有说是两姑侄）坐在葫芦瓢上得救。洪水退后，在神鸟的帮助下，他俩成了夫妻，生下了一个肉团，夫妻俩把它剁成了13块，旋即变成13人，分为13姓，瑶人由此而来。③ 而连南当地与排瑶共处的三江、寨岗汉区，也有"盘古王开天辟地"的传说。

　　排瑶不仅讲盘古（盘王）故事，老人传承历史说盘古由来，生活时节歌谣也唱盘古，如排瑶"三月三说古"中有："盘古皇开天辟地，二十四节令定下来，盘古岭下十八片山，我俩今天坐在坪地上……"又有歌唱到："从前盘王开天地，生出人口传人丁，高山芒顶高州岭，处处长出人丁来，而今住下高岭山，山坳隔断路长……从前盘王开天地，造出人来得传种，爹娘原想你是男，哪知

---

① 奉恒高主编：《瑶族通史》上卷，民族出版社，2007年，第63页。
② 奉恒高主编：《瑶族通史》上卷，民族出版社，2001年，第63页。
③ 唐辉：《排瑶文化纪实》，广东人民出版社，1995年，第88～90页。

出世是女身。"① 还有"妇女怨歌"也唱到:"怨来恨去无穷尽,怨上比下也无期,恨盘古王公做作,生得沙方三女子,生得房十六是男,一代传来一代转,一世变来又一世……"②

从上述歌谣我们看到,瑶族社会民间存在以下盘古的历史记忆:

(1) 盘古开天辟地的传说确实在瑶族一些支系中保留。

(2) 盘古在瑶族一些支系中成为民族的始祖。

(3) 盘古传说与伏羲兄妹传说结合成为瑶族民族始祖的起源故事。

二、盘古与盘瓠的关系

众所周知,盘古开天辟地,是人类的始祖神。汉文史籍记载盘古神话,始见于三国吴人徐整的《三五历纪》。其书云:天地开辟,"首生盘古,垂死化身,气成风云,声为雷霆,左眼为日,右眼为月,四肢五体为五级四岳,血液为江河,筋脉为地理,肌肉为田土,发髭为星辰,皮毛为草木,齿骨,精髓为珠玉,汗流为雨泽,身之清浊,因风所感,化为黎民"③。《救患神头唱》一书说,"盘古有三百六十化,左眼化为太阳,右眼化为太阴,骨头化为石头,肉身化为泥土,红血化为江河水,头发胡子化为各种植物,心肝化为鲤鱼,手足化为山树木,指甲化为辰星,头化为天,脚化为地"④。南朝梁伍昉的《述异记》所记与《三五历纪》大体相同,但是记述了吴楚间说。"盘古氏夫妻,阴阳之始也,今南海有盘古墓,亘三百余里,俗云,后人追葬盘古之魂也。桂林有盘古氏庙,今人祝祀。南海中盘古国,其人皆以盘为姓"⑤(据广西民族研究所所长覃乃昌教授提供信息说,广东东莞沿海某一小岛盘姓人很多,可能与传说中的盘古国有关,但笔者没去实地考察取证)。任昉的《述异记》说,盘古是天地万物之主,万物是由盘古开始的。瑶族《寻亲歌信》诗云:

---

① 《民族问题五种丛书》广东省编辑组:《连南瑶族自治县瑶族社会历史调查》,广东人民出版社,1987年,第228~230页。

② 《民族问题五种丛书》广东省编辑组:《连南瑶族自治县瑶族社会历史调查》,广东人民出版社,1987年,第136页。

③ 奉恒高主编:《瑶族通史》上卷,民族出版社,2007年,第62~63页。

④ 赵廷光:《瑶族祖先崇拜与瑶族文化》,中央民族大学出版社,2002年,第46~47页。

⑤ 奉恒高主编:《瑶族通史》上卷,民族出版社,2007年,第63页。

"盘古开天又劈地，创造八卦立乾坤，先有盘古后天地，混沌之时盘古世。"①无论是汉文古籍还是瑶族歌典，都把盘古视为人类与天地的创造者。

而盘瓠则是瑶族盘瑶支系中众多分支的共同始祖。瑶族《评皇券牒》(《过山榜》)多载："瑶人根骨，即系'龙犬'出身。"关于盘瓠，瑶人不仅有传说，有故事，还有诗歌和绘画记载。他们把盘瓠(护)写上族谱、《过山榜》(《评皇券牒》)和《开山公据》，并画有《祖图》长卷、《祖图》挂画，将《盘瓠传说》编成《盘王歌》(或《盘王大歌》)及《高皇歌》，流芳万代以示铭记。盘瓠传说最早见于的史籍可能是东汉应劭的《风俗通》。宋罗泌《路史·发挥二》说："应劭书遂以高辛氏槃大瓠妻帝之女，乃生六男五女，自相夫妻，是为南蛮。"但今本《风俗通》未见此文。现见于较早载入史籍的，是东晋郭璞珠《山海经·海内北经》"犬封国"条："昔盘瓠杀戎王，高辛以美女妻之，不可以训，乃浮之会稽东海中，得三百里封之，生男为狗，女为美人，是为狗封之国也。"同为东晋人稍晚于郭璞的干宝在《晋纪》中说："武陵、长沙、庐江、郡夷、槃瓠之后也，杂处五溪之内。槃瓠凭山阻险，每常为害。杂糅鱼肉，即槽而号，以祭盘瓠。"又见《搜神记》说此段故事，后南朝宋人范晔作《后汉书·南蛮传》，集东汉应劭以来诸家关于盘瓠传说的记载而加以增删。除删去盘瓠得名，增加"今长沙武陵蛮是也"一段外，内容基本沿袭《搜神记》。②

《后汉书·南蛮传》所载《盘瓠传说》如下："昔高辛氏有犬戎之寇，帝患其侵暴，而征伐不克，乃访募天下，有能得犬戎之将吴将军之首者，购黄金千镒，邑万家，又妻以少女。时帝有畜犬，其毛五彩，名曰盘瓠。下令之后，盘瓠遂衔人头造阙下，群臣怪而诊之，乃吴将军首也。帝大喜，而计盘瓠不可妻之以女，又无封爵之道，议欲有报，而未知所宜。女闻之，以为帝皇下令不可违信，因请行。帝不得已，乃以女配盘瓠。盘瓠得女，负而走入南山，止石室中，所处险绝……帝悲思之，谴使寻求，辄遇风雨震晦，使者不得进。经三年，生子一十二人，六男六女。盘瓠死后，因自相夫妻，织绩木皮，染以草实，好五色衣服，制裁皆有尾形。其母后归，以状白帝。于是，使迎致诸子，衣裳斑斓，语言侏离，好入山壑，不乐平旷。帝顺其意，赐以名山广泽，号曰'蛮夷'……以先父有功，母帝之女，田作贾贩，无吴梁符传租税之赋……"此记载承《风

---

① 赵廷光：《瑶族祖先崇拜与瑶族文化》，中央民族大学出版社，2002年，第47页。
② 奉恒高主编：《瑶族通史》上卷，民族出版社，2007年，第73～74页。

俗通义》之袭，故文笔相似。

在瑶族民间保存的《评皇券牒》对盘瓠的身世记载最为详细。瑶族《过山榜》（《评皇券牒》）记载的故事，意思与《后汉书·南蛮传》所载基本相似，其故事的内容大概叙述：上古时期，有一位皇帝人称为其"平王"，他驯养了一只身有五彩斑纹的龙犬，名曰"盘瓠"。龙犬日夜跟随着平王左右，甚得平王宠爱。当时平王国中常受番王侵犯欺负，平王忧虑外患，便张贴告示，招募灭番勇士，并许愿：谁能消灭番王，国库的金银财宝任他领取，皇帝的三个公主任他选娶。一天，龙犬盘瓠口衔皇榜奔上国殿，告诉平王说他要去消灭番王，平王心有疑问，再三询问龙犬有何能力？龙犬只是不断地点头，平王心领神会，得知盘瓠为己担忧，一心报国，决意出战。他心中不由大喜，并为龙犬饯行。龙犬离开皇宫，渡海七天七夜来到了番国。番王一见龙犬，得知这就是平王身边驯养的龙犬，心想龙犬离开主人投奔于我，必知其国寿寝就终无疑。不禁喜出望外，不仅收留龙犬，还为他举行盛大国宴。一日，番王领龙犬到御花园赏花品酒，番王为龙犬盘瓠的到来喝得酩酊大醉。趁着番王酒醉毫无防备，龙犬一把咬断番王脖子，衔着带血的头颅，一路飞身奔跑，渡海回到了平王宫殿前，让大臣把番王头颅献给平王。平王见龙犬果真杀番王立大功，大喜过望，马上设宴款待龙犬，但龙犬不吃不喝；端上金银珠宝，龙犬也不理不接；闷闷不乐地蹲在一旁，平王迷惑不解，皇后在一旁悄悄提醒说："你出示许诺三个公主任他选娶，龙犬想当驸马呀。"平王答到："公主怎能与犬连理？"为此平王感到为难，三公主上前表示："父王已经许愿，如果食言，必将失信于天下，以后国家有难，谁还肯为您出力。"公主的深明大义，让平王下了决心，同意招龙犬为驸马。当即叫来三个公主，依此走到龙犬跟前，任它挑选。大公主两眼朝天，二公主捏鼻撇嘴，只有三公主的眼神充满爱意，龙犬上前一口咬住三公主的裙脚，又蹦又跳，意为选定了三公主。平王看三公主也愿意，便成全了这门亲事。三公主与盘瓠龙犬成亲后，生活非常美满。平王与王后觉得奇怪，三公主便告知说，龙犬白天与晚上不一样，晚上是一个美男子，他身上的斑毛，是件五光十色的衣袍，王后对女儿说，既然晚上是人，白天也变成人岂不是更好？三公主说，若他白天成人，穿上如此华丽的衣袍，岂不是要与父王争王位？平王知道后发话："不要紧，他变成人，就封他到会稽山七宝洞（有传南京十宝殿）做王嘛。"三公主将父王的意思告诉了盘瓠，盘瓠很高兴，对三公主说："你把我放在蒸笼里蒸上七天七夜，便可脱去身上斑毛变成人。"公主照着盘瓠的话把他放进了蒸笼，一天，两天，三天……熬过了六天六夜，三公主担心盘瓠被蒸熟，赶紧揭开笼盖一看，龙犬果然变成了人，但因时间不足七天，头部与脚跟的毛发未能蒸脱，只好把头和脚部包扎起来，由此也沿袭成为今天瑶族人包头巾扎绑腿的习惯。盘瓠变身得与三公主成亲，被平王送入会稽山七宝洞，开山种田为生。以后便有了盘瓠生下六男六女的传说，同时传下瑶族十二姓：盘、沈、包、黄、李、邓、周、赵、胡、唐、雷、冯。盘瓠与三公主苦心教育子女们打猎、耕织。平王得知后很欣慰，差人给盘瓠子孙送去金银珠宝，并颁布一份文榜：赐盘瓠六男六女十二姓，封给各不同官位，还全免盘瓠子孙后代的粮赋徭役。一天，盘瓠带着儿子们上山打猎，不幸被山羊犄角所触，跌入山崖丧生。为了悼念他，瑶族子孙把山羊的皮剥下来晒干制成鼓皮，把树干砍下做成长鼓，祭祀时敲起长鼓跳起舞，成为今天瑶族著名的"长鼓舞"。

盘瓠谢世后则被瑶族子孙代代祭拜，并奉尊为盘王。岁晚举行隆重的祭祖仪式，把盘瓠龙犬奉为图腾般膜拜。盘瓠的传说也被瑶族人编进歌里广泛流传，而民间保留的《评皇券牒》则被认为是当时平王颁给瑶族人的文榜，瑶族从此持榜漂流迁徙，不赋徭役。自耕自食，自相婚配，代代相传，以示铭志。于是在每一份《评皇券牒》（《过山榜》）的首段，都会明确记载盘瓠的故事，如连山壮族瑶族自治县禾洞六冲尾黄法应收藏《评皇券牒》所载：

"正（理）忠（宗）景定元年（1260年）……盘护（瓠）走舞如云飞，身游大海七日七夜，来到高王国中。时遇高王在朝认识盘护（瓠），喜笑曰：评王有此龙犬，今来投我国，必定败也……引盘护（瓠）入宫，置美味待之，情如珠玉。每坐朝常令侍侧，不离须臾……忽遇游赏百花林行宫，适时浓酒大醉，不省人事。盘护心内思报主之恩，功赏高大，用意将口咬杀高王，载取头级。复游大海回归殿下……评王令宫女插带梳妆，如花似玉，着宫女陪出。盘护向前咬住三宫女裙脚不放，要宫女嫁之于他。评王见盘护有灵性，嫁宫女为妻，令入内宫设宴成亲……赦令备鼓乐送去会稽山安住……后宫女生长（育）六男六女，王闻之赦赐各姓：盘、沈、包、黄、李、邓、周、赵、胡、唐、雷、冯。高封酬赏，各给官爵，永晓世务。令耕山田原处，三锹以上之地，离田三尺，离水三寸，付水不上，乃王瑶子孙之地……特与依牒律令，出世十二姓王瑶子孙，永远管山……后盘护（瓠）处转山林打猎，被山羊撞落石崖，赦伊十二姓王瑶子孙，摇动长鼓，吹笛笙各鼓板，引出大男小女，连手把臂，身穿花衣赤领，摇天乾（转）地，唱歌不绝……"盘瓠死后，其子孙后代岁岁祭祀，尊为民族之始祖。

《评皇券牒》(《过山榜》)是瑶族盘瑶支系过山瑶祖先曾持执游历数代的皇榜，曾是过山瑶出行在外的"护身符"。《评皇券牒》(《过山榜》)与过山瑶的生存和繁衍息息相关。在全国各省、地的"勉语"瑶族支系家族或民间都有收藏《过山榜》，甚至美国、法国、老挝、泰国、越南等国的"优勉"瑶中亦有珍藏。各地过山瑶人手执《评皇券牒》(《过山榜》)，流离迁徙，奔走他乡；依靠"皇榜"的庇护，漂洋过海千百年，走遍了南岭各山脉。瑶族人之所以爱惜《评皇券牒》(《过山榜》)，珍藏《评皇券牒》(《过山榜》)，是因为《评皇券牒》(《过山榜》)曾给他们带来福音，曾为他们挡过灾难。

从民族学观点看来，古老的传说是远古社会的文明产物。千百年来，瑶族民间故事"盘瓠传说"流传不衰，集中反映出信奉盘瓠的瑶族社会童年时代的面貌。《评皇券牒》(《过山榜》)一开始就交代了龙犬盘瓠的传说，把神化了的龙犬盘瓠作为自己民族的图腾祖先，并流传后世，至少可以证明：持有《评皇券牒》(《过山榜》)的瑶族先世经历原始社会人之初阶段。大家都知道，当传说变成了信仰之后，便产生相应的宗教习俗。瑶族祭盘王、唱《盘王歌》、还盘王愿的习俗，正是这种图腾崇拜的延续。广东民俗界都知道花都有个盘古庙，每年农历八月十二，当地群众都会在庙里举行隆重的祭祀盘古的活动。其实花都的祭祀盘古活动以及盘古王庙的存在，都与瑶族息息相关。据《狮岭盘古文化》一书介绍，花都盘古庙源于花都梯面的盘古峒。一千五百年前建立的盘古峒盘古庙是由中原迁来的瑶族所创，那时以农历十月十六日为"盘古节"(至今瑶族依然以此日为"盘王节")，民俗活动相当活跃。到了明朝弘治年间(1488—1505年)，这里的瑶族被封建统治者镇压，盘古庙被毁。瑶胞逃亡时把庙中的一块石碑抢救出来，带到了狮岭炉山(今盘古王山)，因碑太重，逃命要紧，只好把碑藏在半山草丛中。这么一藏就是三百年。嘉庆初年(1796年)农历八月十二这天，当地读书人邱毛松在半山拾到这块神碑，见上书"初开天地盘古大王圣帝神位"，于是便在半山搭起"盘古圣坛"祭拜。① 拾碑的这天就被当成盘古大王的诞日(2010年农历八月十二日在花都狮岭镇第二届盘古王民俗文化节上陈棣生介绍)，炉山后来就改称"盘古王山"。查《广东通志》记载，明代花都确有瑶族分布，在那里留下民族的某些历史印记并不奇怪，况且瑶族

---

① 陈棣生主编：《狮岭盘古文化》，岭南美术出版社，2008年，第47页。

至今依然信奉盘古王。从而反映民俗活动的传承魅力和生命力。

盘古与盘瓠，虽然神质与形质上有所不同，盘古身似天地，而盘瓠龙犬出身。但都与瑶民族有着密切的关系，而且在排瑶语中盘古与盘瓠两称呼只是声调上有所区别（gu 古，第四声调；gu 狗，第二声调）。在不同区域，不同方言的瑶语唱词中，完全可以混淆。有的盘瑶支系认为自己源出于盘古，故自称为盘古瑶，所以盘古与盘瓠在瑶族中视为同一远祖神，在祠庙中供上神位共同祭拜。

三、瑶族对盘古盘瓠的祭祀

瑶族尊崇盘古为人类始祖，而尊崇盘瓠为民族始祖，祭祀的时候总是盘古盘瓠（盘王）一起相请，特别是在盘瓠传说消失较早的瑶族地区，如排瑶，盘古即是民族的始祖。排瑶定居广东较早，隋唐时期已在粤北生活，在周边信仰盘古的汉族文化包围下，其盘瓠传说变异较早，甚至今天的排瑶后代已不知有盘瓠传说。据许文清《粤北瑶族研究》一书介绍，排瑶过去曾保留有犬图腾崇拜传说，但不是雷同与《评皇券牒》，故事已有较大的差异。30 年代末到排瑶油岭地区进行调查的民族学者李智文记录了这个传说，大意是：从前有一位妇女，与一只白天为犬晚上变人的神犬相配后生下八个崽仔，为了避免社会的议论，这位母亲给每个儿子娶了媳妇，并分别送他们到现在的八大排生息繁衍。她在每个儿子头上系上一块红布，演变成今天排瑶男子爱用红布做头巾的习俗。到这位母亲年老时，神犬变成了人。① 从这传说看到，盘瓠的称呼没有了，只留下关于犬图腾的一些残余记忆，帝女变成了普通妇女，一些特权及赏赐等都省略了，但依然承认排瑶同样崇拜图腾神犬。

盘瓠（瑶族人称其为盘王）是瑶族各支系共同祭祀的祖先，瑶族对盘王的崇拜充满了浓厚的图腾崇拜的色彩。如果说瑶族的祖先是为犬类，这显然是荒唐和怪诞的，但作为民族的原始图腾是可以理解的。盘瓠传说表现的只是历史上曾经存在过以犬为图腾的氏族部落，并不是盘瓠子孙为犬类，而且信奉犬图腾的民族不仅仅是瑶族，以动植物为民族的图腾偶像在历史上并不乏其例。美

---

① 许文清：《粤北瑶族研究》，香江出版有限公司，2002 年，第 120 页。

洲印第安人的许多部落即以动物为图腾，而中国古代的华夏民族，即今天的汉族，也以黄龙为自己民族的图腾。原始社会时期，人们无法理解大自然变幻无常的现象，无法抵御大自然的灾害，往往把祈求庇佑的希望寄托在所崇拜的动植物身上，把它们尊崇为至高无上的万能神而加以膜拜，以求得精神的安慰和解脱。瑶族人从原始社会一路走来，也把所崇拜的龙犬"盘瓠"视为至高无上的祖先神，由此代代相传并附加以膜拜形式，有祭祀、有歌颂、有鼓舞、还有"还愿"。

祭祀盘王的最初形式是以最原始的祭祖的形式出现，即"跳盘王"。以跳为主题，并带有萨满的色彩。有跳神，跳铜铃舞、长鼓舞、双刀舞、灶王舞等。在演绎"跳盘王"时，有的支系还模仿图腾龙犬漂洋过海杀敌的动作，有的动作表现开荒、造林、伐木、播种、种耕、收割等情节，有的动作还形象逼真地表现盘瓠拜堂结婚、生儿育女的经过。其中"跳长鼓舞"再现了盘王出世、盘王创世、刀耕火种、砍山狩猎以及盘王谢世的全过程情景。表达了瑶族人对祖先盘瓠的崇敬心情。当道教传入瑶族地区以后，"跳盘王"仪式又加入了道教仪式的内容。模仿道教还愿酬神仪式，达到娱神乐神境界。故又称为"还盘王愿"或"还祖宗愿"。瑶族人对盘王的敬祭不断伸延，还产生了其他的联想和禁忌，如忌吃狗肉、衣服裁制有犬之形型、头饰装扮有狗耳状等。

鉴于对盘王的崇敬，瑶族人对狗也特别宠爱，瑶族人养狗的主要目的是用以看家和狩猎，当狗意外死亡或老死，瑶族人会把狗当人般埋葬，而不是杀食。由于传说盘瓠身"五彩斑斓"，故瑶族人至今依然"好五色衣裳"，有的支系裁衣皆留尾形，有的支系女性头饰梳成狗耳状。节、年祭祀祖先的第一项是先喂狗；有的支系在进行祭祖仪式前上三牲供品时，先在屋外的地坪谷堂上以木槽盛食物，还边吃边用木棍叩击木槽，以形象化取似于图腾龙犬。并朝门外跪拜，请回在外打猎的盘王先祖神灵，再在屋内进行祭祖仪式。瑶族祭祀充满原始图腾信仰色彩。

以排瑶为例，经过与汉族相邻和文化磨合，排瑶的犬图腾崇拜从主角变成了配角，配合盘古传说而留世，以盘古人类始祖为正宗，盘瓠民族图腾崇拜揉入始祖崇拜之中，并刻成木偶神像摆在盘古大庙供族人祭拜。久而久之，盘古盘瓠都成为瑶民族祭祀祖先时首请的祖公神。中华人民共和国成立前，排瑶每个大排都建有盘古大庙，如大掌排的"庙东庙"，立有"大庙公"神像7个，每个约5市尺（1.67米）高，排放在庙堂中央，公名分别为盘古王公、盘古王婆、本方土主皇十五公、李十八公、唐皇白公、邓十五公、龙十九公。其余各姓氏的先祖，按历史的先后、传说的威信而分出"小庙公"，大掌排的"庙东庙"就有"小庙公"60多个，每个约高3市尺（1米）；另火烧排、里八洞排共用两个庙，即"料险东庙"和"引岭庙"，其中"引岭庙"有大庙公11个，每个约高5市尺（1.65米），公名分别为：盘古王公、盘古王婆、本方土主、唐十二公、李十八公、房十五公、邓君十郎、房法灵一公、房十九公、房一姑仙娘、邓第九郎。其余有小庙公70多个，均刻成2~3市尺（0.67~1米）高的木偶神像，均为各姓氏先人祖公。① 排瑶人认为民族始祖和氏族首领的神灵最能庇护人间德福，所以在每次的祭祖"耍歌堂"时，两排共用一庙的寨子就会出现"抢公"现象，排上哪个姓氏最先抢到盘古王公、王婆神像，就意味着这一姓氏今后一段时间内在排上最有威信，最易受盘古王宠护。

　　盘古庙里的大庙公、小庙公，平日里交由掌庙公烧香公祀奉，每年的农历正月十五、三月三、六月六、七月七、十月十六等民族大节日，全排人都到大庙集体祭祀。相传盘古王仙逝于农历十月十六（实际上是盘瓠逝于此日），所以排瑶人在这天祭祀盘古王最为隆重。唐代诗人刘禹锡被贬到连州时（当时连南排瑶属连州）就谈到当地瑶族"时节祀盘瓠"（《蛮子歌》）。清代李来章著的《连阳八排风土记》清晰记录了排瑶在盘古大庙祭祀的盛况："每排三年或五年一次行之，届时至庙宰猪奉神，延道士口诵道经，瑶人拜其下，以茭卜吉凶，击锣挞鼓，赛宝唱歌，各排男女来会，以歌答之。"祭祀最先吟唱的就是《盘古王歌》和历史歌。讲述开天辟地混沌之时的《洪水淹天》——盘古王公王婆出世故事。排瑶先祖沙方三和房十六，在神鸟的帮助下结成夫妻，房十六开天，沙方三辟地，造出了河溪、山岭、树木和飞禽走兽，房十六撒芦籽造出了汉人，沙方三生下肉团造出了瑶人。② 以此神话，解释了人类和万物的起源。在排瑶人眼里，沙方三就是盘古王婆，房十六就是盘古王公，他们不仅把盘古和盘瓠神话结合在一起，同时还把伏羲兄妹的传说也揉进自己的传说故事，形成三位一体的民族始祖传说，并世世代代加以膜拜。

---

① 连南县志办：《排瑶庙宇和菩萨供奉情况》，打印稿。
② 许文清：《粤北瑶族研究》，香江出版有限公司，2002年，第163页。

交流篇

国外瑶族的分布与迁徙[①]

瑶族是我国古代南方民族中具有悠久历史和古老文化的民族之一。他们长期居住山区，社会生产力水平低，为逃避自然灾害、战乱和民族歧视、压迫之苦，寻找新的生存空间，生活迁徙多变，"常住青山千万山"，"吃尽一山过一山"。中华人民共和国成立后，结束了中国瑶族艰辛的游耕历史，过上定居的幸福生活。而国外的瑶族仍在不断地流动，他们的足迹不仅留存在东南亚，甚至涉足于世界许多国家，引起世界各国社会学、民族学者的关注。

一

目前，分布在世界各地的瑶族近三百万人口，中国是瑶族的大本营，1990年第四次人口普查，中国瑶族总人口为2134013人，主要分布在广西、湖南、云南、广东、贵州、江西6个省（区）的130多个县内。其中以广西最多，有132.51万人，主要聚居在金秀、巴马、都安、富川四个瑶族自治县；广东瑶族有13万多人，主要分布在粤北连南、连山、乳源三个民族自治县境内。

而国外的瑶族主要分布在越南、老挝、泰国、缅甸及美国、法国、加拿大等国。[②]

据越南社会科学院民族研究所所长闭曰等教授1992年6月20日到两广访问及越南民族山区委员会赵有理先生1992年12月在广西民族学院做学术报告时介绍，越南有瑶族40多万人。其分布地域较广，沿越中、越老边界一直延伸到北部平原及一些沿海省区，主要聚居在河宣、黄连山、高平、凉山、北太、莱

[①] 原载《民族论坛》，1987年第4期，此次再作修改补充。
[②] 胡起望：《法兰西瑶族》，载《圣德学园岐阜教育大学纪要》第29集，1995年。

州、广宁等省，有大板、小板、白裤、蓝靛等四个支系①。

1988年，时事出版社出版，杜敦信、赵和曼主编的《越南老挝柬埔寨手册》介绍"现居老挝的瑶族有3万多人"，主要分布在中老、越老边境各省，包括丰沙里、琅南塔、乌多姆塞、桑怒琅勃拉邦等省，分有蓝靛瑶、高山瑶、顶板瑶、钱瑶、白裤瑶、红瑶、青衣瑶等支系。

据1990年泰国山民研究所的统计，泰国瑶族共有181个自然村，4823户，35652人，占泰国少数民族总数的6.34%。泰国瑶族主要聚居在北部的清莱、帕夭、难府等3个府，人口总计24957人，占泰国瑶族人口总数的69%。瑶族人口居住相对集中。

在泰国居住的瑶族有三种成分，即难民、流民和居民，上述统计数只限于入籍的泰国瑶族居民，而对境内居住的难民和流民人口，不在政府统计之列，但这部分瑶族人口亦不少，仅清莱府的一个难民营中，就有瑶族难民1000多人。② 从泰国迁往欧美地区的瑶族，正是这些无泰国国籍的"难民"。

缅甸的瑶族不到1000人，主要分布在掸邦一带。近些年又有部分移居到泰国。《1975—1976年泰国年鉴》载："最近自缅甸迁来的瑶族，定居于清迈府的茅县，南邦府的嗽县、寨洪县。"③

缅甸瑶族分散居住在海拔1000米以上的大山区或森林地带，人口少而且迁徙频繁，由于所居地带毗邻缅中、缅老和缅泰地区，时而进居中国，时而移居老挝，时而又入泰境居住，他们大部分是自由民，只有少部分加入缅甸国籍。④

东南亚各国的瑶族，主要居于与中国南部边境相邻的越南北部、老挝北部、泰国北部地区，基本保持了与中国瑶族相似的生产方式和生活习惯，但人口仍经常迁徙流动。

现移民美国、法国、加拿大等国的瑶族，属于1975年越南战争结束后大批外迁的印支难民的一部分。第一位从东南亚移民美国的赵有财先生，20世纪70年代初移民美国至今已近20年。据了解，现移民美国的瑶族约2万人，主要定居在加利福尼亚州、俄勒冈州和华盛顿州，三州瑶族人口占全美瑶族总数的80%；其中居住在加利福尼亚州奥克兰市的有4000多人，墨西德2500人，萨

---

① 金春子、王建民编著：《中国跨界民族》，民族出版社，1994年。
② 黄钰、黄方平：《国际瑶族概述》，广西人民出版社，1993年。
③ 《民族译丛》，1979年第3期。
④ 黄钰、黄方平：《国际瑶族概述》，广西人民出版社，1993年。

克拉门托3500人，雷丁1700人；俄勒冈州波特兰市2000多人；华盛顿州西雅图市2000多人。美国还在继续接收瑶族难民和已定居美国的瑶族亲人移居美国，而且美国瑶族出生率高，人口增长快，因此很难得出准确的人口统计数字。①

"十多年前，即本世纪70年代中期，东南亚局势变化，居住在老挝的数以万计的瑶族同胞，举族南迁渡过湄公河进入泰国北部山区，70年代末期，又作为难民陆续移迁美国、法国、加拿大等地。目前全法国有瑶族近1000人，约400人居住在图卢兹市，其余分散在法国各地。"② 据我国瑶族学研究专家胡起望先生最近的访法报告，法国瑶族共有115户686人。其中人口最集中的是图卢兹市，有瑶族55户331人。③

而移民加拿大的瑶族人口最少，约20户101人，分散居住在安大略省、多伦多和温哥华市。他们多从老挝、泰国移居。70年代末，他们抵达加拿大后，发现这里气候寒冷，生活不太适应，其中一部分人在美国瑶族亲戚的帮助下，经加拿大政府同意，又转迁到美国的加利福尼亚州南部地区。④

欧美地区的瑶族虽然人口不多，但他们从一个社会发展缓慢的山地民族跨入一个个文明高度发展的工业国；从长期过着刀耕火种的山地生活，瞬间进入繁华闹市，其社会文化、生活习俗、语言环境发生了巨大的变化，引起民族学术界的重视。同一民族在不同的国家跨境而居，是当今世界各地区普遍存在的"历史既存事实"。对周边国家有关民族问题与跨境而居民族之间睦邻关系的研究，势必成为世界性的研究课题。

二

最近几年，来自泰国、美国等地的瑶族，纷纷跋涉重洋，来到中国广东、广西的瑶族地区，寻找祖迹和探亲。他们每到一处，都能用瑶语"勉"话与当地瑶族亲切交谈。从美国、法国、加拿大、泰国等瑶族寄来的信件、照片及录

---

① 黄珏、黄方平：《国际瑶族概述》，广西人民出版社，1993年。
② 盘朝月：《中国瑶族学者代表团访法汇报》，《瑶学研究》第2辑，广西民族出版社，1992年。
③ 胡起望：《法兰西瑶族》，载《圣德学园岐阜教育大学纪要》第29集，1995年。
④ 黄珏、黄方平：《国际瑶族概述》，广西人民出版社，1993年。

音带、录像带得知，他们的语言仍保持瑶族的"勉语"方言，婚礼仍沿用瑶族传统的仪式，宗教信仰与中国瑶族的宗教信仰基本相同，他们的族谱清楚地记着祖先来自湖南、云南、广西、广东的韶州府和乐昌县。据美国瑶族的族谱记载，他们的祖先原居湖南的道州、江华县，经广东省的韶州府乐昌县、连州府的连山县，到广西桂林府的阳朔县、平乐县，再从云南省的勐腊、勐笼一带转入老挝，后移民泰国，尔后再转辗美国。1984年来华观光的泰国瑶族邓有升先生带来的族谱也记载了其祖先来自中国的广东韶州府，为此他还特意到达广东韶关（韶州府）乳源必背（原属乐昌县）寻找祖墓。

从事瑶语研究的美国留学生李瑞福先生说："美国瑶族是从老挝迁来的难民……我在美国认识的瑶族朋友常常说祖先曾住云南、广东的故事。最近一个美国瑶人把在30年代从广东带来的十八幅宗教神像画捐献给华盛顿州西雅图市的亚洲博物馆，这些表明美国瑶人认为中国是他们的老家。"①

美国瑶族源于中国，自认是十二姓王瑶子孙，传说中国南京十宝殿、紫荆山（钟山）、会稽山是瑶族的祖源地，而广东韶州府乐昌县是瑶族向西南迁徙曾居住过的地方。从文献记载、民间传说、歌谣吟唱等材料说明，美国瑶族分别在明清时期从广东韶州府（韶关）地区的乐昌县，经广西到云南分别进入越南、老挝、泰国居住，至20世纪70年代始移居美国。②

翻开法国瑶族家中保存的"家先簿"，亦可见他们的祖先原居中国，后从广西或云南山境，经越南或老挝，最后从泰国来到法国。法国冯承已老人保存的《盘姓宗枝簿》载："前代老太公山往南京海岸，寅卯二年大地大旱，三年官仓无米，水底无鱼，十二姓瑶民子孙慌乱，飘湖过海，来到坐落广东道韶州府乐昌县荒田坪开居……"③值得注意的是直到现在为止，乐昌县境仍有瑶族居住，邻县曲江有一个虽不叫"荒田坪"但叫"荒峒"的瑶村，"是以盘赵两姓瑶族为多，盘姓系宗盘古王"④。

美国瑶族和法国盘姓瑶族与乐昌县及曲江县荒峒瑶族是否有渊源关系，还有待进一步考证。现居法国的瑶族，几乎全部来自老挝，他们从20世纪70年

---

① ［美］李瑞福：《美国瑶族社会发展的情况》，《瑶学研究》，广西民族出版社，1993年第1期。
② 黄珏、黄方平：《国际瑶族概述》，广西人民出版社，1993年。
③ 胡起望：《法兰西瑶族》，载《圣德学园岐阜教育大学纪要》第29集，1995年。
④ 庞新民：《广东北江瑶山杂记》，见刘耀荃、李默编著《乳源瑶族调查资料》。

代中期开始,便流入泰国,从泰国难民营陆续移居法国。

而加拿大的瑶族亦主要从老挝迁出,自称为"荆老棉",少部分从泰国迁去的瑶族则以"荆泰棉"自称。"加拿大瑶族在本世纪末分别从老挝经泰国进居加拿大。祖居地据传亦是广东韶州府乐昌县,与美国瑶族祖源相同。"① 加拿大瑶族有赵、黄、盘、邓、李、冯等六个姓氏。

国外瑶族何时离开中国?《辞海·民族分册》载:"1960年,越南僾人(瑶人)人口18万多,是11世纪到13世纪初先后由中国西南迁入的瑶族的后裔。"广西民族学院的范宏贵先生据越南瑶族保存的《过山榜》分析指出,越南瑶族最早的一批是在13世纪从广东、云南由陆路进入越南……第二批是白裤瑶和贺瑶,于15世纪、16世纪从我国福建、广东,主要是水路,其次是陆路迁到越南。第三批是窄裤瑶的钱瑶,于16世纪从海南岛乘船迁到越南,途中遇到台风的袭击,一些船漂泊到越南芒街,另一些船漂泊到越南清化。第四批是青衣瑶,17世纪从我国广东迁到越南芒街,然后再转进到安沛、老街一带。第五批分两部分:18世纪从云南迁到越南老街的红瑶和从广东、广西迁到越南高平、河宣的钱瑶、红瑶。② 越南瑶族大致的迁徙路线为:福建、广东、广西、云南、越南。

泰国的瑶族主要从老挝、缅甸入境。据泰国清迈山民研究所的学者调查,瑶族迁入泰国的时间为数十年至百多年之间。③ 以清莱府代姚地区叶塞瑶村瑶族赵文凤收藏的家书推算,也是100年左右。1986年5、6月间,广西民族学院民族研究所袁少芬等同志曾到泰国清莱府蒗占区有80多户瑶族的帕勒瑶寨调查,据这个村的瑶族头人李进新(66岁)说,他们村的瑶人都是从中国的广东、广西来的,先到了寮国(老挝),之后移居到泰国。

日本竹村卓三先生在调查泰国北部清莱府夜庄县帖莱村邓氏(邓福昌)的世系时,证实了邓氏11代前的祖先,埋葬于中国的广东省。④ 竹村先生在泰国、老挝收集的"泰国北部瑶族起源传说"和"老挝流传的神话概要",也分别论述了瑶族的来源:泰国瑶族起源于中国的南京,从南京迁到广东的乐昌县,随

---

① 黄珏、黄方平:《国际瑶族概述》,广西人民出版社,1993年。
② 范宏贵:《中越两国的跨境民族》,《西南民族历史研究集刊》第5集,1987年。
③ 袁少芬:《泰国瑶族考察概述》,《民族研究集刊》,广西民族学院民族研究所印,1987年第1期。
④ [日]竹村卓二:《瑶族的历史和文化》,广西民族研究所译编,铅印。

后移居广西。人口的增加、土地的不足又造成他们大举迁徙，一部分到云南，一部分到法属的琅勃拉邦（老挝）等地，一部分来到泰国。而老挝的十二姓瑶人自"渡海上岸"后到达广东的韶州府，以后"一部分向湖广讲发，一部分以贵州为目标，还有一部分到广西寻找安居之地，后迁入云南"①，再由云南转入老挝。老挝的瑶族大都是18世纪末从中国南部迁去的，20世纪也有陆续从越南迁入。

缅甸的瑶族于近代陆续从云南迁入，继后迁回在缅、泰两国边境。

综观瑶族向外迁徙的路线，主要从"南京"或湖南迁到广东，再从广东辗转广西、云南、贵州，之后分别进入与中国相邻的越南、老挝、缅甸及泰国北部。他们离开中国的时间，早在11世纪至13世纪，晚在18世纪末19世纪初，而大批外迁是在15世纪左右。其外迁的原因，主要由于战乱，灾荒以及不堪忍受封建统治，"毫无疑问，在越南的瑶人起源自中国，由于汉、吴……封建统治者的残酷镇压或由于连绵战争，旱灾，连年不断地歉收……瑶人的祖先逐渐向南方的山区迁移，其中一小部分进入越南。这个过程可能发生在隋、唐至明、清时代，直到本世纪初还在继续着"②。而"近10年来，印度支那战祸连绵，各国人民无法安宁与生息，纷纷外逃。祖籍源于中国的瑶族，首当其冲大量被驱赶"③。日本竹村卓二先生谈到国外瑶族的迁徙时说："自从12、13世纪在中国文献中出现以来，历经几百年，经由湖南、广东、广西、云南进入越南和老挝的北部，现在义从泰国北部扩散到缅甸掸邦，形成长长的走廊。"④ 瑶族的历史是迁徙的历史，其形成今天亚、欧、美各国的分布局面，经过了漫长而又艰辛的历程。

---

① ［日］竹村卓二：《瑶族的历史和文化》，广西民族研究所译编，铅印。
② 越南社会科学委员会民族研究所编：《越南北方少数民族》，广西民族学院民族研究所译编，铅印。
③ 姜永兴：《国外瑶族及其研究》，1985年广西瑶族研究会第一届学术会议论文。
④ ［日］竹村卓二：《瑶族的历史和文化》，广西民族研究所译编，铅印。

美国社会的"勉"瑶①

一、美国"勉"瑶族群的崛起

"勉"是瑶语中的"人","优勉"即是瑶人,瑶人自称"优勉"。在中国瑶族总人口中,"勉"是瑶族分布最广,人口最多的一支系(人们习惯按语言把瑶族分为瑶语支、苗语支、侗语支和汉语方言四大支系),属瑶语支。所以称美国瑶人为"勉"瑶,正是因为他们自称为"勉",通用瑶语支"勉"语方言。70年代以前,美国社会没有瑶族群体,从1976年第一位老挝瑶人赵有财先生举家经泰国迁往美国定居开始,"勉"瑶族群在美国社会扎下了根,至今已有23年的历史。

70年代初,这部分瑶人仍然生活在越南、老挝和泰国。60年代至70年代期间,老挝政府实施强制兵役政策,家有男丁必当兵,老挝瑶族中的大部分青壮年被征入伍。70年代初爆发越老战争,印支地区硝烟弥漫,瑶族兵丁在战争中流血阵亡者众多,兵丁家属及瑶族老少孺弱,被迫离乡背井举族迁徙,越渡湄公河,逃到了泰国,大多数人被收容在联合国建起的难民营中。② "当时根据国际红十字会组织呼吁,决定将印支难民(包括越南境内的华侨)分别由中国、美国、法国、加拿大等国接纳收容。"③ 从1975年起,被安置在泰国难民营生活了数年的老挝瑶人,开始分期分批移居美国。据西雅图瑶人赵有官说:"战争实在恐怖,我在老挝当了几年兵,1974年底设法偕妻子父母陆续逃往泰国避难,一直到了1979年,才由联合国组织提供飞机票,举家乘机来到了美国,现我的

---

① 原载《广西民族研究》,2000年第04期。
② 赵砚球:《生活在美国的瑶人》,《瑶学研究》第3辑,广西族出版社,1993年。
③ 唐金汉:《赴美考察瑶族情况的报告》,《瑶学研究》第2辑,广西民族出版社1992年。

妻子、父母和兄弟都在美国。"

西雅图瑶人邓有坤先生写给云南瑶族邓承有的信歌中唱到："难民无州无处扎（住），哪人遮得便随行，一份飞行加拿大，一份飞行法国朝，三份飞行美洲国，散发地球天地游，丙辰年间四月内，落难瑶人入美洲。"① 第一位进入美国的瑶人赵有财先生，怀着听天由命的心理，带着家眷来到美国，尔后第二位陈富旺，第三位李进清，之后又有赵富明、陈富元……他们作为移民的先遣队，不断联系自己的家人，亲朋好友，形成一条长长的移民链，从遥远的东南亚地区，迁到了太平洋彼岸的美洲大陆。

大凡入美者，多是举家迁徙，有的瑶人为了便于生存，一家分迁几国，如加利福尼亚州的祝通财师公，两个女儿往法国，一个女儿往加拿大，三个女儿往美国，在老挝仍有直系亲属。② 一家分成了几路人，像这样的跨国家族，在美国瑶族群中并不鲜见。进入美国境内，一个家族分别住往几州的家庭也比比皆是，如波特兰的赵先金先生，自己带着妻儿一家六口居住俄勒冈州，还有三个妹妹、一个弟弟分别住加利福尼亚州的雷丁和萨克拉门托等地。虽然在时间上、地缘上分割了亲情，但割不断的血缘关系和民族认同感，为瑶族群在美洲大陆的崛起创造了有利的条件。由一家一户组成的亲情联络网以及三五亲朋好友组成的友谊网，促使分离了的瑶族群体得到回归，以美国西部海岸为中心，华盛顿州、俄勒冈州、加利福尼亚州瑶人形成了一个群体活动圈。

在老挝时，瑶族是一个群体，但在泰国往美国的最初期，瑶人是家庭个体，定居美国后，"先行者"为"后来者"不断创造定居条件，使美国瑶人从最初的几人、几十人发展到几千人、几万人。而今美国西部海岸的华盛顿州、俄勒冈州和加利福尼亚州，已成为"勉"瑶群体聚居的区域。以西雅图为中心，华盛顿州有瑶人250户2656人，俄勒冈州有瑶族270户2530人，加利福尼亚州雷丁地区有230户2400人，奥克兰有200户2100人，萨克拉门托地区人口最多，有500户5000多人，主要分布在萨克拉门托市郊，西萨克拉门托、南萨克拉门托的北海兰市。全美瑶人近3万，西海岸的瑶人占总人口的80%以上。

美国瑶人虽然分散在各州各社区内，不像在老挝、在中国那样有自己聚居的村寨，没有形成单独族群居住的地域，但共同的民族心理、共同的民族文化，

---

① 黄钰、黄方平：《国际瑶族概述》，广西人民出版社，1993年。
② 赵砚球：《生活在美国的瑶人》，《瑶学研究》第3辑，广西族出版社，1993年。

通过相互间不间断地联系得到不断地整合，使之不断复原瑶族群的整体特征，经历了"群体—个体—群体"的转化过程。"族群是一种社会群体，它产生于一种特定的历史环境，其成员共享其特有的历史和文化，它可以是心理文化相互认同的不同地域内的整体……其核心内涵是心理认同，外显表征为语言、服饰、宗教信仰和风俗习惯等的认同。"① 在美瑶族人口的不断增加和社会影响的不断扩大，使"勉"瑶族群以新的面貌在美国社会崛起，引起了社会和学术界的关注。

二、美"勉"瑶族群的史源

瑶族作为单一的群体，早在中国的隋唐时期已经形成。瑶族的名称，最早见于唐初姚思廉的《梁书·张缵传》说："零陵、衡阳等郡有莫徭蛮者，依山险为居，历政不宾服。"长孙无忌等在《隋书·地理志》中也说："长沙郡又杂有夷蜒，名曰莫徭。"在南北朝以前，瑶族先民和南方的一些少数民族统称为"蛮"，瑶族先民乃古代"蛮人"的一部分。隋唐时期的一些文献，开始出现用"徭役"的"徭"字来称呼"瑶族"。② 隋唐时代是"瑶"独立而成单一族群的重要时期。"唐代中期，瑶人势力遍及今湖南全境，北至长江之滨的洞庭湖畔，南抵湘南甚至越过五岭而居于粤北之地。"③ 美国瑶人的祖先与唐代的"瑶"有着历史的渊源关系，从他们家中保留的《瑶经》《过山榜》及族谱反映，他们的祖先与中国瑶族的祖先共生一脉，共出一源。在西雅图瑶人李如府家中的族谱记载："先祖先置连州庙……后因洪水，迁移到韶州府乐昌县。"连州、韶州都是瑶族早期的活动地带。据唐李吉甫《元和郡县图志·江南道五》"潭州"条载："（晋）怀帝分荆州湘中诸郡置湘州，南以五岭为界，北以洞庭为界，汉晋以来，亦为重镇。今按其俗杂，有夷人名瑶，自言先祖有功，免徭役也。"④ 潭州，是唐代湖南观察使治所，辖潭州（治今长沙）、郴州（治今郴州）、永州（治今永州）、道州（治今道县西）、邵州（治今邵阳）、连州（治今广东连

---

① 李远龙：《认同与互动防城港的族群关系》，广西民族出版社，1999年。
② "中国少数民族简史丛书"《瑶族简史》，广西民族出版社，1983年。
③ 吴永章：《瑶族历史研究中若干重要问题新说》，《民族研究》第2辑，1999年。
④ 吴永章：《瑶族历史研究中若干重要问题新说》，《民族研究》第2辑，1999年。

州)。此外,美国瑶人对中国"南京十宝殿""紫荆山"(南京钟山)和"浙江会稽山"以及"广东韶州府乐昌县"的史迹记忆犹新。瑶人家中珍藏的《过山榜》《家先单》《祖坟墓册》《前初古图》《歌堂书》《坐堂书》等古籍明确记载着他们祖先的故乡在中国的"南京十宝殿"……祖先"盘瓠王"传说的出生地以及漂洋过海到了广东的潮州和韶州府乐昌县,然后经广西,过云南,随山耕种,再到老挝或越南。近些年,又加写上了某年某月到达泰国、美国的迁徙历程。①"我们在西雅图见到的长达十余米的《过山榜》,这部用血和泪谱写的长卷详细地记述了美国瑶族祖先从洞庭湖起经两广、云南历尽磨难南迁老挝、泰国的经过。"② 瑶族的历史是迁徙的历史,美国"勉"瑶人的历史同样具备这种特征,在加利福尼亚州塞勒姆邓明福家中收藏的《祖宗薄记》③ 载:

    邓珠一郎　　葬广西道桂林府管入老家入义尊县
    邓氏一娘　　葬广西昭平县孔家湾
    邓法坛　　　葬恭城县上西乡苏体源东洞
    盘氏者　　　葬桂林县天井安堂
    邓法林　　　葬湖广道江华县管入皆流西中白鹤庙
    邓法前　　　葬广东道连州县大龙洞
    赵妹耐　　　葬云南省开化府文山县东安里
    邓法灵供　　葬猛剌(猛腊)磨丁盐堂冲
    邓法堂　　　葬安南(越南)掌国管下仙玉
    邓法广　　　葬猛声管上冷佧仲

"其始祖在三百多年前即明末清初,分别从中国湖南的江华,广西的贺县、富川、恭城、永福、宜山,广东的连山等山区迁徙到云南河口、猛腊一带,到清同治、清光绪年间又有一部分迁徙到了缅甸、老挝……"④

经历几百年的沧桑,颠沛流离,美国瑶人走过了中国的湖南、广东、广西、

---

① 赵砚球:《生活在美国的瑶人》,《瑶学研究》第3辑,广西民族出版社,1993年。
② 盘泰福:《美国瑶族地区访问纪实》,《瑶族研究》第2辑,广西民族出版社,1992年。
③ 赵砚球:《生活在美国的瑶人》,《瑶学研究》第3辑,广西民族出版社,1993年。
④ 唐金汉:《赴美考察瑶族情况的报告》,《瑶学研究》第2辑,广西民族出版社,1992年。

云南等省，越过了越南、老挝、泰国境地，最后抵达美国，他们是瑶族群中迁徙最为频繁、行程最为遥远的一支，但他们的历史永远不能与中国分割，永远与中国瑶族的历史紧紧相连。

三、美"勉"瑶族群的社会组织

民族的凝聚力是民族生存的动力。进入美国发达社会，瑶族中的有志之士便意识到：要在西方国家生存和发展，必须使民族团结起来，增强民族的凝聚力和经济实力，才能在社会上站稳脚跟，提高自己民族的地位。从80年代起，美国瑶人开始组织自己的社会政治机构，上至全美瑶人协会，到各州各市各地的瑶族协会及界别会，层层设会。如全美"勉"瑶团体联合协会（IU—Mien American National Coalition，Inc.）、（西雅图）"勉瑶"同伴发展协会（IU—Mien Community Companion Development，Inc.）、（奥克兰）寮瑶文化协会（Lao IU—mien Culture Assoc，Inc.）等。在这些大大小小的社会组织中，主要有两种形式：

一种是保留了传统的瑶族寨老制（会）的性质，按传统的方式设置取能人，由有威望的长者和有文化的年轻人共同组成，他们的职权范围基本是长者主持内部事务，年轻人主持外部事务，相互协调处理瑶族社区各项事务。如加利福尼亚州西萨克拉门托的"瑶族宗族会"，其设置的职务有：主管、算盘人、管事人、义工、管分活、管银人，这些职能基本与寨老会的管事人（话事人）职能相同。西萨克拉门托的瑶人来美较晚，所保留的原村寨组织意识浓厚，加之经济生活不稳定，不少成年男子因不懂英语而找不到工作，他们仍沿袭山地农耕生活方式，主要以种植草莓为生。所以他们的领导方式只是在社区内部发挥有限的领导职能，这种类似寨老会的社会组织是美国瑶人初来异地早期的组织形式，它具有过渡的性质，是"勉"瑶从传统山地村寨社会向西方发达社会过渡的政治治理方式。

另一种形式已具备了西方民主议事会的性质。按新协会的职能设置管理人，由有一定英语水平和组织能力，有一定社会地位或在美国政府任职的青壮年人组成，如现任瑶协主席邓金田先生在加利福尼亚州州府法院任老/勉法事翻译。他平易近人，态度和详，民族情感深厚，在加利福尼亚州瑶民中享有一定威望。

各瑶协组织不仅有自己的章程，领导体系，还刻有徽章，如全美瑶协的徽章是"紧紧握住的双手"，体现美国瑶人紧密团结协作的精神。而俄勒冈州瑶协徽章是"太阳照耀下的高山大海，瑶人划着船在海浪中漂流"，寓意瑶人漂流过海的历史。奥克兰寮瑶文化协会的徽章是"盘王勒令"字样的庙堂图案，意味着不忘盘王祖先创业的历史。可以看到，美国"勉"瑶非常重视自己的民族传统文化。

各级瑶协组织领袖都是经由民主选举产生。全美瑶协组织仿照美国选举制，四年一次大选，由各州地级瑶协组织代表集中与会民主选举产生新一届主席。而各州瑶协组织两年换一届，如俄勒冈州瑶协组织自1982年成立以来，现已选出了五位领导：第一任会长赵龙山（1983—1987年），第二任会长赵富明（1988—1992年），第三任会长盘三升（1993—1995年），第四任会长赵有财（1996—1998年），第五任会长李进清（1999—2001年），每届两年一任，凡社区内的民族事务，如传统礼仪、节日、红白喜事等主要通过长辈们主持，社区外的事务如对外交流、接待、与政府沟通，以及通过法律、权利义务程序解决问题的事宜主要由年轻人承担，受过美国文化正规教育及在政府任职的青壮年"优勉"是社会政治组织的中坚分子。

各协会春节期间召集一次群众大会，让群众了解一年中所解决的事宜，有的协会还在春节时全体成员共进团圆餐，增进民族情感。协会活动经费主要由瑶民捐赠，也有与瑶民友好往来的当地商店、饭店老板赞助；协会还争取政府每年给予一点经费支持，经过多年的努力，俄勒冈州瑶协已筹集了一笔资金买下一幢别墅拟作为协会的活动场所；在奥克兰市，当地瑶协组织买下一块近2000平方米的土地，拟建筑"盘王庙"和瑶协活动场所。

在各级瑶人协会组织的领导下，各地瑶民团结一致，相互帮助，相互支持，极力维护瑶民的合法权益和传统文化，使美国"勉"瑶的政治地位有了很大的提高，一批杰出青年脱颖而出，跻身于美国的政治生活，成为美国政府的部门官员。如邓金田先生为加利福尼亚州法院泰、老法事翻译官；李进清先生为俄勒冈州老/勉社区官员，公共学校负责人之一；赵贵财先生为加利福尼亚州奥克兰市社会福利部官员；赵富明先生任俄勒冈州民政部要职，并曾作为亚裔代表和瑶协负责人到美国首都华盛顿参加共和党代表的选举会议。美国"勉"瑶逐步适应了西方政治生活，并在社会上树立了自己的政治地位，让世人感觉到，"勉"瑶族群在美国社会是有生命力的，是能够自强自立的群体。

四、美"勉"瑶族群的经济生活

初到异地,人面生疏,又不懂英语,可以想象刚到美国时"勉"瑶人的经济生活是多么的艰难。传统的生产生活方式已经不再适应,虽然他们也尝试过种蔬果,但农业耕作只赚来微薄的收入,要想高收入不如外出工作来得快,于是他们开始另谋生路,但不懂英文找不到工作,他们还必须渡过语言关。经过几年的努力,他们中的大多数青壮年,不仅能说一口流利的美式英语,还找到了自己力所能及的工种。瑶人从事的工作和职业多种多样,从简单的工种,到更广泛的经济、教育各社会领域,都有瑶人的参与,他们中间有农民、工人(服装加工、汽车装配、机械修理、电脑安装等)、牙医助理、经理、翻译、律师、教师、商店职员、银行职员、政府公务员等,大部分从事的工作简单,精细但不复杂,一般工种的收入为2000多美金/月,较好的工种3000~4000美金/月,不少人家年薪收入达6万~7万美金,生活步入了美国的中产阶层。

"勉"瑶族群勤劳节俭,经过多年的艰苦劳动和资金积累,他们中已有不少富裕户,他们自己开酒店、开工厂(如手袋厂)、汽车装配厂、电脑安装厂,还有开商店、开油站等,有的是股份制合资经营,有的是独资经营。有的项目投资达200万美金,投资者在收获丰厚利润的同时,仍保持助人为乐的传统,不忘帮助自己的族胞,一些工厂、商店为后来者提供了就业的机会。随着岁月的流徙和经济的积累,美国"勉"瑶已从租房阶段过渡到了买房阶段(在美国,没有正式工作的人不允许买房子),目前"勉"瑶中有60%的人已购买了住房,一般以分期付款的方式购买,10~15年期不等。有的经济收入宽裕的瑶人不仅自己买了别墅,还买下两三幢旧屋租给后来者,租金约400~600美金/月。所购别墅的结构一般是一层多间的套房,也有双层多间的套房,美国生活环境较好,大部分"勉"瑶对在美的生活比较满意,但作为一个亚洲族群,漂泊异国他乡,总有一种寄人篱下的感觉,唯有努力奋斗,在社会上争取一席之位。"勉"瑶经历了多年拼搏的苦涩与艰辛,终于可以自食其力,基本不再依靠政府的救济,而且还为自己的民族在美国扎根立足打下坚实的基础。

社会环境的变化,生产生活方式的变迁,对"勉"瑶的经济生活方式触动很大,新工作的时效、节奏、利益效应,代替了过去农耕时的季节性和散漫性,使他们不得不改变自己一贯的小农经营意识，跟上科学发展的时代。面对西方文化，"勉"瑶人对过去的生活及对祖先故土的眷念，常常在言行中表露出来。从"勉"瑶人家房前房后的瓜、菜、豆果满庭院的景象，以及他们喜爱野外狩猎、钓鱼、砍柴等生活情趣，就可以领略到他们对故土生活方式的怀念。

随着语言和生产技能的提高，瑶人在美国生活的适应能力愈来愈强，绝大多数人家与美国中产阶级人家生活相平衡，住宅内地毯、空调（冷、暖气）、煤气、电视、电话、冰箱、洗衣机、烘干机样样俱全，家家都有汽车、车库，少则一辆，多则七八辆，出门以车代步，有的家庭还拥有游艇，全球入网的电脑也开始进入瑶人家庭，许多人配上了手提电话，与在泰国、老挝时相比，美国瑶人的经济生活水平在日新月异地提高。

五、美"勉"瑶族群的社会文化

"美国是一个移民国家，其族群政策经历了三个阶段：一是'安德鲁—撒克逊'主义，即不管什么地方的移民都必须'归化'和被同化。二是文化'熔炉'政策，即是美国如同一座大熔炉，任何族群都会熔化在美利坚民族之中。三是文化多元性，即让各族群在保持其自身文化特色的前提下，认同美利坚民族。"[①] 虽然美国对各族群没有实施强行同化政策，但长期生活在西方文化的包围圈中，瑶族传统的民族文化特征难免有所消失，这是"勉"瑶上层人士所担忧的事情。比如在美国瑶族中95%的青壮年不会说汉语，不少在美国出生的儿童连瑶语也不会说，即使父母与其说瑶语能听懂，也只是用英语对话交流，而不懂英语的老人与青少年相处则存在语言沟通的障碍。婚姻习俗虽然仍盛行传统的族内婚，但与美国白人联姻的现象已有出现，瑶女嫁外族（白人、老挝人）的事例已不少，受西方都市文化的影响，有的青年人还崇尚独身主义或同居不婚。生产生活方式的改变，使传统的农业耕作知识无用武之地，一些传统的宗教活动和节日庆典仪式过去在农闲时进行，现在也因居住分散，工作时间的不统一等因素受到很大的限制。在节日及盛大集会上，传统长鼓舞已不再出现，取而代之的是融有老挝、泰国地方特色的歌舞，年轻一代开始学会了西方的劲

---

① 周大鸣：《现代都市人类学》，中山大学出版社，1997年。

舞和迪斯科。上了年纪的老人还会唱几首传统的"坐堂歌",年轻的一代喜欢用瑶语编入老挝、泰国民间曲调形成自己的瑶歌,在美国出生的一代已能非常流利地演唱美国歌曲。歌娱文化方面明显受到西方文化的影响。

然而,美国"勉"瑶人民的民族意识和自我保护意识非常强烈,各州市瑶族协会对社区内部强调在外交往用英语,在家里或与同族人交谈一律讲瑶话;每逢传统节日集会一律穿着民族服饰;制定了保存民族传统文化,发展民族经济,加强民族文化教育等一系列措施。美国瑶人还十分重视本民族语言文字的使用推广,各州市的瑶协组织开办瑶文培训班,编印瑶文课本,甚至教堂用的圣经、赞美诗也用瑶文印册。美国政府推行多元文化政策,使瑶族文化得到一定程度的保护。美国政府允许瑶人创办自己的学校并施行双语教学,还规定少年儿童免费入学。1984 年,美国政府分别在俄勒冈州和加利福尼亚州广播电台为瑶人创办了瑶语节目,每周安排 15 分钟。[①] 即使如此,瑶协领袖们还认为不足以保障瑶文化的传播,为了使青年一代保持和继承民族传统文化,瑶协组织还创办华文学校,不仅用"勉语"上课,还授中文课程。瑶协组织为整个民族提高文化教育水平做出了种种可贵的努力,波德兰瑶协负责人之一的赵有财夫妇是"勉"瑶民间歌手,为了使"勉"瑶歌舞在美国社会广泛传播,他们联络自己民族的歌手们,共同灌制民间歌曲和音乐录像带,深得同胞和各界人士喜爱。另一瑶协负责人李进清先生为使美国社会各界人士了解和帮助"勉"瑶,他不畏艰苦,多次往返东南亚地区,摄录东南亚地区"勉"瑶的生活和文化习俗,制作历史、文化教学录像带,被列为大学教材课程,由此加深了美国人民对"勉"瑶族群的了解,扩大了"勉瑶"族群在美国的影响;瑶协组织每年还为努力学习的大中学生举办毕业典礼和颁奖活动,由此提高了学子们的上进心,新一代年轻人对文化素质有了更高的要求。波德兰市的赵龙清已取得教育硕士学位,现在攻读博士学位,边从教边读书。在加利福尼亚州大学还有 20~30 名瑶人学子在那里就读,在俄勒冈州,每 75 个瑶人中就有一名大学生,就连在奥克兰市福利部工作的瑶协负责人赵贵财先生,也利用晚上的时间到社区学院上法律课。赵贵财先生不仅以身作则学文化,还积极弘扬民族文化,在自己的家中设下"盘王神位佛堂"以方便社区亲朋好友参拜,在寮瑶文化协会购置的土地上另设一座神社佛堂,内摆有盘王神像及观音佛像等。从 1996 年起,奥克兰

---

① 唐金汉:《赴美考察瑶族情况的报告》,《瑶学研究》第 2 辑,广西民族出版社,1992 年。

瑶协组织牵头,全美瑶人都集中在这里庆祝瑶人盛大的节日"盘王节",每年举行一次,到1998年已举行了三届。美"勉"瑶的"盘王节",保持了与中国瑶族"盘干节"相同的仪式和内容。在其他如婚姻、红白喜事的场合,瑶人仍沿用传统的仪式,穿着民族特有的服饰。虽然受西方宗教的影响,不少人接受了基督教的洗礼,但大部分的瑶人仍虔诚地信奉盘瓠王,瑶人内部仍盛行挂灯——成丁仪式。"奥克兰一位盘姓师公告知我们,十多年来,他为300多位瑶族男青年举行过挂灯仪式。"①

综上所述,从语言、文字、婚姻、服饰、仪式、信仰等方面看,美"勉"瑶族群仍保留着浓厚的民族特色,但随着时代的发展,社会的变迁,在西方文化的大氛围中,"勉"瑶族群的文化将受到更深的影响和交融,"勉"瑶文化面临着在西方社会的自我定位,以及与美利坚其他族群文化的相互调适和调适中文化的再生问题,这也是我们今后需要更加深入研究的问题。但美国"勉"瑶强烈保护自己民族文化的愿望,使他们的组织与人民紧密地团结在一起。要使自己的民族文化在西方社会站稳脚跟,美国瑶协组织除继续进行各种保护文化的工作外,还必须与中国以及其他国家的瑶族群体保持密切联系,加强民族文化的教育与传播,增强民族的凝聚力和竞争力,不断巩固和发展"勉"瑶民族在西方社会的地位,使瑶民族真正屹立于世界民族之林。

---

① 赵砚球:《生活在美国的瑶人》,《瑶学研究》第3辑,广西民族出版社,1993年。

美、法瑶人的生存理念[①]

美、法瑶人,即指生活在美国和法国的瑶人;所谓生存理念,就是人们对生命的理解,对生存意义的认识和对生活的执着追求。美、法瑶人源于中国,经过几十年甚至几百年的辗转迁徙,他们成了美、法社会的一分子,虽然身居异域,但是在他们的生存理念中,仍然追寻着并希冀永远保留源于中国瑶人和整个中华民族的传统文化。

一、美、法瑶人史源的追忆

美、法瑶人源于中国,这不仅是他们的自我认同,而且他们珍藏的《过山榜》《家先单》的记载,都能证明他们的祖先曾生活在中国。在定居于美国西部海岸城市西雅图的李如府家中,笔者看到,其收藏的族谱记载着:"先祖先置连州庙……后因洪水,迁移到韶州乐昌县。"现我国广东省的韶关市、连州市,仍有瑶族分布。从唐朝起,瑶族人的祖先就开始了逐渐向南迁徙的历程,也因此被世人称之为"过山瑶",即"吃尽一山则他迁"。据唐代李吉甫著《元和郡县图志·江南道五》"潭州"条载:"(晋)怀帝分荆州湘中主诸郡置湘州,南以五岭为界,北以洞庭为界,汉、晋以来,亦为重镇。今按其俗杂,有夷人名瑶,自言先祖有功,免徭役也。"[②]"潭州"是唐代湖南观察使治所,其辖地包括今湖南省长沙、郴州、永州、邵阳和广东省连州等地,现在这些地方仍有瑶族住居。美国"瑶人家中珍藏的《过山榜》《家先单》《祖坟墓册》《前初古图》《歌堂书》《坐堂书》等古籍明确记载着他们祖先的故乡在中国的'南京十宝殿'……祖先盘瓠王传说的出生地……后到广东的潮州和韶州府乐昌县,然

---

① 原载《世界民族》,2004 年第 1 期。
② 吴永章:《瑶族历史研究中若干重要问题新说》,《民族研究》,1999 年第 2 期。

后经广西、过云南，随山耕种，再到老挝或越南，近些年，又加写了某年某月到达泰国、美国的行徙历程"。① 美国西雅图瑶人珍藏的"长达十余米的《过山榜》这部用血和泪谱写的长卷详细地记述了美国瑶族祖先从洞庭湖起经两广、云南历尽磨难南迁老挝、泰国的经过"。②

瑶族的族称最早见于唐初姚思廉的《梁书·张缵传》："零陵、衡阳等郡有莫瑶蛮者，依山险而居，历政不宾服。"南北朝以前，瑶族先民和南方的一些少数民族被统称为"蛮"，瑶族先民乃古代"蛮人"一部分；隋唐时代是"瑶"形成单一族群的重要时期，也是瑶族群体成长壮大的重要时期。"唐代中期，瑶人势力遍及今湖南全境，北至长江之滨的洞庭湖畔，南抵湘南甚至越过五岭而居于粤北之地。"③ 瑶族群体在成长中不断向南扩大自己的活动地域，其中心活动区从隋唐时期的两湖境地转移到了明清时期的两广以及与湖、广接壤的云、贵地区。美、法瑶人珍藏的历史文献清楚地记载着其祖先迁徙的足迹。美国加利福尼亚州塞勒姆（Salem）邓明福家中收藏的《祖宗簿记》④，反映了其先祖从广西迁往越南的历史：

邓珠一郎　葬广西道桂林府管人义尊县

邓氏一娘　葬广西昭平县孔家湾

邓法坛　葬恭城县上西乡苏体源东洞

盘氏者　葬桂林县天井安堂

邓法林　葬湖广道江华县管入皆流西中白鹤庙

邓法前　葬广东道连州县大龙洞

赵妹耐　葬云南省开化府文山县东安里

邓法灵供　葬猛剌（勐腊）磨厂盐堂冲

邓法堂　葬安南（越南）掌国管下仙玉

邓法广　葬猛声管上冷作冲

---

① 赵砚球：《生活在美国的瑶人》，《瑶学研究》第3辑，广西民族出版社，1993年，第96页。

② 盘泰福：《美国瑶族地区访问纪实》，《瑶学研究》第2辑，广西民族出版社，1992年，第275页。

③ 吴永章：《瑶族历史研究中若干重要问题新说》，《民族研究》，1999年第2期。

④ 赵砚球：《生活在美国的瑶人》，《瑶学研究》第3辑，第96~97页。

而居住在法国图卢兹（Toulouse）的瑶人祝通珠家中珍藏的《家先单》①也记载着其祖先遗骨葬于广西、湖南等地：

祝法应　葬于广西道管人龙胜府叭咱冲岭脚
赵妹仙　葬于广西道龙胜府管下同罗冲领脚坪
高氏者　葬于江华隔界地
祝法添　葬于猛东洞管下南本冲半岭坪
……

另一位居住在法国图卢兹的瑶人赵富广家中收藏的《祖图》手抄本，同样记载着其历代祖先遗骨葬于中国广西的平乐、昭平、容城（融安）、永福等县山岭间的具体情况。②

美、法瑶人承认自己的祖先源自盘王（盘瓠），与中国瑶族人之史源相同。从美、法瑶人珍藏的《祖图》《家先单》所实录的迁徙历史可以看出，其先辈大约在明末清初仍生活在中国的两广地区。清朝中叶，一些瑶族人分别从中国湖南的江华和广西的贺县（今贺州市）、富川、恭城、永福、宜山（今宜州市）以及广东的连山、连州等地迁徙到云南河口、勐腊一带，到清朝同治、光绪年间有一部分瑶人迁徙到缅甸、老挝和泰国。③其后，又有一些瑶族人迁居美国、法国、加拿大等国家。美、法瑶人虽身在异域，却"心在汉"，始终把中国看成是老祖宗的出生地和先人的居地，他们虽人在"番邦"，却与中国的瑶族根根相连。近十几年来，美、法瑶人频频组织代表团前来中国寻根访祖，思亲之情溢于言表。

二、美、法瑶人社区的形成

美、法瑶人以前生活在东南亚的老挝和泰国。据法国瑶人李高宝先生回忆：

---

①　此为笔者访问法国时亲眼所见。
②　盘朝月：《中国瑶族学者代表团访法汇报》，《瑶学研究》第2辑，广西民族出版社，1992年，第270页。
③　唐金汉：《赴美考察瑶族情况的报告》，《瑶学研究》第2辑，广西民族出版社，1992年，第258页。

"准确地说，（先辈）1880年从中国云南迁往老挝，定居在老挝勐新县（即芒新县——引者注）大房寨，主要以种树种旱稻杂粮为生，闲时还上山打猎，下河抓鱼，生活方式似以游耕为主。1964年从老挝的大房寨又迁到了南梗。1975年以后，东南亚战争连年不断，老挝的瑶人被迫逃离迁到了泰国，成为泰国难民。后来美国、法国、加拿大等国政府表示愿意接收难民，瑶人也随之申请移居到了美国、法国、加拿大等国。"① 在美国西雅图瑶人邓有坤先生写给云南瑶族邓承有的信中有这样一段话："难民无州无处扎（住），哪人遮得便随行，一份飞行加拿大，二份飞行法国朝，三份飞行美洲国，散发地球天地游，丙辰年间四月间，落难瑶人入美洲。"② 瑶人历来以游耕民族著称，美、法瑶人也不例外，而且是瑶人族群中迁徙最为频繁、走得最远的分支。1979年，老挝瑶人赵有财先生带着家眷第一个进入了美国。随后是陈富旺、李进清，之后又有赵富明、陈富元等。他们作为瑶人移民的先遣队，不断联系自己的家人、亲朋好友，形成一条长长的移民链，从遥远的东南亚迁移到了太平洋彼岸的美洲大陆。而首批抵达法国的6户瑶人（李高宝一家五口、李如仙两夫妇、盘高文一家三口、盘文金一家四口、李如胜一家四口以及赵而官只身一人）也以同样的方式帮助亲友进入了法国。

  瑶人从东南亚迁往欧、美地区，除了当地政府的接纳政策，主要是靠瑶人自己相互间牵线搭桥，亲加亲、环扣环，父系亲属、母系亲属，从近到远的血缘至亲以及从亲到疏的姻亲关系，形成了一条以亲情为主的移民纽带，自东南亚千里迢迢维系到了欧、美地区，在欧、美地区形成了瑶人的生存圈。以李福官为例：其与妻子1978年到达法国后，1979年又携父母及小弟抵法国，继而又帮助两个弟弟移居法国；李福官的妻祝承财在移居法国后，联系其叔叔一家自1979年陆续从泰国迁移到了法国；祝氏亲友又相互联络，不断从泰国移居法国，现祝姓家族在法国留居的人数已达到24人。美、法瑶人在迁移的过程中不断加强联络和沟通，并把传统的互助古风带到了新的生活社区，由此形成新的跨国关系网络。有的瑶人一家分迁到几个国家，或虽然迁徙到同一个国家但分居不同的地方。如居住在美国加利福尼亚州的祝通财先生，其两个女儿和一个兄弟迁往法国，一个女儿迁往加拿大，在美国的三个女儿则分别居住在不同的

---

① 徐桂兰：《法国瑶族生存策略的变迁》，《武汉大学学报》，2001年第54卷第6期。
② 黄珏、黄方平：《国际瑶族概述》，广西人民出版社，1993年，第349页。

州，而在老挝还有其直系亲属。像这样的跨国家族，在美、法瑶人中屡见不鲜。

不断地联络、不断地迁徙，经过十几年的汇集，美、法瑶人由亲友相聚而居，自然组成了族群生活社区，在三五百里范围内形成了一定的聚居形式。如美国瑶人主要分布在西海岸地区的华盛顿州、俄勒冈州和加利福尼亚州；而法国的瑶人也相对集中在法国西南地区，如图卢兹（Toulouse）、阿维尼翁（Avignon）、波尔多（Bordeaux）等地。据笔者近些年对美、法瑶人社区的考察，分布在美国的瑶人有近3万人，分布在法国的瑶人约有1000人。

民族的凝聚力是民族生存的重要条件。进入欧、美发达社会后，瑶人中的有识之士便意识到：要在西方国家生存和发展，就必须使民族团结起来，增强民族的凝聚力和经济实力，这样才能在社会上站稳脚跟，提高自己民族的地位。

美、法两地的瑶人均从东南亚迁入，并且彼此之间有着千丝万缕的联系。他们虽然迁往不同的国度，面对不同的文化，但在原居地长期形成的共同的民族心理、共同的血缘亲情、共同的民族文化，通过不间断地联系得到不断修复和整合。如美国瑶人在境内、境外亲朋好友的不断互动中，组成了以美国西部海岸为中心的瑶人生存社区，并选举产生了自己的社区管理组织。

从20世纪80年代起，美国瑶人就开始建立自己的社会组织，上至全美瑶人协会，下到各州、县、市的瑶人协会及分会，层层设会。如全美"勉瑶"团体联合协会（Iu—Mien American National Coalition, Inc.）、（西雅图）"勉瑶"同伴发展协会（Iu—Mien Community Companion Development, Inc.）、（奥克兰）寮瑶文化协会（Lao Iu—mien Culture Assoc., Inc.），等等。

法国瑶人亦以同样的方式，并采用最新的联系方式——电子邮件，使方圆千里之内的瑶人以图卢兹为活动中心，组成了法国瑶人社区自我管理的组织——法国瑶人协会。这些瑶人组织是由瑶人自发建立的，其领导人由民族内部选举产生。领导层由德高望重、懂瑶人宗教礼法的老人和知书识礼、懂社交礼仪的青壮年组成。凡瑶人社区内部的事务，如传统礼仪、节日、红白喜事等主要由长者主持，社区对外交流、接待、与政府沟通以及需通过法律程序解决的问题则主要由青壮年主持。

美、法瑶人成立的各种社会组织，为瑶人群体的整合起到了很好的作用。"族群是一种社会群体，它产生于一种特定的历史环境，其成员共享其特有的历史和文化，它可以是心理文化相互认同的不同地域的整体……其核心内涵是心理认同，外显表征为语言、服饰、宗教信仰和风俗习惯等的认同。"① 虽然美、法瑶人居住分散，但在各种瑶人组织的联络和安排下，瑶人内部相互认同、相互扶持，形成了有别于西方文化的瑶人文化圈。美、法瑶人强调使用本民族的语言，保持自己的风俗习惯，力争瑶人文化能在西方文化氛围内生存并得到正常发展。

三、美、法瑶人的生存理念

初到异国他乡，美、法瑶人的生活主要靠当地政府的接济。但政府的接济只是暂时的，美、法瑶人一方面安排年纪大些的人到农场种植草莓、葡萄；另一方面把年轻人送到各类技术学校学习，培养他们的生存技能，如学语言、学驾驶、学缝纫、学机修、学电脑装配等，以便找到工作。至今，美、法瑶人进入西方社会已有二十余年。二十多年来，他们经历了艰苦、辛酸的生活，从不懂语言到能流利使用所在国语言，从找不到工作到可以从事多种职业，从只能承接简单的工程到活跃在广泛的经济、文化、社会领域。现在，美、法瑶人中有了农民、工人、牙医、翻译、经理、律师、教师、机械师、政府公务员等。美、法瑶人现在的生活状况与在老挝时的农耕生活相比，有了天壤之别，许多美、法瑶人找到了自己感兴趣的工作。随着经济生活的不断好转，不少美、法瑶人步入了中产阶级的行列，许多家庭拥有汽车，大部分人已从租房阶段过渡到了买房阶段，有的家庭不仅自己建别墅，还买下一两幢旧房做租赁用，经商意识非常浓厚，比过去那种自给自足的经济意识进步了许多。

经过二十多年的奋斗和拼搏，美、法瑶人基本上适应了西方的经济生活，终于可以自食其力，经济上也有所积蓄。美、法社会的生存环境比东南亚国家好，故瑶人对在美、法的生活较为满意。但他们作为一个外来民族，生存在西方文化的氛围里，总有一种寄人篱下的感觉。正如法国瑶人李福官所说："我们现在的生活还算不错，法国政府对儿童和老人有一定的补助政策，大多数青壮年都有工作，每月的收入也有一两千欧元，已有能力支付买房子的贷款和利息。但我们是瑶人，我们热爱自己的民族传统、民族文化、民族风俗习惯和民族宗

---

① 李远龙：《认同与互动：防城港的族群关系》，广西族出版社，1999年，第11页。

教,特别是观念上仍保留着传统的意识。比如我们希望儿女长大后能找自己民族的人或黄种人结婚,举行一定的宗教仪式;逢年过节双方父母可以走走亲戚,交流交流。"但出生于美、法的瑶人的后代对先辈所讲述的故事感到很遥远,对于本民族传统的习俗感到很陌生,他们从小接受西方的语言、文化、教育,思想观念已与西方社会融为一体。他们唱的是流行歌曲,跳的是迪斯科;有90%的瑶人青少年不愿意使用瑶语交谈,即使在家与父母交谈也大都使用英语或法语;虽然父辈们要求婚姻对象找黄种人,但有不少青年找白人做婚姻对象,甚至有的不着急举行结婚仪式、不办酒席就同居生子。不少年轻瑶人对老一辈的训言不屑一顾,还对父母亲说:"你们老用老挝的道理(他们以为瑶人的传统文化出自老挝)来教育我们,那你们只在老挝好了,不要来这里。"①

看着民族观念、民族文化在年轻一代的身上淡化,瑶人组织的领导人十分担忧和焦虑。在他们的生存理念中,民族传统文化是永恒的,是民族凝聚、认同的旗帜,只有坚持民族传统文化,才能使族人认同、凝聚。为此他们千方百计挽救民族文化、推崇民族文化。在瑶人组织内部的管理上,坚持传统"长老制"和西方民主制两者相辅;强调对外使用英语或法语,但对内则使用瑶语;在家里和在瑶人同胞中间提倡互相帮助、尊老爱幼;逢年过节及喜庆的日子一律穿着民族服装庆贺;红白喜事沿用瑶人传统的宗教仪式。美国奥克兰的一位盘姓师公说,十多年来,他为300多位瑶人男青年举行过"挂灯"仪式。②

在美国各地的瑶人社区,各种瑶人组织分别制定了保存民族传统文化、发展民族经济、加强民族文化教育等一系列措施。美国瑶人还十分重视本民族语言文字的推广使用,各地的瑶人组织开办瑶文培训班,编印瑶文课本,甚至连《圣经》和在教堂里吟唱的赞美诗也用瑶文印制。美国政府推行多元文化政策,使瑶人文化得到一定程度的保护。美国政府允许瑶人创办自己的学校并施行双语教学,还规定少年儿童免费入学。1984年,美国俄勒冈州和加利福尼亚州的广播电台为瑶人创办了瑶语节目,每周安排15分钟。③ 即使如此,瑶人组织的领袖们还认为不足以保障瑶人文化的传播。为了使青年一代瑶人保持和继承民

---

① 以上均为笔者访问法国时亲耳所闻。

② 赵砚球:《生活在美国的瑶人》,《瑶学研究》第2辑,广西民族出版社,1992年,第260页。

③ 唐金汉:《赴美考察瑶族情况的报告》,《瑶学研究》第2辑,广西民族出版社,1992年,第260页。

族传统文化，瑶人组织还创办华文学校，不仅用"勉"瑶语上课，还教授中文课程。笔者在法国图卢兹瑶人赵富胜先生家中看到的中文课本《破理书》写道："有理莫骂父，有钱莫欺官，有功臭赛艺，有文莫慢师——骂父必定寿命短，欺官必定是非多，赛艺必定劳工力，慢师必定指法门"；"赶早莫赶夜，赶晴莫赶雨"；"耕种要工多，读书要苦磨，七耕八苦得成富，九磨十练得成师"。

　　美、法瑶人置身于西方文化圈中，他们必须接受西方文化和西方的经济政治管理模式，因为他们需要在当地社会生存下去。在西方文化的影响下，瑶人传统的生存理念难免慢慢向西方文明观念靠拢，瑶人文化终究只能在西方文化的圈子中生存，随时都有被吞噬、被融合的可能。但美、法瑶人仍在坚持着自己的生存理念，坚持着自己民族传统的文化。美、法瑶人意识到：要保持瑶人传统的民族文化，必须与中国的瑶族保持永久的联络，到中国学习发展了的瑶族文化。因此他们不断地加强与中国瑶族的联系。他们当中的一些人经常打听是否能到中国读书、到中国购房、到中国看病、到中国养老。他们希望能常到中国看望同根同语的瑶族人，相互沟通感情甚至结婚联姻，这是他们生命中的部分理念，更是他们的希望所在！

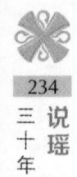

从美国瑶族的民族情结看瑶族文化在海外的复兴①

瑶族是中国南方古老的民族之一。在我国55个少数民族中人口位居13，据2000年第五次人口普查数据公布，全国瑶族人口共有263.74万人，2008年，中国瑶族人口在280万左右。主要分布在广西、湖南、云南、广东、贵州等省（自治区）的山岳地带，瑶族居住的地区重峦叠嶂，地形复杂，既有高山、谷地，也有盆地、河谷和平原，山地面积占总面积的90%以上。从东经100°30′的云南景谷县到110°20′的广东始兴县；从北纬21°37′的广西防城县到28°的湖南武陵山区，分布地域十分广阔。

瑶族不仅是一个跨国民族，而且是一个国际性的民族。瑶族人口主要分布在中国、越南、老挝、泰国、缅甸、美国、法国、加拿大。隋唐时期，瑶族就生息繁衍在湘、粤、桂三省交界区，广东粤北是瑶族较早的聚居地；明中叶以后，南方瑶族跨越广西、云南边境，不断向东南亚移动，走向越南、泰国、老挝等国的山地。1975年印支战争以后，美国、法国、加拿大等国大量吸收印支战争难民，不少瑶族人就此机会移居到了欧、美、加等国。据有关资料反映，目前全世界有瑶族人口约350万，其中280万居住在中国，约70万分布在越南，另一部分撒播泰国、老挝等东南亚地区，还有5万多人口移居在美国的俄勒冈州、华盛顿州、加利福尼亚州以及法国的杜鲁兹地区和加拿大北部。虽然瑶族人口分布广阔，支系众多，然瑶族人的生活习性基本相同。

瑶族历史悠久，文化内涵丰富。由于长期频繁迁徙，大分散、小聚居，与其他民族交往甚多，由此导致民族内部出现一些不同的文化差异。瑶族原来的支系很多，按他称就有30多种，有的因崇信盘王即盘瓠则被称为"盘瑶"或"盘古瑶"；有的因种蓝靛染蓝靛布而被称为"蓝靛瑶"；有的因服装特点而被称为"红瑶""花蓝瑶""白裤瑶""顶板瑶"等；有的因住居有特色而被称为

---

① 2008年第十届中国瑶族"盘王节"学术研讨会论文。

"东山瑶""坳瑶""八排瑶""平地瑶"等,中华人民共和国成立后统一称为"瑶"。而瑶族本身也有许多自称,人们习惯按语言把瑶族各支系分成为瑶语支(也称盘瑶支系)、苗语支、侗水语支和汉语方言四大支系。而瑶语支又分成三个方言,即绵荆方言、标交方言、藻敏方言;五个土语,尤绵(优勉)土语、荆门土语、标曼土语、标敏土语和交公绵土语。其中讲尤绵(优勉)土语的瑶族人口最多,分布最广,与泰、美、法等国的瑶族语言亦能相通。

30年前,美国瑶人还生活在亚洲的老挝(美国瑶人称寮国)山区,过着自给自足的农耕生活。20世纪70年代东南亚政局不稳,越南、老挝相继爆发战争,战火烧毁了他们的家园,瑶族人无家可归,走上了逃亡之路,不远千里、跋山涉水越过湄公河,进入了泰国境地,被收容在泰国难民营,有的在那里住了三四年,有的住了六七年。第一位离开泰国的赵有财先生,带着家眷,驱车穿越俄罗斯,历经千辛万苦才来到美国;第二位有陈富明、赵富明;第三位是李进清,然后陈富元等。他们作为美国瑶人移民先遣队,从遥远的东南亚,带着自己的家人,联系自己的亲朋好友,形成一条条移民链,不断地向美国迁徙,构成今天美国瑶族分布三省的格局(加利福尼亚州、俄勒冈州、华盛顿州)。

目前,美国瑶族已超过了4万人,主要分布在美国西部的加利福尼亚州、华盛顿州和俄勒冈州,拉斯维加斯人口不多;加利福尼亚州是美国瑶族人口最多的一个州,有近2万人,其中以萨克拉门托市人口最多。据瑶族县长盘承仙介绍,全萨克拉门托市2005年瑶族人口达5190人,他所管辖的县有12个瑶族村社,每个社区由一个村长管理村内事务。其余加利福尼亚州瑶族人口分布在里其门(逾5000人)、奥克兰(4000多人)、奥威里(约73户850人)、圣西荷市(35户300多人)。

一、旅美的创业生活

美国瑶族最初以难民的身份进入西方经济发达国家,首先遇到的就是生活的不适应。初到异地,人地生疏,又不懂英语,可以想象刚到美国时"勉"瑶人的经济生活是多么的艰难。山地劳作的传统生产生活方式已经不适应城市,虽然他们也尝试过种蔬果,但农业耕作只赚来微薄的收入,要想高收入不如外出工作来得快,于是他们开始另谋生路,但不懂英文找不到工作,他们还必须度过语言关，从学生做起。经过多年的努力，他们中大多数青壮年，不仅能说一口流利的美式英语，还找到了自己力所能及的工种。瑶人从事的工作和职业多种多样，从简单的工种，到更广泛的经济、教育各社会领域，他们中间有农民、工人（服装加工、汽车装配、机械修理、电脑安装等）、牙医助理、经理、翻译、律师、教师、商店员工、银行职员、政府公务员等，大部分从事的工作简单，精细但不复杂，一般工种的收入为2000多美金/月，较好的工种有3000～4000美金/月。

"勉"瑶人勤劳节俭，经过多年的艰苦劳动和资金积累，他们中已有不少富裕户，他们自己开酒店、开工厂（如手袋厂）、汽车装配厂、电脑安装厂，还有开商店、开油站等，有的是股份制合资经营，有的是独资经营。有的项目投资达200万美金，投资者在收获丰厚的利润之时，仍保持助人为乐的传统，不忘帮助自己的族胞，一些工厂商店为后来者提供了就业的机会。随着岁月的流逝和经济的积累，美国"勉"瑶已从租房阶段过渡到了买房阶段（在美国，没有正式工作的人不允许买房子），目前"勉"瑶中有60%的人已购买了住房（由政府统一规划建房，以50万～60万美元幅度的价位卖给瑶族人），一般以分期付款的方式购买，10～15年期不等。有的经济收入宽裕的瑶人不仅自己买了别墅，还买下两三幢旧屋给后来者租用，租金约400～600美金/月。所购别墅的结构一般是一层多间的套房，也有双层多间的套房。随着语言和生产技能的提高，瑶人在美国生活的适应能力愈来愈强，绝大多数人家与美国中产阶级人家生活相平衡，住宅内地毯、空调（冷、暖气）、煤气、电视、电话、冰箱、洗衣机、烘干机样样俱全，家家都有汽车、车房，少则一辆，多则七八辆，出门以车代步，有的家庭还拥有游艇。全球入网的电脑也开始进入瑶人家庭，许多人配上了手提电话，与在泰国、老挝时相比，美国瑶人的经济生活水平在日益提高。

现在美国瑶人大都有了自己的房屋家园（别墅型），有的还拥有多幢房屋及农场和大片土地。如我们的房东李文周，在加利福尼亚州就拥有好几处别墅和土地，每处房屋都是造价60万美金以上的两层别墅；其女儿女婿拥有11栋别墅，除自己住两幢外，其余全部用以出租，生活的高水平可想而知。我们住在瑶人家中，得以观察瑶族家庭中的一切实体。所到之处：瑶人房屋宽敞，街道整洁，室内装饰豪华。一般是两层多房两厅带储藏室和花园的别墅，造价在60万美金左右，由美国建筑商按主人的设计建好再卖给瑶人。别墅不仅有车库，还有健身室。每家至少有两部汽车或小货车，有的甚至多达三五部。室内铺地毯、装饰灯；浴室坐厕、洗水盆、浴缸样样齐备，大屏幕彩电、录像机、照相机、电烤箱、电冰箱、音响设备一应俱全；固定电话、移动电话几乎家家都有；室外园地栽花种菜、牵藤挂果，一片田园气息。由于瑶族人在美国安分守己，勤劳致富，大部分瑶人的生活处于美国社会中等水平，有的已跻身上等水平。

社会环境的变化，生产生活方式的变迁，对"勉"瑶的经济生活方式触动很大，新工作的时效、节奏、利益效应，代替了过去农耕时的季节性和散漫性，使他们不得不改变自己一贯的小农经营意识，跟上科学发展的时代。面对西方文化，"勉"瑶人对过去的生活及对祖先故土的眷念，常常在言行中表露出来。从"勉"瑶人家房前房后的瓜、菜、豆、果满庭院的景象，以及他们喜爱野外狩猎、钓鱼、砍柴等生活情趣，就可以领略到他们对故土生活方式的怀念。

2006年访美的一天，我们来到加利福尼亚州里其门市原首届全美瑶人协会主席赵召山先生家中，听他讲述来美创业的艰苦历程。

  一千九百七十五（1975年），寮共（老挝共产党）反心就提惶；
  吓作瑶人众百姓，半夜流途跑过江（湄公河）；
  跑到泰朝难民营，联合国家来养粮；
  一千九百七十六（1976年），众国国家引难民；
  美国、法国、加拿大、德国、英国也有来；
  一千九百七十六（1976年），头班瑶人到美洲，
  一有在落泰朝国（泰国），二又去行美国洲（指美国），
  三又行去法朝国（法国），四去加拿大国家，
  五又行去瑞士国，六份又行比利时，
  七份去行丹麦国，分散瑶亲几国游……
  当初瑶在老挝国，几代翁爷（父辈）无学堂；
  瑶到美国三十年，今世每人得读书；
  男子女花（孩）弄研究，几样毕业学都有；
  大学毕业有几百，医师毕业有几人；
  教师毕业有几位，大学教授几先生；
  高学教师有多众，政府工作省上有；
  ……

如今，美国瑶族旅美已经30年，30年的艰苦奋斗，瑶族人在美国的努力终于有了良好的回报。赵召山《信歌》所表句句属实，不少瑶族人成为社会名流、医生、律师、音乐家；还有私营企业家、工厂厂主。赵召山本人就是一个"腰缠万贯"的房地产企业家。瑶族人开餐馆、商店、油站，经营酒店、汽车修理厂、房地产的人众多，即使致力农业，也有不错的成绩。加利福尼亚州里齐门一位种草莓大王，每年种草莓一项一季收入就达60万～70万美金，还种植其他水果，如樱桃、蜜桃等。在美国西部，瑶族是最好的农场主和种植业主，这一项工作，美国政府非常放心地交给了瑶族人，从而也折射了瑶族人在美国的社会地位和诚信程度。

美国生活环境较好，大部分"勉"瑶对在美的生活比较满意，但作为一个亚洲族群，漂泊异国他乡，总有一种寄人篱下的感觉，唯有努力奋斗，在社会上争取一席之位。"勉"瑶经历了多年拼搏的苦涩与艰辛后，终于可以自食其力，基本不再依靠政府的救济，而且还为自己的民族在美国扎根立足打下了坚实的基础。

二、东西文化交融的影响

"美国是一个移民国家，其族群政策经历了三个阶段：一是'安格鲁—撒克逊'主义，即不管什么地方的移民都必须'归化'和被同化。二是文化'熔炉'政策，即是美国如同一座大熔炉，任何族群都会熔化在美利坚民族之中。三是文化多元性，即让各族群保持其自身文化特色的前提下，认同美利坚民族。"[①]

虽然美国对各族群没有实施强行同化政策，但长期生活在西方文化的包围圈中，瑶族传统的民族文化特征难免有所消失，这是"勉"瑶上层人士所担忧的事情。比如在美国瑶族中95%的青壮年不会说汉语，不少在美国出生的儿童连瑶语也不会说，即使父母与其说瑶语能听懂，也只是用英语对话交流，而不懂英语的老人与青少年相处则存在语言沟通的障碍，婚姻习俗虽然仍盛行传统的族内婚，但与美国白人联姻的现象已有出现，瑶女嫁外族（白人、老挝人）

---

① 周大鸣：《现代都市人类学》，中山大学出版社，1997年。

的事例已不少,受西方都市文化的影响,有的青年人还崇尚独身主义或同居不婚。

生产生活方式的改变,使传统的农业耕作知识无用武之地,一些传统的宗教活动和节日庆典仪式过去在农闲时进行,现在也因居住分散、工作时间的不统一等因素受到很大的限制。在节日及盛大集会上,传统长鼓舞已不再出现,取而代之的是融有老挝、泰国地方特色的歌舞,年青一代开始学会了西方的劲舞和迪斯科。上了年纪的老人还会唱几首传统的"坐堂歌",年青的一代喜欢用瑶语编入老挝、泰国民间曲调形成自己的瑶歌,在美国出生的一代已能非常流利地演唱美国歌曲。歌娱文化方面明显受到西方文化的影响。

然而,美国"勉"瑶的民族意识和自我保护意识非常强烈,各州市瑶族协会对社区内部强调在外交往用英语,在家里或与同族人交谈一律讲瑶话;每逢传统节日集会一律穿着民族服饰,制定了保存民族传统文化、发展民族经济、加强民族文化教育等一系列措施。美国瑶人还十分重视本民族语言文字的使用推广,各州市的瑶协组织开办瑶文培训班,编印瑶文课本,甚至教堂用的圣经、赞美诗也用瑶文印册。美国政府推行多元文化政策,使瑶族文化得到一定程度的保护。美国政府允许瑶人创办自己的学校并施行双语教学,还规定少年儿童免费入学。1984年,美国政府分别在俄勒冈州和加利福尼亚州广播电台为瑶人创办了瑶语节目,每周安排15分钟。[①] 即使如此,瑶协领袖们还认为不足以保障瑶文化的传播,为了使青年一代保持和继承民族传统文化,瑶协组织还创办华文学校,不仅用"勉语"上课,还授中文课程。瑶协组织为美国瑶族的整个民族提高文化教育水平做出了种种可贵的努力,波特兰瑶协负责人之一的赵有财夫妇是"勉"瑶民间歌手,为了使"勉"瑶歌舞在美国社会广泛传播,他们联络自己民族的歌手们,共同灌制民间歌曲和音乐录像带,深得同胞和各界人士喜爱。另一瑶协负责人李进清先生为使美国社会各界人士了解和帮助"勉"瑶,他不畏艰苦,多次往返东南亚地区,摄录东南亚地区"勉"瑶的生活和文化习俗,制作历史、文化教学录像带,被列为大学教材,由此加深了美国人民对"勉"瑶族群的了解,扩大了"勉"瑶族群在美国的影响;瑶协组织每年还为努力学习的大中学生举办毕业典礼和颁奖活动,由此提高了学子们的上进心,

---

① 唐金汉:《赴美考察瑶族情况的报告》,《瑶学研究》第2辑,广西民族出版社,1992年。

新一代年轻人对提升自己的文化素质有了高的要求。波特兰市的赵龙清已取得教育硕士学位，现在攻读博士学位，边从教边读书。加州大学还有 20～30 名瑶人学子在那里就读，在俄勒冈州，每 75 个瑶人中就有一名大学生。

综上所述，从语言、文字、婚姻、服饰、仪式、信仰等方面看，美国"勉"瑶族群仍保留着浓厚的民族特色，但随着时代的发展，社会的变迁，在西方文化的大氛围中，"勉"瑶族群的文化将受到更深的影响和交融，"勉"瑶文化面临着在西方社会的自我定位，以及与美利坚其他族群文化的相互调适和调适中文化的再生问题，这也是我们今后需要更加深入研究的问题。但美国"勉"瑶强烈保护自己民族文化的愿望，使他们的组织与人民紧密地团结在一起。要使自己的民族文化在西方社会站稳脚跟，美国瑶协组织除继续进行各种文化保护的工作外，还必须与中国以及其他国家的瑶族群体保持密切联系，加强民族文化的教育与传播，增强民族的凝聚力和竞争力，不断巩固和发展"勉"瑶民族在西方社会的地位，使瑶民族真正屹立于世界民族之林。

美国是一个文化大熔炉，它对各种族族群没有施行强硬的同化政策，而是允许他们在保持各民族的文化特性的前提下，认同美利坚民族。即使如此，瑶族人生活在西方文化氛围中，在主流文化的直接和长期熏陶下，自己民族传统的文化正在悄然变化，这正是美国瑶族领袖们所担忧的事情。在美出世的瑶族后代基本不会说汉语，大部分年轻人说自己民族语言"勉语"时也不见得流利。虽然在家父母兄弟也用瑶语对话，但后辈们多用英语对而答之，不懂英语的老人与青年人相处存在语言沟通的障碍。在婚姻方面，虽然瑶族领袖们极力推崇族内婚或与亚裔人群通婚，但通婚的范围有限，而且不少人家因移民原因多少带点亲戚血缘关系，阻隔了联姻通道，族内婚出现了择偶困难，因而出现了与美国白人结婚的现象。受西方婚姻观念的影响，有的年轻人崇尚独身或同居不婚，离异的现象也常见。

美国瑶族现在的生活已远离传统的农耕社会，取而代之的是现代化的机械耕作和休闲的假期生活。生活满足、家庭平安，人们不再为一日三餐所担忧。经济基础决定上层建筑，瑶族人保护民族文化的意识更为迫切。瑶族领袖们认识到：要使民族文化得以在美国长期生存，就必须得到美国政府的认可和支持。为此，全美瑶协会的领导们从三方面入手，争取美国政府的支持。一是争取加入美国政府机构，如在移民局、民政局、慈善机构工作，政府工作意味着争得政治上的席位。二是争取政府经济上的支持。各地瑶协组织为发展自己的文化事业，竭力争取美国政府对组织的认可并拨出适当的经费予以支持。有了钱可购买土地建设自己的文化活动中心，培训瑶民的生存技能，使新来乍到的瑶民尽早立足美国。三是争取政府在文化上的支持。允许瑶人创办自己的杂志，发行自己民族语言的歌谣光碟。在美国政府的肯定和支持下，瑶族人看到了生活的新希望。各州、市瑶协组织在全美瑶协的领导和组织下，致力推动民族文化的传承和发展。

三、美国瑶族的"盘王节"情结

民族的凝聚力是民族生存的重要条件。进入西方发达国家后，瑶人中的有识之士便意识到：要在西方国家生存和发展，就必须使民族团结起来，增强民族的凝聚力和经济实力，这样才能在社会上站稳脚跟，提高自己民族的地位。

美国瑶人从东南亚迁往与自己母国生产生活方式完全不同的国度，并且分散居住在不同的州县，面对不同的文化，民族特征随时都有被割裂的危险。但在原居地长期形成的共同的民族心理、共同的血缘亲情、共同的民族文化，在人们的共同努力下，通过不间断地联系得到不断修复和整合。"勉"瑶人在与美国境内、境外亲朋好友的不断互动中，组成了以美国西部海岸为中心的瑶人生存社区，并定期选举产生了自己的社区管理组织，以维护民族内部的关系，管理自己民族的事务。

从20世纪80年代起，美国瑶人就开始建立自己的族群社会组织，上至全美瑶人协会，下到各州、县、市的瑶人协会及分会，层层设会。如全美"勉瑶"团体联合协会（西雅图）、"勉瑶"同伴发展协会（奥克兰）、寮瑶文化协会等。这些民间组织社团具备了西方民主议事会的性质。按新协会组织的职能设置管理人员，由有一定英语水平和组织能力，有一定社会地位或在美国政府任职的青壮年人组成。各瑶协组织不仅有自己的章程、领导体系，还刻有徽章，如全美瑶协的徽章是"紧紧握住的双手"，体现美国瑶人紧密团结协作的精神。而俄勒冈州瑶协徽章是"太阳照耀下的高山大海，瑶人划着船在海浪中漂流"，寓意瑶人漂流过海的历史。加利福尼亚州奥克兰市的寮瑶文化协会的徽章是"盘王勒令"字样的庙堂图案，意味着不忘盘王祖先创业的历史。从这里就可以看出，美国"勉"瑶非常尊崇盘王祖宗，非常重视自己民族传统文化。

各级瑶协组织领袖都是经由民主选举产生。全美瑶协组织参照美国选举制，四年一次大选，由各州地级瑶协组织代表集中与会，民主选举产生新一届主席。而各州瑶协组织两年换一届，如俄勒冈州瑶协组织自1982年成立以来，已选出了五位领导：第一任会长赵龙山（1983—1987年），第二任会长赵富明（1988—1992年），第三任会长盘三升（1993—1995年），第四任会长赵有财（1996—1998年），第五任会长李进清（1999—2001年）。每届任期三至五年不等，大凡社区内的民族事务，如传统礼仪、节日、红白喜事等主要通过长辈们主持，社区外的事务如对外交流、接待、与政府沟通，以及通过法律、权利义务程序解决问题的事宜主要由年轻人承担，受过美国文化正规教育及在政府任职的青壮年"优勉"是社会政治组织的中坚分子。

各协会春节期间召集一次群众大会，让群众了解一年中所解决的事宜，有的协会还在春节时组织全体成员共进团圆餐，增进民族情感协会活动经费主要由瑶民捐赠，也有与瑶民友好往来的当地商店、饭店老板赞助；协会还争取政府每年给予一点经费支持，经过多年的努力，俄勒冈州瑶协已筹集了一笔资金买下一幢别墅拟作为协会的活动场所；在加利佛尼亚州奥克兰市，瑶族协会负责人赵贵财先生积极带头弘扬民族文化，在没有场地的情况下，先是在自己的家中设下"盘王神位佛堂"以方便社区亲朋好友参拜，而后当地瑶协组织买下一块近2000平方米的土地，于21世纪初建成瑶族文化中心和瑶协活动场所。并在中心内设置一座神社佛堂，内摆有盘王神像、道教神像和观音佛像等，从1996年起，加利福尼亚州奥克兰市的瑶协组织牵头，全美瑶人都集中在这里庆祝瑶人盛大的节日——盘王节，每年举行一次。美"勉"瑶的"盘王节"保持了与中国瑶族"盘王节"相同的仪式和内容。2008年又在中心场地设立"盘王祭坛"，以方便每年在此举行"盘王节"仪式。虽然受西方宗教的影响，不少人接受了基督教的洗礼，但大部分的瑶人仍虔诚地信奉盘瓠王，瑶人内部仍盛行挂灯——成丁仪式。"奥克兰一位盘姓师公告知我们，十多年来，他为300多位瑶族男青年举行过挂灯仪式。"[①]此外，在其他婚姻、红白喜事的场合，瑶人仍沿用传统的仪式，穿着民族特有的服饰。

全美瑶人协会特别强调在瑶族社区内部的集体活动，如过"盘王节""挂灯"等，一律讲瑶语、唱瑶歌、穿瑶衣、跳瑶舞。制定了一系列保护民族文化的措施。

---

① 赵砚球：《生活在美国的瑶人》，《瑶学研究》第3辑，广西民族出版社，1993年。

不仅在加利福尼亚州瑶族聚居中心建有自己民族的文化中心、盘王殿，还组织歌舞活动、选美活动，编印瑶文、英文杂志和双语教学课本，甚至教堂用的圣经、赞美诗也用瑶文印制。每年中国瑶族组织"盘王节"活动，他们都组成代表团来华参与，亲身感受自己民族的生活盛事，感受"盘王节"的隆重气氛。

　　加利福尼亚州瑶族首领、原全美瑶人协会主席赵贵财先生，为办好美国瑶族的"盘王节"，专程来到中国桂林瑶族地区，订做"盘王节"祭祀用的盘王神像、十八神像和跳长鼓舞用的长鼓。从20世纪90年代起，全美瑶族就聚集在加利福尼亚州旧金山海湾地区奥克兰举行庆祝每年瑶族"盘王节"，一直坚持到今天。2008年，当中国瑶族"盘王节"在广东连山举办之前，美国瑶族已在奥克兰举行了隆重的"盘王节"，并进行隆重的盘王像开光仪式。

美国加利福尼亚州"盘王节"活动剪影

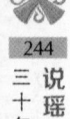

　　在各级瑶人协会组织的领导下，各地瑶民团结一致，相互帮助，相互支持，极力维护瑶民的合法权益和传统文化，使美国瑶族的政治地位有了很大的提高，一批杰出青年脱颖而出，跻身于美国的政治生活，成为美国政府的部门官员。如邓金田先生为加利福尼亚州法院泰、老法事翻译官；李进清先生为俄勒冈州老/勉社区教育官员，公共学校负责人之一；赵贵财先生为加利福尼亚州奥克兰市社会福利部官员；赵富明先生任俄勒冈州民政部要职，并曾作为亚裔代表和瑶协负责人到美国首都华盛顿参加共和党代表的选举会议，还有赵成仙、盘承仙等一批瑶族政府新人。从1984年开始至今，美国政府分别在俄勒冈州和加利福尼亚州广播电台为瑶人开办了每周15分钟的瑶语播音节目。全美瑶协组织领袖为瑶族在西方社会的扎根立足，为瑶族文化的传播和发展，做出了积极努力和贡献，很值得我们学习和借鉴。

发展篇

积极开创民族经济发展的新局面[1]
——连南瑶族自治县脱贫致富纪实

在气势磅礴的经济建设新高潮中，在邓小平同志南方谈话和中共十四大精神推动下，全省展开了经济发展全方位开放的新局面，少数民族地区也不甘落后。近几年来，民族地区的经济发展速度明显加快。地处粤北山区的连南瑶族自治县，是我省少数民族最为集中的一个县。多年来，广东省和清远市政府的各个部门，为扶持连南县贫困地区的经济发展，从政策、资金、物资、项目、人才等方面倾注了全力，以山区开发性生产为主，造林绿化，消灭荒山，改善生态环境，建立各具特色的生产基地，组织机关扶贫，组织沿海发达地区对口扶贫，仅三排一个乡，就有省、市、县三级10个单位挂钩扶贫，帮助当地瑶族发展生产、改善生活。在上级及各有关部门的大力支持扶持帮助下，连南瑶族自治县贫困地区的人们正一步步走出贫困的圈子，并积极设法开创民族经济发展的新局面。

一、改变山地种植布局，建立农业商品基地

连南是一个"九山半水半分田"的贫困县，全县人均耕地面积只有0.75亩，粮食并不能自给，口粮的近半要依靠山地的耕作，种植薯类、豆类作补充。由于历史、地理环境及社会的种种原因，造成连南瑶山的生产结构长期处于封闭的、落后的、不合理的局面，农业生产方式及技术的落后，导致其生产生活停滞不前。要改变贫穷的面貌，要使农业生产向致富的方向发展，就必须在广阔的山地上大做文章，将农业生产引向开发性农业的轨道，以带动农、林、牧、

---

[1] 原载《广东民族研究论丛》第3辑，广东人民出版社，1993年。

副、渔的全面发展。

穷则思变，为改变连南瑶山贫困落后的面貌，县委、县政府的领导和智囊团的成员们绞尽脑汁，就连南经济发展的前景制订了一系列措施：立足于考虑充分利用"山地多、海拔高、落差大、气候多样"地理的优越性，积极调整农村产业结构，变单一开发为立体开发，改分散经营为集体经营，林、果、牧、药多种种植全方位发展。而且根据各乡镇的实际情况有所侧重，以促使社会的自然经济向商品经济转化，变资源优势为商品优势，从单纯的经济扶贫转变为经济开发性的"扶贫"，从"输血型"向"造血型"转变，取得了一定的建设成绩。

连南瑶族自治县属于亚热带季风气候，春暖夏热，秋凉冬寒，四季分明，全年平均气温为摄氏19.5度，平均降雨量为1620.9毫米，雨水充沛，是发展木材、经济林的好地方。西北部山地的金坑，被省里誉名为"杉都"，是以杉木为主的林产区，在大力发展建设连片区域化经营杉木用材林和杉木长大材生产基地的同时，可利用山坡疏地，发展部分经济林，如油桐、山苍籽等。而西南部的大坪、香坪、盘石等乡，土质非常适宜林木的生长，亦是以林为主、农业为辅，用材林与水源林、针叶林、阔叶林并重发展。在这样有利的条件下，全县着力发展杉木、优质杂木、香粉林、毛竹、山苍等能大量增产增收的林业基地。特别是种植山苍籽经济林，投资小、收效大。随着香料工业和饮料、日用化工业的发展，国内、国际市场上对天然香料原料的需求量亦将不断增加，经过了解和掌握了商品信息及发展前景后，连南便发动金坑、大坪等乡建立2万~3万亩山苍籽的生产基地，届时所产山苍籽将达1万~1.5万吨，产油40~600吨，总收入可达3200万~4800万元。此外，三排乡的大埝管理区、牛头岭管理区、三排管理区及南岗的油岭管理区等在山地上连片开发青梅、竹笋、柚子、橘子、油茶、苎麻、茶叶等生产基地。各扶贫单位在财力、人力、科学技术管理上给以大力帮助，使各种经济作物基地有了良好的生长势头。一些项目已有了相当的经济效益。

瑶山石头虽多，除种植经济林带外，仍有不少的土地可种植蔬菜和药材。清远市已把连南规划成发展蔬菜种植的基地，一定程度上保证了蔬菜的经营和销售，由此大大调动了连南的积极性。各乡镇根据山地地势高，其季节与南北两方有所不同的特点，发动群众利用冬闲田，种植经济价值较高的反季节蔬菜，如青椒、胡萝卜等，不仅使地尽其用，而且增加了农民的家庭收入。如南岗乡一户瑶民，1992年秋承包了2.6亩的土地，种植反季节青椒，在3个月的时间里投资2200元，其收获之时，除去种子、肥料等成本费，纯收入达5800元。他尝到了经济反馈的甜头，还准备第二年承包200亩土地投资种植反季节蔬菜。

瑶山是一座绿色的宝库，除发展林业、蔬菜等项目外，连南还计划利用天然的药材资源，在百里瑶山间，大量出产土黄连、黄精、黄柏、首乌、巴戟、五味子、生地、金银花等200多种药材，可以建立相当规模的药材加工工业。发动群众挖掘、采集天然药材，亦可试种一些产量较高、适应南方气候生长的名贵药材，以此逐步建立具有鲜明地方特色的南药生产基地。

在发展各项基地的同时，连南各级政府注重加强领导，落实资金，集约经营，加强技术指导，保证基地宏观调控平衡。明确产权关系，实现生产经营者责、权、利的统一，使得基地建设者的利益真正得到落实。通过全力调整了农业内部的产业结构，连南农村的7大农业商品基地（苎麻2万亩，青梅、柚子等水果基地4200多亩，茶叶基地1万亩，笋竹基地4万多亩，药材基地4200多亩，松脂生产基地20.8万亩，杉木长大材生产基地11.8万亩），已经初见经济效益，而且基地仍在不断扩大，从原有的30多万亩增加到45万亩，为瑶山经济的发展、脱贫致富开辟了道路。

二、积极开发瑶山旅游资源

百里瑶山河山锦绣，古老的瑶寨风光、奇特的生活方式、五彩缤纷的服饰鲜为人知，蕴藏着丰富的旅游资源。据世界旅游组织预测，到2000年，全世界出国旅游的人数将达6亿之多，我国在2000年，极可能接待4500万～5000万的海外游客，加上国内人民生活水平的不断提高，旅游渐渐成为人们消费的热点，人们旅游的新兴趣将是观山景、吃山珍、采购土特产品等。连南瑶族自治县紧紧抓住了旅游业的发展信息，大力开发连南瑶山的风情旅游资源，加快了旅游景点、旅游设施和旅游商品开发的步伐。在充分发挥和挖掘本地区资金及经济潜力的同时，积极争取借助外部力量转变内部经济状况，学会借别人的钱袋来发展自己的旅游业：建设瑶族风情度假村，第一项工程就引进港商800万港元的投资，引进了国旅投资400多万元建设瑶族村，内部股份集资250万元建筑了"万山山庄"第一期工程。各旅游景点和狩猎场，亦是集资建成。连南决心以开发民族风情旅游为主线，带动其他行业的发展。故在今年的国际旅游年中，"连南瑶族风情旅游"加入了广东省内的旅游热线。在筹办连南的旅游艺术节——"盘王节""耍歌堂"中，大力做好对外宣传及改善交通条件。在连续7天的"盘王节—耍歌堂"活动中，接待游客3万多人次，县内的旅馆、宾馆，连连爆满，附近的连县、连山县城的宾馆亦无虚席，游客来往不绝，瑶山旅游开始为人们所注意。"耍歌堂"的定点表演场分三排、油岭、军寮等3个地点进行，使游客们观赏了不同风格的"耍歌堂"及服饰艺术，同时又实地考察了瑶家的建筑和生活，仅油岭"歌堂"头两天的门票就收入8000多元。游客们的到来，亦活跃了当地的商品经济，瑶民们不再对经商感到羞耻，那种"养猪为过年，养牛为耕田，养鸡、养鸭为换盐油钱"的传统观念一扫而光。人们趁着旅游热点的兴旺，积极打开山门，广积货源，赶制民族民间传统的工艺品，沿街沿道摆开了地摊：小长鼓、小葫芦、瑶族花衣、花裙、花袋，民间工艺品琳琅满目。这样不仅增加了集体和个人的经济收入，而且大大改变了瑶民的思想观念。

三、优化工业结构，提高经济效益

目前，连南并不满足于在农村产业结构改革和开发旅游业上所取得的成绩，为了全县人民的经济利益，同时为了解决投资资金紧缺、技术人才贫乏的困难，首先从工业着手，以电线厂、微型机电厂为试点，紧紧抓住提高经济效益这个中心环节，切实抓好企业扭亏增盈，努力开发和生产优质适销产品。同时加快产品结构的调整，对一些技术落后、长期亏损、资不抵债的企业下决心实行关停并转使地方工业的结构优化。此外，还修改了对外引进资金、技术的优惠政策，并在"买、求、联"上做文章。所谓"买"，就是舍得花本钱，向外界先进地区买进高、新技术专利。所谓"求"，就是求助于省内外科研部门和有关单位，在资金、技术和人才方面的扶持帮助，通过调整、聘请和联系实业的方法引进人才。所谓"联"，就是以优惠的政策和优质的服务吸引外商及省内外有关单位兴办经济联合体，逐步形成了三个层次的格局：一是外引项目，1992年与外商签订合同项目13个，投资总额达25937万港元，合同利用外资17759万港元；二是内联项目，先后与省内外35个单位建立了密切的经济技术协作关系，已在县内外联办经济实体20个，投资总额达4515万元，其中引进省外资金1865万元；三是县属各部门自办和与乡村联办实业280多个，投资总额达5500万元。随着改革开放的不断深入，社会和经济发展的步伐明显加快。仅在1990—1992年内，连南全县新上大小项目160多个，其中投资100万元以上的有40多个，初步形成了矿产、林业、水电、旅游四大资源同步开发，化工、建材、食品等支柱产业与能源、交通、通讯等基础设施配套发展的新格局。经过几年的努力，连南工农业形势有了明显的好转，1992年与1991年相比，国民经济主要指标均实现了两位数的增长，其中国民生产总值增长14.4%，国民收入增长15.4%，社会总产值增长21.1%；工农业总产值增长15.8%，其中工业总值增长24.6%，外贸收购总值增长68.4%，财政收入增长16%，职工人均收入增长18.7%，农村人均收入增长13.5%（若把汉族地区计算在内，全县农村人均收入675元）。

应该说，这几年连南的经济发展速度明显加快。但由于历史长期遗留的因素——少数民族地区基础差、信息闭塞、交通不便、科学技术人才奇缺，产生于小农经济土壤中的传统观念、自给自足的生产方式、固守祖宗产业的社会意识导致瑶族农民的商品经济观念及竞争意识相对薄弱。这就制约了经济的发展速度和人民生活水平的提高。目前，少数民族地区的生活与汉区，特别是珠江三角洲人民的生活差距越拉越大。据有关资料反映，1985年，全省山区农村人均纯收入为418元，到1991年达916元，而至1992年的抽样调查，农民的人均纯收入高达1308元，全省农民的生活水平大跨步地提高。而据我去年蹲点连南瑶族自治县扶贫所了解到的情况，1991年连南县8个半农村纯瑶族乡、镇的人均纯收入都不到500元，其中三排、南岗、大麦山等乡镇的人均纯收入分别为：355元、352.5元和314元，来年的情况或许会好一些，但距省委、省政府提出的"八五"期间山区脱贫致富"四个层次"分别要达到的要求还相差甚远。省委、省政府要求"八五"期间山区的大多数地方，县级财政实现收支平衡，自给有余；乡镇一年集体纯收入分别达到30万元、50万元、100万元以上，管理区年集体收入达3万元至8万元；农村年人均收入分别达500、800、1000元以上。按连南3个石灰岩地区的1991年乡镇年集体纯收入状况看，每年的纯收入都不到30万，三排乡的生产状况较为好些，也不过是17.35万元。全县14万总人口的半数仍处于贫困线上（瑶族人平年收入均不足500元）。在这种情形下，更需要瑶族人民的自强自立，艰苦奋斗。

连南瑶族自治县的瑶族农民要彻底走出贫困的圈子，还需要花很大的力气。在现实条件下，必须在坚持过去成功经验的同时，以开发民族风情旅游为主线，把基础设施建设摆在重要位置上，切实抓好农业的深度开发和广度开发，发展具有本地特色和优势的种养业，并充分利用本地区的水力资源、矿产资源、农林资源和旅游资源，大力改善投资环境，创造条件吸引更多的外资投入，加速改变少数民族地区的经济面貌。

山区不富，少数民族不富，全省人民难富，也不符合社会主义的原则。加快少数民族地区脱贫致富显然十分重要。连南县委在第七届五次全委扩大会议上确定了连南近几年脱贫致富奔小康的总体目标和要求，提出在20世纪末达到小康水平。并向全县人民发出了总动员，在经济建设的浪潮中要敢想、敢闯、敢干、敢试验，借鉴广东"四小虎"和亚洲"四小龙"的经验，坚持解放思想，坚持一切从实际出发，摒弃一切不良的观念，善于用好用足各项优惠政策，采取各种有力的措施解决好温饱问题，创造有利条件发展经济奔小康。

朱森林省长在第七次山区工作会议上明确指出："要深刻地认识加快山区经济发展的重要性和紧迫性，没有广大山区的小康，就没有全省的小康；不加快山区经济的发展步伐，全省20年赶上亚洲'四小龙'的宏伟目标就难以实现。"为此，省政府给予了山区建设一系列的优惠政策，为山区人民脱贫致富创造了有利的条件。而脱贫致富，主要是靠山区人民自强不息的精神，艰苦奋斗的作风和锲而不舍的努力。需要少数民族的干部、群众进一步解放思想，破除保守意识，增强开放、商品和科技观念，抓住当前有利时机，大搞内引外联，并根据市场需要，积极调整产业结构和品种结构，大力发展商品经济。我们深信在不久的将来，连南县的瑶胞会摆脱贫困，走上一条适应自己地区经济发展的致富路子。

发展"三高"农业是瑶族地区脱贫致富重要途径[①]

我国瑶族230万人口,大部分聚居在西部地区,如何使处于西部贫困地区的瑶族同胞彻底摆脱贫穷落后,走上致富道路,是瑶学研究的重要课题之一。

一、瑶区自然环境和传统经济生活

我国瑶族人口分布以"大分散,小聚居"为主,而大部分都居住在西部贫困边远的山区和石灰岩地区。广西是瑶族分布最广的自治省区,人口达135万。大都聚居在北纬24°以北,海拔1000米左右的广大山区或丘陵石山地区,与湖南、广东、云南、贵州等省山区相毗邻。境内先后成立了金秀瑶族自治县、都安瑶族自治县、大化瑶族自治县、巴马瑶族自治县、富川瑶族自治县和恭城瑶族自治县。[②] 湖南是瑶族分布的第二大省区,人口47万,多居住与粤、桂、赣交界的五岭山脉及丘陵地带。江华瑶族自治县是湖南瑶族主要聚居地。云南17万瑶族大都分布在海拔1000米以上的高山丛林,沿中越、中老、中缅一带边境的山区和林区,都留下瑶族的足迹。贵州2.1万瑶族主要居住在与广西接壤的海拔900米左右的山林地带。广东瑶族主要分布在粤北南岭山脉南侧约海拔900米的山地,约14万人口。连南瑶族自治县是广东瑶族人口聚居地。

瑶族分布的广大地区,面积开阔,土质肥沃,水源充足,资源丰富,大部分地区属于亚热带气候,温暖湿润,非常适宜农、林业发展。瑶族自古以来就在山地间游耕农垦,早在汉代,瑶族就已从事农业活动,有瑶族先民"田作贾贩"的记载。至宋代,广西北部山区的瑶族,以"耕山为主,以粟豆、芋魁充

---

① 原载广西瑶学会编:《瑶学研究》第4辑,广西民族出版社,1997年。
② 黄钰、黄方平:《国际瑶族概述》,广西人民出版社,1993年。

粮"。进入明、清时期，居住在河谷和丘陵地带的瑶族，已开垦了为数较多的水田，种植水稻粮食作物，瑶民还利用山泉溪水"疏沟架槽，引以灌溉"，从而提高农作物产量。山地瑶民善于种植岭禾，但因以"砍山为业，刀耕火种"，"虽有畲田，收谷粟甚少"。辅以"种（旱）禾、黍、粟、豆、山芋，杂以为食"。中华人民共和国成立前，瑶族地区的农业生产虽有了一定的发展，但由于大部分瑶区地处高寒石山，农田多为"望天田""冷水田"，而耕作技术粗放，往往广种薄收。中华人民共和国成立后，党和人民政府帮助瑶族人民改造山地，进行农田基本建设，引进汉区先进的耕作技术和先进的生产工具，使瑶族地区的农业生产有了长足的进步。

瑶族居住的山区森林密布，树木茂盛，适宜杉、松、楠、梓、柏、椎、毛竹等用材林和油茶、油桐、茶叶、玉桂、八角、棕林、漆树等经济林的生长。不少名贵用材和一些世界稀珍品等都产于瑶区。

瑶族人擅长植树造林，大面积地垦荒、烧畲、播种。利用杉苗山地间种薯类、玉米、芋头、生姜等杂粮和经济作物，在为经济作物施肥除草的同时，又护理了杉苗，使杉苗成活率达90%以上，瑶族人这种以一地多收、一耕多护，以粮养林，以短养长的耕作技术，是瑶族人民千百年来发展山区农林业生产的宝贵经验。展示瑶族传统的经济生活，是为了使瑶族人民明白，瑶族地区的优势在于发展农林业，瑶区应立足在传统农林业经济的根底上，利用自身的优越条件，进行农业生产格局的改进和拓展，为发展"三高"农业打下良好的基础。

二、脱贫致富有待于发展"三高"农业

所谓"三高"农业，即指创高质、高产、高经济效益的农村种养业。目前，在广东的广大地区，正兴起一场农业改革和科技普及的新高潮。十年前，广东共有50个山区县，山区县大部分比较贫困。1985年，50个山区县的农村人平均纯收入仅有418元，不及当时珠江三角洲16个市县农村人均纯收入的一半；其中财政尚需国家补贴、农村人均纯收入300元左右的贫困县有31个，没有解决温饱的年均纯收入低于250元的农民尚有400万人，占当年全省总人口的7.1%。最贫困的粤北石灰岩地区共有80万人。其中连南、连山、乳源三个少数民族自治县，在1985年的人均收入达不到200元，被称为广东的"寒极"。

面对地区之间的贫富差距和严重的贫困状态，广东省委省政府把扶贫工作纳入了重要的议事日程。从1985年起，广东每年召开一次山区工作会议，定期检查和总结山区经济发展的问题和经验，派出大批人力物力，支持山区民族地区的经济建设，并制定了一系列扶持山区发展经济的政策和措施。其中重要的措施就是发达地区对贫困地区的"挂钩扶贫"和"对口支援"。挂钩扶贫，即是由省直机关部门组织扶贫力量，包括人力、资金、物资，向贫困山区定点长期挂钩扶贫。对口支援，即是发达地区组织资金、物资，定点向贫困山区结对扶持支援。山区贫困地区利用"挂钩扶贫""对口支援"所引进的资金，选好项目，大力发展自己。在侧重扶贫社会效益的基础上，挂持双方展开了互补互利的经济协作。即充分发挥扶持和被扶持双方各自的优势，把山区丰富的土地、矿产、森林、劳动力等资源优势和发达地区的资金、技术、人才、市场等优势结合起来，优势互补，互相促进，共同发展。如深圳有技术、资金和市场，梅州市有土地和劳动力，深圳市规划在梅州市搞"菜篮子"工程，梅州市的"三高"农业基地由此发展起来，深圳市民的"菜篮子"也有了保障。经过十年的扶贫，广东50个山区县的贫困面貌有了很大的改观，1995年与1985年相比，50个山区县的国内生产总值翻了两番多，农民人均纯收入从418元提高到2200元，没有解决温饱的人从400万减少到80万，31个贫困县已有部分甩掉了贫困的帽子，1995年粤北三个自治县的农村人均纯收入已达1105元。

粤北瑶族地区地方政府和人民，已意识到了自我发展的重要性，意识到"等、靠、要"是没有希望的，"苦熬、苦守"也是愚昧的，贫困并不可怕，怕的是不去摆脱贫困。瑶族地区的发展离不开国家和发达地区的帮助，更不能丢掉自力更生的优良传统和精神。只有两者的有机结合，才能发挥出巨大的能量，才能为民族地区的脱贫致富，加快经济发展步伐提供强大的动力。连南瑶族自治县是粤北一个"九山半水半分田"的山区和石灰岩地区，全县有7万多瑶族人口，其生产生活方式与广西、云南、贵州瑶族地区基本相同。1985年，县内大部分地区的人均年收入不到200元。在广东省委省政府和社会各界人士的大力帮助和扶持下，重点发展"三高"农业。调整农业生产布局，优化产业和产品结构，使农村经济形势发生了重大变化，1995年，农村年人均纯收入一跃升上千元，全县乡镇年人均纯收入达1068元。

香坪乡是连南瑶族自治县一个半林半农瑶族乡，全乡4个管理区，19个自然村，总人口 5161 人，耕地面积 4970 亩，其中水田只有 1300 多亩，多数是旱地和山坡地。当地政府根据乡内各管理区的实际，做好发展"三高"家业的计划，"长、中、短"结合，着重以见效快、效益高的"短、中"项目为主，帮助农村困难户脱贫致富。1995 年全乡农村人均纯收入 895 元，1996 年通过结合本地实际，认真制订脱贫规划，采取得力措施，狠抓乡、管理区和群众层次的脱贫致富，群众人均年收入可达 1190 元。

"三高"农业是当前农业发展的主要方向，强调深化农业改革，重点开发具有发展潜质的农村种养业优质产品基地，即建立一批反映地方特点，商品生产起点高、品种优良、生产技术与管理水平以及产销组织程度高的"高质、高产、高效"农业生产示范点。香坪乡政府根据省里乡镇三层次脱贫的要求，立足发展地方优势，分别安排贫困户开展大种大养：香坪管理区主要发展蔬菜、早熟玉米、水果、养鸡、养鸭、养鱼和养猪等项目，龙水管理区主要发展黄烟、笋竹、蔬菜、养鸭、养猪等项目，七星和新联管理区主要发展西瓜、笋竹、蔬菜、养鸭、养猪等项目，并把发展的项目具体安排到每一个贫困户，做到户户有发展项目，户户得到落实。如香坪管理区山口村唐六贵，全家 4 口人 2 个劳动力，1995 年人均收入 480 元，1996 年开展蒸酒、养猪、养鸭、养鱼等业务。至 7 月止，已出售大猪 10 头，纯收入 3000 元；鸭 100 只，纯收入 1200 元；鸡 25 只，纯收入 600 元；蒸酒，纯收入 2100 元；加上早造粮食等，纯收入 7320 元，人均 1830 元。现有鱼塘 1.5 亩，养鱼 2000 尾，养鸭 300 只，鸡 30 只，猪 10 头，预计全年可获纯收入 2.2 万元，人均 5500 元。又如香坪管理区亚桂岭村邓德辉，全家 5 口人，2 个劳动力，1995 年人均收入 674 元，1996 年上半年种养人均纯收入 548 元，现养鸭 131 只，预计纯收入 1310 元，加上其他收入，1996 年可实现脱贫。同村的邓白路一，全家 5 口人，2 个劳动力，由于坚持大搞种养，上半年养鸡鸭、养猪纯收入已达 1750 元，现有存栏鸡鸭共 280 只、猪 2 头，计划到年底共养鸭 500 只，仅养鸭一项，今年人均纯收入就可超千元。发展"三高"农业使连南地区的瑶族人民尝到了甜头，从而说明，少数民族只要有志气，在有利的条件之下，充分发挥当地自然优势，抓住有利时机，增强自我发展意识，是可以摆脱贫困，奔向小康的。

三、大力推广"三高"农业

由于历史的原因,中华人民共和国成立前瑶族大部分地区仍处于自给自足的小农经济生活状态,社会生产方式及其经济形态仍处于"粗放型"。虽然中华人民共和国成立后社会有了很大的进步,但人们的思想意识还不能完全适应现代社会商品生产和市场经济的要求。根据《国民经济和社会发展"九五"计划和2010远景目标纲要》,要求社会经济体制实行两个具有全局意义的根本转变,一是经济体制从传统的计划经济向社会主义市场经济体制转变,二是经济增长方式从粗放型向集约型转变。要完成这两个根本的转变,人们的思想必须有一个勇于开拓、勇于奋进的新意识。

(1) 破除旧思想、旧观念。一个地区的经济社会繁荣和发展,与人们的心理、观念具有密切的关系。开放的心理、观念的更新与社会的繁荣发展相适应并互为作用,与之相反,封闭的心理、守旧的心理与贫困落后相互影响,进而恶性循环。目前严重制约瑶区经济发展的主要原因有三:一是观念没有转变,"小富则安",不同程度地存在"等、靠、要"的思想,姓"社"还是姓"资"的问题还没完全解决。二是资金短缺,除国家政策投资外,地方财政在扶贫方面只是有限地投入。三是技术力量和人才缺乏,"孔雀东南飞"使西部大量人才流向东部,而最重要的是不少人的思想意识受到旧观念的束缚;由于民族地区长期得到国家政策的照顾,导致一部分人至今仍有"等、靠、要"的思想,不思进取,坐吃政策饭,以致改革开放十几年,地区经济发展还不见有起色。想脱贫,盼致富,是少数民族人民迫切的愿望。要使瑶族地区的经济发展跟上社会形势,各级领导和群众首先要解决思想意识上的观念转变问题,努力克服"等、靠、要"的思想,强化开放观念,增强自我发展意识,才能放开手脚,"大干快上"社会主义。

(2) 发挥区域的资源优势。消除贫困,缩小差距,加速发展,实现经济起飞,是瑶族地区目前当务之急的任务。首先应从当地实际出发,发挥自己的资源优势,开发自己的支柱产业和拳头产品,通过深化改革农业生产布局,推广运用新的、先进的农业科学技术,提高农业产品质量,节约消耗,增加效益,提高农民科技素质,调动农民的生产积极性,坚持走"高质、高产、高效"的农业发展路子，借助政府和发达地区的支持，努力增加粮食生产，丰富城市"菜篮子"，发展多种经营，重点开发优良品种种养基地。

在瑶族地区，有许多独特的农林产品，如贺县的沙田柚、金秀的香草、八角等很值得开发，只要把握时机，积极引进外资，大搞内引外联，大力开发本地资源，以本地优质高产品种作为基地的试点，引导农民自觉组织起来，努力学习农科技术，提高自身文化素质，让农业科学技术在农业生产增长中做出应有的贡献，并依靠科技提高产品的附加值，使农业生产具有现代化意义的优胜格局，为瑶区的脱贫致富创造有利条件。

（3）走向商品市场经济。对外开放，就意味着打开山门。过去，瑶族人民生活在边远山区，从事单一的农林耕作，思想单纯，墨守成规，耻于经商，"养猪为过年，养鸡为换盐油钱"，满足于自给自足的低生活水准，"小富则安"，市场经济多处于封闭、半封闭状态。而改革开放，则要求人们解放思想，用经济手段和发展商品经济来促进传统观念的彻底转变，因此，强化商品、市场经济观念，对促进瑶区经济的发展有着特殊的意义。改革开放以来，东部沿海地区利用资金、技术和区位优势，大力发展了市场经济，而西部地区包括民族地区的市场经济则发展缓慢。1982年，国务院批转了东部各省、市"对口支援协作工作座谈会纪要"，确定了东部地区沿海城市在全国范围内的对口支援对象，其中北京支援内蒙古，江苏支援广西、新疆，全国支援西藏。1996年，国务院重新调整了发达城市的支援对象，其中广东支援广西、贵州和西藏的灵芝地区。就此，广西和贵州的瑶族地区可拓展各种渠道，争取广东各方面的支持，并努力使自己生产的产品打进广东经济市场。

发展生产，就必须研究市场经济，让生产产品适应市场需求，实现其价值，同时，按照市场经济规律及需求去拓展、组织、发展生产，实现产、供、销一条龙，创造和实现经济效益，以完善市场经济的良性循环。瑶族人口大分散、小聚居，不适应大规模生产，可组织集约型股份制生产或家庭联产，形成一定的生产规模，才能与市场挂钩，产、销结合，达到最大的经济效益和经济发展良性循环的目的。

（4）大力培养农村科技人才。科学技术是第一生产力，要使民族地区的经济起飞，必须把科技的普及作为加速经济发展和社会发展的强大动力。掌握科技知识的是人，而今民族地区所缺的正是各类别、各层次的高中级科技人才，诸如农林业、畜牧业等产业以及相关的行业，尤其是这些行业中深加工方面的技术人才。我们所提倡的"三高"农业，同样强调以科技兴农，依托人的聪明才智开发农业资源，变资源优势为经济优势。

所以，加大农村科技人才的培养和使用，提高农民的文化素质和科学知识水平，是农村发展经济的重要措施之一。瑶族地区要立足本地实际，着重培养与资源开发、利用相配套的科技人才。在民族地区农村，可开办各种类型的农技和种养知识培训班，培养农业实用的技术人才，为推动本地经济的"大干快上"提供科技能量，确保经济的稳步向前发展。

目前瑶族地区发展"三高"农业的潜力是很大的，只要瑶族人民解放思想，勇于开拓和拼搏，脱贫致富奔小康的目标一定能够实现。

开发瑶山旅游　促进经济发展[①]

瑶族地区的经济发展，瑶族人民经济文化生活的改善和提高，是我们每一个从事瑶族研究人士所关心、所切望的问题，本文仅就瑶山的自然景观和人文景观等旅游资源，探讨瑶山旅游的开发途径，期待以开发旅游业为突破口，加速瑶山经济的发展。

一、开发瑶山旅游资源的意义

俗话说，"靠山吃山"，瑶山的经济振兴，在于如何开发利用"山"优势，即利用瑶山自然资源及人文资源的优越性。在纵横广东、广西、湖南三省界的南岭瑶山上，连片的瑶山有金秀瑶族自治县、恭城瑶族自治县、富川瑶族自治县、江华瑶族自治县，而与这些自治县相邻的桂林、钟山、贺县、梧州、江永、连县、阳山、韶关，也是瑶族散居的市县。这一片连绵起伏的锦绣河山，蕴藏着丰富的旅游资源：气势雄魄的奇峰异石、天然溶洞、地下河、山涧瀑布散发着大自然的魅力；风味独特的瑶家饮食，多彩的风土民情，缤纷的民族服饰；更有那苍山林海、曲水长流、人间胜景，是吟诗作画、摄影写生、观光游览的风景胜地。

过去，由于我国长时期实行某些政策的缘故，外国旅游者到我国旅游较少，许多饶有盛誉的名胜古迹游人稀少，而千里瑶山虽有资源，但地域偏静，更是"养在深闺人未识"。改革开放以后，我国旅游事业开始进入发展的阶段，西欧、北美、日本、东南亚的外国旅游者大批涌来，他们中很多人都渴望对中国有一个真切的了解，想亲眼看一看我国的社会主义制度，了解一下世界上人口最多、

---

① 原载广西瑶学会编：《瑶学研究》第3辑，广西民族出版社，1993年。

民族众多的国家里人民的生活和工作情况，了解我国进行四化建设的现状，参观了解这个文明古国的文化、民族风土人情等。1992年9月的《交通旅游报》报道，据世界旅游组织预测：到2000年，全世界出国旅游的人数将达6亿之多，我国在2000年，极可能接待4500万~5000万的海外游客，加上国内人民生活水平的不断提高，人们的消费观念有了很大的更新，旅游渐渐成为了人们消费的热点。当然沿海的沙滩岛屿及名胜古城仍是人们游览的去处，但见多玩多自然会腻味，人们旅游的目标将逐渐向有山有水的避寒避暑胜地转移，新的旅游热点将是观山景、吃山珍、采购土特产品，这种新的旅游趋向，对于我们开发瑶山旅游业是非常有利的。以连南为例：1987年至1989年到连南旅游的人数为4846人次，而1991年1~10月来连南旅游的港澳同胞和国内外游客竟达11308人次。瑶山旅游开始被游客们注意，其发展的前途大有希望。

在许多国家和地区中，旅游业是一项重要的经济来源，它投资少，见效快，可"以业养业"，且一个地区国际国内的游客众多，必然带来世界及各地的新技术潮流和活信息。信息就是财源，而游客回到原地，又自然会宣传游览地貌及影响，提高当地的知名度，这些是用钱买不到的"活广告"。旅游业是对外开放的窗口，是发展外向型经济的桥梁，是与各省、市、地及至世界各国经济文化交流的纽带。一业兴，百业旺，旅游业的发展，除了带来经济效益和促动本地区经济发展外，还会促进社会形成讲文明、懂礼貌、爱清洁卫生的好风气，带动诸如交通、商业、饮食、信息等其他行业的发展，其意义深刻广泛。总之，瑶山旅游资源需要开发，亦值得开发。

二、多渠道吸引和解决开发旅游资源资金

资金是创业的重要支柱，资金的不足可能是开发旅游资源的最大难题，没有钱，荒山将永远是荒山。如何吸引资金及投资者们对瑶山的注意，这就需要做广泛的对外宣传工作。虽然一些瑶山，如富川瑶族自治县已被广西壮族自治区旅游局辟为"香港—梧州—桂林"线中的旅游点，但大部分瑶山的旅游资源尚未开发，如乳源瑶山的温泉和水库，连南独特的民族风情及"小桂林"之誉的喀斯特地貌的奇峰异洞，连山三水瑶乡的林海风景，贺县黄洞瑶山的秀水青山，还有金秀、恭城瑶家的鸟鲊、鱼鲊、熏肉、油茶等传统小吃及冬菇、木耳、

寄生食用菌等山珍，散发着诱人的魅力。每一个地区，每一处瑶山，都有自己丰富的旅游资源和民族风情特色，需要做好做细旅游资源的勘探和了解，而后利用各级各式新闻传播媒介，如广播、电台、报刊、杂志以及现有旅游机构，不断地向外宣传报道（亦可做些广告），使外界对开展瑶山旅游资源有一定的感性认识，亦可通过某些经济联系，如每两年一届的"湘、粤、桂三省区瑶族'盘王节'暨经济协作交流会"就是一个很好的机会，请进商人和投资者走访瑶山，有意识地反映瑶山旅游资源状况，引发外界的投资兴趣，争取外资的投入，可以合资合作经营，亦划出一定的地域或投资范围让外商独资经营，目的在于繁荣和促进瑶山经济的发展。

多渠道地争取开发资金，还要争取上级领导和银行的支持，使领导深刻理解开发瑶山旅游业的重要意义，能适时拨出一部分资金支持旅游开发。另争取银行的信贷，以备资金周转的不足。其次，争取内部纵横联合：凡有瑶山旅游资源的县、区有关部门，是否联合组成一个股份制经济实体，采取集资开发的办法，分别经营、管理本地区的旅游业，同时在旅游景点、服务设施、客源方面组织和配套，加强信息沟通，互相支持配合，保证瑶山旅游形成"观、玩、游、买、食"一条龙。① 此外在资金紧缺之时争取一些单位内部招待所及宾馆旅社的支持，单位自用和旅游借用挂钩，既保证了客房的使用价值，增加单位的经济收入，又完善了旅游业的配套设施。

在开发瑶山旅游资源方面，连南瑶族自治县先走了一步，他们着重抓好对外宣传工作，不仅派一县委常委亲自抓，县长、书记亦亲自参加各项宣传活动，为此他们争取到了2000多万元的外来资金（其中引进港商投资2500万港元建设瑶族风情度假村，引进国旅投资400万元建瑶族村，股份集资200多万元进行景点建设）。现在连南瑶山的旅游业已初见雏形，外商巨额投资的"瑶族风情度假村"和"瑶族村""万山山庄"正在大兴土木，十八层高的"瑶山大厦"和岩头、鹿鸣关两处旅游景点亦已动工，"盘古庙""观山亭""望相门"等景点已竣工使用，旅游事业的配套设施正逐步完善。在今年的"国际旅游年"活动中，"连南瑶族风情旅游"加入了广东省内的旅游热线，各地的游客正逐步向瑶山走来，瑶山旅游业在连南已初见成效。连南的做法，我们大可以借鉴。

---

① 朱雄全：《南岭瑶族地区旅游开发的设想》，打印本。

三、利用现有交通运输力，开辟瑶山旅游交通"一条龙"

交通畅通是开发旅游业的必要条件，游客希望的是安全、舒适的旅程。目前我国的民航运力还不够充分，铁路、公路的运输亦不够畅通，往往制约了那些在国际上已有相当知名度，旅游资源又十分丰富，很有发展潜力的旅游点的更大发展。为了弥补民航运力的不足，近几年来，我国投入大批人力财力修筑105、107等国道，疏通沿河海运，兴建三茂铁路、大瑶山双轨铁路等。最近铁道部又规划在今后的三五年内，对粤、湘、琼三省的换路施行大动作，拟修建新线铁路1087公里，电气化铁路改造1708公里，修建复线和第三线铁路467公里，这对于发展我国南方的经济及旅游业创造了有利的条件。目前，正在勘探计划延伸的坪梅铁路，将经过连县、连南、连山、贺县通向广西直至越南，为我们实现瑶山旅游"一条龙"开辟了发展前景。

其实，中华人民共和国成立40多年来所建筑在各县各地的交通运输网已经四通八达。广州、桂林是我国的旅游中心之一，每天都有十几个旅行社组团空、陆两运旅游往返。而恭城、富川瑶族自治县与桂林、阳朔山水相依，水泥公路直达两地，且富川已有了旅游景点，应该抓住时机，增加一些突出瑶族风格特色的景点和节目，使得到桂林、阳朔旅游的游客有一种到了阳朔不去观赏瑶族风景区是枉此一游的心理。

中等城市韶关、柳州、梧州亦是我国南方有名的旅游城市。

广州—韶关—南华寺—狮子岩—宝晶宫旅游点一直都是广东省内的旅游热线，乳源瑶族自治县毗邻韶关，交通十分便利，开发乳源温泉及水库游览区，连接省内旅游热线，将会吸引大批的港澳公假游客、节日游客和国内双休日旅客。今年美国瑶族青年夏令营的旅途行程即经此线返回广州，沿途游览了宝晶宫和乳源瑶族风景区，由于道路畅通，使他们安全舒畅地返回了美国。

最近，广州"中国康辉广东旅行社"新开辟一条旅游线为"桂林—柳州民族风情"。金秀瑶族自治县可开辟自己的旅游景点招徕游客，据了解，金秀也专门成立了旅游局，着手大瑶山的旅游开发，金秀离铁路沿线不远，加上境内瑶族支系多，有花兰瑶、山子瑶、坳瑶、茶山瑶、盘瑶，各支系都有自己的特点，特别是在饮食及服饰方面风采各异，开发瑶山旅游有一定的成功率，可以考虑形成民族艺术表演一条街或民族风味小吃一条街，充分展示自己的民族风格。

梧州是交通较为畅通的旅游城，不仅公路上跑车不断，而且水路亦游船不停，香港—广州、广州—封开—梧州的旅游热线游客络绎不绝。贺县离梧州很近，主要航道贺江为西江的一级支流，经过治理，$1×4×500$ 吨位的拖轮可直达梧州、广州。其县境内风景秀丽，气候宜人，素有"小广州"之称，其土瑶风情别具一格，开发部分瑶山旅游景点后，可考虑与广西或广州的某些旅行社挂钩，形成水陆联运旅游服务一条龙。连南县旅游局亦是以省内广州—丹霞山—九龙十八滩旅游热线为引线接上"连南民族风情"旅游景点的，这样，往梧州的游客可经水陆两运抵达贺县，又可以经贺县—连山—连南107国道返回广州。

广东的改革开放走向在全国的前列，亦带动了连山、连南民族经济的发展，特别是民族风情旅游业有了突破性的发展，现在的连南三排、油岭；连山的三水瑶寨；连县的挂旁瑶山，都是有民族风情的景点，所以，开辟瑶山旅游交通"一条龙"不仅有基础，而且有了好的开头。我们可以利用围绕瑶山，通达东西南北的交通网络，开创一条西起桂林—阳朔—恭城—富州—钟山—贺县，东至连山—连南—（连县、阳山）—乳源—韶关—（广州），南达（贺县）—梧州—广州的水路、公路瑶山"一条龙"旅游线。

四、抓住旅客心理，建设和完善旅游设施

我们的旅游者中，既有外国人、华侨、港澳同胞、台湾同胞、外籍华人，也有国内的人民群众，他们国籍不同，民族不同，职业不同，年龄、性别、兴趣、生活习惯等都有差异。我们可从多方面了解旅游者所需，寻找他们的共同之处，创造完善的旅游条件。我们知道，新异的、活动变化的刺激容易引起人们的注意，世界各地经营得比较成功的旅游业，都十分注意抓住游客的好奇心理，安排各种设施和组织浏览节目。比如旅游者对古代社会一般都会有所了解，具有一定的历史常识，但古代人的生活、劳动、休息、娱乐等习惯不一定人人了解，所以旅游者们对再现古代社会生活的游览点颇感兴趣，像香港的"宋城"，美国波士顿的"活人博物馆"，日本名古屋附近的"明治村"，都属于这一类的游览点。然而不少的旅游者却对游览名山大川等自然风光有浓厚的兴趣，所以，广东深圳市旅游业的商家们正是抓住了游客的这种心理，着意营造人文

景观，形成了"一个中心、两个热点"的旅游格局，给深圳的旅游业带来一片勃勃生机。"一个中心"，就是国贸大厦，曾获"神州第一高楼"的美誉。它集吃、喝、玩、乐于一楼，特别是其顶上的旋转餐厅，不但可鸟瞰深圳市容，还可远眺香港的风光，许多外国元首、达官贵人都曾登临，国内外的游客更是难计其数。"两个热点"，一个是西边的锦绣中华微缩景区和中国民俗文化村；一个是东边的沙头角镇。锦绣中华将全国风景名胜缩龙成寸，让人"五千年文明尽收眼底，一日游遍锦绣中华"。中国民俗文化村以一比一的实景和少数民族的现场表演，再现了中华大地的自然风光和各民族的风俗习惯，海外游子和内地游客到此都有强烈的新鲜感。沙头角镇则以镇内中英街"一街两制"的奇特现象及"购物天堂"而独具魅力。据深圳市旅游部门提供的数字显示，1993年1至7月份，深圳接待游客641万，过夜游客388万，外汇收入近12.9亿元外汇人民币（兑换币），大大超过前一年10.6亿元外汇人民币的收入。

我们的瑶山旅游业不敢企望有深圳市旅游业那样的巨额收益，但起码能够促动瑶山民族经济的发展。瑶山旅游不必着意营造人文景点，而是在大自然的景色中稍加点缀，就可以达到新异的目的。连南的瑶山旅游首先开发利用"万山朝王""金坑林海""鹿鸣秋高"等天然景点，1987—1989年营业收入就达到35000多元。

旅游者们从寒冷的地带跑到温暖的旅游胜地，或从炎热的地方跑到气候宜人的海滨城市，都是为了满足他们生活上避寒避暑的需要，而进入瑶山旅游的人们，一定是需要空气清新的大自然，渴望了解异国异地民族的真实生活、饮食特点和风情习俗，所以，我们要充分利用"山"的优势，首先对山进行认真的规划和管理，圈划一些山头作养殖山禽野兽，种植山珍、香菌之用，拟建成狩猎场和采集场，让旅游者们自我体验和品味大自然纯朴真实的农家生活；亦可圈划一些平地搞成白天可烧烤，晚上可篝火露营的场地；圈划一些山头作为观光景点，青山、林海、深洞、小溪，可以摄影、写生，各取其好。其次是开发山塘水库旅游资源，如在乳源的龙南和贺县黄洞有条件的地方，开设一些游览船，集体的或小家庭式的游艇，这里水环山、山绕水，在游船中静静地领略大自然的风光，别是一番情趣。其主要是挖掘山地民族独特的传统手工艺和文化艺术，制作精美的民族工艺精品供游客们留念，创作表演各种民族传统的歌舞节目，并邀请旅游者们参与，使他们既了解当地的风土民情，又丰富了旅游的娱乐生活。

广泛的社会交往是旅游的一项内容。旅游者们总是喜欢到热情好客的地方,而瑶族人民自古以来就有热情好客的风尚,这一点很吸引游客。记得一家报纸报道美国的一家大旅行社对旅华者进行调查,了解"访华最深印象是什么","最受欢迎的节目是什么",结果多数人认为:"最深印象的是热情友好的中国人民","最受欢迎的节目是同中国人民接触,如参观少年宫,访问家庭和敬老院等"。瑶山旅游业的开发,瑶族人民将会以热情的姿态,纯朴的民族情感欢迎客人。连南瑶族自治县兴建"瑶族村",正是为了准备做好这一点。我们亦可以利用一些交通方便、环境优雅、卫生条件较好的村寨,开辟收费适宜的家庭旅游接待点,让游客们亲临瑶家做客,真实地体验瑶家生活。

诚然,出门旅游者首先要解决的是吃、住问题,只有保证机体的生存和健康,才能进行各种观访和娱乐活动。旅客们一般需要环境优雅、干净舒适的休息场所以及需要适应自己生活习惯和口味的饮食,亦需要品尝异国异地的风味餐食,所以我们的瑶山旅游不仅要在"观、玩、游、买"上大做文章,而且接待旅客的住房设施和饮食工程既要有现代化的空调设备及卫生用品等大众化设施,又要有民族的特色,不仅要保证游客们住得舒适,吃得可口,还要创造条件使他们看得新鲜,玩得开心。连南瑶族自治县所建的"民族度假村",便是把房屋建成既有现代化空调和卫生设施的宾馆,又可反映当地石灰岩排瑶居住特点的"石头城"。开发瑶山旅游业还可建些"风雨桥""吊桥楼""干栏"等民间建筑。或在室内装置一些瑶族民族传统的娱乐活动,如"射弩室""打陀螺室""顶杠室"等,以供游客们玩赏;或是在餐厅前设上炉灶,挂上瑶家菜谱,让客人当场点菜,现炒现卖,将制作菜肴的全过程让客人们观摩,由于客人亲眼看到了这种菜的烹调过程,或亲自参与烹调,满足了他们求知的欲望,他们自然产生一种"尝试一下这道亲眼所见菜肴制作的味道究竟如何"的愿望,吃起来亦会感到格外香甜。

总之,完善瑶山旅游事业的配套服务设施,还需要摸索一些路子,而且应体现出瑶山的风格、特色,要显示"独此一家别无分店"的特点。

当前改革开放的形势喜人,形势迫人。邓小平同志发表的南方谈话和党的十四大的召开,将使我国的改革开放进入了一个更新的发展阶段,从南国至北疆,从首都到乡村,大江南北,沿海沿边,960万平方千米的古老土地将再次激荡改革开放的波浪。沿海的走海路,沿边的走边路,瑶族依山而居,只能走山路。广东省在第七次山区工作会议上阐明山区今后的发展,要放在力争20年赶

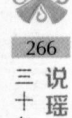

上亚洲"四小龙"的大局来考虑和布置,为了实现这个目标,山区的经济要向"解放思想,调整结构,扩大开放,搞活金融,各方支持"五个方面20个字的方向发展。广东是改革开放的先行者,已经积累了不少的发展经验,一些可行的经验不妨在瑶山推广。由于瑶山交通运输线长,而生产投资则讲求高速、高效益,"短(运输线短)、平(投资便宜)、快(见效快)"。山路曲崎在一定程度影响了外资的大量投入和经济发展的速度,"路通财通",搞好山区公路建设,是瑶山旅游发展的重要环节。我们要靠山走出一条振兴民族经济发展的路子,搞好瑶山旅游不失为一条捷径。

凡事总要有人先走一步,成功和失败的可能性都会有,只要有利于发展生产力,有利于增强国力,有利于提高人民的生活水平,都可以大胆去干,大胆去闯。连南瑶族自治县在开发瑶山旅游方面已迈出了可喜的第一步,我们可以引为先导,利用发展的大好机遇,大力开辟瑶山旅游资源,将会促动瑶山经济的大步前进。

文化与市场协调互动[①]
——以广东瑶族文化产业开发为例

瑶族是我国南方古老的民族之一，瑶族历史悠久，文化内涵丰富。瑶族人口主要分布在中国、越南、老挝、泰国、缅甸、美国、法国、加拿大等国家。隋唐时期，瑶族就生息繁衍在湘、粤、桂三省交界区，广东粤北是瑶族较早的聚居地；明中叶以后，南方瑶族跨越广西、云南边境，不断向东南亚移动，走向越南、泰国、老挝等国的山地。1975年印支战争以后，美国、法国、加拿大等国大量吸收印支战争难民，不少瑶族人就趁此机会移居到了法、美、加等国。据有关资料反映，全世界瑶族人口近380万人，主要分布在中国、越南、老挝、泰国、缅甸、美国、法国、加拿大，其中越南80万人、老挝2.5万人、泰国5万人、缅甸1000余人、美国5万人、法国1500余人、加拿大250余人。中国国内的瑶族分布地域辽阔，集中聚居在我国南方的广西、湖南、广东、云南、贵州、江西6个省（自治区）的134个县市内，人口已达285.3万人。按照全国第六次人口普查数据，中国瑶族人口主要居住在广西171万人、湖南70.5万人、广东20.3万人、云南19万人、贵州4.4万人、江西1198人。

广东瑶族20.3万人主要分布在粤北清远市的连南瑶族自治县、连山壮族瑶族自治县以及连州市的瑶安、三水瑶族乡，阳山县的秤架瑶族乡和韶关市的乳源瑶族自治县、始兴县深渡水瑶族乡以及仁化、曲江、翁源、英德、乐昌等地。还有部分人口分布在怀集县下帅壮族瑶族乡和龙门县蓝田瑶族乡。

一、瑶族文化产业资源

瑶族是中华民族的组成部分，瑶族文化伴随着中华民族的文明一起成长，

[①] 原载广西瑶学会编：《瑶学研究》第9辑，广西人民出版社，2013年。

由于久居山地，游耕形式一直保持到中华人民共和国成立前，而由此产生的游耕文化、服饰文化都具备了山地民族的特色。千百年来，瑶族人民在与大自然艰苦斗争的过程中创造了生生不息的风俗文化：有古老神秘的神话传说、绚丽多姿的服饰、五色红线绣制的刺绣用品、独具风味的山地饮食、独特的生产技艺、多种结构的房屋、繁花似锦的民族节日、传统精湛的手工艺术、质朴单纯的民族歌谣、技艺高超的民间舞蹈等。这些风俗的物化，作为一种历史文化的印记，凭借民俗活动来表现民族文化的物态形式，与精神心态互为表里，充分展现一个民族的精神、观念、心理、情感、审美等深层的内容。

瑶族地区拥有十分丰富的文化产业资源，这些文化集地域性、历史性、艺术性、实用性于一体，极具民族个性与特色，展现了瑶族独特的民族魅力。广东连南、连山、乳源三个民族自治县有着丰富的民俗节日歌舞资源，如"盘王节"和"耍歌堂"、长鼓舞、打席舞、闹金秋等。各地自治县政府充分发挥民族技艺、歌舞、节庆习俗等文化资源优势，把民间传统文化艺术搬上舞台，打造了《瑶族舞曲》等艺术经典，① 如连南挖掘整理了不同风格的系列"长鼓舞"，有军寮排的《团圆鼓》、油岭排的《歌堂长鼓舞》、南岗排的《欢乐长鼓舞》、大掌排的《砍树种树鼓》、大麦山的《斗鸡鼓》以及过山瑶的《小花鼓》等，大大丰富了民族节日的气氛。

瑶族地区现存民间工艺品种繁多，主要有刺绣挑花、扎染、雕刻、长鼓和木狮制作、银饰制作、线织、竹编、藤编、棕编等。近年来，广东加强了对民族民间工艺技术的挖掘、保护，使这些工艺得到永久地记载和更好地传承。通过政府引导和举办各种民间民俗文化活动，发动群众积极生产、制作传统民间手工艺品，如香包、挎包、刺绣衣裙等，同时积极培养民族工艺传统优秀人才和技术工匠。

瑶医是我国民族医药的重要组成部分，也是打造民族文化产业的重要内容。广东瑶族地区民族医药有较长的发展历史，特别是在边远瑶族山村民间世代流传。当地群众主要运用中草药、拔火罐、刮痧、药浴等民族传统疗法，治疗中暑、身痨骨胀、小儿惊吓发烧、风湿、跌打刀伤、骨折、蛇伤等。大量实践证明，瑶医药在治疗皮肤病、肿瘤、肝病、中毒症、风湿病、红斑狼疮等多种疾病

---

① 李筱文：《发展民族地区文化产业的思考》，《广东技术师范学院学报》（社会科学），2010 (3)，第 11～15 页。

方面有着显著的疗效，即使在今天，仍然是广大瑶族地区防病治病的主要手段。

瑶族地区更有丰富的旅游文化资源。乳源瑶族自治县极力倡导"穿瑶服、讲瑶话、司瑶仪、行瑶礼、唱瑶歌、跳瑶舞"，在必背瑶寨旅游景区兴建过山瑶民族文化陈列馆，集中收藏了瑶族服饰、器具等诸多文物，向外界展示了瑶族同胞生产生活状况，有效地传承了民族文化。同时把挖掘民族传统文化资源与新农村建设相结合，加强民族古村落挖掘保护。对必背口村、必背大村、桂坑尾村等瑶族古村落进行规划和保护工作，大力发展"瑶家乐"旅游项目，使其与必背瑶寨景区浑然一体，成为景区的一道亮丽风景线。如今，桂坑尾村被誉为广东省最美的乡村。

连山瑶、壮文化相互彰显，利用独特的民族文化资源，积极打造民族文化品牌、加大宣传力度、推动民族旅游业发展。先后举办了3届广东连山"十月香"壮族戏水节，还举办了4届民族民间旅游文化艺术节，推介民族民间文化，促进民族文化旅游业的发展。连南重点建设南岗千年瑶寨和县盘古王文化园以及瑶族博物馆、文化馆等文化基础设施，切实改善文化建设的硬环境。目前，盘古文化园、三排瑶寨、南岗千年瑶寨已构成连南中部瑶族文化旅游区，广东省瑶族博物馆已经建成开馆。广东瑶族博物馆是瑶族文化研究的聚集地，是瑶族同胞团结奋斗的精神家园。它聚集了中国乃至世界瑶族地区的文化事项和历史特征，向世人高度概括地介绍瑶族发展历史和文化，并借助博物馆平台得以记忆、传播和承载，是瑶族人民的福音。在保护传统文化的同时，博物馆也推动了当地旅游业的快速发展，取得了良好的经济收益。其他散居瑶族地区文化旅游资源正待开发，惠州龙门蓝田瑶族乡招商引资大搞民族文化旅游，目前商家投资2000万元的"瑶族风情园"一期工程已经完成，民族文化旅游已成为现代新兴的文化产业。

二、瑶族文化产业雏形

文化产业作为从现代服务业分化出来的新兴产业，是涵盖国民经济多行业、跨部门、宽领域的交叉集群型产业。随着我国文化体制改革的全面展开和逐步深化、城乡居民文化需求的大幅度增加以及公共文化服务等基础设施的改善，文化产业将步入高速增长阶段。① 发展文化产业是市场经济条件下繁荣社会主义文化、满足人民群众精神文化需求的重要途径，也将成为决定经济社会发展内在质量和可持续发展深度的重要定量指标。因此，在挖掘文化资源、加强传统文化保护的基础上，必须引入创新思维，协调文化与市场的关系。

近年来，广东民族地区已经注意民族文化与经济的结合，加大了民族文化资源开发力度，大力扶持文化产业发展。特别着力发展少数民族风情旅游。民族地区旅游发展思路日益清晰，广东省委、省政府扶持生态发展区优先发展生态旅游的理念和建设"全国旅游综合改革示范区"、实施旅游强省战略，落实广东国民旅游休闲计划，推进旅游产业跨越式发展。休闲度假旅游日益发展成为民族地区旅游业的最大亮点，连南有千年瑶寨，连山有大旭山景区，乳源拥有华南地区也是地球同纬度上最大的一片绿洲和原始森林，越来越多的游客青睐民族地区的山水美景和民族风情，民族文化产业已现雏形。

乳源充分发挥民族文化资源独特作用，引进了瑶家源旅行社、大南岭民族文化公司、五彩瑶乡购物城、金马文化公司等文化企业，促进了瑶绣、彩石、瑶族特产等旅游商品的开发，打造具有乳源地方特色的民族文化产业。连南围绕打造"世界瑶族文化艺术之都"，以构建综合性民族文化旅游区为目标，有效地提升民族文化产业竞争力和影响力，吸引了瑶神酒庄有限公司、瑶族舞曲文化有限公司、美伦民族元素开发有限公司等文化企业到连南投资。并大力发展"瑶族医药""瑶族美食""瑶族服饰工艺"等特色产业，大力打造"瑶家乐"的民族文化品牌。瑶山有机米、"瑶爽"米酒、瑶山熏肉、瑶乡油茶、瑶乡竹笋、瑶乡香菇等土特产生产也逐渐发展起来，为民族餐饮文化发展提供了丰富的特色美食资源。同时通过引导传统文化艺术与民俗走产业化的道路，成功开发瑶族刺绣、瑶山彩石等文化产品，有效带动了当地经济发展。

民族地区充分利用节日文化资源，大力打造文化品牌。乳源在2007年成功举办首届瑶族传统节日"十月朝"，2008年还结合45周年县庆系列活动，举办了第二届"十月朝"文化旅游活动，吸引了众多当地瑶汉族群众和港澳台等地游客参加，促进了招商引资和旅游业发展。连南通过举办"开耕节""尝新节""开唱节""瑶族长鼓舞大赛""盘王节""耍歌堂"和首届中国（连南）瑶族

---

① 国家民委文化宣传司、中国社会科学院文化研究中心：《中国少数民族文化发展报告》，民族出版社，2009年。

文化艺术节以及到中央电视台《民歌·中国》栏目录制"连南瑶族风情"专题等,促进民族文化旅游宣传营销。连山多次举办各种内容丰富、形式多样的独特民族特色文化活动。如瑶族的舞龙灯、小长鼓舞、坐歌堂等,充分展示了民间文化艺术,促进了民族民间艺术的继承和创新,推动了民族文化旅游产业的发展。2009年"五一"期间,民族地区旅游出现"井喷"行情,连南、连山、乳源共接待游客68222人次,综合旅游收入1996.41万元,同比增长46.58%和49.44%。而国庆、中秋双节期间,民族地区迎来旅游新高峰,3个自治县共接待游客超过15万人次,综合旅游收入约5456万元,与"五一"期间相比分别增长120%和173%。

民族文化遗产保护成效为民族文化产业发展增添光环。2006年,瑶族"拜盘王"和"耍歌堂"成功申报为国家级非物质文化遗产,尔后连南"瑶族长鼓舞"亦被列入国家级非物质文化遗产名录,南岗千年古排被评为中国历史文化名村、广东省省级重点文物保护单位,乳源必背瑶寨被评为"全国民族文化旅游新兴十大品牌"、广东省旅游特色镇和特色村,龙门瑶族"舞火狗"亦被评为省非物质文化遗产。

民族地区积极推进生态资源和文化资源相结合,构筑民族特色旅游业。围绕"绿色产业强县"来调整农业产业结构,不断扩大蚕桑、柠檬、油茶、有机稻等特色农业基地,加快发展观光农业、生态农业和休闲农业,不仅带动群众增产增收,也有效推动了旅游业的发展。同时还出台相关优势政策,鼓励创办文化公司、演艺团体,合力推进民族文化商品化、产业化发展。积极组织对瑶壮族服饰、歌舞、曲乐、语言、工艺、饮食、习俗等民族传统技艺的研发,为民族文化产业发展提供有力保障。

三、文化产业可持续发展的思考

文化事业与文化产业是我国文化经济发展中两个既互相交叉浸透又相互独立的不同形态。其运作方式具有明显的区别:公益性文化事业由政府主导,要求不断增加投入,满足社会公共需要,保障人民群众的文化权益;而经营性文化产业由市场主导,吸引社会资本投入,面向市场需求,调节文化与市场互动因素与频率,从而创造经济效益,促进民族事业发展。公益性文化事业为文产业提供良好的社会发展基础，经营性文化产业为促进公共文化事业的发展提供重要的经济支持，二者相互依存相互促进，共同构成文化经济发展的前进动力。① 因此要推动民族地区文化事业的大繁荣和大发展，必须充分认识和正确处理文化意识形态属性和产业属性的关系，努力实现社会效益与经济效益统一的社会意义。

现代社会是一个以物的大量消费为特征的消费市场，为人们提供了多样化的选择，民族传统文化及工艺产品进入市场是必然的趋势。消费行为不仅仅是一个购买的行为，更是一种文化行为。文化产品表达着人们生活中的常态，传递着人们对生活的理解，其真正重要的不在于产品本身，而在于形式下蕴含的文化内涵。民族传统文化及工艺产品作为具有文化"差异性"的产品势必会赢得消费者的青睐。这些蕴含着民族特有的精神价值、思维方式、审美与想象，体现其整个民族的生命力和创造力的工艺品，是瑶族人们智慧的结晶、文化的瑰宝。

保护性地开发瑶族文化产品，是保持民族文化的传承，满足精神需要的途径，是联结少数民族同胞们情感、增进民族团结的文化基础，有利于文化多元的发展与文化空间的扩大，实现文化资源的巨大的经济价值。从另一个角度看，也是传承工艺技术的需要和措施。

2009年7月，国务院发表了《关于进一步繁荣发展少数民族文化事业的若干意见》（2009年7月5日国发〔2009〕29号，简称《意见》），《意见》强调要"坚持面向现代化、面向世界、面向未来，把握规律性，保持民族性，体现时代性，推动少数民族文化的改革创新，不断解放和发展少数民族文化生产力。坚持贴近实际、贴近生活、贴近群众，生产更多各族群众喜闻乐见的优秀精神文化产品。坚持社会效益和经济效益相统一，把社会效益放在首位，充分发挥政府和市场的作用，促进少数民族文化事业和文化产业协调发展。坚持基本公共服务均等化，优先发展少数民族和民族地区文化事业，保障少数民族和民族地区各族群众的基本权益。坚持因地制宜、分类指导，不断完美扶持少数民族文化事业发展的政策措施"。根据《意见》精神，同时围绕《广东省建设文化强省规划纲要（2011—2020年）》要求，结合广东民族文化产业的现状，鉴于民族地区的文化产业主要集中在县城和中心城镇，文化产业主要体现在电视电

---

① 杨源：《民族服饰与文化遗产研究》，法国艺术与设计出版社，2009年，211页。

影服务、文艺表演服务和文化市场等方面，其他领域的文化产业正在开拓，尚未见大成效，拓开文化产业可持续发展，需加强以下几点措施。

1. 有效保护民族文化产业资源

根据《广东省实施〈中华人民共和国民族区域自治法〉办法》第二十四条"省、市人民政府及其有关部门应当帮助民族自治地方发展文化事业，培养少数民族文艺人才，加强文化设施和公共文化服务建设，培育和发展民族文化产业，丰富人民群众的文化生活。省、市人民政府及其有关部门应当安排专项资金，用于保护少数民族非物质文化遗产和民族民间文化艺术"的规定，政府需要提高财政性建设资金用于少数民族文化事业的比例，增加和落实有关优惠政策，鼓励企业投资少数民族自治地区重大文化建设项目，重点保护民族传统文化和文化产业资源。

2. 高效打造民族文化品牌

文化产业要赢得市场，必须打造具有强大竞争力的文化品牌。必须制定相应的扶持政策，鼓励各类商家在保护的发展原则下，弘扬并挖掘开发利用民族优秀传统文化，打造民族特色文化品牌，高效发挥品牌的经济竞争力和文化感召力，扩大民族文化的影响力，提升文化软实力。打造"印象瑶山""风采连山"等大型民族歌舞节目，发展民族服饰、民族工艺品、民族美食、医药保健产品等为主的旅游文化产品，借乘设立少数民族科学发展实验区东风，结合民族文化风情旅游，把粤北民族地区3个民族自治县和相邻连州瑶安、三水、阳山称架3个民族乡的旅游资源整合起来，形成"连阳民族风情旅游线"，"观山景、购特产、赏风情"相结合，达到留住客源、广开财源的目的。

3. 夯实产业发展基础

加大对民族地区文化基础设施建设的扶持力度，为少数民族传统文化的发展创造良好条件。用较短的时间，从根本上改变民族地区的文化馆、图书馆、电影院、民族歌舞团和乡镇文化站、村文化室等公共文化设施；各级政府必须对少数民族自治县文化体育公共硬件设施，如县级"文、图、博"三馆的建设；对体育馆和文化共享工程的县、镇、村文化体系，及实现"村村通"工程给予大力扶持，完善民族地区的文化设施。对具有民族特色、展示民族地区形象的

标志性文化设施加大扶持力度，设立省民族文化发展专项资金，帮助民族地区改善文化基础建设和扶持新兴民族文化产业。①

4. 加快文化产业人才培养

加强少数民族文化产业人才的培养引进工作，为加快发展少数民族文化产业发展提供有力保障。通过制定统一的民族文化事业发展的总体规划，采取特殊的政策措施和特殊的机制体制，改善少数民族自治地区文化人才的工作和生活条件。建立相应的考核、激励机制，在人员编制、工作经费、人才配备、项目申请等方面给予特殊照顾。充分利用外力资源，利用与大学、科研部门合作和建设教学科研基地的契机，进一步加强民族传统文化人才（包括民族工艺技术文化传承人）及民族工艺技术开发人才、文化产业管理人才的培训和引进工作。加快研究制定有利于民族地区留住人才、吸引人才、用好人才的政策措施，创造有利于稳住人才的软、硬件环境。鼓励民族民间艺人自带艺徒、培养技艺接班人，以满足日益发展的民族文化产业和文化旅游业的需要。

5. 扶持特色民族医药研发

整合相关科研资源，为民族地区的文化资源科学开发打好基础。通过与各中医药大学和科研部门合作，加大对民族医药的科研、开发，推动民族医药知识的普及和医药人才培养力度。加快民族医药产业化步伐，筛选医药处方，利用农村产业结构调整和中央"三农"政策，开发种植中草药，建立瑶药示范种植区和生产基地。加强民族医药临床经验的推广运用，在中医院内设立瑶医学、瑶药科（室），着力开发民族医药特色产品，做到环境、药品、服务技术项目具有浓郁的民族文化和民族医药特色。通过招商引资，引进中草药深加工企业，推动"公司+基地+农户"的中药材发展模式，广集医药临床经验丰富的人才，做到人尽其才，药尽其用，推动民族医药向前发展。

6. 力促文化产业优质发展

民族地区最具竞争力的资源就是民族文化资源，但民族地区由于对民族文

---

① 李筱文：《团结创新发展——改革开放30年广东民族工作回顾》，《广东技术师范学院学报》（社会科学），2009第1期。

化没有很好地挖掘、包装和展示，造成文化旅游资源的浪费。建议成立专门的研发机构，对瑶族文化资源进行全面的调查、挖掘和整理，研究展示的形式和方法。协助民族地区发展文化产业项目，如打造民族饮食文化和酒文化品牌，把一些少数民族体育项目融合到旅游、休闲娱乐项目中，研制和开发精美的绿色食品和文化工艺品，将旅游、饮食、建筑、服饰等赋予民族文化特色。应充分发挥民间民族艺术的积极作用，创作更多的民族表演节目和艺术精品，并将它们推向社会舞台，真正把民族文化资源优势转变为产业发展优势，促进民族文化产业优质发展。

同时制定扶持民族文化产业发展的政策措施，从税收、银行信贷方面给予优惠措施；建立产业发展基金，完善产业发展社会保障体系；结合招商引资工作；引进民间资本投资建设民族文化馆、博物馆；发动社会各方力量对民族服饰产业、民族工艺品、民族演出市场等项目进行开发；设置民族中草药产业发展机制，做大做强民族中草药产业，发展以民族医药为依托的民族保健产业链。以民族文化资源为依托，发展影视、广告等创意文化产业，以及发展融入民族传统文化的建筑设计等新型文化产业；发展以旅游文化为导向的饮食产业、休闲产业；重视处理资源保护与开发利用的关系，并做好少数民族传统文化的挖掘、整理与保护、开发工作，促进少数民族文化的发展繁荣。在现代市场的背景下，只有遵从市场经济发展的原则，发挥文化资源的市场效应，促进民族文化的产业化生产、商品化销售和企业化经营，才能更好地开发、保护和传承文化资源，实现文化资源的文化价值、经济价值和社会价值。

开发瑶绣创意文化,实现社会价值与市场价值①

2011年10月23号,我们在连南召开了"广东省首届瑶绣粤绣与非物质文化遗产保护"学术研讨会,专门讨论如何保护与开发瑶族刺绣,会上大家对瑶绣粤绣的保护与开发已达成共识,即认为瑶绣有社会价值、艺术价值和经济价值,值得开发,有必要开发。为此连南县委县政府大力支持瑶绣开发利用,提出"政产学研"一体化模式,积极推广开发瑶绣产业,并发动社会各方力量对民族服饰产业、民族工艺品、民族演出市场等项目进行开发。

政府已为发挥瑶族刺绣作用搭建了很好的平台,我们应该充分利用这样的大好时机,发挥各自的专长,积极参与民族文化的继承保护与开发利用,为弘扬民族文化,保护民族文化遗产做贡献。通过开发瑶绣创意文化,促进瑶绣产品市场化,实现市场价值最大化,这不仅带动瑶族农村创造经济收入,走上脱贫致富道路,还让世人欣赏到瑶族精湛绝伦的刺绣技艺。

2009年7月,国务院发表了《关于进一步繁荣发展少数民族文化事业的若干意见》(国发〔2009〕29号,简称《意见》),《意见》强调要"坚持面向现代化、面向世界、面向未来,把握规律性,保持民族性,体现时代性,推动少数民族文化的改革创新,不断解放和发展少数民族文化生产力。坚持贴近实际、贴近生活、贴近群众,生产更多各族群众喜闻乐见的优秀精神文化产品。坚持社会效益和经济效益相统一,把社会效益放在首位,充分发挥政府和市场的作用,促进少数民族文化事业和文化产业协调发展。坚持基本公共服务均等化,优先发展少数民族和民族地区文化事业,保障少数民族和民族地区各族群众的基本文化权益。坚持因地制宜、分类指导,不断完善扶持少数民族文化事业发展的政策措施"。根据《意见》精神,同时围绕《广东省建设文化强省规划纲要(2011—2020年)》要求,结合我省民族文化产业的现状,鉴于民族地区的

---

① 原载《清远职业技术学院学报》,2012年第2期。

文化产业主要集中在县城和中心城镇，文化产业主要体现在电视电影服务、文艺表演服务和文化市场等方面，其他领域的文化产业正在开拓，尚未见大成效。在此就瑶绣粤绣的保护与研发提出以下思考。

一、去粗取精，吸收精华

在中国，瑶族是中国南方古老的民族之一。人口数居我国55个少数民族中第13位，据2000年第5次人口普查数据，全国瑶族人口共有263.74万人，2008年，中国瑶族人口大约在280万左右。主要分布在广西、湖南、云南、广东、贵州等省（自治区）的山岳地带，瑶族居住的地区重峦叠嶂，地形复杂，既有高山、谷地，也有盆地、河谷和平原，山地面积占总面积的90%以上。从东经100°30′的云南景谷县到110°20′的广东始兴县；从北纬21°37′的广西防城县到28°的湖南武陵山区，分布地域十分广阔。

瑶族不仅是一个跨国民族，而且是一个国际性的民族。瑶族人口主要分布在中国、越南、老挝、泰国、缅甸、美国、法国、加拿大。隋唐时期，瑶族就生息繁衍在湘、粤、桂三省交界区，广东粤北是瑶族较早的聚居地；明中叶以后，南方瑶族跨越广西、云南边境，不断向东南亚移动，走向越南、泰国、老挝等国的山地。1975年印支战争以后，美国、法国、加拿大等国大量吸收印支战争难民，不少瑶族人就此机会移居到了欧、美、加等国。据有关资料反映，瑶族是个跨国境民族，目前世界瑶族人口已超过350万人。其中中国近280万，约占世界瑶族人口的80%；国外瑶族人口主要分布在越南（70万）、老挝（2.5万）、泰国（4万余）、缅甸（千余）、美国（4万余）、法国（千余）、加拿大（百余）。

瑶族历史悠久，文化内涵丰富。由于长期频繁迁徙，大分散、小聚居，与其他民族交往甚多，由此导致民族内部出现一些文化差异。瑶族原来的支系很多，按他称就有30多种，有因崇信盘王（即盘瓠）则被称为"盘瑶"或"盘古瑶"；有因种蓝靛染蓝靛布而被称为"蓝靛瑶"；有因服装特点而被称为"红瑶""花蓝瑶""白裤瑶""顶板瑶"等；有因居住有特色而被称为"东山瑶""坳瑶""八排瑶""平地瑶"等，中华人民共和国成立后统一称为"瑶"。[1]

---

[1] 刘涛、李筱文：《曾经沧海——美国瑶族的"盘王节"情结》，《瑶族"盘王节"文化研究》，广东人民出版社，2010年。

瑶族的地域性和支系多造就了其文化的多样性，瑶族民间文化丰富多彩，现存民间传统工艺品种繁多，主要有刺绣挑花、扎染、雕刻、长鼓和花鼓制作、银饰制作、竹编、线织、纸塑醒狮、棕编等。近年来，我省少数民族地区加强了对民族民间工艺技术的挖掘、保护，使这些工艺得到永久的记载和更好的传承。如连南先后投入50万元在全县7个镇11个行政村、8所中小学举办传统文化学习培训班，主要传授瑶歌、长鼓舞和刺绣等传统技艺。20世纪90年代以来，乳源县在民族实践学校设立了瑶族刺绣课程，从瑶族小学生抓起。通过政府引导，在举办各种民间民俗文化活动时，例如春节、元宵、拜盘王等；发动群众积极生产、制作传统民间手工艺品，如香包、挎包、刺绣衣裙等，同时积极挖掘和培养民族工艺方面的传统优秀人才和工匠。①

排瑶文化，在世界上是独一无二的瑶族支系文化。广东三个民族自治县，都具有自己独特的文化。在乳源，主要开发过山瑶文化；在连山，主要展示壮族文化，所以我们连南要充分发挥自己的优势，立足开发排瑶文化，打造排瑶刺绣艺术品牌，在吸取瑶族其他支系的刺绣特色文化精华的基础上，创出自己的刺绣品牌。

二、保持特色，重在创意

创意是什么？有学者说，创意是一种有迹可循的心灵过程。解放创意的第一步，是解放内心，来一场自我觉醒。从现实的梦境里苏醒，世界会多出许多可能性。创意是一场发现之旅，创意是混搭与重组，是最直接打破旧有生活框架的办法。原本熟悉的一切在神工妙笔之下变得面目全非，所制造的陌生感与新奇感，正是创意化传统为神奇的妙笔。而技术专家预测，未来能改变大家生活的创新则是集合智能（Collective Intelligence），这不仅意味着传统意义上的分工与合作，更意味着混搭、重组与碰撞。因此，我们新瑶绣的核心要求就在于创意。创意的本质在于寻求特色和差异，与原创刺绣的本质一致。

瑶族的传统刺绣主要是从大山资源的角度出发，寻找差异和特色，不管其挖掘过程是否考虑了市场需求和竞争关系，着眼点仍不能脱离原生态资源。而

---

① 陈世莉、李筱文：《走进市场流通圈——瑶族服饰工艺品开发研究》，《广东技术师范学院学报》，2011年第3期。

我们对新瑶绣的要求则在一定程度上摆脱了资源的束缚，它能够综合各种因素，包括资源、环境、市场、社会背景等诸多方面进行创造，即创意。离开了创意，新瑶绣亦将会失去生命力。

实际上，随着社会的发展，创意产业在世界各地已经兴起。其中英国、美国、日本、韩国等国家较为典型，由政府亲自出面来推动创意产业。创意产业涉及的领域十分广泛，包括广播、影视、文学艺术、新闻出版、印刷、建筑设计和工艺设计等众多方面。

他山之石可以攻玉，在刺绣方面的创意，已有榜样创出先例。如乳源瑶族自治县的瑶族百米刺绣长卷"瑶岭长歌"就是利用传统的刺绣工艺加上创意而创造出来的刺绣品牌（当时我参加了创意设计的研讨）。百米长绣根据瑶族"盘瓠创世"古老的传说而绣，所代表的刺绣针法是"过山瑶反面刺绣"，所用的绣布代表十二姓瑶人的头巾长度。这幅百米刺绣长卷"瑶岭长歌"是一件成功的创意作品。它已被列为省级非物质文化遗产和国家非物质文化遗产项目。同时被广东省文化厅列入参加上海世博会"广东周"文艺展演项目，于2010年7月28号至8月1号在上海世博会展出，并申报批准为上海吉尼斯大全品牌，列入"世界之最"行列，为"世界最长瑶族刺绣"。

创意文化是具有时代气息的文化，是不断创造生命力的文化。在开发新瑶绣市场经济价值的同时，创意很值得我们探讨和利用。

三、组织绣娘，建立网络

瑶族刺绣已在民间根深蒂固，百里瑶山，家家有绣娘，户户有绣品。开发瑶绣产品市场不缺人才，重要的是如何把绣娘组织起来，实行瑶绣技术的最大利用。在网上有一则消息，说2010年春，在云南麻江县河坝村白兴大寨，瑶家妇女努力恢复瑶族传统的刺绣工艺，并通过商业行为使之发扬光大。2009年夏，白兴收到来自北京的第一份刺绣订单。采购方是一家"社会企业"，希望通过商业开发帮助妇女逐渐提升，利用市场途径获得能力发展。此前，这家企业的负责人和设计师曾到白兴实地考察，对瑶家女人们那些充满灵气和想象力的图案与精湛手工赞叹不已。

云南瑶家女龙四妹抱着利用闲余时间给家里找点零花钱的想法，最早一批加入企业订单生产。尽管采购方除了规定形状和尺寸，想绣什么，怎么绣，图案配色都完全由女人们自己做主。但龙四妹和其他女人一样，在第一次交货时都有些惴惴不安，担心自己的手艺达不到要求。采购方的反馈来了："很美很用心，让人感动。"接踵而来的是第二批、第三批持续不断的订单。到了秋天，龙四妹和白兴的女人们再次得到信息，经北京企业合作设计师的精心加工，由她们的绣片制作成的瑶绣徽章，在新浪举办的义卖会上受到追捧，被消费者一抢而空。但为白兴引来北京订单的乡土文化社也认为，文化传承不能单纯依靠商品化的经济刺激，对民族文化的自觉和认同才是更为持久的内在动力。因此，文化社以订单为契机，在白兴举办一系列活动，发动村民自己挖掘手工艺的文化内涵。

2009年8月，在乡村文化社的支持操办下，白兴大寨的村民把传统节日"吃新节"办成别具一格的"文化周"。唱"瑶家歌"、画"瑶家花"、赛"瑶家绣"、开"瑶家故事会"和放露天电影、拔河比赛等丰富多彩的活动，让白兴大寨整整欢腾热闹了一个星期，就连周边村寨的人们都闻讯前来参加。"文化周"的成功举办，让村民对传统文化的兴趣如幼芽破土。"虽然文化自觉和认同将是一个漫长的过程，但有兴趣就有希望。"因为每一个村民都是自己文化的专家，并且为自己的文化自豪。文化活在村寨的生活中，活在每个人的心里。

这是瑶族刺绣工艺给瑶族人民带来物质和精神享受的实例。云南瑶族绣娘的成功之处，在于绣娘本身的积极努力，和对市场信息的跟踪反馈。加上村社组织的发动和企业的订货需求，促成了瑶绣产业在农村的兴起和发展。鉴于云南的经验，我们对绣娘的组织，不能只限于政府层面的组织，要发动乡镇以及村委会出面组织，发动绣娘积极参与瑶绣产业的开发，形成绣娘联系网络，形成集体生产规模，结合商家要求和市场所需，培训相应的刺绣技术，学习新瑶绣产品技术知识，生产满足市场需求的高水平、受欢迎的刺绣产品。

排瑶刺绣是当地最大的经济优势之一。随着人们生活水平的不断提高，旅游渐渐成为了人们的消费热点，人们新的旅游兴趣将逐渐向有山有水的避暑避寒胜地转移，观山景、采民风、吃山珍、购特产是人们新的旅游趋势。开发瑶族刺绣并赋予瑶绣新的内涵将是支持民族文化旅游业持续发展的新亮点，所以组织绣娘建立手工作坊和工作室，开展创意刺绣学习，形成市场流通网络，对刺绣产品批量生产尤为重要。

四、迎合市场，创造效益

随着改革开放的不断深入，全社会的经济发展也进入了一个经济结构调整和经济增长方式转变同时并进的重要时期，特别是起步较晚的民族地区，面临着市场经济体制的变革和挑战，经济发展将会遇到更多的困难。如何顺应市场经济发展的需要，广开渠道，走出一条自我发展的道路。这就必须掌握市场经济发展规律，充分开发和利用现有资源，把握机会，开拓创新，增加收入，努力提高人民的生产生活水平。在市场经济条件下，人们要树立社会主义市场经济发展观念，提高竞争意识和风险意识，积极探索市场开发的路子，做好市场需求调查和预测，民族地区要走进市场经济，必须具备一定的竞争能力和风险意识，对商品市场做好信息透析，掌握市场供求现状和变化趋势，及时调整产业结构和生产布局，避免不必要的损失。① 目前，广清高速公路的贯通，为连南的旅游业带来了商机，也为瑶族刺绣成为旅游工艺产品创造了机会。

据有关资料反映，三个自治县独特的民族风情吸引了众多游客，2010年连南、连山两个自治县共接待游客约66.8万人次，旅游综合收入1.76亿元。旅游事业给民族地区带来了极大的经济效益。民族地区发展旅游事业获得了较好的成功经验。但目前取得较大经济效益的旅游项目是自然景观和民族风情，而民族地区的服装首饰、蜡染刺绣等工艺品的批量生产制作和走向市场，至今依然处在探索阶段，还没有看到实际的经济效果。其实，少数民族的服饰、首饰、挂袋等小型手工艺品，更是人们关注的旅游礼品，小巧玲珑，手工精巧，轻便易带，更受旅游者的欢迎，比之其他土特产，不仅具有艺术价值、欣赏价值，还有一定的文化传承和纪念意义，同时也有一定的市场需求量。民族旅游业也不可缺少民族工艺产品的润色，大力开发这一类产品，可使民族地区受益匪浅。我省现有少数民族人口210万，其中世居的少数民族人口60万。按理论数推算，世居的民族每一个人平均消费一套民族服装服饰，以每一套60～100元计算，60万人的销售总额可达3600万～6000万元。生产以反映少数民族服装服饰文化内容的旅游纪念品、装饰品、工艺品，按每年到民族地区旅游的80万

---

① 广东民族宗教网"文化风情"。

人，每人平均消费 50 元计算，一年可为民族地区创收 4000 万元。仅这些服饰刺绣产业的收入，就可达 1 个亿。如此算来，服饰刺绣工艺的开发可是民族地区的一大支柱产业。民族地区应该抓住这一机遇，依托民族旅游业的兴起，大力开发民族民间服饰工艺，以满足日益扩大的旅游商品市场的需求。变资源优势为经济优势，不仅可以解决民族地区一部分劳动力的就业问题，还可为少数民族增加经济收入。①

调查广东省三个民族自治县，都没有发现较大的民族工艺制作工厂和专卖民族工艺品的大商场，只是在县城部分商店或民族村寨旁，有小摊贩摆卖民族工艺品，且大都手工制作粗糙，纪念价值和经济价值不大，民族服饰工艺的市场价值并没有被挖掘出来。而在别的省，如有 21 个少数民族的云南省，民族服饰文化得到充分的开发和张扬。云南省旅游部门充分利用自己的资源优势，大力开发民族蜡染、刺绣、雕刻等工艺技术，大批量生产和销售民族工艺品，并与民族风情旅游相互整合，形成民族风情旅游不可缺少的产品——旅游购物。民族服饰工艺的市场价值得到了充分发挥。如云南省石林彝族自治县旅游局，主要开发民族服装服饰工艺；石林县阿诗玛绣品厂主要开发彝族的服饰绣品和挂包；大理县的秀泽工艺服装厂，主要开发民族工艺服装；楚雄市的民族服装厂主要开发民族服饰、挂包、壁挂艺术画。民族服饰工艺形成了产、供、销市场，有些产品还远销欧美各国，给民族地区带来了极大的经济效益。

开发瑶族刺绣的目的，是让老百姓得到经济实惠。当地民族群众可利用旅游开发的机会，从事家庭旅馆、米酒作坊、豆腐作坊、服饰刺绣工艺作坊等土特产及旅游产品的加工销售，以此不断增加家庭收入，走上致富道路。为此，对瑶族地区的刺绣旅游产品的开发，必须树立科学发展理念，以可持续发展的理论指导开发，保障人民大众共同享受旅游资源的公平。同时在开发中统一经济效益、生态效益和社会效益三者的关系，不能单纯追求经济效益，要切实保证民族地区景观环境资源和文化的完整性，实现代际间的利益共享和公平性，解决本代人之间横向公平、纵向公平和公平分配有限资源，切实保障旅游活动与生态环境的和谐，实现旅游资源的有序开发，这样发展才能继续下去，才会保证拥有更大的发展机遇和空间。

---

① 李筱文：《民族文化遗产与文化产业开发的思考》，《广东民族研究论丛》第 14 辑，民族出版社，2010 年，第 487~500 页。

广东省是经济大省，可以在财力物力上对民族地区实行倾斜，使之更有条件开发利用这些资源。广东毗邻港澳台，海外市场前景美好。而广东珠江三角洲地区的人们生活水平比较高，出门旅游的机会比较多，民族地区山清水秀、奇风异俗，对游客有很大的吸引力，也为民族服饰工艺走向市场创造了有利条件。民族服饰工艺的商品经济价值日益凸显，很有发展潜力。

民族服饰刺绣工艺的开发，与民族旅游业的发展息息相关，应把民族服饰刺绣工艺的开发纳入旅游业的发展规划，作为旅游商品开发的重要项目之一，加大科技和资金的投入，重点扶持民营企业和手工作坊，根据市场需要，大力开发和研制符合大众口味的工艺产品。

广开渠道，引进资金，创办一定规模的制作工厂或家庭手工作坊，发动绣娘积极加入开发行列，使产品形成批量生产。不仅可帮助贫困家庭脱贫致富，还可增加当地财政收入。

与旅游业相辅相成，刺绣工艺产品有一定的消费市场，形成民族风情旅游观、购、玩一条龙服务的项目。不仅弘扬了民族文化，还促进民族旅游业的可持续发展，带动民族地区第三产业的起飞。

挖掘潜力，增加品种和品味，提高产品的科技含量和经济价值。形成有规模、上档次、适合各种不同人群需求的品牌产品，使之在市场的竞争中保持价格和价值的稳定。

吸取其他民族地区的优良品种和经验，开拓思路，创新品牌，使民族服饰刺绣工艺产品走出大山，走进百姓生活，走向世界各地，创造更大的物质财富。

手工作坊要保持生产环境清洁干净，刺绣产品要重视创新和包装，手工工艺技术要保证精秀良美。

政府协助搭建产学研开发体系的平台，帮助企业完善产供销一条龙生产链，保证经济效益落实到每个绣娘身上。

文化的厚重传统不能丢失在我们这一代人身上，我们瑶族人有责任保护自己民族的文化，留住一个有历史、有文化、有血脉、有根基的民族的灵魂，让子孙后代都能守望到瑶族"心灵的家园"。不断地创新，不断地开发，才会赋予传统瑶绣强大的生命力，才会使每个绣娘走向小康富裕的道路。

瑶族地区文化旅游与博物馆建设[①]
——以广东瑶族博物馆为例

瑶族是我国南方古老的民族之一,历史悠久,文化内涵丰富。瑶族人口主要分布在中国、越南、老挝、泰国、缅甸、美国、法国、加拿大等国家。隋唐时期,瑶族就生息繁衍在湘、粤、桂三省交界区,广东粤北是瑶族较早的聚居地;明中叶以后,南方瑶族跨越广西、云南边境,不断向东南亚移动,走向越南、泰国、老挝等国家的山地。1975年印支战争以后,美国、法国、加拿大等国大量吸收印支战争难民,不少瑶族人就此机会移居到了法、美、加等国。据有关资料反映,全世界瑶族人口达378.09万人,其中越南80万人、老挝2.5万人、泰国5万人、缅甸1000余人、美国5万人、法国1500余人、加拿大250余人。中国国内的瑶族分布地域辽阔,集中聚居在我国南方的广西、湖南、广东、云南、贵州、江西6个省(自治区)的134个县市内,人口已达285.3万。按照全国第六次人口普查数据,中国瑶族人口主要居住在广西171万人、湖南70.5万人、广东20.3万人、云南19万人、贵州4.4万人、江西1198人。

瑶族有众多支系,以语言为代表,主要分为瑶语支(以勉语为代表)、苗语支(以布努语为代表)、侗水语支(以拉珈语为代表)和汉语支四大支系。瑶族的地域性和支系多造就了其文化的多样性,其文化包括各种类型的民族传统和民间知识,各种方言、口头文学、风俗习惯和民族民间的音乐、舞蹈、礼仪、节日、手工艺、游戏、建筑艺术及其他艺术,这些民族民间文化艺术组成了瑶族社会各层次文化,并成为瑶族主体文化的基础,更是文化旅游的资源。

---

① 原载《清远职业技术学院学报》。

一、瑶族文化的内涵

我国有"10+2"个瑶族县,其中10个为单一瑶族自治县,即广西金秀瑶族自治县、广西都安瑶族自治县、广西巴马瑶族自治县、广西富川瑶族自治县、广西大化瑶族自治县、广西恭城瑶族自治县、广东连南瑶族自治县、广东乳源瑶族自治县、湖南江华瑶族自治县、云南河口瑶族自治县。还有两个与其他民族共同自治的民族自治县,即广东连山壮族瑶族自治县、云南金平苗族瑶族傣族自治县。瑶族文化主要体现在这些自治县瑶族聚居的地区。

瑶族文化主要是指瑶族在其历史发展过程中创造和发展起来的具有本民族特点的,包括知识、信仰、艺术、道德、法律、习俗、节日以及作为一个社会的成员所习得的其他一切能力和习惯,在一定条件下能够产生经济价值的提高人类当前和未来福利的民族文化的复合整体。

瑶族的文化内涵丰富,自申遗活动开展以来,一个个魅力独具的传统文化先后被列入县级、省(自治区)级甚至国家级非物质文化遗产保护名录,传承千年的神奇的传统文化得以保护和传承。在广西都安瑶族自治县,《瑶族分架》《瑶族密洛陀古歌》等项目获准列入自治区级第二批非物质文化遗产名录。

2006年,广东三个自治县一批民族民间非物质文化遗产被列入国家、省、市非物质文化遗产名录,其中瑶族"拜盘王"、瑶族"耍歌堂"、瑶族"长鼓舞"已成功申报为国家级非物质文化遗产。乳源瑶族自治县建立了"过山瑶民俗文化陈列馆",编印了瑶语教材,出版了《瑶绣》《过山瑶文化研究》等书籍,瑶族百米刺绣长卷"瑶岭长歌"所代表的"过山瑶反面刺绣"被列为省级非物质文化遗产,正在申报国家非物质文化遗产。其省级非物质文化遗产"乳源瑶绣"曾被广东省文化厅列入参加上海世博会"广东周"文艺展演项目,并于2010年7月28日至8月1日在上海世博会展出。该县原创的《盘王歌》入围全国第十五届"群星奖"决赛。近年来,连山积极创建"艺术之乡"工作,2008年先后被国家文化部命名为"中国民间文化艺术花炮之乡"称号,被省定为"广东省少数民族传统体育项目花炮训练基地"。连南瑶族自治县南岗千年瑶寨是广东省第一批(全省五个)历史文化名村之一,并经省推荐申报确定为国家级历史文化名村。2009年5月,贺州的瑶族蝴蝶歌也被列为国家级非物质文

化遗产。

瑶族民间服饰工艺历史闻名,刺绣工艺精湛。瑶族支系繁多,服装头饰不尽一致,居住不同地区的同一支系服饰也不尽相同。"蓝靛瑶"因种蓝靛、染蓝靛布而得名;"红瑶""花蓝瑶""白裤瑶""顶板瑶"等皆因服装特点而著称,可谓"十里不同天,一山不同服"。在广西,瑶族支系服饰五彩缤纷,金秀瑶族就有五个支系的服装头饰。在广东瑶族有"过山瑶"与"排瑶"之分,而同为过山瑶支系的服饰因所居地域不同而出现差异,如连南过山瑶与乳源过山瑶的服饰区别就很大;即使同一支系同一地域居住的排瑶,其服饰也有区别。这些服饰工艺的特性最能体现瑶族文化的多样性。

2010年,云南河口瑶族自治县瑶山乡政府举办了首届"鑫绣指"刺绣大赛,有女式长衣、男式外挂、腰带、肩花四个参赛项目。刺绣比赛充分体现了瑶族妇女刺绣的精湛工艺和丰富资源,并极具市场竞争力。如今,在江华、连南、乳源等瑶族自治县,瑶族服饰文化走进旅游市场,瑶族服饰刺绣工艺深得游人喜爱。连南举办了新瑶绣设计大赛和两次瑶绣文化研讨会,大力培训瑶族绣娘,弘扬瑶族刺绣文化,还分别被评为广东瑶绣之乡和中国瑶族刺绣艺术之乡。

瑶族地区的经济发展,主要靠挖掘自身的自然资源、文化资源和旅游资源,根据市场需求,做好发展规划。当前瑶族地区经济优势之一就是发展民族文化旅游事业。随着人们生活水平的不断提高,旅游渐渐成为了人们的消费热点,旅游兴趣向有山有水的避暑避寒胜地转移,观山景、采民风、吃山珍、购特产。瑶族地区的文化旅游资源,开始为瑶族人民带来物质和精神收益。文化旅游也将是民族旅游业持续发展的亮点。

二、建设瑶族博物馆的意义

博物馆是从事文化遗产的收藏、保管、宣传、展示、研究以及教育的永久性机构。公共博物馆的出现至今不到三百年的时间。一般认为,一个国家和地区的博物馆发展水平是衡量这个国家和地区经济发达程度、社会文明化程度和城市化水平的重要标志和重要窗口之一。

一座博物馆就是一部物化的发展史,人们通过文物和展品,与历史和自然对话，穿过时空的阻隔，俯瞰历史的风雨。对于主要展品为历史文物的博物馆来说，其主要的陈列展览，既是源远流长的地方历史的反映，又是中华民族团结统一历史的再现，体现着民族精神，展现着民族文化。①

根据国家文物局的相关统计，截至2007年，全国共有各类博物馆（含纪念馆、名人故居，不含动物园、植物园以及自然保护区等国外统计为博物馆的机构）2300家，其中文物系统所属博物馆有1500家。目前，民族地区共有博物馆400家，占全国博物馆总数的17.4%。也就是说，与少数民族地区的总人口数、民族地区国土面积等相对应来看，博物馆的数量仍然较少。而且从博物馆的具体内涵、博物馆规模、藏品数量以及标志馆的分布等情况看，民族地区的博物馆事业还处于起步阶段（民族地区的不同区域之间，其发展水平也呈现出较大的差距）。②

据国家民委信息中心介绍，我国的民族博物馆主要分有省、地市、县级民族博物馆，基本由政府负责建立和管理运营，按照行政级别，博物馆被划分为以下几个层次：

（1）省级（自治区）博物馆，有5座：内蒙古自治区博物馆、西藏博物馆、新疆维吾尔自治区博物馆、广西壮族自治区博物馆、宁夏回族自治区博物馆。

（2）省级民族博物馆，有6座：内蒙古民族博物馆、广西民族博物馆、黑龙江省民族博物馆、海南省民族博物馆、云南省民族博物馆、贵州民族文化宫博物馆。

（3）民族自治州博物馆（包括自治区内的地市博物馆），初步统计共有16个自治州博物馆（不包含已经统计在自治区之内的数据）：青海省海南藏族自治州民族博物馆（1986年）、青海省黄南藏族自治州民族博物馆（1995年）、青海省海北藏族自治州民族博物馆（1999年）、四川省凉山彝族自治州博物馆（1978年）、四川省凉山彝族奴隶社会博物馆（1985年）、云南省楚雄彝族自治州博物馆（1995年）、云南省红河哈尼族彝族自治州博物馆（2005年）、云南省大理白族自治州博物馆（1986年）、云南省迪庆藏族自治州博物馆（1997年）、云南省文山壮族苗族自治州博物馆（1988年为展览馆，1990年改为博物馆）、

---

① 郭晓瑛：《论博物馆在城市旅游文化建设中的作用——以甘肃省博物馆为例》，《丝绸之路》，2010年第6期。

② 潘守永：《民族地区博物馆事业发展的历史和现状》，国家民委网站，2009-06-02。

贵州省黔南布依族苗族自治州博物馆（1985年）、贵州省黔东南苗族侗族自治州博物馆（1988年）、湖南省湘西土家族苗族自治州民族博物馆（1957年）、湖北省鄂西博物馆（1988年）、吉林省延边博物馆（1973年）、吉林省延边朝鲜族民俗博物馆（1983年）。

（4）民族自治县（旗）博物馆，不含自治区、自治州（盟）已经统计的博物馆，初步统计共有各类博物馆（含文物管理所"一套人马两块牌子"）131座。从目前的藏品数量、展览数量和保护工作的水平等方面看，民族地区的县级博物馆均有待进一步提高。

民族地区的博物馆从管理和所属关系看，主要分为文物/文化系统、民委（族）系统、其他系统等。目前关于博物馆的分类也并不统一，大致有：综合类博物馆（涵盖自然和社会历史两个部分）、自然科技类博物馆（如科技博物馆）、社会历史类博物馆（一般的省级、市级博物馆）、民族艺术类（艺术博物馆）、专题类博物馆（如军事博物馆）、故居类博物馆和纪念馆、生态博物馆（含民族文化生态村）等。从民族地区博物馆发展的整体分析，博物馆的数量仍然比较少，博物馆的种类仍然不够丰富，博物馆建筑面积、展厅面积等基础设施设备还比较薄弱，举办的展览仍然较少，不能满足人民日益增长的文化生活的新需要。从博物馆的类型看，目前还比较缺少军事题材类和民族艺术类的博物馆，自然科技类、故居和纪念馆等也只是处于刚刚起步阶段。①

我国民族地区地大物博，民族文化丰富多彩，需要一定数量的博物馆来展陈宣传。现在分布全国各民族自治地方的各类博物馆，不包括建立在民族地区的各类自然保护区、风景名胜区等形态，但包括生态博物馆在内。我国民族地区的博物馆是在"白手起家"的基础上建立起来的。经过中华人民共和国成立以来60多年的发展，目前民族地区博物馆的整体布局趋向合理，种类逐渐丰富和多样，特色浓厚鲜明，博物馆事业的整体水平有了较大的提高，在丰富和完善人民文化生活方面发挥了举足轻重的作用。不少博物馆已经成为当地的重要标志和城市景观，成为民族团结进步和社会和谐的象征。

我国瑶族主要分布在南方五省（区），山连着山，水连着水，风景地域相近。广东粤北地区是湘、桂、粤三省交界地，素有"南岭无山不有瑶"的说法。瑶族是我国历史上迁徙最多的少数民族之一，各地瑶族的迁徙历史一脉相承。

---

① 潘守永：《民族地区博物馆事业发展的历史和现状》，国家民委网站，2009 - 06 - 02。

人口最多的广西瑶族大约是隋唐时开始从湖南和广东迁去。宋代,广东粤北和广西东北部成为瑶族主要分布区之一。元、明时期,瑶族被迫大量南迁,不断进入广西腹地。到明末清初,瑶族又往云南、贵州迁移。瑶族分布情况具有明显的大分散、小集中的特点。尽管如此,瑶族内部的民族认同、文化认同紧紧维系其各支系族人。我们看到,瑶族文化具有以下四大特性:

一是文化的传统性。传统文化是一个民族生存和发展的灵魂,也是一个民族的精神记忆和精神家园,她体现了民族的认同感和归属感,反映了民族的生命力、凝聚力。民族精神是民族文化的集中体现,是民族文化的灵魂,是一个民族赖以生存和发展的重要支柱。弘扬和培育民族精神是民族文化建设的极为重要的任务。在漫长的历史长河中,瑶族人民繁衍生息,以其独特的智慧不断积淀,并创造出亘古不绝、一脉相承的灿烂文化。瑶族文化的传统性体现在其通过传统的祭祖仪式,民间歌舞的传承,凝聚了民族的精神、道德规范、审美趣味、创造才能、思维方式和理想追求。从瑶族的"盘王节""耍歌堂"以及各种祭祀歌舞,都能体现这种传统的民族精神。

二是文化的地域性。在中华民族的发展史上,经过数以千百年计的变迁,无论是哪个民族、哪个民系,都不可能"纯正"地保存本民族、本民系的文化。因为民族、民系之间的隔离是相对的,而人员上的相互交往,文化上的相互借鉴、吸收是绝对的。正因为各个民族民系在相互交往中,各自走了不同的道路,有过不同的取舍,所以才使得中华民族文化具有如此强大的生命力和如此丰富多彩的内容。瑶族文化的地域性,体现在其文化的产生和延伸有着非常明确的地域范围。它只产生于南方粤、湘、桂、云、贵地区,而不产生于其他北方地区。它在粤、湘、桂、云、贵山区生息繁衍,形成了自己独特的不同于其他民族的特质文化,如瑶族的祭祖形式、瑶族的服饰都具有鲜明的地域特点。

三是文化的民族性。文化的民族性或民族性的文化对于本民族来说是基础,是根。因为民族文化是长期历史发展的产物,它深入到本民族一代又一代人的血脉之中,而本民族的许多特征是由民族文化造就的。更为重要的是,民族性是文化的脊梁,是文化的价值所在,是文化能够发挥积极作用的基础和前提。文化创造和艺术创作最基本最重要的性质、特征和规律,都或直接或间接、或彰显或隐蔽地体现在其民族性之中。而瑶族文化最民族的是自己独特的瑶老制、石牌制。有自己的祭祖仪式和风采各异的大小长鼓舞。这样的文化现象,体现的正是民族丰富内涵的特质。对于文化来说,愈是民族的,便愈是世界的。文化是否具有鲜明而浓厚的民族特色是此民族能否树于世界民族之林的决定性因素。

四是文化的多元性，呈现多样特点。在同一个地域内有众多族群共居，必然会产生文化上多元因素交织和共融共生之关系。共融共生关系有两种含义：一种是单方受益的共融共生，一种是相互受益的共融共生。每个民族都会在自己特定的生活环境中滋生自己的文化根系，生长成为具有本民族鲜明特征的文化形态，离开了特定生存的环境，迁徙到另一块生息的土壤，民族的特定文化必须与其他文化交流、吸纳，才会有生命力和影响力，否则便会枯萎、衰退。当瑶族与其他族群相存共处时，则以客人的身份，带着进乡随俗的习惯和适应环境的心态，谦卑主动地吸纳当地族群的文化特征，以此为基础巩固自己的地位和扩大自己的生存环境。当发现所处文化氛围不能满足自己所需时，会不由自主地把自己民族最优秀的文化特质发挥出来，并试探性地渐进地去影响当地文化，由此形成了以本民族文化为主体的，兼容地方客家文化、壮畲文化元素的瑶族文化。这种新民族文化与原生民族文化不同，它既有民族的特色，又有其他族群文化的印痕。

瑶族共有的文化特性，为建设瑶族博物馆打下了良好的基础。而选址连南瑶族自治县建设瑶族博物馆，更是具有一定的优势条件。首先，连南是我国较早成立的瑶族自治县，至今已有60年历程，自治能力日见成熟，在社会转型期，连南的城镇化发展已初显成效。其次，连南是广东民族地区聚居少数民族人口最多、最具民族特色、民族文化氛围最为浓厚的地区。连南排瑶是瑶族整体文化保留较多的支系，文化具有深层次代表性。再次，连南位于广东省境内，在广东经济大省的支持扶持下，在广东省民族宗教事务委员会、广东省民族宗教研究院和广东省博物馆的政策、智力与技术支持下，博物馆建设已经成为现实。今天我们已经看到了广东瑶族博物馆的实体及其恢弘气势。所以，在广东连南建设瑶族博物馆，具有极其重要的历史意义和现实意义，不仅弥补了单一民族文化博物馆的不足，同时加强了民族博物馆的建设素质。

事实上，瑶族的历史文化借助广东瑶族博物馆平台得以记忆、传播和承载，是瑶族人民的福音。广东瑶族博物馆是瑶族文化研究的聚集地，是瑶族同胞团结奋斗的精神家园。它聚集了中国乃至世界瑶族地区的文化事项和历史特征，向世人高度概括地介绍瑶族发展历史和文化。目前，广东瑶族博物馆是以国家三级馆标准打造的文化专业博物馆，它承载着中国瑶族乃至世界瑶族历史、社会、经济、文化信息，是瑶族文化和历史继承及发展的重要容器，是促进连南民族文化事业发展，拉动连南民族文化旅游产业发展的推进器。

广东瑶族博物馆设在连南瑶族风情街，即高寒山区移民区内，建筑面积14566.6平方米。博物馆坚持以特色性、观赏性、有趣性、真实性、安全性、合理性为原则，将时间与空间有机结合，社会与自然相结合，采用现代、先进的展示方式，将瑶族的特性文化亮点完美展现。广东瑶族博物馆的建设，将有利于瑶族文化艺术的传承与发展，有利于民族文化旅游事业的发展，有利于带动高寒山区移民就业，兼具社会效益和经济效益。同时具有瑶族历史、社会、经济、文化的研究功能，提升自治县的文化旅游形象功能。

当然，广东瑶族博物馆坐落在连南，自然是连南打造生态旅游城市新的文化名片，成为连南民族特色文化旅游的新景点，是促进瑶族地区社会经济发展的重要推手。广东瑶族博物馆不仅是连南欢迎宾客的大客厅，更是对外展示民族千年文化、让广大游客了解瑶族文化的重要窗口。

三、文化旅游与博物馆的关系

文化旅游是最近几年广泛流行的一个名词，它的出现与游客需求的转变密切相关。因此，其彰显的定义是"那些以人文资源为主要内容的旅游活动，包括历史遗迹、建筑、民族艺术和民俗、宗教等方面"。还有人认为文化旅游属于专项旅游的一种，是集政治、经济、教育、科技等于一体的大旅游活动，泛指以鉴赏异国异地传统文化、追寻文化名人遗踪或参加当地举办的各种文化活动为目的的旅游。文化旅游既不是一种产品，又与旅游文化大不相同，所谓文化旅游，关键在文化，旅游只是形式。文化旅游之"文化"应解释为对旅游之效用及旅游之目的所做的定性。

综上所述，文化旅游就是以旅游经营者创造的观赏对象和休闲娱乐方式为消费内容，使旅游者获得富有文化内涵和深度参与旅游体验的旅游活动的集合。文化旅游可定义为：通过旅游实现感知、了解、体察人类文化具体内容之目的的行为过程。

中国文化旅游可分为以下四个层面：以文物、史迹、遗址、古建筑等为代表的历史文化层；以现代文化、艺术、技术成果为代表的现代文化层；以居民日常生活习俗、节日庆典、祭祀、婚丧、体育活动和衣着服饰等为代表的民俗文化层；以人际交流为表象的道德伦理文化层。在我国，发展旅游业，开展文化旅游是相当重要的，它不仅可以增强产品吸引力，提高经济效益，还可大力弘扬中国文化，让世界了解中国，同时也可改变目前越来越多的中国人不懂中国文化这一状况。在文化旅游所涵括的内容中，文物、史迹、遗址、古建筑等为代表的历史文化占据了重要阵地，广览博物是文化旅游的重要组成部分。

而博物馆则是一项具有特殊意义的重要旅游项目，游览博物馆早就是许多国家文化旅游的重要项目。博物馆的展览是靠陈列、展出、宣传、服务等，达到历史与现代人的对话，陈列展览已成为城市文化设施的重要组成部分。博物馆不是旅游业，但是博物馆灿烂的历史文化对游客具有吸引力。① 作为文化传播与传承的重要场所，博物馆的发展实际上也是文化传播与传承方式的一种发展。因此从这个层面上说，博物馆的发展更像是一个文化事象。

博物馆是市民文化教育的场所，也是市民休闲娱乐的主要场所，人们可以在这个高品位的文化场所中获得知识，并在博物馆幽静的氛围中得到放松，使工作、学习中绷紧的心弦得到释放。

在西方国家，博物馆旅游已经成为一种时尚的旅游方式，吸引着越来越多的人。在美国，从1960年到20世纪末，博物馆的数量增长了15倍。美国人中在每一星期去参观博物馆的人数比上体育馆看球赛——像美式足球、棒球等的人还要多。② 2010年，巴黎卢浮宫的游客数量居世界第一位，有850万人次之多。参观者好像工厂流水线上的加工品一样与《蒙娜丽莎》和其他馆藏珍品亲密接触。巴黎的博物馆亦是如此——在《艺术导报》一份"游客最爱博物馆及美术馆"的榜单上，巴黎除卢浮宫之外还有三家博物馆位于榜单前列。而纽约、伦敦和罗马的美术馆则得益于当地庞大的游客数量，伦敦的美术馆实行的免门票制度也提高了参观人数。对很多游客来说，到某个城市短游一定要去当地的博物馆或美术馆受些文化熏陶才不虚此行。③

近些年，博物馆之所以能够迅速繁荣发展，与旅游业在现代经济中的崛起和博物馆特有的人文旅游资源是分不开的。博物馆的发展可以弥补现代城市发展所缺乏的特色和个性，城市的特色可以通过城市中的博物馆得到体现。因此，

---

① 郭晓瑛：《论博物馆在城市旅游文化建设中的作用——以甘肃省博物馆为例》，《丝绸之路》，2010年第6期。
② 彭兆荣：《旅游人类学》，民族出版社，2004年，第274页。
③ 《商务旅行》，2009年第6期。

博物馆作为现代旅游资源亮点，是旅游业经营者们的重要发现。因此，博物馆和博物馆文化可以通过旅游业的发展而发展，根据游客的观赏需求，增加自己的文化职能和业务职能。① 诚然，博物馆对中国社会、文化土壤的适应，以及中国民众对博物馆的适应，需要经历一个发展直至成熟的过程。人们认可博物馆的旅游、休闲、取值功能，才会产生一定的经济效果。

1978年改革开放初期，我国只有300余座博物馆，发展到今天，我国各种类型的博物馆数目已有数千个。但除了一些叫得响的大的国家级、省级博物馆和名人馆、纪念馆外，真正能有很多人前往旅游、参观的博物馆并不多见。即使现在大多数博物馆已经对社会公众免费开放，仍有相当一部分博物馆，尤其是地方性博物馆处于门可罗雀的境地，许多博物馆的经营或是难以维持，或是举步维艰，需要探索新的经济增长点和自养能力。经过数十年的探索和努力，在全球持续发展思潮的影响下，中外学者共同研究出了一种崭新的民族文化持续发展模式——生态博物馆。其特点是保留了原来的自然风貌、民居、饮食、节庆和其他民俗事项，具有自然朴实的特点，能较好地满足欣赏和体验民族文化的需要。生态博物馆是对民族地区的自然环境和文化遗产进行整体保护的一种博物馆新形式。它以原生态的各种方式记载和保护民族地区的文化精华，并推动民族地区向前发展。把少数民族自然、社会、文化整合起来，并加以传承和研究。1995年，中国和挪威两国政府已联合在贵州省六枝特区梭嘎乡创建了梭嘎苗族生态博物馆，这是中国乃至亚洲的第一座民族文化生态博物馆；中挪两国还拟定将在贵州贵阳市花溪区镇山村建立布依族文化生态博物馆，以形成不同民族文化类型的民族生态博物馆群。民族生态博物馆的建立，开创了中国运用生态博物馆形式对民族文化加以保护的先河，同时也为民族地区发展民族文化旅游开辟了新的前景。

"旅游促进发展"是当今世界各国公认的结论。文化旅游业的发展，既推动了各国之间的文化交流，也促进了国内地区间、民族间的文化传播，促进了现代文化与传统文化的撞击与升华，进而形成独特的旅游文化体系。文化旅游及游览群博是一种观念形态的反映，它渗透在旅游活动和旅游环境之中，体现在

---

① 郭晓瑛：《论博物馆在城市旅游文化建设中的作用——以甘肃省博物馆为例》，《丝绸之路》，2010年第6期。

旅游主体在游览观赏和人际交流的实践过程中。①

　　寻求文化享受已成为当前旅游者的一种风尚。在形式多样的文化旅游中,以亲身体验虽已消失但仍然留在人们记忆中的某些生活方式为主题的怀古文化旅游、博物馆欣赏旅游,是当今颇为风行的专题游览项目之一。如坐落在詹姆斯河与约克河间的美国古城威廉斯堡,由于完整地保存了18世纪英国殖民地时代的城镇风貌,使参观者感觉仿佛时间倒流了200多年,从而成为美国最重要的历史名胜之一;亚洲的泰国故城、香港宋城和北京大观园也都以模拟古代生活方式而成为门庭若市的文化旅游胜地。

　　随着文化旅游的日益盛行,博物馆作为文化旅游不可或缺的一部分,发挥着越来越重要的作用。开发民族文化旅游,必须与当地民族博物馆携手,进一步加强对民族文化资源在地方经济和社会可持续发展中重要性的认识,坚守以民族文化资源可持续传承和发展为导向的旅游开发观念。瑶族地区依山傍水,建立村寨式的生态博物馆条件充足。少数民族村寨旅游的独特魅力,在于各具特色的民族文化与多样性的自然和社会环境融为一体。此外是异彩纷呈的民族风情将原始神秘、内涵丰实、特质鲜明突出的地域性、民族性、多元性和活态性的民族文化有机地结合在一起。在确保原生态民族风情不改以及有效保护好文化的前提下,重点发展以本土民族风情为主线的文化、博览生态旅游。当地政府应改变和完善当前基于经济收益取向的旅游绩效评估方法和评价体系,在旅游发展的评价中加入环境、文化和社会的指标,同时制定配套扶持政策,为正在发展中的文化旅游"浇水""培土",使其得到切实的有机发展。②

　　博物馆作为集中展示一个国家、地区历史文化的重要平台,是对外宣传该地的重要窗口,它的社会功能已逐渐被人们所认识。因而在文化旅游的热潮中,不少地方也希望依靠该地的博物馆来提升吸引力,取得社会与经济的双重效益。曾是边疆荒漠之地的少数民族地区,近年来却游客云集。云南、贵州、四川、新疆、西藏、内蒙古、吉林等地区都迎来旅游的热潮,少数民族地区成为中国最旺的旅游地,正是因为少数民族地区有着历史悠久的宗教寺观、名胜古迹。广州广之旅旅行社提供的情况表明,节假日赴云、贵、川、新疆、西藏等地的

---

① 张亚娟:《文化旅游浪潮与博物馆发展之路》,《武汉学刊》,2010年第3期。
② 陈鸣、李筱文、赵虹:《广东畲族乡旅游扶贫研究》,广东省哲学社会科学"十一五"规划学科共建项目(07GH03)打印稿。

旅客近年来增长幅度均超过50%，少数民族地区比东南沿海发达地区更具魅力。被誉为"童话世界"的九寨沟、"人间瑶池"的黄龙、"世界屋脊"的布达拉宫、"壁画长廊"的敦煌曾获"中国最美的地方"殊荣。这些少数民族多样的民俗风情、民族文化是游客们不远千里造访的首要原因。在云南省弥勒县可邑村，村民将本民族的传统文化习俗进行整理、创新、传承，建成"彝族文化生态旅游村"，彝族村民穿上独特的民族服装，加入民族集体活动，成为成功的民族旅游文化示范点，吸引了大批游客。①

民族风情特色和博物馆文化被视为重要的旅游资源，这是一种地域与族群间求同存异的双向表达，也是对文化差异性的强调和认同。瑶族地区应该抓住机遇，充分发挥资源优势，利用广东瑶族博物馆建成开馆契机，大力宣传和打造文化旅游。在发展文化旅游的同时，保持传统的民族特色，树立科学发展观理念，以可持续发展的理论指导开发，保障民族群众共同享受旅游资源的公平。

---

① 《少数民族地区成为中国最旺的旅游地》，新华网广东频道，2007-11-14。

试论瑶族与海上丝绸之路的联系[①]

瑶族,是我国南方古老而历史悠久的民族,一个勤劳智慧的民族。五六千年前,先民蚩尤、三苗部落与北方炎帝、黄帝部落"逐鹿中原",共同开拓黄河、长江中下游地区,共同创造中华文明的开篇历史。

瑶族长期"倚山而居""吃尽一山则他迁",瑶族守望大山,居地星罗棋布,栖撒在越城、都庞、萌渚、大庾、骑田五岭山脉,形成"南岭无山不有瑶"格局。全世界瑶族人口近380万,主要分布于亚洲、欧美洲的中国、越南、老挝、泰国、缅甸、美国、法国、加拿大等8个国家。

隋唐时期,瑶族就生息繁衍在湘、粤、桂三省交界区,广东粤北是瑶族较早的聚居地;明中叶以后,南方瑶族跨越广西、云南边境,不断向东南亚移动,走向越南、泰国、老挝等国的山地。1975年印支战争以后,美国、法国、加拿大等国大量吸收印支战争难民,不少瑶族人就此机会移居到了法、美、加等国。据有关资料反映,全世界瑶族人口达378.09万人,主要分布在中国、越南、老挝、泰国、缅甸、美国、法国、加拿大,其中越南80万人、老挝2.5万人、泰国5万人、缅甸1000余人、美国5万人、法国1500余人、加拿大250余人。中国国内的瑶族分布地域辽阔,集中聚居在我国南方的广西、湖南、广东、云南、贵州、江西6个省(自治区)的134个县市内,人口已达285.3万人。按照全国第六次人口普查数据反映,中国瑶族人口主要分布如下:广西171万人,湖南70.5万人,广东20.3万人,云南19万人,贵州4.4万人,江西1198人。

一、海上丝绸之路之茶叶之路

所以提出这个课题,是因为瑶族千百年来的不断迁徙与发展,与海上丝绸

[①] 2015年乳源瑶族自治县"一带一路"建设与世界瑶族文化交流研讨会论文。

之路有着千丝万缕的关系。所谓丝绸之路，是指历史上中国与旧大陆其他地方的交往主要是通过路上丝绸之路和海上丝绸之路。陆上丝绸之路开通较早，自西汉建元二年（前139年）和西汉元狩四年（前119年），张骞两次出使西域，中国逐渐打通了与西域诸国乃至中亚、西亚和欧洲的交往路径，形成了闻名世界的路上"丝绸之路"。

"海上丝绸之路"一词是舶来品，民国二年（1913年），法国汉学家沙畹（Edouard Chavannes，1865—1918）首先提出了"海上丝绸之路"的概念，他在其所著的《西突厥史料》中提出："丝路有陆、海两道，北道出康居，南道为通印度诸港之海道。"1967年，日本学者三杉隆敏在《探索海上的丝绸之路》中正式使用了"海上丝绸之路"这一名称。1974年，香港学者饶宗颐在《蜀布与Cinapatta——论早期中、印、缅之交通》一文的《附论：海道之丝路与昆仑舶》部分，专门讨论了以广州为转口中心的海道丝路。80年代以后，北京大学陈炎教授在季羡林教授的鼓励和支持下，研究"丝绸之路"，陈炎把陆上丝绸之路与海上丝绸之路结合起来，先后出版了《陆上和海上丝绸之路》（1989年）、《海上丝绸之路与中外文化交流》（1996年）两部专著，"海上丝绸之路"才逐渐在中国学者中使用。当时海上贸易的商品并不仅限于丝绸，陶瓷、香料、茶叶等也是大宗贸易商品，所以海上丝绸之路也被有些学者称为"海上陶瓷之路""海上香料之路""海上茶叶之路"。就瑶族而论，具体是与"海上茶叶之路"有关。

"海上茶叶之路"，指的是中国15世纪以后，茶叶通过海路对外的运输传播。中国茶叶最早输出在473—476年间，由土耳其商人来我国西北边境以物易茶，被认为是最早记录。唐代，于开元二年（714年）我国设"市舶司"管理对外贸易。之后中国茶叶通过海、陆"丝绸之路"输往西亚和中东地区，东方输往朝鲜、日本。

明万历三十四年（1606年），荷兰商人从中国澳门贩茶到印度尼西亚，崇祯十三年（1640年），荷兰商人首次将我国茶叶从广州运销欧洲。此后，英法等国纷纷来华贩茶，17世纪下半叶起，我国茶叶开始大量进入西欧国家，成为世界商品。清顺治七年（1650年），茶叶由荷兰人运到北美，乾隆四十九年（1784年），美国第一条来华商船"中国皇后"号到达中国，采购的主要商品就是茶叶。康熙八年（1669年），英国东印度公司开始直接运华茶入英，其量仅65公斤，以后日增，转销欧洲。18世纪中期，整个华茶贸易几乎全为英国东印度公司垄断。采买茶叶多为福建茶，广州为主要出口口岸，茶叶从崇安赤石装船，经崇阳溪、建溪、南平至福州、泉州出海至澳门。18世纪中期，武夷茶经铅山河口镇装船改水运，由信江经鄱阳湖，转赣江而南下往广州出海。鸦片战争前后，是中国茶叶对外输出的繁荣时期。清中期后茶业商品经济迅速发展，出口大增，鸦片战争前夕即有近40万担的年出口量，占当时出口总值的60%左右。五口通商后，茶叶商品经济有了新发展。洋商纷纷在广州、上海、福州、汉口、九江等地设行抢购茶叶，茶叶贸易急剧繁荣。鸦片战争后很长时间内，茶叶仍是中国对外贸易的核心商品。1886年，中国茶叶出口总量达到历史最高峰。①

二、瑶族分布与茶叶产地

瑶族居住广东之时，正是海上茶叶之路盛行之时。隋唐时期，瑶族部分居住在湘、桂、粤边境，宋至元代，瑶族分布在滇、湘、黔、桂、粤五省；明代瑶主要分布在滇、湘、黔、桂、粤、闽、浙七地（其中实含畲族）。清代瑶主要分布在滇、湘、黔、桂、粤、闽及印度支那。广东的"瑶人非广东的土著民族而是湖南溪蛮或融百越的支裔"。据瑶学专家吴永章先生研究：瑶人的远祖可溯源到传说时代的"三苗"、夏商周时期的"荆蛮"、秦汉时期的"盘瓠蛮"。瑶人最早从苗瑶语族先民"盘瓠蛮"分离出来，名曰"莫徭"。据《梁书·张缅传》附传三四载："梁大同九年（543年），张缅之子张缵，改为使特节，都督湘、桂、东宁三州诸军事、湘州刺史。……州界零陵、衡阳等郡，有莫徭蛮者，依山险为居，历政不宾服，因此向化。"

当时湘州辖境内的零陵，治今湖南衡阳东北。可见，当时甚及粤北之地，即南岭山脉两侧的山险之地居住着"莫徭蛮"。这是瑶人载诸册籍的首次记载。从"历政不宾服"的记载，更可证"莫徭"生活在当地的历史还要更加悠久。

可以肯定的是，至隋代（581—618年）粤北已成为莫徭的重要地区。据《隋书·地理志下》卷三一载："莫徭除以长沙郡为基地外，武陵（治今湖南常德）、巴陵（治今岳阳）、零陵（治今永州）、桂阳（治今郴县）、澧阳（治今澧

---

① 茶文化网：《海上茶叶之路》，2012-01-02。

县东南)、衡山(治今衡阳)、熙平(治今广东连县)皆同焉。"

至于熙平郡的辖地,共统九县。即桂阳(治今广东连县)、阳山(治今阳山)、连山(治今连山北)、宣乐(治今阳山南)、游安(治今怀集西)、熙平(治今连县西南)、武化(治今怀集西)、桂岭(治今连县西北)、开建(治今怀集西南)。

总之,隋代莫徭除遍布湖南省外,并南及粤北的部分地区。

唐代,湖南及粤北仍是莫徭主要基地。当时连州(治今广东连县),属湖南观察使管辖,当地"有夷人名瑶,自言先祖有功,免徭役也"(见唐李吉甫《元和郡县图志·江南道五》卷二九,"谭州"条)。因唐代连地莫徭势力极盛,引起世人关注。唐代诗人刘禹锡《连州腊日观莫徭猎西山》更生动描绘了连地莫徭的狩猎生活。其诗云:

> 海天杀气薄,蛮军部伍嚣;
> 林红叶尽变,原黑草如烧。
> 围合繁钲色,禽兴大筛摇;
> 张罗依道口,嗾犬山上腰。
> 猜鹰忌奋远,惊麏时局跳;
> 瘴云四面起,腊雪半空消。
> 箭头余鹄血,鞍傍见雉翘;
> 日暮还城邑,金笳发丽谯。①

宋代,瑶族历史进入大发展时期。此时连地更成了湘南、粤北、桂北瑶人连片聚居区。如《宋史·蛮夷刘传一》卷四九三载:"瑶人,居山谷间,其山自衡州常宁县属于桂阳、郴连贺韶四州,环纡千余里。"这表明,宋代瑶人居于包括连州在内的南岭山脉两侧。

北宋时大批瑶人移入广东,其移入广东的主要路线是自湖南沿沅水而下,经贵州边境先入广西,于是分成两支,一支先占据了广西东部贺县一带,再逾岭而入广东之连韶;另一支则顺江而下,经苍梧,沿西江而入广东之封川、高要等地。"瑶人自宋时迁入广东,经元而至明,其势乃大盛。""在瑶人极盛的

---

① 《刘宾客全集》卷二五。

明代,则广东全省瑶人主要分布地带计有二十一州县,共有瑶山八百九十一座,另瑶村二十六寨,其区域遍布于广东之北部、西部、南部各地。"① 广东是瑶族南迁后人口最为集中的省份之一,当时的瑶族人口归属广州府辖管。

而广州,则是中国历史上长盛不衰的大港。早在秦代,广州就是犀角、象牙、翡翠、珠玑等外来奇珍异宝的集散地。唐代,广州是中国最重要的对外贸易口岸,外商云集,贾耽(730—805年)描述的"广州通海夷道",详细记述了从广州经越南、马来半岛、苏门答腊到达波斯湾的航线、航程。南宋时期,广州虽然被泉州超过,但仍是中国重要的港口。明清两代,由于政府实行海禁政策,中国官方的海外贸易受到严重影响,其间广州成为中国唯一对外开放的贸易大港。

与"海上茶叶之路"接上干系即缘至瑶族居地出产的茶叶。南迁而来的瑶族定居广东后,有过一段安定日子。瑶族居地韶州府曾是历史产茶胜地,当地曲江罗坑瑶族口传饮茶已有一千多年的历史。罗坑,地处韶关市曲江县区西南,在这里的深山或半深山中,居住着曲江区50%的瑶族过山瑶支系瑶民,以采集山林特产茶叶、冬菇、木耳、蜜糖等为生活来源,茶叶是当地较为大宗的土特产品。罗坑茶产地最高的山峰"船底顶"海拔1568米,山上遍布野生老茶树,生长于这里的瑶族茶农世代以种茶采叶为生,最大的野生茶单株可采制干茶40多斤。

罗坑茶历史悠久,其发展轨迹可追溯到距今1200多年前的唐朝。据唐代陆羽所著《茶经》记载,"岭南茶产于韶州",又据中国茶叶研究所程启坤、庄雪岚两位研究员主编的《世界茶业100年》中研究论证,"唐朝、五代韶州的曲江……均已产茶",可见唐朝时韶州境内的茶叶已经很出名。近代《中国茶事大典》对罗坑茶也有记载,2007年出版的《今日中国·广东卷》收编了罗坑茶的发展过程,较为详细记录了罗坑茶的发展进程。罗坑茶,由瑶民生产,茶园分布在25°至30°之间的山坡上,茶树种植实行"刀耕火种"。开垦茶园只把树木砍完,放火烧光杂物后即开始种植。

当地瑶民喜用茶敬客,遇有客至,都习惯敬三大碗,名为"一碗疏、二碗亲、三碗见真心"。有山歌这样唱道:"瑶寨茶水誉四方,千里慕名来品尝。因为那年喝一碗,回家三天嘴还香。"

---

① 刘耀荃、李默编:《乳源瑶族调查资料》,广东省社会科学院,1986年,第4页。

清代时期，瑶族的罗坑茶由外地茶商收购，销售至广州、珠江三角洲及港澳台地区，并受到他们的喜爱，故罗坑茶一直供不应求。据民国三十年（1941年）《广东年鉴》记载，民国二十四年（1935年）曲江种茶 10 亩，产茶 1 吨。民国三十五年（1946年）茶叶种植面积扩大至 500 亩，收获面积 466 亩，总产 7 吨。据当地瑶民反映，中华人民共和国成立以前，罗坑茶曾为出口外销茶，沿着"海上茶叶之路"和茶马古道（茶马古道起源于唐宋时期的"茶马互市"。因康藏属高寒地区，海拔都在三四千米以上，糌粑、奶类、酥油、牛羊肉是藏民的主食。在高寒地区，需要摄入含热量高的脂肪，但没有蔬菜，糌粑又燥热，过多的脂肪在人体内不易分解，而茶叶既能够分解脂肪，又防止燥热，故藏民在长期的生活中，创造了喝酥油茶的高原生活习惯，但藏区不产茶。而在内地，民间役使和军队征战都需要大量的骡马，但供不应求，而藏区和川、滇边地则产良马。于是，具有互补性的茶和马的交易即"茶马互市"便应运而生。这样，藏区和川、滇边地出产的骡马、毛皮、药材等和川滇及内地出产的茶叶、布匹、盐和日用器皿等，在横断山区的高山深谷间南来北往，流动不息，并随着社会经济的发展而日趋繁荣，形成一条延续至今的"茶马古道"。茶马古道主要分南、北两条道，即滇藏道和川藏道。滇藏道起自云南西部洱海一带产茶区，经丽江、中甸、德钦、芒康、察雅至昌都，再由昌都通往卫藏地区。估计南来的茶叶经云南运往藏区）远销云南、东南亚，在东南亚一带有一定的知名度。据有关专家考证：罗坑茶可能是广东最早的熟茶，而有充分证据证明广东是全国最早生产普洱茶的产茶省。据说云南的现代普洱茶加工工艺技术是在赴广东考察学习后结合云南实际而形成。西南农业大学刘勤晋教授编著的《中国普洱茶科学读本》中是这样记述的："1974 年，云南省茶叶进出口公司派出昆明茶厂吴启英工程师、勐海茶厂邹炳良、下关茶厂办公室主任曹振兴赴广东口岸河南茶厂考察广东'发水茶'制造工艺。回云南后，参考云南紧茶渥堆后发酵传统工艺，经多次反复试验，首先在昆明茶厂取得成功，后在下关茶厂和勐海茶厂也试制成功。70 年代中期，云南茶叶进出口公司所属三大茶厂便承担起利用人工渥堆后发酵工艺加快普洱茶熟成的新工艺生产普洱茶出口工作。"可见，广东是我国最早研制成功现代普洱茶（熟普）的省份。广东普洱茶经中国农业科学院茶叶研究所罗龙新等人审评认为广东普洱茶"外形色泽红褐，条索紧细，级别分明，陈香显露；内质滋味浓醇且有回甘，汤色红浓明亮"。并且认为，"云南普洱茶的品质特点是浓度好，广东普洱茶是陈香好"。广东普洱茶不但品质优异，而且还畅销珠江三角洲、港澳台地区和日本、韩国、新加坡、马来西亚等国，并且出口量逐年增多。从1957年开始，至1965年出口普洱茶已达到572吨，至1975年达到1236吨，至1983年增加至3858吨（当年加工量已达8000吨）。至今广东仍有数十家普洱茶生产企业，年加工量超过5000吨，而出口量已超过6000吨，有的年份甚至超过万吨，出口量远远高于云南，居全国第一。

广东是全国最早生产现代普洱茶的产茶省，而广东普洱茶的制茶工艺可能源于罗坑瑶族地区，罗坑茶原为茶团、茶饼，瑶族人说是为了迁徙和买卖携带方便。现在的罗坑茶为条形茶，外形色泽红褐，带烟火味、陈香，汤色红浓明亮，滋味浓醇回甘，泡饮后存放2~3天也不会产生异味或馊酸味。①

罗坑茶的制法虽与现代普洱茶的制法不尽相同，但其品质特点却与现代普洱茶（熟普）的品质特点极为接近。清道光年间进士黄培嵘等人编修的《英德县志》中记载的"茶产罗坑、大埔、乌泥坑者，香古味醇，如朴茂之士，真性自然殊俗"，和《曲江县志》记载的"罗坑茶，色红味醇，经宿不变，功专消暑"，以及《韶州府志》中记载的"茶产罗坑、大埔、乌泥坑者，色红味醇，经宿不变"等记述的品质特征相一致，具有现代普洱茶（熟普）的品质特征。故罗坑茶可能是广东最早的熟普，其远近影响可想而知。

三、瑶族迁徙与东南亚的关系

前面已说，瑶族的迁徙，主要往南方远走，越南及东南亚则是瑶族历史迁徙外国最早流经的国家。广西瑶学专家范宏贵先生据越南瑶族保存的《过山瑶》分析指出，越南瑶族"最早的一批是在13世纪从广东迁到云南，再由陆路进入越南……第二批是白裤瑶和贺瑶，于15、16世纪从我国福建、广东，主要是水路，其次是陆路迁到越南。第三批是窄裤瑶的钱瑶，于16世纪从海南岛乘船迁到越南，途中遇到台风的袭击，迁徙队伍分散飘落，一些船漂泊到越南芒街，另一些船漂泊到越南清化。第四批是青衣瑶，17世纪从我国广东迁到越南芒街，然后再转到安市、老街一带。第五批分两部分：18世纪时，云南的部分瑶族迁到了越南的老街如红瑶，18世纪继续从广东往广西迁徙，最后抵达越南的

---

① 广东省韶关市曲江区罗坑镇：《瑶族罗坑茶非遗项目申报材料》。

高平和河宣如钱瑶和红瑶"①。此外，范先生在其另一本书《越南民族与民族问题》中介绍：越南的"山由人"人口众多，居住分散，他们成村驻屯居住，与华族、京族、岱族、侬族相依毗邻。若非长期积累了人脉，不能成为永久居民，不能与其他民族相安而居，说明"山由人"懂广东话，或从广东外迁出去，进入越南已有相当的年头。"他们自称山瑶人。广东话瑶字读音为'由'（瑶），越南语直接从广东话音译过去，变成'山由'。据越南资料，现今有山由人还与中国广东省的白罗县（查无此县，可能是博罗县，今博罗有畲族但自称山瑶）人有亲戚关系。从'山由人'的传说和家谱得知，明末清初即17世纪初叶，他们从中国迁入越南，路线是经中国广西防城县黄竹、高山进入越南广宁省河该县万灵，转到先安，沿着海边到芒街、谭河、横蒲、冒溪、东潮，有一小支转向海阳省志灵，大部分沿着燕子山进入河北省陆岸、陆南、谅江、安世。从河北省到达大原、永富、宣光，他们的迁徙不是一次完成的，而是陆续入迁越境的。"②

从范教授的研究看到，离开中国广东、广西，最早走向东南亚的应是湘南粤北连地的瑶族。他们13世纪就已开始离开中国走向越南，那时正是宋元王朝换代交替时期，中原战乱纷飞，流离失所的人们只好不断向蛮荒之地迁徙。当时瑶族离开中国的路线大致是：南京十宝殿（七宝洞）—福建—广东、广西、云南—越南。

连南博物馆郑灶芬调查她老家瑶族的迁徙历史说：明朝末年，寨岗一带过山瑶居住在山联（三联）和菜坑。据山联丫基寨盘章石与大师爷盘土秀生前所述，因明末清初战乱，盘、沈、黄、李、周、唐姓绝大部分人口往广西和越南方向迁徙。③

而迁居老挝的瑶族则主要从越南、云南迁去。瑶族进入越南、云南后，与老挝边境比邻，随时随地迈脚就出了国境。据美国大瑶人协会原主席赵富明介绍：美国瑶族同样有着盘瓠传说。传说盘瓠从神犬变成英俊男子并成为瑶民的大王，在"勉瑶"语称之为"bean hong"（盘王）。美国瑶人的祖先大约在15世纪（应该是明朝）时期离开中国迁到越南，18世纪时（清朝时期）从越

---

① 范宏贵：《中越两国的跨境民族》，《西南民族历史研究集刊》第5集，1987年。
② 范宏贵：《越南民族与民族问题》，广西民族出版社，1999年，第223~224页。
③ 郑灶芬：《连南过山瑶"盘王众人堂"田野调查》，打印稿。

南迁徙到老挝，1850年以后曾迁入柬埔寨，19世纪迁往缅甸和美国。①

其实，迁往美国、法国、加拿大之前，瑶人祖先一直在老挝居住，1975—1979年的"支那战争"，部分瑶人被征兵参战，部分瑶人避走泰国北部，被收留在泰国难民营，所以最先移居欧美的瑶人是以难民的身份被联合国难民署安置分配到了美国、法国和加拿大。他们今天除了到中国韶州府乐昌县寻根问祖，还常回云南西双版纳勐腊和老挝走亲戚，因为云南与老挝交界的瑶寨几乎都有亲戚在老挝。

泰国的瑶族亦主要从老挝入境。据泰国清迈山民研究学者调查：瑶族迁入泰国的时间在数十年或百余年之间。1986年5、6月期间，广西民族学院民族研究所的学者袁少芬曾到泰国清莱府蒗占区有80多户瑶族的帕勒瑶寨调查，据当地瑶族头人李进新（66岁）介绍，他们村的瑶人都是从广东、广西迁来，先到了寮国（老挝），以后移居到了泰国。②

日本国立民族博物馆竹村卓二教授在调查泰国北部清莱府夜庄县帖莱村邓福占家的邓氏世系时，证明邓氏11代前的祖先，埋葬于中国的广东省。竹村卓二先生在泰国、老挝收集的"泰国北部瑶族起源传说"和"老挝流传的神话概要"都分别论述了瑶族的来源。③ 从以上展示的史实反映：中国瑶族向东南亚地区迁徙的路线大致是：中国的"南京七宝洞、十宝殿"迁到湖南、广东交界地，即湘南粤北，再由粤北辗转迁回并向广西—云南—贵州迁徙，迁入广西的同时也有部分进入越南，再从越南迁往老挝。经广西后再向云南、贵州的部分瑶人，在进入了老挝后，再由老挝迁往泰国北部。

瑶族离开中国走向东南亚的时间，最早应该在12—13世纪之间，即南宋—辽—金—元初时期，明清相继迁徙。瑶族是山地游耕民族，"吃尽一山过一山""吃尽一山则他迁"，瑶族的历史是一部迁徙的历史，瑶族的发展也不断地在迁徙中发展。

---

① 赵富明：《瑶民的迁徙：过程与挑战》，李少梅：《过山瑶的乡源》，北京民族出版社，2010年，第42页。

② 袁少芬：《泰国瑶族考察概述》，《民族研究集刊》1987年第1期，广西民族学院民族研究所印。

③ ［日］竹村卓二著，朱桂昌、金少萍译：《瑶族的历史和文化》，广西民族学院民族研究所内部，铅印。

（一）战乱与灾荒

瑶族大批外迁应在15世纪，即明朝时期。迁徙的原因，主要是由于战乱、灾荒以及不堪忍受封建王朝的统治和歧视。越南社会科学委员会瑶族研究所编的《越南北方少数民族》（广西民族学院民族研究所编译印）写道：毫无疑问，在越南的瑶人起源自中国，封建统治者的残酷镇压或由于连绵战争、旱灾导致连年不断的歉收……瑶人的祖先逐渐向南方的山区迁徙，其中一小部分进入越南，这个过程可能发生在隋唐至明清时代，直到本世纪初（20世纪）还在继续着。

日本学者竹村卓二在谈到国外瑶族的迁徙时说："自从12、13世纪在中国文献中出现以来，历经几百年，经由湖南、广东、广西、云南，进入越南和老挝的北部，现在又从泰国北部扩散到缅甸掸，形成长长的走廊。""12、13世纪，瑶族的一部分已经从广东进入广西，显出朝印度支那方向移动的趋势。"① 连山、连南、连州过山瑶民间，都珍藏着《过山榜》（《评皇券牒》），大都记载其祖先曾经"漂洋过海"的那一幕：那时"寅卯二年天大旱，天下万物都枯焦"，"瑶人捕鱼失火，被迫离乡背井。十二姓瑶人砍倒门前相思树，做成十二只船，举族漂洋下海逃难"。②

（二）征剿与起义

美国瑶人讲到，他们的祖先大概15世纪时期先迁到越南，这段时间正好是广东西江流域瑶民大流迁之时。广东西江流域，历史上曾经是瑶族聚居中心。早在隋唐时代，在西江流域就已见瑶人踪迹。据地方志《高要县志》卷十九记载："魏元忠，宋州宋城人，（唐）圣历二年（699年）为凤阁侍郎，武后时长安三年（703年）九月丁酉，贬元忠为高要尉。元忠至官，整戎旅，备峒寇，居期月，民瑶恬谧。"宋元以后，西江流域的瑶族人数越来越多，明代姚虞《岭海舆图·肇庆府图经》载："肇庆府，本汉苍梧郡高要地……唐以前皆隶广西，元再更寻复属广东，国朝为府，领州一（德庆州）县十（高要、四会、新兴、

---

① ［日］竹村卓二著，朱桂昌、金少萍译：《瑶族的历史和文化》，广西民族学院民族研究所内部，铅印，第4页。

② 盘承乾：《迁徙歌》，《连山瑶族》，天津古籍出版社，1992年，第12～21页。

阳春、阳江、高明、恩平、泷水、封州、开建），控江带山，延袤千里，据全省之上游……境内瑶峒累累。"西江流域瑶民人口聚众，反抗封建压迫的起义次数频繁，以罗旁、泷水为中心的起义，声势浩大，波及粤东、粤北、雷州、高州等广大地区，与广西大藤峡，湖南湘南瑶民起义互相呼应。如元至元十六年（1279年）晋康及泷水瑶民起义，明英宗正统三年（1438年）以泷水瑶民凤光山为首的瑶民起义，正统十一年（1446年）以泷水瑶民赵高旺、凤广山为首的瑶民起义，明武宗正德二年（1507年）德庆州罗旁山瑶民起义，一直坚持到万历四年（1576年）才被"剿平"。这几次起义，在历史上都是规模比较大，影响比较深的。其他地方被封建统治者称为"瑶贼""瑶乱""聚众寇掠"的小规模的起义，更是此起彼伏，频频发生。封建统治者从广东、广西、湖南、江西调集重兵，封高官，赏厚禄，调兵遣将，对西江瑶民起义进行了疯狂的征剿，对瑶族聚居地进行了灭绝人性的杀戮。①

罗旁、泷水是西江流域瑶民的聚居中心，也是瑶民起义斗争的根据地。自从这个根据地被摧毁以后，其他地方的瑶寨，也相继被"犁穴"，遭到毁灭性的破坏，"有朝一代，西江最苦瑶患，瑶之种甚繁，散居山谷间，自万历五年（1577年）征平罗旁，而近地瑶种始渐歇绝"②。

明代封建统治者对西江瑶民的征剿，导致大批瑶民村寨被焚毁，成千上万的瑶民被杀戮、冻死、饿死，幸存者四处逃散，无数瑶田被强行霸占，居住地遭到毁灭性的破坏，人口锐减，这是西江流域瑶族聚居地发生巨大变迁的根本原因。

（三）贸易与生计

瑶族经由广东南海岸（应该实指广东地界），陆续迁徙到粤北后，有过一段相对安定生息的时期，史籍称粤北为"岭南名郡""粤北重镇"，指的是当时的（韶州、连州）。唐代诗人刘禹锡特别关注当地瑶族的生活，写下许多描述瑶族风情的诗篇。如《蛮子歌》《连州腊日观莫徭猎西山》等。生活的稳定，振兴了瑶族文化，当地瑶族在自己的居住地兴建了还盘王愿的"连州大庙"，成为远近闻名的瑶族祭祖宗祠。在韶州乐昌三省交界地，瑶人建起"瑶皇庙"，当地集

---

① 赵家旺：《西江流域瑶族聚居地变迁原因的探讨》，《过山瑶研究文集》，民族出版社，2008年。
② 《西宁县志》卷三。

市成为热闹繁华的"瑶埠"。据广东韶关学院的黄志辉教授研究:"在宋代之前,岭南人口密度不高,唐天宝十一载(752年),广东境内仅有90多万人,其中连州、韶州合计有30余万人,占了二分之一人口。说明隋唐时期,粤北连、韶地区聚集了相当数量的人口,其中瑶族人口占主要部分。"①

湖南瑶族的《盘王大歌》记载了瑶人在广东粤北的生活和贸易情况。如"日头初照三江口,唐王出世连州庙。""马是广东入阵马,锣鼓一声马一声。"《孤寒歌》唱:"大船打在三江口,小船流下十三滩。"《歌花》唱道:"养到三年羊牯大,带到广州人打鼓。""广州路口逢官女,路逢官女口含笑。广州结子青罗结,四边绞起银锁线,杉木合船撑过海,逍遥快乐上连州。"从水路顺流而下连江—北江可直达珠江(广州),这三江口指哪三江尚不清楚,但从连州到广州确实要经三条江,即连江、北江、珠江。莽山瑶人在《青山瑶人歌》唱道:"瑶人出世高州上,登上船头水面撑,船头上到三江口,瑶人分伙入青山。瑶人起尾三江口,瑶人作笑傍山头。""心心要入桃源洞,桃源洞头雾纷纷。广州买得白凉扇,扇开云雾进桃源。""三百贯钱郎下广,郎今下广买生铁;三百贯钱郎下广州,郎到广州买红锣。""香炉不净,广州买来清水洗。"② 瑶族人历来素居深山,扎木筏放排是长项,从连州撑排顺水而下直到广州非常方便。当时连阳地界的瑶人,正处集于湘赣粤三省交汇处。从而说明湘粤边境一带瑶族从粤北湘南界地往来广州的贸易经久不断。80年代作者到湖南莽山瑶寨考察,还曾看见当地瑶族妇女的衣服竟然用1820年的英镑硬币作衣扣,这表明当时广东湖南交界的连阳地区,曾经有过贸易昌盛时期,而瑶族人也有经常出门商贸的机会,由此游走于湘粤边境,甚至途经广西—越南—云南—老挝。这或许与兴盛的广州海上丝绸之路贸易息息相关。

以上史例表明:唐、宋连阳地区的瑶族,有过一段休养生息的平安日子。从而引起封建官府的高度关注。《宋史·蛮夷一》记载:"庆历三年(1043年),桂阳监蛮瑶内寇,诏发兵捕之。蛮瑶者,居山谷间,其山自(湖南)衡州常宁县属(连接)于桂阳、郴、连(连阳地区)、贺、韶四州,环绕千余里,蛮居其中,不事赋役,谓之瑶人。"所谓"蛮瑶内寇"是指当时常宁一带活动的吉

---

① 赵砚球:《过山瑶的迁徙之路》,《过山瑶的乡源——世界"勉瑶"(过山瑶)文化学术研讨会文集》,民族出版社,2010年,第253~267页。

② 黄志辉:《乳源瑶族来往迁徙过程考述》,《过山瑶的乡源——世界"勉瑶"(过山瑶)文化学术研讨会文集》,民族出版社,2010年,第51页。

州人巫祝、黄捉鬼兄弟数人，诱惑蛮众数百盗贩私盐，联合数千人乱及桂阳监内的瑶峒。直至庆历四年（1044年）冬，久不能克。到庆历五年（1045年）二月，余党唐和等再度入寇，经八路入讨仍不能平。又大发兵进讨，其众"遁入郴州黄莽山，由赵峒转寇，英、韶州依旧自保"。

经过庆历年间宋军对桂阳监这个湘粤瑶族盘踞的山寨本营进行多次的镇压围剿，导致此地蛮瑶人口开始大批向外迁徙。这个时期，与第一批在12—13世纪间迁往抵达越南的瑶族时间上不谋而合。广东连山瑶族赵世情老人家中，收藏的一首瑶族迁徙歌，共有二百六十余行，其内包含盘古开天、漂洋过海及迁徙的传说：

> 前代翁爷葬在南海岸，
> 尚书、君通、国富葬在九江中……
> 当初翁爷共个祖，
> 各人舍国各行乡，
> 也有到过广东省，
> 几多移去外国地……

歌谣还记载：

> 盘王出世在南京，
> 杀败藩王得赏赐，
> 封就盘王为驸马，
> 封就盘王以帝职……
> 送入南京十宝山……
> 立起盘王圣帝殿，
> 连州行平伏灵护西边……
> 生下六男又六女，六男六女要婚姻，
> 男讨妻为外姓人，女招男即外姓人，
> 六男六女十二姓，十二姓瑶人好合亲，

景定六年十月廿一日，瑶人接榜正为凭，
接得王榜团圆印，领了榜文天下行……①

《宋史·理宋纪》载：景定元年（1260年）三月，"诏全（广西）、岳（湖北）、水（水口，福建吉田）、衡（湖南）、柳（广西）、象（广西，部分广东）、端（广东端州）、兴国、南康、隆兴、江州、临江（以上江西）诸县，经兵，农民失业，应开庆元年（1259年）以前工税，尽除之"。宋王朝颁发了榜文，成为瑶族外迁的一大支持。当地瑶民拿到免税榜之券牒，离开那炮火硝烟、兵匪相争的地区，向外寻找安身之地。是因为"文武官宦不敢抢，百姓之人不敢争"。湘南粤北连地的瑶族陆续游走南方并迁往越南、老挝和泰国，以致现在越南、老挝、泰国的瑶族，依然可以拿出"大朝"颁发的文榜《评皇券牒》展示予世，证明他们来自中国，来自云南、广西、广东、湖南。流离迁徙的瑶人，带走了历史，带走了族人和生活用品。也带走了赖以生存的一切，包括可以交换贸易的银器、茶叶。

---

① 盘承乾：《迁徙歌》，《连山瑶族》，天津古籍出版社，1992年，第12~21页。

附 录

附录一：
关于瑶族民俗文化的采访

李老师，您好！非常感谢您在百忙之中接受我们的访问，我们正在编写《千年瑶寨·魅力南岗》一书，为此，我们拜读了您很多文章，知道您研究瑶族民俗文化多年，我们想就"瑶族民俗文化"这个主题对您进行采访。

1. 李老师，我们知道您是瑶族人，生长在这片土地上，对瑶族有着深厚的情感，那么您对瑶族的祭祖敬神、"耍歌堂"等民俗活动，还有哪些深刻的童年记忆呢？

答：我虽然出生在连南，但我没有真正在瑶山长大。只记得我父亲曾经谈到他在50年代任南岗第一区区长时我们家住南岗排的情形。我二哥明初就出生在南岗排，母亲曾带我们去排上看过老房子，那是邓氏家族的房子，当时是空出来给区干部住的，所以我家曾住过南岗排，但因为那时还没我，所以不太了解当时的民俗情况。那时地方刚解放，瑶胞们的生活还很困难，祭祖敬神、"耍歌堂"等民俗活动被视为迷信，也少搞，改革开放以后才恢复。

2. 在连南县的八排大寨中，南岗排和油岭排保存得比较完好，其中南岗瑶寨是目前全国规模最大、最古老、最具特色的瑶寨，您认为，南岗瑶寨的价值挖掘对我们研究瑶族的历史文化有什么样的作用和意义？

答：南岗千年瑶寨，坐落在连南瑶族自治县县城南26公里、海拔803米，坡度为30°的高山上。周围喀斯特奇峰拱卫，地势险要，瑶寨始建于宋代，明末清初为南岗排的鼎盛时期，建有房屋700余幢，1000多户7000多人。瑶寨依山而建，层层叠叠，石板路面街道纵横交错，今古寨仍保留20户80余人和365幢古民居，古寨至今保存少量宋代建筑，部分明代建筑，清代建筑保留最多，还有一些民国建筑，这对研究瑶族古建筑发展脉络很有历史价值。

据专家考证，南岗千年瑶寨是八排瑶族最古老的聚居地，它集中反映了八排瑶古老而独特的民族风情和历史传统文化。其中瑶族的古建筑以及建筑房屋上描绘的古画,都是研究排瑶历史发展和文化变迁最珍贵的历史资料。南岗排是全国规模最大、最古老、最有特色的纯瑶族山寨,被誉为"中国瑶族第一寨"之后已列入全国少数民族特色村寨范围。目前,我国对少数民族特色村寨保护与发展试点工作的核心任务是"保护""发展"。"保护"的主要任务是保护少数民族特色村寨的聚落、建筑及其负载的文化,以及良好的自然环境和风貌;"发展"的主要任务是充分利用少数民族特色村寨所具有的人文、自然资源优势,通过发展主导产业,促进当地生产发展,提高经济收入,改善村民的生产生活条件,走上富裕的道路。"保护"是可持续发展的前提和基础,发展反过来可以促进民族文化的保护。所以,在挖掘南岗瑶寨的文化价值的规划设计中,既可吸收以往民俗村、生态博物馆、民族文化生态村、文化生态保护实验区保护民族文化的成功经验,又有所超越,把"保护"与"发展"有机地结合起来,真正做到"保护与发展"同时并举,使"保护与发展"共赢,二者相得益彰。这就是研究南岗古排的社会意义和作用。

3. 您在您的多篇文章中都提到,瑶族原始的"村社长老制度—瑶老制—宗教神灵观",这是在排瑶社会落后的生产力和经济基础上形成的。您认为,这是排瑶独有的吗?还是在排瑶中表现得较为明显?您能否分析一下这背后的原因呢?

答:我们国家56个民族,每个民族都有自己的社会发展历史,所以各民族的社会发展很不平衡。连南排瑶在中华人民共和国成立前仍处在村社长老制社会末期,这是排瑶社会落后的生产力和经济基础决定的,刀耕火种粗放的生产技能和简易的生活资料只能说明其社会经济发展缓慢,这不是排瑶独有的,整个瑶族社会的发展也不平衡:中华人民共和国成立前有的支系仍处于原始社会末期,有的进入封建社会初期,但排瑶社会变化跨度比较大,直接进入社会主义,所以经济发展明显落后。原因很多,首先是社会发展的原因,还有生活地域和经济基础的原因,三两句话说不完。

4. 排瑶独特的宗教神灵观影响着瑶族的文化艺术,比如"耍歌堂"和"盘王节"、瑶族服饰、长鼓舞等,这些内容常常离不开对神灵的崇拜、祖先的敬仰,那么您认为瑶族的宗教神灵观和它的节庆、舞蹈、服饰等民俗文化有着怎样的关系?

答:考察一下排瑶宗教生活的基本内容,我们会发现,宗教意识已经渗透于瑶人社会的各个角落。瑶人的宗教活动涉及生育小孩、生病起鬼、建造房屋、选择吉日、驱除虫害、求雨、祈福、丧葬、嫁娶、灭火、避风等。可谓事无大小，均需要宗教的形式来进行。日常生活如此，宗教仪式更是如此。在"耍歌堂""打道策"等集体性的宗教活动中，宗教浓郁色彩表现得淋漓尽致，瑶人仿佛就是通过这些宗教活动与鬼神沟通，趋利避害。据省民宗院宗教研究所所长夏志前博士研究结论："瑶族宗教是一种生活方式，而不是一种哲学。瑶族宗教以其特有的形态表达着瑶人的信仰和生活方式，他们甚至不需要对其做出任何解释，而是如其所是地实践着。他们有赖于宗教的仿佛不是那些宗教知识，而是那些知识得以阐述和发挥的形式。他们的宗教不是经过知识精英系统化、概念化的宗教科学，而是自然而然地实践着的作为生活方式的宗教。"

5. 瑶族服饰是瑶族文化中非常重要的组成部分，被列入我国非物质文化遗产。而我们连南排瑶的刺绣可以说是排瑶服饰上的一大特色了，且不同排之间，刺绣图案各有差别。从排瑶服饰图案及其组合特点上，您如何解析南岗瑶族的文化内涵和审美趣味呢？

答：传统的瑶绣作为民族文化遗产，已列入广东省非物质文化遗产名录，其不仅为可视可触摸的文化遗产，其传授方式、针法以及纹路构思，无疑也兼具了非物质文化遗产的"传承性、活态性、口头性"的特质，而后两者，活态性和口头性都是由传承这一属性衍生出来的。走进排瑶集聚地区，我们就可以看到瑶族妇女穿着民族服装在田间劳动，这种情形，在改革开放的今天的其他民族地区已不多见；我们在排瑶隆重的"耍歌堂"节日里，还能看到绚丽多彩的民族服装，而且明显具有地域特征区别。清代学者李来章写的《连阳八排风土记》就描述当地瑶族："男衣皆大领，左衽，裤用青布，裤脚以五色绒横绣之。""女衣幅袖以五色绒密绣之，后衣则长过膝，无前襟。"瑶族服饰刺绣历史源远流长，就如同古老的瑶歌一直传唱的那样："盘古造人先造女人，又造男人让女的招郎结亲。女人坐着高机织细布……女人在家织布勤绣花，盘古又造松明来点灯。"歌中阐述，瑶人从民族形成时起就有了自己的刺绣。瑶族衣裳五彩斑斓，主要体现在其所穿的服饰之中。

千百年来，瑶族各支系长期处于迁徙流动的状态，其服饰随着迁徙地变迁、居住地族群的影响，以致民族服饰多姿多彩，形成款式多样、色彩鲜艳、图案古朴、工艺精美的民族特色。瑶族支系多、分布地域广，服饰从式样来讲，就多达上百种，仅排瑶地区就有10余种区别。一般说来，比较普遍的是男子多以黑布巾包头，穿对襟衣或右衽铜扣衣或交领衣，下穿宽筒七八分裤，腰和小腿绑扎布带和脚绑。女子多蓄发盘髻，头饰式样千姿百态，有平顶式、塔式、圆筒式、飞檐式、银簪式、絮帽式等；穿圆领花边对襟或右衽长衣，下穿绣花长裤，扎绣花腰带、围裙、脚绑。瑶族男女装所镶嵌的刺绣一般用青色土布制作，运用刺绣、挑花等工艺装饰成各种图案，图案取材于生活，内容极为广泛，有动植物、山川河流、日月天象、民族图腾等。

瑶族常用平绣、挑绣、反面绣手法，刺绣组合多偏爱自然组合图形，瑶族妇女往往根据自己的自然意趣和审美观念，将各种自然物进行大胆地夸张、变形，巧妙地将各种静与动的形体有机地结合在一起，让具体的自然形和抽象的几何形结合，平绣与布贴结合，使整个画面构图丰满、意境鲜明、造型简练、生动自然。从色泽上看，瑶族刺绣可分为暗底亮花、亮底暗花两种类型，喜用强烈的青、白、红、黄、黑五种对比颜色，衬以黑、白布色，加配金、银、铜、锡等配饰组合，起到调和色彩作用，使整个图案的色彩既清新淡雅又趋于协调。

6. 瑶族的文化艺术丰富多彩，您对瑶族文化和广东其他少数民族有着非常深入的学术研究，想请您放眼广东省，甚至全国的少数民族，您认为最具瑶族文化特色的是什么呢？其独特价值具体表现在哪些方面？

答：从唐朝的"莫徭"族称出现在史籍开始，瑶民族就不断融合其他民族和族群成分，逐渐成长壮大形成了独立的民族共同体。在不断迁徙游耕的历史中，瑶族不断充实自己的民族文化内涵，丰富了多彩的民族文化宝库。瑶族最具文化特色的是精湛的织染刺绣、色彩斑斓的服饰、优美的大小长鼓舞、形式多样的民歌、不同支系的祭祖节日等。比如长鼓舞，长鼓舞是瑶族古老的传统舞蹈。长鼓舞流传年代久远，唐代瑶族已有歌舞长鼓的习俗。长鼓舞的由来涵括着一个悲壮的故事，那是牵涉到瑶族祖先的创世经历，关乎于瑶族的来源与迁徙，关乎于瑶族人祭祀文化的发展。宋、明、清古籍文献沿称**诡**鼓，中华人民共和国成立后称长鼓。过山瑶习惯打小长鼓，称为"捆东捆"，排瑶喜欢打大长鼓，称"挨汪都"。如排瑶的长鼓舞。其分有"单人舞""双人舞""群舞"等类型。有36套72演式。而每一套又分有"起堂""移堂"等若干动作，配以芒笛、铜锣、唢呐伴奏，舞姿刚健，风格独特，具有浓厚的生活气息。舞中的跳、跃、蹲、挫或旋转、翻扑、仰腾等动作，再现了开荒、耕种、伐木、拉锯、盖屋等生产生活情形，折射瑶族历史上所经历的一幕幕。

又比如瑶族民歌，瑶族虽然没有本民族的文字，但在民间广泛流传着丰富的、具有民族特色的、古朴而具有历史价值的口头文学，这些宝贵的文化遗产，大都以民歌演唱的形式传承下来，成为传播瑶族文化的主要媒介。瑶族民歌分有历史歌、祭祀歌、情歌（婚恋歌）、儿歌、劳动歌、风俗歌等。其中《盘王歌》是瑶族最有代表性的历史歌兼祭祀歌。盘王是瑶族百万子孙的共同祖先，为了祭祀祖先，缅怀先人的创业功绩，瑶族人每逢秋收季节，便在盘古庙，或在旷野里设置祭坛"奏说"，祭祀祖先，祭祀盘王，并且摆开拜王歌堂，吟唱盘王大歌。

7. 我们采访民协李丽娜主席时，她曾提到文化和精神的传递不是一蹴而就的，应先从作为外壳的物质环境保护下手，进而才能保护其作为内核的民俗文化。您研究瑶族民俗文化多年，对于如何最大限度地保护和传承瑶族的民俗文化，您有什么看法？

答：文化遗产的传承是有规律的，保护和开发应该尊重这种规律。以民族服饰文化为例，其的传承最具规律。每一个民族的服饰文化都是民间艺人的一种创造，也是民族标识的一种选择。民族服饰文化靠着人类社会的生息繁衍，靠着女性一代一代的角色置换得以传承，母传女、婆传媳、姑嫂妯娌相互学习。留住传承，就是留住了历史，保存了文化的命脉。对于民族文化遗产，不仅仅是传承和保护，更重要的是赋予文化遗产更多的养分和活力，使之更滋润、更焕发青春。如果文化遗产特别是具有活性意义的民族文化，不经常创新，不给予养分，其资源就会枯竭，就会消失。必须认识到保护不是僵化文化遗产，而是在保护的同时，可以随着时代的发展和需求，有所变革、有所创新，使文化遗产适应变化了的物质生活和文化生活，这才是最大限度的保护和传承。对民族文化的保护不能仅仅停留在保护层面，应当与利用、开发有机地结合起来，实现文化遗产的"可持续性"保护。一方面，过度或破坏性开发必须坚决果断制止；另一方面，也不能由于出现某些问题就"因噎废食"，应该理顺传承保护与开发利用的关系。我们帮助连南保护、传承和开发瑶绣就是秉承这个原则。我们必须清醒定位：改变贫穷、落后面貌，大力发展生产力，实现社会主义现代化，是少数民族不可动摇的目标。

8. 最后一个问题，您作为瑶族文化研究的专家，您对今后的瑶族历史文化研究，抑或是少数民族的历史文化研究有哪些期望和设想？

答：瑶族历史文化的研究，有其发展的历史过程，瑶族历史文化研究起步还是比较早的，大致可分成三个阶段。

第一阶段，中华人民共和国成立前，即汉秦到民国时期。从瑶族先民"长沙武陵蛮"见于史册至清末民初,关于瑶族历史文化的研究就已开始。中华人民共和国成立前的瑶族文化研究涉及瑶族族源、历史、语言、经济生活和风俗习惯等领域,特别是对广西大瑶山和粤北乳源、连南等地的多次调查,积累了大量的资料,为中华人民共和国成立后开展瑶族研究提供了可贵的线索和可供比较的材料,并奠定了基础。

第二阶段:中华人民共和国成立后,即1949年到20世纪70年代。中华人民共和国成立初期,百业待兴,瑶族文化研究也受到国家和政府的高度重视。这一时期的学术研究主要与民族工作的实际相结合,弄清楚民族的特性、习俗和史源关系。为此国家有组织有计划地开展大规模的社会历史调查,从云南到广东,从湖南到广西,近百人的队伍历时十年,撰写了大量调研报告,为后来出版的《瑶族简志》《瑶族语言简志》打下了良好的基础。

第三阶段:改革开放至中华人民共和国成立60多年。1978年改革开放以来,国内外瑶族历史文化研究得到了空前发展。党的十一届三中全会确立了新时期的思想路线,在国家民委的主持下,瑶族文化的研究资料和成果被收入国家民委民族问题"五种丛书"公开出版。1979年以来,先后出版了《中国少数民族》(1981年,包括瑶族部分)、《瑶族语言简志》(1982年)、《瑶族简史》(1983年)、《瑶族(过山榜)选编》(1984年)和金秀等8个瑶族自治县概况,以及一套九册的《广西瑶族社会历史调查》和一册《广东瑶族社会历史调查》,这些书籍和调研资料的出版,为前期瑶族文化研究做了一个很好的总结。改革开放以来,出版瑶族文化研究的书籍也陆续面世。如马建钊、练铭志、李筱文的《排瑶历史文化》,黄钰的《评皇券牒集编》,黄钰、黄方平的《国际瑶族概述》,赵廷光的《论瑶族传统文化》,张有隽的《瑶族传统文化变迁论》,李筱文的《南粤民族博览》,等等。1998年伊始,在奉恒高、张有隽等同志的主持下,不少专家学者参与了《瑶族通史》的撰写,并于2007年6月由民族出版社公开出版。《瑶族通史》是瑶族有史以来第一部记述和探索本民族历史的书籍,是瑶族社会历史文化发展的一本通书。

进入21世纪以来,瑶族文化研究又走上了一个新台阶。在国家民委的主持下,新编民族问题"五种丛书"陆续修订再版。瑶族文化研究的新作也不断问世,其中广东有李筱文、盘小梅的译著《移动的山岭》,李筱文编著的《盘王节文化研究文集》《瑶山起舞——瑶族盘王节与"耍歌堂"》《五彩斑斓——广东瑶绣》,等等。广东三个民族自治县也整理出版了不少民族风俗风情、节日文化等文化遗产方面的书籍、画册、视频光碟。

目前,我省正处在改革开放社会转型期,广东省委、省政府高度重视全省的文化建设,出台了《广东省建设文化强省规划纲要(2011—2020年)》,明确提出要实现广东由文化大省向文化强省的转变,并根据广东文化多元化的特点设立广府文化、客家文化、潮汕文化、雷州文化、华侨文化、海洋文化、少数民族文化等多个生态保护区;特别提出设立粤北韶关乳源瑶族自治县文化生态保护区、清远连南瑶族自治县文化生态保护区、清远连山壮族瑶族自治县文化生态保护区的10年规划。根据民族生态区的理论与实践背景,结合广东省对粤北山区经济文化发展的整体规划,建设粤北民族文化生态旅游区成为促进当地社会、经济、文化全面发展的一条有效途径。瑶族文化的研究,又迎来了一个崭新的时代。我期待省委省政府的这些规划早日实现。同时设想,在新的社会时代,民族研究不仅仅立足于民族地区的经济效益、群众生活的改变和未来发展方向,还需研究地区生态环境的保护和可持续发展,民族文化的传承保护和创新发展。我希望今后能和省里其他文化部门携手合作,共同研究民族文化的传承与保护,共同发展民族文化美好的明天。

2014年4月10日

(采访者:广东省民间文学协会《千年瑶寨·魅力南岗》著书编辑)

附录二：
宝剑锋从磨砺出　梅花香自苦寒来
——访广州市民族团结进步协会会长李筱文

2013年5月25日，广州市民族团结进步协会举行第三次会员大会，广东省民族宗教研究院副院长、瑶族女学者李筱文同志当选为新一届协会会长。本期，就让我们采访李会长，了解她作为一位少数民族知识分子在广州从事社会科学研究、行政管理等工作的历程，以及作为新一届民族团结进步协会会长对我市民族工作的经验体会与展望。

学成归来，回报家乡

笔者：李会长，我知道您老家在连南瑶族自治县，是恢复高考制度后当地第一个考上大学的瑶族人。请您谈谈您的学习和成长经历。

李筱文：我出生在连南瑶族自治县。连南地处粤北边远山区，交通不便，贫困落后，而且，瑶胞的观念比较传统，他们认为女性应该默默奉献、持家务农，不应抛头露面。幸好我父亲是50年代的县级干部，接受外界新鲜的思想和观念相对多一些，他并不反对我们姐妹读书。因受父亲的教育、影响和鼓励，我从小就勤奋读书，多次被评为"三好学生""学雷锋积极分子"，下乡后又荣获"优秀知识青年""优秀团干"称号，进厂务工后亦获得"先进工作者"荣誉称号。1977年恢复高考时，我和妹妹同时考上了大学，我被中央民族大学（当年叫中央民族学院）历史系录取，是恢复高考后当地第一个收到大学入学通知书的瑶族女生。

笔者：大学毕业后，您为什么没有留在北京，而是选择回广东工作？

李筱文：我有过留在北京发展的机会。那时正值国家民族博物馆筹建阶段，正需要人。可是，恢复高考初期，广东少数民族地区能考上大学的人非常少，人才匮乏。因此，我觉得我应该回到广东，报效生我养我的家乡，没想到一回到广州就被安排在省民族研究所工作。由于我是瑶族人，所以我选择了瑶族和南方民族历史文化作为自己事业的研究方向，从1982年毕业到今天，我在这个领域一待就是三十多年。

学以致用，传承民族文化

笔者：大学毕业后，您就回到广东从事民族学术研究，那时候工作条件肯定很艰苦吧？

李筱文：那肯定，当时去瑶族、畲族地区做调查，生活艰苦，吃的是稀饭、地瓜、青菜，很少有肉；住的是泥墙房子，交通也不便利，靠着一双脚走遍瑶家畲乡。那会也没如今这么多先进的研究设备，野外调查采访全靠手笔记录。我记得当年为了写好《排瑶服饰研究》这篇论文，跑遍了连南瑶族自治县的八大排瑶山，请教了数十位瑶族老人和妇女；为了收集广东畲族的历史资料，一个人来回走访潮州山梨、碗窑等畲族聚居山寨，和当地畲族同胞同吃同住了二十多天。尔后，我们在广州地区做一个在穗瑶族外来工青年的思想状况调查，我和同事一起走访了十余家工厂企业，协助电视台拍成专题新闻片，让大家了解到少数民族外来工在大城市工作、生活的状态。我时常和我们研究院的年轻人说，学术研究，尤其是民族研究要有吃苦耐劳的勇气，要多做野外考察，深入少数民族地区，这样才能掌握到第一手材料，才能在前人的研究上有所突破。

笔者：近几年来，您积极参与民族文化的弘扬和发展。据说去年开馆的中国瑶族博物馆，您全程参与，做了许多工作。您能谈谈具体做了哪些吗？

李筱文：自从瑶族博物馆在省里立项之后，我就很关注这个项目，刚好连南县政府一直很希望研究院能给他们做一些技术指导，为此连南县政府聘请我作为瑶族博物馆的专家，受聘的还有广东省博物馆的两位研究员，他们现在已经升职为博物馆副馆长。广东瑶族博物馆从规划、设计到文物收集以及布展，我都有所参与。其中做得最多的就是帮助搜集海内外瑶族地区文物。在越南搜集瑶族文物时，我被越南政府国安人员跟踪暗查，出境之时还担心辛苦收集来的文物被查封；对瑶族博物馆陈列的壁画、经书、图画、装裱以及动画动漫设计，我都参与了审稿和指导。

笔者：近些年来，除了瑶族博物馆，您还参与了哪民族文化保护和建设工作？

李筱文：确实有一些，比如联系广州大学的专家教授，协助广州市民宗局设计增城畲族民俗馆的建设，协助省民宗委设计连南连水村的特色村寨建设等。此外，我亲自参与论证广州回民公墓建设项目以及光塔岭南民俗民族风情街项目。我希望能尽自己最大的努力去帮助民族地区发展，推动民族文化的传承。

热心民族事业，真诚感动瑶胞

笔者：如今，您担任了很多社会职务，能说说都有哪些吗？

李筱文：我自己是瑶族人，这为我融入城市民族工作打下了基础，给了我一个参与社会工作的机会。我曾担任广州市海珠区民族团结进步协会会长、广州市少数民族知识分子联谊会副会长、广州市民族团结进步协会副会长，如今我担任广州市民族团结进步协会会长，也是第十二届广州市政协委员。这些社会职务让我有更多的机会去服务少数民族同胞，替他们传达诉求，谋求福利。实际上，担任这些社会职务，我自身也能得到很大提升。

笔者：这也是您回报社会的一种方式。听说当年您去乳源瑶族必背镇瑶区开展扶贫助学活动，事事亲力亲为，感动了很多人。

李筱文：那是我担任海珠区少数民族联谊会会长时的事了。当时为了筹集助学资金，我和理事们一起到工厂赊货，卖洗涤卫生用品、卖服装、卖方便面，得到一些企业、部门以及宗教等各界人士支持。我们用那些钱买了书包、笔记本等学习用品，送到乳源必背瑶族学校。到了当地，我们看到不少学生家庭生活非常艰苦，心里很难受。回来后，我们理事会又争取到社会各界人士的支持，筹集了一笔资金，买下一批服装、书和笔等学习用品和体育用品，再次送到乳源必背瑶族同胞手里。送书的那天刚好是必背半坑希望小学建成之日。去必背的道路大都是泥泞、狭窄的山路，由于连日大雨，随时都有塌方的危险。当我们冒着大雨赶到那里，把书包和物资送到学生们手中时，他们非常感动，给我们写了很多情真意切的感谢信。

笔者：的确，对于那些少数民族同胞来说，你们的精神和行为比那些物资更加可贵，更加让人感动。如今作为广州市民族团结进步协会会长，您更加关注民族问题的哪些方面？

李筱文：近年来，广东省城市少数民族在劳动就业、就医、定居、社保及子女入托入学等多方面存在许多实际困难。一方面原因是城市少数民族流动人员现有的利益表达机制不畅和维权渠道较少，另一方面原因是他们大多数文化水平不高，对法律知识了解不多，自身维权意识不强，有时权益受到侵害也不知道，就算知道，由于维权手段欠缺，大部分人也不知该如何维护自己的合法权益。今年广州市民族团结进步协会换届，我从副会长提升为会长。换届以后，我充分利用自己的业余时间，认真思考以上问题，加强广州市民族团结进步协会的工作。今年11月底，我会同协会其他副会长一起到了北京、武汉等地，调研清真饮食问题和外来少数民族子女教育问题。如果这些问题能够得到改善和解决，将对民族团结，特别是城市民族工作有重大的推进作用。

笔者：作为一名少数民族同胞，您已为民族事业做了不少贡献。您对民族文化建设有什么体会？对民族团体建设有什么见解或建议呢？

李筱文：近几年来，随着全国各地各少数民族同胞来广州居住、就业、生活，广州现在已是55个少数民族齐聚的大家庭。外来少数民族大量涌入广州，极大地丰富了广州文化元素，这是城市文明建设和发展的机遇，也是挑战。因此，有必要加强外来少数民族文化与都市文化相融的研究工作，以此进一步促进广州社会和谐稳定，文化繁荣发展。还有，目前各区民族团体在执行社团宗旨，发挥社会作用方面起到了一定作用，但在解决自身生存的问题上还存在困难。民族社团组织毕竟是民间性质的群众组织，大部分民族社团没有固定编制，没有固定办公地点和活动资金，其特点和功能不能充分发挥，这是民族社团发展的瓶颈问题。下一阶段，我将带领我的团队，尽最大努力，与各相关职能部门多做沟通和协调，让各方齐齐顺应民众要求和形势需要，及时关注民族社团组织的发展，帮助民族团体解决自身建设问题。

（责任编辑：黎文坛）

（作者是广东省民族宗教研究院副院长、研究员）

附录三：
中国民族报社、中国民族宗教网
"寻找民族团结感动人物"候选人事迹

李筱文：心系社会　服务各族群众

　　李筱文，女，瑶族，现任广东省民族宗教研究院副院长、中国（广西）瑶学会副会长、广东省民族研究学会副会长、中国民族学研究学会常务理事。长期以来，作为少数民族联谊会、协会的负责人，她积极开展民族理论和民族文化研究，努力为少数民族群众办实事、办好事，为民族团结和社会稳定做出了贡献，先后被评为广东省民族团结进步先进个人、广州市民族团结进步先进个人等。

李筱文（左一）2010获中国民间文学集成贡献奖

勤奋钻研，民族研究成果广受好评

1982年，大学毕业后的李筱文，开始从事民族研究工作。30多年来，她经常奔走于畲乡瑶寨之间，与少数民族倾心交流，切身体会少数民族群众的愿望和需求，并及时写出调研报告，向上级传递民情。

为了了解瑶族服饰，李筱文跑遍了广东的瑶族山寨，走访了数十位瑶族老人和妇女；为了收集畲族古籍史料，她往返于潮州山梨、碗窑畲族聚居村庄，与畲族同胞同吃同住；为真实反映在穗少数民族外来务工人员的思想和生活状况，她与同事调研了广州市十几家工厂企业，并协助电视台拍成专题纪录片；为了帮助建成广东瑶族博物馆，她参与了博物馆的规划、设计、文物收集以及布展，并帮助博物馆广搜海内外瑶族文物。

30多年来，李筱文撰写了80多篇研究论文、风情散文和调研报告，出版了多部著作，如《广东少数民族服饰文化》《五彩斑斓——广东瑶绣》《盘王歌》《瑶山起舞——瑶族盘王节与"耍歌堂"》等。其中，《瑶山起舞——瑶族盘王节与"耍歌堂"》被评为"广东省第四届民间文艺著作评奖二等奖"，《五彩斑斓——广东瑶绣》被评为"广东省第六届民间文艺著作奖"一等奖。

2010年，李筱文的研究成果获文化部、国家民委、中国民间文艺家协会主办的国家社科资金资助重大项目、国家艺术科学规划重点项目"中国民间文学集成工作成绩突出贡献奖"。

李筱文的研究成果在瑶学研究界广受认可和好评，我国著名瑶学专家张有隽教授在泰国清迈国际瑶学研究会介绍李筱文时说："像她这样一心向学的瑶族女性真是凤毛麟角。"

扶危济困，为民族团结真诚付出

从1995年开始，李筱文作为广州市海珠区少数民族联谊会的负责人，担负起宣传党的民族政策、搞好区内各民族的团结的重任。她带头编辑印刷民族理论知识手册，组织全体理事学习《城市民族工作条例》《广东省散杂居少数民族权益保障条例》，又深入基层进行调研，了解区内少数民族群众的所思所想。

在市、区政协和人大民族工作座谈会上,她反复宣讲党的民族政策和"三个离不开"(汉族离不开少数民族,少数民族离不开汉族,各少数民族之间也相互离不开)思想,阐述尊重少数传统文化和风俗习惯对社会安定团结的重要性。

作为少数民族联谊会的负责人,李筱文注意加强联谊会、协会的自身建设,建立健全协会会长、秘书长学习和工作研究会议制度。她经常与海珠区委统战部和区民族宗教科、街道居委会商议如何开展城市民族工作,慰问在粤新疆班学生,协调城区民族关系,还协调有关部门为各街、局少数民族联络小组配备组长,使海珠区形成了自下而上的民族工作网络。

多年来,海珠区各族人民团结和睦,未出现涉及民族方面的纠纷和不尊重少数民族风俗习惯问题。联谊会的工作成绩,得到了海珠区委区政府的肯定,区委书记赞扬联谊会是一个"充满活力的集体"。

了解到乳源瑶族自治县有不少学生家庭生活比较困难,李筱文心里很不是滋味,她决定通过努力筹集资金,为山区学生购买生活用品,为他们解决实际困难。

为了筹集助学资金,李筱文和同事们一道到工厂赊货,卖洗涤卫生用品、卖服装、卖方便面。她还到一些企业、部门以及佛教、道教寺庙中,争取资金支持。

多年来,在李筱文带领的民族联谊会的不懈努力下,一批批服装、书籍、学习用品和体育用具,送到山区瑶族学生手中。有一次,她和同事们为乳源瑶族必背半坑希望小学送学习用品,遇上连日大雨把去必背的道路冲得一片泥泞,狭窄的山路随时都有塌方的危险,但李筱文和同事们没有退却,坚持冒着大雨把学习用品送到学生手中。他们的扶贫助学行动,得到了当地政府和广大师生以及瑶族同胞的赞扬。

元旦、春节期间,是别人合家团圆的时刻,却是李筱文和同事们最忙的时候。他们除了给少数民族发慰问信外,还要到一些特困户家中走访,送去慰问金。少数民族同胞生病住院,她都会前往医院探望。一次,一位少数民族妇女分娩时难产,无力支付巨额手术费,李筱文和海珠区民族宗教科的同志送去了近5000元的医药、手术费用。还有一次,一位在少数民族联谊会工作的回族理事的父亲去世,李筱文因事耽误了参加追悼会,为了表达协会的关心及对逝者的哀思,她手捧鲜花驱车赶到墓地参加送殡,这使家属非常感动。

积极参政议政，为民族发展建言献策

李筱文担任第七届广东省政协委员的五年来，一直积极参与民族宗教界的活动，其中包括扶贫、赈灾、济困、助学等公益慈善活动。

一次，她与省基督教两会政协委员在前往连南瑶族自治县扶贫助学的路上，遇到连日滂沱大雨，公路被大水淹没，水深及膝，车子通过随时都有熄火滞留及被水淹没的危险。但是，为了完成扶贫任务，她和其他委员们冒着大雨坚持走到目的地。

还有一次，李筱文与省政协民宗委及香港基督教五饼二鱼协会的同事赴连南大麦山扶贫赈灾的途中，发生了车祸，整个中巴翻转，底朝天，卡在了悬崖边的树丛里，往前几米就是谷底深沟。她和其他委员从车内爬出来，拍拍身上的土，只相互笑了笑。等中巴被拖回路面，他们又坚持继续开往连南。

李筱文在海珠区政协任职的十年间，曾被评为第十一届、第十二届海珠区优秀政协委员，她撰写的《纯阳观周边环境的治理问题》《海幢寺和海幢公园寺院合一管理问题》等提案也分别获优秀提案奖。她任广州市第十一、十二届政协委员后，积极参政议政，围绕民族宗教方面的问题撰写提案，其中《开发利用本市宗教文化资源，拓展宗教文化一日游景观景点》获市政协第四次大会表扬。